재무위험관리사

1

금융투자협회
Korea Financial Investment Association

자격시험 안내

1. 재무위험관리사의 정의

위험관리 조직에서 재무위험 등을 일정한 방법에 의해 측정, 평가 및 통제하여 해당 회사의
재무위험 등을 조직적이고 체계적으로 통합하여 관리하는 업무를 수행하는 인력

2. 응시자격

금융회사 종사자, 학생, 일반인 등

3. 시험과목 및 문항수

시험과목		세부 교과목	문항수
제1과목	**리스크관리기초**	금융통계학	9
		채권분석	6
		규제 및 컴플라이언스	15
소 계			30
제2과목*	**금융선물 및 옵션**	주가지수, 개별주식 선물 · 옵션	7
		금리 선물 · 옵션	7
		통화 선물 · 옵션	6
소 계			20
제3과목	**장외파생상품**	스 왑	8
		장외옵션	7
소 계			15
제4과목	**리스크관리기법**	시장리스크관리	15
		신용리스크관리	12
		기타리스크관리	5
		리스크관리 사례분석	3
소 계			35
시험시간		120분	100 문항

* 파생상품투자권유자문인력(선물거래상담사, 파생상품투자상담사)의 자격요건을 갖춘 자는 제2과목(금융선물
및 옵션) 면제

* 제2과목(금융선물 및 옵션)은 파생상품투자권유자문인력 표준교재 제1권(선물 · 옵션) 사용

4. 시험 합격기준

70% 이상(과목별 40점 미만 과락)

contents

part 04

자기자본 건전성 규제내용

part 06

**장외파생상품
회계**

금융 통계학

chapter 01 **금융 통계학**

chapter 01

금융 통계학

section 01 | 통계학이란?

일반적으로 통계학(statistics)이란 자료로부터 배우는 기술(art)을 다루는 학문분야를 일컫는다. 이는 크게 기술 통계학과 추론 통계학으로 나눌 수 있다.

❶ 기술 통계학(descriptive statistics) : 자료의 기술과 요약을 다루는 통계학의 한 분야이다.
❷ 추론 통계학(inferential statistics) : 자료로부터 결론을 도출하는 것과 관련된 통계학의 한 분야이다.

section 02 | 확률, 확률변수, 분포

실험(experiment)은 확률과 통계학에서 중심적인 개념이다. 실험이란 관측치를 생성하는 임의의 과정을 말하며, 결과(outcome)란 이러한 실험에 의해 생성된 관측치를 의미한다.

한편 사상(event ; A)이란 모든 실험 결과의 부분집합을 의미하는 것으로서, 다시 말하면 표본 공간의 부분집합을 일컫는다. 예를 들면 동전을 던지는 실험에서는 앞면(head) 또는 뒷면(tail)이라는 결과가 나올 수 있으며, 주사위를 던지는 실험에서는 1에서 6 사이의 한 숫자가 나오는 결과를 예측해 볼 수 있을 것이다. 이때 표본 공간(sample space ; S)이란 모든 가능한 실험 결과의 집합을 일컫는다. 예를 들면 동전을 던지는 실험에서 표본 공간 S={head, tail}이 되며, 주사위를 던지는 실험에서 표본 공간 S={1, 2, 3, 4, 5, 6}이 될 것이다. 표본 공간 S, 사상 A 및 B를 이용하여 여집합, 교집합, 합집합 등을 기호로 나타내면 다음과 같다.

❶ 여집합(complement, $\overline{A}$ 또는 A^c) : $\overline{A} = S - A$
❷ 교집합(intersection) : $A \cap B$
❸ 합집합(union) : $A \cup B$

1 확률의 정의

확률(probability)은 우리들의 일상생활에서 일반적으로 가능성 혹은 확실성이라는 뜻으로 사용되고 있으며, 흔히 어느 사건의 확률이란 사건이 일어날 확실성(certainty)의 정도를 뜻한다. 사건 A가 발생할 확률은 기호로 $P(A)$로 표기하며, 확률은 다음과 같이 고전적 정의와 공리적 정의로 분리된다.

(1) 고전적 정의

n개의 사상이 상호 배타적이고 발생 가능성이 균등하다고 하자. 이들 사상 중 n_A개만큼이 속성 A를 갖는다고 할 때 A의 확률은 n_A/n으로 정의되고 기호로 $P(A) = n_A/n$로 표시한다. 참고로 상대적 빈도수에 따른 확률의 정의(frequency definition), $P(A) = \lim_{n \to \infty} n_A/n$이다.

(2) 공리적 정의

사상 A의 확률은 표본 공간의 모든 사상 A에 대하여 $P(A) \geqq 0$을 만족하는 실수로 정의한다. n개의 사상 A_1, A_2, $\cdots$, A_n이 상호 배타적이라면,

$$P(A_1) + P(A_2) + \cdots + P(A_n) = \sum_{i=1}^{n} P(A_i) = 1$$

한편, 확률의 공리적 정의에 의하면 다음이 성립한다.

❶ $0 \leq P(A) \leq 1$ (1.1)

❷ $P(\overline{A}) = 1 - P(A)$ (1.2)

❸ 확률의 덧셈법칙

$$P(A \cup B) = P(A) + P(B) - P(A \cap B) \tag{1.3}$$
$$= P(A) + P(B) \quad (A, B가 \text{ disjoint인 경우})$$

2 조건부 확률

조건부 확률(conditional probability)이란 어떠한 사건 A가 발생한다는 조건하에서 사건 B가 발생할 확률을 의미한다. 조건부 확률을 기호로 나타내면 $P(A) > 0$이라고 할 때,

$$P(B \mid A) = \frac{P(A \cap B)}{P(A)} \tag{1.4}$$

이때 분모는 B 사건에 관계없이 A사건이 일어날 확률을 나타내며, 한계 확률(marginal probability)이라고 부른다. 즉,

$$P(A) = P(A \cap B) + P(A \cap B^c) \tag{1.5}$$

조건부 확률을 다음 예를 통해서 알아보자.

서울에서 제주도까지 운항하는 비행기가 있다. 이 비행기가 정시에 출발할 확률($P(A)$)은 0.85이고, 정시에 도착할 확률($P(B)$)은 0.80이다. 그리고 이 비행기가 정시에 출발하여 정시에 도착할 확률($P(A \cap B)$)은 0.65라고 한다. 이러한 경우 어느 탑승자가 이 비행기에 탑승했는데 정시에 도착했다고 하자. 이 비행기가 정시에 출발했을 확률($P(A|B)$)을 계산해보면 다음과 같다.

$$P(A \mid B) = \frac{P(A \cap B)}{P(B)} = \frac{0.65}{0.80} = 0.8125$$

3 확률의 곱셈법칙

확률의 곱셈법칙은 식 (1.4)의 조건부 확률 공식에서 곧바로 만들어진다.

$$P(A \cap B) = P(A)P(B \mid A) \tag{1.6}$$

$$\text{또는 } P(A \cap B) = P(B)P(A \mid B) \tag{1.7}$$

식 (1.6)과 식 (1.7)을 살펴보면 두 사건이 동시에 일어날 확률은 한 사상이 일어날 확률과 그 사건이 일어난 다음에 다른 사건이 일어날 확률을 곱한 것과 같다는 사실을 알 수 있다. 일반적으로 n 사상의 곱셈법칙은 다음과 같이 표시할 수 있다.

$$P(A_1 \cap A_2 \cap \cdots \cap A_n)$$
$$= P(A_1) \cdot P(A_2 \mid A_1) \cdot P(A_3 \mid A_1 \cap A_2) \cdots P(A_n \mid A_1 \cap A_2 \cap \cdots \cap A_n) \tag{1.8}$$

일반적으로 먼저 일어났던 사건이 다른 사건에 전혀 영향을 주지 않을 때에 두 사건은 서로 독립적이라고 말한다. 그러나 먼저 일어났던 사건이 다른 사건에 영향을 줄 때에는 두 사건을 종속적이라고 부른다. 통계적으로 독립(statistical independence)인 사건의 경우에는 다음이 성립한다.

$$P(A \cap B) = P(A)P(B) \tag{1.9}$$

$$\text{또는 } P(A \mid B) = P(A) \text{ 그리고 } P(B \mid A) = P(B) \tag{1.10}$$

4 베이즈 정리

영국의 베이즈(Bayes, 1702~1761)는 관찰된 표본자료로부터 그 자료가 속한 모집단을 어떻게 추론할 것인가 하는 데 깊은 관심을 가졌다. 그는 관찰 결과와 가설에 대한 결론에 대하여 역순으로 문제를 해결하였다. 즉, 관찰된 효과에 근거하여 원인의 확률을 계산해 내는 정리를 만들었는데, 바로 이것이 베이즈 정리이다. 사상 B가 발생한다는 조건하에서 이것이 사상 A에서 나왔을 확률은 다음과 같다.

$$P(A \mid B) = \frac{P(B \mid A)P(A)}{P(B)} = \frac{P(B \mid A)P(A)}{P(B \mid A)P(A) + P(B \mid A^c)P(A^c)} \tag{1.11}$$

위의 베이즈 정리에 대한 증명은 확률의 곱셈법칙의 두 표현식 (1.6)과 (1.7)을 사용하여 $P(A \cap B)$를 소거함으로써 이루어진다.

이번에는 베이즈 정리에 대한 예를 들어보자. 표본조사 결과 인구 중 0.6%가 AIDS를 가지고 있다고 가정하자[$P(A)=0.006$, $P(A^c)=0.994$]. 또한 AIDS를 가진 사람이 검사를 받는 경우 감염자로 옳게 판정될 확률이 실험 결과 99.9%라고 하자. 즉, $P(B|A)=0.999$이다. 반면 비보균자가 검사 결과 양성반응을 보일 확률은 1%라고 하자. 즉, $P(B|A^c)=0.01$이다. 양성 판정을 받은 사람이 실제로 AIDS를 가지고 있을 확률[$P(A|B)$]을 계산해 보면 다음과 같다.

$$P(A|B) = \frac{P(B|A)P(A)}{P(B)} = \frac{0.999(0.006)}{0.999(0.006) + 0.01(0.994)} = 0.38$$

즉, AIDS검사 결과 양성 판정을 받은 사람이 실제로 질병을 가지고 있을 확률은 38%이며, 질병을 갖지 않을 확률 또한 62%(약 2/3)에 달한다. $P(A)=0.006$이 테스트 결과를 반영하여 $P(A|B)=0.38$로 높아졌다. 그러나 양성반응을 보인 사람 중에서 2/3는 실제로는 질병이 없는 경우라서 AIDS검사를 의무화하는 경우 사회적으로 혼란을 초래할 수 있을 것이다.

5 확률변수

확률변수(random variable 또는 stochastic variable)란 실험 또는 관찰에서 일정한 확률을 가지고 발생하는 사건에 여러 가지 값을 부여하는 변수이며, 수학적으로는 표본 공간의 각 원소에 실수를 대응시켜 주는 함수를 의미한다. 이러한 확률변수는 취할 수 있는 값을 특정한 수치만으로 나타낼 수 있는 이산(discrete)확률변수와 일정한 범위 내에서 연속적인 값을 취할 수 있는 연속(continuous)확률변수로 구분할 수 있다.

X를 확률변수, x를 확률변수가 취하는 특정한 값이라고 할 때, 확률 $P(X \leq x)$를 X의 누적 분포 함수(Cumulative Distribution Function ; CDF)라고 하고 $F(x)$로 표현한다. X가 이산 확률변수라고 할 때 함수 $f(x)=P(X=x)$를 X의 확률 밀도 함수(Probability Density Function ; PDF)라고 한다. 이산 확률 변수 X가 $x_1, x_2, \cdots, x_n$을 취할 때 $\sum_{i=1}^{n} f(x_i) = 1$이 성립한다.

6 이항 분포

일반적으로 n회의 독립적인 베르누이 시행을 이항 실험이라고 한다. 베르누이 시행은 단 한 번의 실험으로 성공 또는 실패의 확률을 알고자 하지만 베르누이 실험을 여러 번 시행하여 특정한 횟수의 성공이 나타날 확률을 알고자 하는 경우, 성공의 횟수 또는 실패의 횟수를 이항 확률변수라고 한다. 이때 이항 확률변수의 확률 분포를 이항 확률 분포 또는 이항 분포(binomial distribution)라고 칭한다. 이항 분포 확률변수의 밀도 함수, 기대값 및 분산은 다음과 같다.

$$\text{밀도 함수} : P(X=x) = \frac{n!}{x!(n-x)!} p^x (1-p)^{n-x}, \quad x=0, \cdots, n$$

$$\text{기대값} \quad : E(X) = np$$

$$\text{분산} \quad : Var(X) = np(1-p) \tag{1.12}$$

〈그림 1-1〉은 총 시행 횟수 $n=6$, 성공의 확률 $p=0.25$인 이항 분포 확률변수 5,000개를 시뮬레이션으로 생성하여 히스토그램을 그린 것이다. 식 (1.12)에서 나타난 것처럼 기대값 또는 평균이 $E(X)=np$ 그리고 분산 $Var(X)=np(1-p)$가 성립하는지 독자들은 〈그림 1-1〉의 mean과 Std. Dev.를 제곱하여 직접 확인해 보기 바란다.

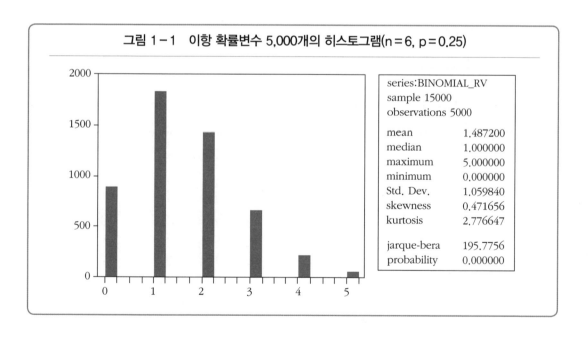

그림 1-1 이항 확률변수 5,000개의 히스토그램($n=6$, $p=0.25$)

series:BINOMIAL_RV
sample 15000
observations 5000

mean	1.487200
median	1.000000
maximum	5.000000
minimum	0.000000
Std. Dev.	1.059840
skewness	0.471656
kurtosis	2.776647
jarque-bera	195.7756
probability	0.000000

7   정규분포

정규분포 확률변수는 연속 확률변수의 대표적인 경우로서 두 개의 파라미터에 의해 그 모양이 완전히 결정된다. 평균과 분산이 각각 μ, σ^2일 때 다음과 같은 밀도 함수를 갖는다.

$$f(X) = \frac{1}{\sqrt{2\pi}\,\sigma} \exp\left\{-\frac{1}{2\sigma^2}(X-\mu)^2\right\} \tag{1.13}$$

정규분포(normal distribution)는 연속 확률 분포로서 함수 $f(X)$는 확률 곡선의 높이를 나타내며, 그 높이를 밀도라 한다. 식 (1.13)에서 알 수 있는 바와 같이, 정규분포의 밀도 함수에서는 분포의 평균과 분산을 제외하고는 모수 상수이다. 즉, π는 원주율로서 3.14159이며, exp는 자연로그의 밑수로서 2.71828이다. 지금까지 알려진 정규분포 밀도 함수의 특성은 다음과 같다.

❶ 정규 밀도 함수는 평균 μ를 중심으로 좌우대칭이며, 종모양(bell shaped)을 이룬다.
❷ 정규분포 곡선 아래와 x축 사이의 전체면적은 1이다.
❸ 정규분포 곡선은 x축에 무한대로 접근하므로 확률변수 X가 취할 수 있는 값의 범위는 $-\infty < x < +\infty$이다.

정규분포는 평균과 표준편차에 따라 여러 모양을 가지므로 서로 다른 모양의 두 분포를 비교하거나 면적의 크기를 계산하여 확률을 알기가 어려운 문제가 대두된다. 이러한 문제를 해결하기 위해서는 정규분포를 표준화할 필요가 있게 된다. 자료를 표준화하는 방법은 정규분포의 모양을 결정짓는 두 개의 파라미터를 조정하는 방법, 즉 평균 $\mu = 0$, 표준편차 $\sigma = 1$이 되도록 하는 것이다. 표준화된 정규분포를 표준 정규분포(standard normal distribution)라고 칭하며 표준 정규분포, 즉 $N(\mu = 0, \sigma^2 = 1)$인 경우의 밀도 함수는 다음과 같다.

$$f(x) = \frac{1}{\sqrt{2\pi}} \exp\left\{-\frac{1}{2}x^2\right\}, \quad -\infty < x < \infty \tag{1.14}$$

이때 표준 정규분포의 $100(1-\alpha)$퍼센타일(percentile) z_α는 다음과 같이 정의된다.

$$P(Z > z_\alpha) = \alpha \qquad (단, \ Z = \frac{X-\mu}{\sigma}) \tag{1.15}$$

위와 같은 표준 정규분포의 정의를 이용하면 다음과 같은 주식의 수익률 분포에 관한 문제를 해결할 수 있다. 예를 들면 두 증권 X_1과 X_2의 수익률 분포가 다음과 같다고 하자.

$$X_1 \sim N(10, 4^2), \qquad X_2 \sim N(14, 6^2)$$

이때 수익률이 0%보다 작게 될 확률이 작은 증권은 X_1과 X_2 중에서 어떤 것이 될까? 이에 대한 물음에 답하기 위하여 먼저 표준화 변량을 다음과 같이 정의하자.

$Z = \dfrac{X - \mu}{\sigma}$ 다음으로,

$$P(X_1 < 0) = P\left(\frac{X_1 - \mu}{\sigma} < \frac{0 - \mu}{\sigma}\right)$$

$$= P\left(Z_1 < \frac{0 - 10}{4}\right) = P(Z_1 < -2.5) = 1 - \Phi(2.5) = 0.0062$$

유사하게

$$P(X_2 < 0) = 1 - \Phi(14/6) = 0.0098$$

그러므로 첫 번째 증권인 X_1의 경우가 수익률이 0%보다 작게 될 확률이 더 작은 증권으로 선택되게 된다. 다시 말하면 수익률이 음으로 떨어져 손해보게 될 확률이 더 작게 나타나는 것은 X_1쪽이라는 것이다. 이와 같이 표준화된 정규분포는 재무분야, 특히 위험관리 분야의 여러 곳에서 유용하게 사용될 수 있다.

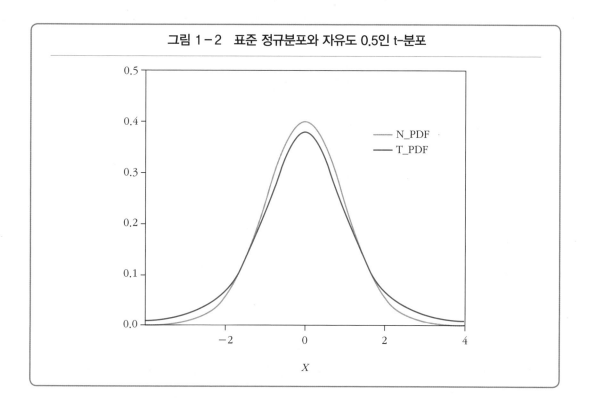

그림 1-2 표준 정규분포와 자유도 0.5인 t-분포

〈그림 1-2〉는 표준 정규분포와 자유도(degree of freedom ; dof)가 0.5인 t-분포를 그림으로 서로 비교하여 나타낸 것이다. 〈그림 1-2〉를 보면 정규분포는 평균 μ를 중심으로 좌우대칭이며 종모양(bell shaped)을 이루는 것을 쉽게 알 수 있으며, t-분포의 경우에는 정규분포보다 꼬리가 더 두터운 모양을 보이고 있음을 알 수 있다. 후술하겠지만 꼬리가 두터운 leptokurtic한 분포는 일반적으로 주식 수익률이나 환율 변화율 등과 같은 금융 시계열에서 흔히 볼 수 있는 현상이다.

section 03 기대값, 평균, 분산

일반적으로 확률변수가 반복 시행되는 곳에서 나올 때 기대값은 장기적으로 보아 반복 시행 결과의 평균값이라고 해석할 수 있다. 확률변수 X의 기대값 또는 X의 분포의 평균 또는 'first moment around the origin'은 기호로 $E(X)$ 또는 μ로 표시한다. 이산 확률변수의 기대값은 다음과 같다.

$$E(X) = \sum_{i=1}^{n} x_i \cdot P(X = x_i) = \sum_{i=1}^{n} x_i \cdot f(x_i) \tag{1.16}$$

$$또는 \ E(g(X)) = \sum_{i=1}^{n} [g(x_i) \cdot f(x_i)] \tag{1.17}$$

기대값의 특성을 살펴보면 다음과 같다.

$$E(X-\mu) = E(X) - \mu = 0 \tag{1.18}$$

$$E(c) = c \ (단, \ c는 \ 상수를 \ 나타냄) \tag{1.19}$$

$$E[cg(X)] = cE[g(X)] \tag{1.20}$$

$$E[u(X) + v(X)] = E[u(X)] + E[v(X)] \tag{1.21}$$

즉, 'E'는 선형 연산자임을 알 수 있다.

모집단의 분산은 평균적인 편차 제곱이다. 일반적으로 확률 분포에서 분산은 편차 제곱의 기대되는 값이다. 분산(variance) 또는 'second moment around the mean'은 다음과 같이 표기한다.

$$Var(X) = \sigma^2 = E[(X - E(X))^2] \tag{1.22}$$
$$= E(X^2) - [E(X)]^2$$

분산의 기대값에 대한 특성을 살펴보면 다음과 같다.

$$Var(c) = 0 \tag{1.23}$$

$$Var(a + bX) = b^2 \, Var(X) \qquad \text{(단, } a, b\text{는 상수)} \tag{1.24}$$

식 (1.23)에서는 변하지 않는 것이 상수의 정의임을 알 수 있으며, 식 (1.24)에서는 확률변수 X에 일정한 상수를 더한 확률변수의 분산은 본래의 확률변수 분산과 같다. 확률변수 X에 일정한 상수를 곱한 확률변수의 분산은 본래 확률변수의 분산에 그 상수의 제곱을 곱한 것과 같다는 두 가지를 결합한 식임을 알 수 있다.

〈그림 1-3〉에서는 평균이 0이고 표준편차가 1인 정규분포, 평균이 0.5이고 표준편차가 2인

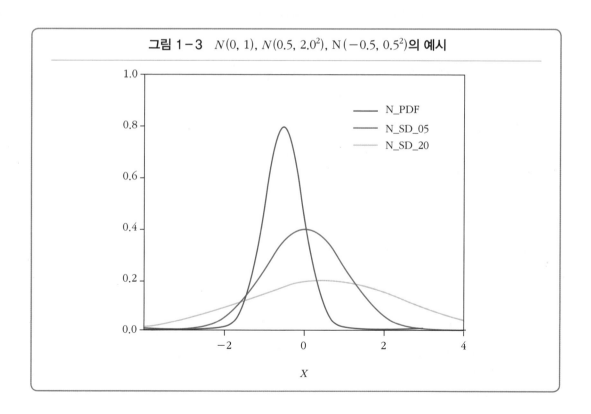

그림 1-3 $N(0, 1)$, $N(0.5, 2.0^2)$, $N(-0.5, 0.5^2)$의 예시

정규분포 및 평균이 -0.5이고 표준편차가 0.5인 정규분포를 하나의 평면에서 동일하게 나타내고 있다. 여기서 평균은 재무적으로 수익률의 위치(location)를, 표준편차 또는 분산은 위험(risk)을 나타내는 척도로 사용되고 있음을 유의하기 바란다. 특히 정규분포에서 표준편차(sd)의 의미는 자료의 68.26%(또는 95%, 99.7%)가 대체로 $\overline{x} \pm sd$(또는 $2sd$, $3sd$)에 놓이게 됨을 말한다.

이번에는 함수의 평균과 분산에 대하여 다음과 같은 경우를 생각해 보기로 하자.

$E(X) = \mu$, $Var(X) = \sigma^2$이고 $g(X)$가 X에 대하여 미분 가능한 함수라고 하자. 구태여 예를 들어본다면 $g(X) = \sqrt{x}$와 같은 형태의 함수가 될 것이다. 이때 함수 $g(X)$의 기대값 $E(g(X))$와 분산 $Var(g(X))$는 어떻게 될까? 대부분 이러한 경우에는 μ를 중심으로 테일러 1차 시리즈 확장을 하게 된다.

$$g(X) \approx g(\mu) + g'(\mu)(X - \mu)$$

그러므로

$$E(g(X)) \approx g(\mu) \tag{1.25}$$
$$Var(g(X)) \approx \sigma^2 \times [g'(\mu)]^2$$

일반적으로 분포의 모양을 나타내는 통계치들은 수없이 많지만, 앞에서 설명하였듯이 분포의 대표치를 나타내는 평균, 분포의 흩어짐의 정도를 나타내는 표준편차 또는 분산을 제외하고 대표적인 것들을 뽑으면 다음과 같다.

(1) 최빈수(mode)

관측치 집합 중에서 빈도가 가장 높은 자료의 값을 말한다.

(2) 중위수(median)

관측치를 내림차순 혹은 올림차순으로 순서대로 늘어놓았을 때 가운데에 위치한 값을 말한다.

(3) 변동 계수(coefficient of variation, σ/μ)

분포의 표준편차를 분포의 평균으로 나눈 값을 말한다. 평균치 한 단위당 변동이 얼마인지를 나타내는 값이다.

(4) 왜도 또는 비대칭도(skewness)

분포가 왼쪽 또는 오른쪽으로 치우친 정도를 말하며, 편차의 세제곱의 기대치를 표준편차의 세제곱으로 나눈 값으로 나타낸다. 즉,

$$\frac{[E(X - \mu)^3]}{\sigma^3} \tag{1.26}$$

일반적으로 비대칭도가 '부'(-)의 값을 띠는 경우 'left-skewed'되었다고 말하고 분포는 상대적으로 왼쪽으로 긴 꼬리를 갖는다. 반대의 경우가 'right-skewed'된 경우이다. 정규분포의 경우 왜도는 0의 값을 가진다.

(5) 첨도(kurtosis)

분포가 어느 정도나 뾰족한지, 꼬리가 얼마나 두꺼운지를 측정하는 척도로서, 편차의 네제곱의 기대치를 표준편차의 네제곱으로 나눈 값으로 나타낸다. 즉,

$$\frac{[E(X - \mu)^4]}{\sigma^4} \tag{1.27}$$

$$\text{초과 첨도}_{(\text{excess kurtosis})} = \frac{[E(X - \mu)^4]}{\sigma^4} - 3 \tag{1.28}$$

초과 첨도를 식 (1.28)처럼 나타내는 이유는 정규분포의 경우 첨도가 3이기 때문이다. 따라서 분포가 평탄(platykurtic)하거나 꼬리가 두터운 분포를 보인다고(leptokurtic distributions) 분류하는 기준은 정규분포임을 알 수 있다.

다음에는 분포의 모양에 관한 통계량들을 재무 또는 위험관리 쪽에 응용한 예를 들어보기로 하자. 먼저 X와 Y를 두 주식의 수익률이라고 가정하자. 이들의 평균 수익률은 각각 5.10과 6.90이며, 분산은 각각 45.89와 48.09이다. X와 Y 두 주식의 수익률 곱의 기대치인 $E(XY) = 73.9$로 가정하자. X 또는 Y에 몽땅 다 투자하지 않고 X에 60% 그리고 Y에 40%씩 나누어 분산투자하는 경우 어떠한 장점이 있을까? 이러한 경우 먼저 X의 평균 수익률 $E(X) = 5.10$, Y의 평균수익률 $E(Y) = 6.9$ 그리고 $E(XY) = 73.9$이며 $Var(X) = 45.89$, $Var(Y) = 48.09$이므로, 포트폴리오 수익률$(R_p) = 0.6X + 0.4Y$로 표시되며 따라서 포트폴리오의 기대수익률 $E(R_p) = 5.82$이다. 두 주식의 공분산 $Cov(X, Y) = E(XY) - E(X)E(Y) = 73.9 - 5.10 \times 6.90 = 38.71$이므로 포트폴리오의 분산은 다음과 같이 계산된다.

$$Var(R_p) = Var(0.6X + 0.4Y)$$
$$= 0.6^2 \ Var(X) + 0.4^2 \ Var(Y) + 2(0.6)(0.4)Cov(X, \ Y)$$
$$= 42.80$$

즉, 포트폴리오의 기대수익률 $E(R_p) = 5.82$, 포트폴리오의 분산은 42.80이므로 X 또는 Y에 몽땅 다 투자했을 때보다도 수익률과 위험의 교환관계의 관점에서 분산투자의 효과가 있음을 알 수 있다.

section 04 결합 확률분포

둘 또는 그 이상의 확률변수가 관련되어 있는 상황에서 결정되는 확률 분포를 결합 확률분포(joint probability distribution)라고 한다. 그리고 단 두 개의 확률변수만이 관련되어 있는 경우의 결합 확률분포를 이변량 분포(bivariate distribution)라고 하고, 둘 또는 그 이상의 확률변수와 관련되어 있는 경우의 결합 확률분포를 다변량 분포(multivariate distribution)라고 부른다.

일반적으로 X와 Y의 결합 밀도 함수(joint density function)는 다음을 의미한다.

$$f_{XY}(x, \ y) = P(X = x, \ Y = y) \tag{1.29}$$

1 한계 밀도 함수

X와 Y가 각각 $x_1, \ x_2, \ \cdots, \ x_m, \ y_1, \ y_2, \ \cdots, \ y_n$의 값을 띠는 이산 확률변수들이라고 하면, X와 Y의 한계 밀도 함수(marginal density function)는 각각 다음과 같이 정의된다.

$$f_X(x) = \sum_{j=1}^{n} f_{XY}(x, \ y_j) \tag{1.30}$$

$$f_Y(y) = \sum_{i=1}^{m} f_{XY}(x_i, \ y)$$

즉, 한계 밀도 함수는 결합 밀도 함수에서 특정 변수를 'concentrate out'한 결과임을 알 수 있다.

2 조건부 밀도 함수

확률의 경우와 유사하게 조건부 밀도 함수(conditional density function)는 다음과 같이 정의된다.

$$f_{Y|X}(x,\ y) = \frac{f_{XY}(x,\ y)}{f_X(x)} \tag{1.31}$$

$$f_{X|Y}(x,\ y) = \frac{f_{XY}(x,\ y)}{f_Y(y)} \qquad (단,\ f_X(x) \neq 0,\ f_Y(y) \neq 0) \tag{1.32}$$

한편, 조건부 밀도 함수가 이산 확률변수인 경우에는 다음과 같다.

$$P(Y = y\,|\,X = x) = \frac{P(Y = y,\ X = x)}{P(X = x)} \tag{1.33}$$

여기서 통계적 독립이란 모든 x와 y에 대하여 $f_{XY}(x,\ y) = f_X(x)f_Y(y)$가 성립하는 경우 또는 $f_{X|Y}(x,\ y) = f_X(x)$ 그리고 $f_{Y|X}(x,\ y) = f_Y(y)$가 성립하는 경우를 말한다.

3 기대값과 공분산

기대치의 개념은 둘 또는 그 이상의 변수들을 포함하고 있는 함수에 대해서도 적용될 수 있다. 만약 $g(X,\ Y)$가 두 변수 X와 Y의 함수라면, $g(X,\ Y)$도 하나의 확률변수이므로 $g(X,\ Y)$의 기대치는 다음과 같다.

$$E[g(X, Y)] = \sum_{X=x} \sum_{Y=y} g(x,\ y) f(x,\ y) \tag{1.34}$$

공분산(covariance)은 두 개의 변수 X와 Y의 상호 연관도를 측정하는 기준으로 사용되며 다음과 같이 정의된다.

$$Cov(X,\ Y) = \sigma_{xy} = E[(X-\mu_x)(Y-\mu_y)] \tag{1.35}$$
$$= E(XY) - \mu_x\mu_y$$

공분산이 두 개의 변수 X와 Y의 상호 연관도를 측정하는 기준으로 사용된다는 의미를 파악하기 위하여 다음의 예를 들어보자. 여름철에 혹심한 가뭄과 더위가 계속되는 경우, 에어컨의 판매대수(A)와 청량음료의 판매개수(B)는 동시에 증가할 것이지만 우산의 판매량(C)은 감소할 것이다. 이 경우 A와 B의 공분산은 '+'이지만 A와 C의 공분산은 '−'가 될 것이다. 두 개의 변수 X와 Y가 독립적인 경우와 그렇지 않은 경우 공분산의 특성은 다음과 같다.

(1) X와 Y가 독립적이지 않은 경우

$$Var(aX \pm bY) = a^2\ Var(X) + b^2\ Var(Y) \pm 2ab\ Cov(X,\ Y)$$
$$(단,\ a,\ b는\ 상수) \tag{1.36}$$

(2) X와 Y가 독립이면 $Cov(X,\ Y)=0$이므로

$$Var(aX \pm bY) = a^2\ Var(X) + b^2\ Var(Y) \tag{1.37}$$

---

4 상관계수, 조건부 평균

공분산의 크기는 X와 Y의 단위에 따라 달라지므로 단위와 관계없이 X와 Y의 관계를 측정하기 위하여 공분산을 X의 표준편차와 Y의 표준편차로 나누어 값을 구하게 되는데, 그 값을 X와 Y의 상관계수(coefficient of correlation)라고 한다. 상관계수는 다음과 같이 공분산을 두 변수 표준편차의 곱으로 나눔으로써 단위가 표준화되며, −1부터 +1 사이의 값을 가지게 된다. 이때 상관계수가 +1에 가까울수록 양의 상관관계가 높고 −1에 가까울수록 음의 상관관계가 높다고 말한다. 상관계수가 0인 경우 상관관계가 존재하지 않는다고 말한다.

$$\rho_{xy} = \frac{\sigma_{xy}}{\sigma_x\sigma_y} = \frac{Cov(X,\ Y)}{[Var(X)\ Var(Y)]^{1/2}} \tag{1.38}$$

이때 유의해야 할 사항은 X와 Y가 통계적으로 독립이면 항상 $\rho_{xy}=0$(uncorrelated)이 성립하지만 그 역은 항상 성립하지 않는다는 것이다. 즉, $Cov(X, Y)=0$이더라도 X와 Y는 독립이 아닐 수 있다. 일반적으로 두 개의 변수가 있는 경우 조건부 평균(conditional mean)은 다음과 같이 정의된다.

$$E(Y|X) = \sum_y y f_{Y|X}(x, y) \tag{1.39}$$

조건부 평균의 기본원리는 선형 회귀분석에서도 그대로 적용된다. 다시 말하면 $Y=\alpha+\beta X+u$의 선형 회귀식을 추정한다는 것은 $E(u|X)=0$이라는 가정하에 α, β를 구하는 것 또는 $E(Y|X)$를 구하는 것으로 이해할 수 있다.

5   이변량 정규분포

정규분포하는 두 개의 확률변수가 관련되어 있는 경우의 결합 확률분포를 이변량 정규분포(bivariate normal distribution)라고 한다. 물론 두 개 이상의 확률변수들이 관련되어 있는 다변량 정규분포도 생각해 볼 수 있겠으나, 실제로 현실세계에서 다변량 정규분포의 예를 찾는 것은 무척 어려운 일이 될 것이다. 물론 이변량 또는 다변량 정규분포의 장점은 그것이 수학적으로 다루기가 쉬울 뿐만 아니라, 적절한 결과를 도출하기가 용이하다는 데 있다.

이변량 정규분포의 밀도 함수는 단일 변량 정규분포의 밀도 함수 식 (1.13)에서 표준화된 편차 부분을 이변량으로 일반화시킴으로써 다음과 같이 얻어질 수 있다.

$$f_{XY}(x, y) = \frac{1}{2\pi\sigma_x\sigma_y\sqrt{(1-\rho^2)}} \exp\left\{ \frac{-\Xi}{2(1-\rho^2)} \right\} \tag{1.40}$$

$$\text{단, } \Xi = \left(\frac{x-\mu_x}{\sigma_x} \right)^2 - 2\rho\frac{(x-\mu_x)(y-\mu_y)}{\sigma_x\sigma_y} + \left(\frac{y-\mu_y}{\sigma_y} \right)^2 \tag{1.41}$$

$$\begin{aligned} &E(X)=\mu_x, && E(Y)=\mu_y \\ &Var(X)=\sigma_x^2, && Var(Y)=\sigma_y^2 \\ &Cov(X, Y)=\rho\sigma_x\sigma_y \end{aligned} \tag{1.42}$$

〈그림 1-4〉에서는 $\mu_x=\mu_y=0$, $\sigma_x=\sigma_y=1$ 그리고 두 확률변수의 상관관계 $\rho=0.7$인 이변량 정규분포를 예시하고 있다. 두 확률변수의 상관관계 ρ가 변함에 따라서 이변량 정규분포의

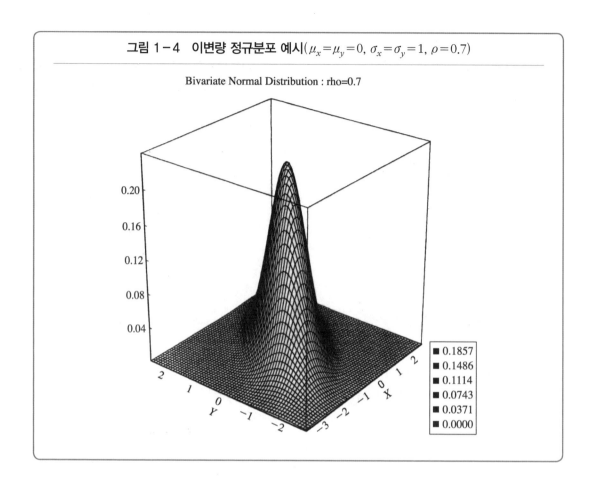

그림 1-4 이변량 정규분포 예시($\mu_x = \mu_y = 0$, $\sigma_x = \sigma_y = 1$, $\rho = 0.7$)

모양이 달라짐을 유의하기 바란다. 다음은 이변량 정규분포의 특성이다.

❶ (X, Y)가 이변량 정규분포할 때, X의 한계 분포는 $N(\mu_x, \sigma_x^2)$이고 Y의 한계 분포는 $N(\mu_y, \sigma_y^2)$이다. 그러나 그 역은 항상 성립하지 않는다.

❷ $Y = y$일 때 X의 조건부 밀도 함수는 다음과 같다.

$$f_{X|Y}(x \mid y) \sim N\left(\mu_x + \left(\rho \frac{\sigma_x}{\sigma_y}\right)(y - \mu_y),\ \sigma_x^2(1 - \rho^2)\right) \tag{1.43}$$

!) 예시

X와 Y의 결합 밀도 함수(joint probability distribution)가 다음과 같이 주어져 있다고 가정하자.

Y \ X	0	1	2	Y의 한계 밀도 함수 ($f_Y(y)$)
0	16/36	8/36	1/36	25/36
1	8/36	2/36	0	10/36
2	1/36	0	0	1/36
X의 한계 밀도 함수 ($f_X(x)$)	25/36	10/36	1/36	

① X와 Y의 한계 밀도 함수는? 즉, $P(X=x)$와 $P(Y=y)$?

예를 들어, $P(X=0)=P(X=0|Y=0)+P(X=0|Y=1)+P(X=0|Y=2)$

$= 16/36 + 8/36 + 1/36 = 25/36$

② X의 기대값은?

$E(X) = 0 \times (25/36) + 1 \times (10/36) + 2 \times (1/36) = 20/36$

③ Y의 기대값은?

(2)와 유사하게 계산한다.

④ $E(XY) = ?$

$E(XY) = 0 \times 0 \times (16/36) + 0 \times 1 \times (8/36) + 0 \times 2 \times (1/36) + 1 \times 0 \times (8/36)$

$+ 1 \times 1 \times (2/36) + 2 \times 0 \times (1/36) = 2/36$

⑤ $Cov(X, Y) = ?$

$Cov(X, Y) = E(XY) - E(X)E(Y)$로 계산한다.

⑥ X와 Y는 독립인가?

예를 들어, $P(X=1, Y=1) = (2/36)/(10/36) = 0.2$

반면, $P(X=1) \times P(Y=1) = (10/36) \times (10/36) = 0.077$

서로 다르므로 독립이 아니다.

⑦ $P(Y=0|X=1)$, 즉 조건부 밀도 함수값은?

$$\frac{P(X=1, Y=0)}{P(X=1)} = \frac{8}{36} / \frac{10}{36} = 0.8$$

x^2-**분포,** t-**분포,** F-**분포**

---

1 x^2-**분포**

$Z_1, \cdots, Z_n$이 독립적인 표준 정규분포 확률변수라 할 때 확률변수 $\displaystyle\sum_{i=1}^{n} Z_i^2$는 자유도가 n인 χ^2-분포한다(기호로는 $\displaystyle\sum_{i=1}^{n} Z_i^2 \sim \chi_n^2$으로 표시함). 일반적으로 χ^2-분포 확률변수의 기대값은 자유도와 같다. 〈그림 1-5〉에서는 자유도가 각각 1, 3, 5인 경우의 χ^2-분포 밀도 함수를 나타낸 것이다. χ^2-분포는 자유도가 커짐에 따라 점차적으로 정규분포의 모양과 유사해짐을 알 수 있다.

χ^2-분포의 특성은 다음과 같다.

❶ 두 개의 확률변수 X와 Y가 $X \sim \chi_m^2$, $Y \sim \chi_n^2$이고, X와 Y가 서로 독립이면,

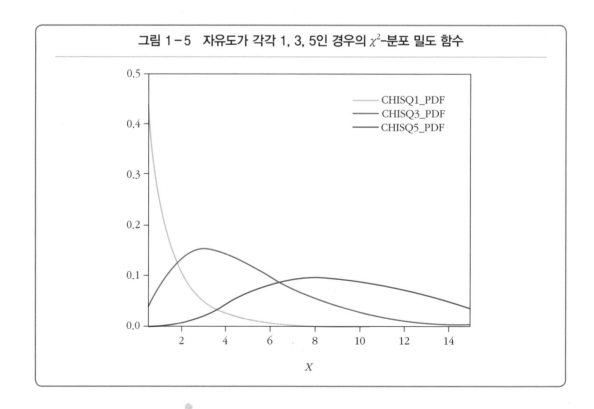

그림 1-5   자유도가 각각 1, 3, 5인 경우의 χ^2-분포 밀도 함수

$$X + Y \sim \chi^2_{m+n} \tag{1.44}$$

❷ $x_1, x_2, \cdots, x_n$이 IND(independently and normally distributed) 확률변수이고 각각의 평균과 분산이 μ_i, σ_i^2이면,

$$\frac{\sum_{i=1}^{n}(x_i - \mu_i)^2}{\sigma_i^2} \sim \chi^2_n \tag{1.45}$$

만일 평균과 분산이 동일하고 이들을 표본으로부터 추정하였다면,

$$\frac{(n-1)s^2}{\sigma^2} = \frac{\sum_{i=1}^{n}(x_i - \overline{x})^2}{\sigma_i^2} \sim \chi^2_{n-1} \tag{1.46}$$

2 t-분포

Z가 표준 정규분포 변량이고 $U \sim \chi^2_n$라고 하고, Z와 U는 서로 독립이라고 하자. 이때 t-분포 변량은 다음과 같이 정의한다.

$$t = \frac{Z}{\sqrt{U/n}} \tag{1.47}$$

t-분포의 밀도 함수와 평균 및 분산은 다음과 같다.

$$f(x) = \frac{\Gamma\left(\frac{n+1}{2}\right)}{\Gamma\left(\frac{1}{2}\right)\Gamma\left(\frac{n}{2}\right)} \frac{1}{\sqrt{n}} \left(1 + \frac{x^2}{n}\right)^{-(n+1)/2} \tag{1.48}$$

$$n > 0$$
$$\mu = 0 \quad \text{for} \quad n > 1$$
$$\sigma^2 = \frac{n}{n-2} \quad \text{for} \quad n > 2$$

한편, t-분포의 특성은 다음과 같다.

❶ n이 커짐에 따라 t-분포는 대략 $N(0, 1)$분포한다(대략 $n=30$이면 유사함).

❷ $x_1, x_2, \cdots, x_n$이 $N(\mu, \sigma^2)$에서 추출한 확률 표본이라고 할 때,

$$t = \frac{\bar{x} - \mu}{s/\sqrt{n}} \sim t_{n-1} \quad \left(\text{단}, \ s^2 = \frac{\sum_{i=1}^{n} (x_i - \bar{x})^2}{n-1} \right)$$ (1.49)

3 F-분포

두 개의 확률변수 U와 V가 $U \sim \chi^2_m$, $V \sim \chi^2_n$ 그리고 U와 V는 서로 독립이라고 하자. 이때 F-분포 변량은 다음과 같이 정의된다.

$$F = \frac{U/m}{V/n} \sim F_{m,n}$$ (1.50)

F-분포의 확률 밀도 함수는 다음과 같다.

$$f(x) = \frac{\Gamma\left[\dfrac{(m+n)}{2}\right]}{\Gamma\left(\dfrac{m}{2}\right)\Gamma\left(\dfrac{n}{2}\right)} \left[\frac{m}{n}\right]^{\frac{m}{2}} \frac{x^{(m-2)/2}}{\left(1 + \dfrac{mx}{n}\right)^{(m+n)/2}}$$ (1.51)

단, $x > 0$, $m, n = 1, 2, \cdots$

$\mu = \dfrac{n}{n-2}$, $n > 2$

$\sigma^2 = \dfrac{2n^2(m+n-2)}{m(n-2)^2(n-4)}$, $n > 4$

한편, F-분포의 특성은 다음과 같다.

❶ F-분포는 χ^2-분포와 유사한 형태를 가진다.

❷ $x_1, x_2, \cdots, x_n$이 $N(\mu, \sigma^2)$분포한다고 하자. 이때 다음이 성립한다.

$$F = \frac{(\bar{x} - \mu)^2}{s^2/n} \sim F_{1, n-1}$$ (1.52)

그리고

$$\sqrt{F} \sim t_{n-1}$$ (1.53)

❸ $x_1, x_2, \cdots, x_m$이 $N(\mu_x, \sigma_x^2)$분포하고 $y_1, y_2, \cdots, y_n$이 $N(\mu_y, \sigma_y^2)$ 분포한다고 하자. 또한 x 와 y가 서로 독립이라고 하자. 이때 다음이 성립한다.

$$F = \frac{s_x^2/\sigma_x^2}{s_y^2/\sigma_y^2} \sim F_{m-1, n-1} \tag{1.54}$$

section 06 | 확률 표본추출

표본추출(sampling)이란 통계조사의 대상인 모집단에서 추출한 표본을 토대로 하여 모집단에 관한 정보를 얻으려고 하는 절차이다. 표본추출은 전체를 조사하는 것이 아니라 그 일부만을 조사하는 것이기 때문에 여러 가지 유리한 점이 있다. 그러나 필연적으로 오차를 수반하게 된다.

모집단의 각 요소가 표본에 포함될 수 있는 확률이 사전에 알려진 표본추출방법이 확률 표본추출(random sampling) 방법이고 이러한 경우 추정치의 적합성을 검정할 수 있다. 여기서 모집단(population 또는 statistical universe)이란 관심대상 요소들의 총집합을 말하고, 표본(sample)이란 모집단의 서브그룹을 칭한다. 이때 크기(size)가 n인 확률 표본(random sample)이란 크기가 n인 모든 표본이 있을 때 이들이 선택될 확률이 같은 경우 추출한 표본을 말한다. 확률변수 X에 대한 관측치들로 구성된 확률 표본은 IID(independently and identically distributed) 확률변수 $x_1, x_2, \cdots, x_n$의 집합이며, 이들 확률변수 각각의 확률 분포는 X의 그것과 같다. 따라서 확률 표본의 독립성 특성을 이용하면 다음이 성립한다.

$$f(x_1, x_2, \cdots, x_n) = f(x_1)f(x_2)\cdots f(x_n) = \prod_{i=1}^{n} f(x_i) \tag{1.55}$$

식 (1.55)에서의 시사점은 결합 밀도 함수 자체를 기술하는 것은 매우 어려운 일이나, 이것이 개별 밀도 함수의 곱으로 표현될 수 있다면 일이 매우 수월해진다는 사실이다.

표본 통계량의 분포

1 표본 통계량

통계량(statistic)이란 확률표본을 구성하는 확률변수들의 함수이다. 따라서 통계량 자체도 하나의 확률변수이며, 그 자신이 분포를 갖는다. 대표적인 표본 통계량은 다음과 같다.

(1) 표본 평균

$$\bar{x} = \left(\frac{1}{n}\right)\sum_{i=1}^{n} x_i \tag{1.56}$$

(2) 표본 분산 : 편차 제곱의 평균

$$s^2 = \left(\frac{1}{n-1}\right)\sum_{i=1}^{n}(x_i - \bar{x})^2 \tag{1.57}$$

이때 편차(deviation)란 개별 관측치와 관측치들의 표본 평균(sample mean)과의 차이를 말하고, 표본 표준편차란 표본 분산(sample variance)의 제곱근['정'(+)의 값]을 지칭한다. 한편, 여기서 다음과 같은 항등식이 성립한다.

$$\sum_{i=1}^{n}(x_i - \bar{x})^2 = \sum_{i=1}^{n} x_i^2 - n\bar{x}^2 \tag{1.58}$$

두 개의 변수 x와 y 사이의 표본 상관계수(sample correlation coefficient)는 다음과 같이 계산된다.

$$r = \frac{\displaystyle\sum_{i=1}^{n}(x_i - \bar{x})(y_i - \bar{y})}{(n-1)s_x s_y} \tag{1.59}$$

(단, s_x, s_y는 각각 표본 표준편차를 나타낸다.)

$x_1, x_2, \cdots, x_n$이 $E(x_i) = \mu$, $Var(x_i) = \sigma^2$인 모집단으로부터의 표본이라 할 때, 표본 평균($\overline{x}$)의 기대값과 분산은 다음과 같다.

$$E(\overline{x}) = \mu \tag{1.60}$$
$$Var(\overline{x}) = \sigma^2/n$$

한편, 이들의 특성(정규분포 모집단의 경우)은 다음과 같다.

❶ $x_1, x_2, \cdots, x_n$이 $E(x_i) = \mu$, $Var(x_i) = \sigma^2$인 정규분포 모집단으로부터의 표본이라 할 때

$$\overline{x} \sim N\left(\mu, \frac{\sigma^2}{n}\right) \tag{1.61}$$

❷ $Z = \dfrac{(\overline{x} - \mu)}{\sigma/\sqrt{n}} = \sqrt{n}\,\dfrac{(\overline{x} - \mu)}{\sigma} \sim N(0, 1)$ (1.62)

❸ $x_1, x_2, \cdots, x_n$이 $E(x_i) = \mu$, $Var(x_i) = \sigma^2$인 정규분포 모집단으로부터의 표본이라 할 때 표본분산

$$s^2 = \left(\frac{1}{n-1}\right)\sum_{i=1}^{n}(x_i - \overline{x})^2$$

는 다음과 같은 특성을 갖는다.

$$U = \frac{(n-1)s^2}{\sigma^2} = \frac{\displaystyle\sum_{i=1}^{n}(x_i - \overline{x})^2}{\sigma^2} \sim \chi^2_{n-1} \tag{1.63}$$

❹ 이때 $E\left[\dfrac{(n-1)s^2}{\sigma^2}\right] = n - 1\,(E(\chi^2_m) = m$이므로), $E(s^2) = \sigma^2$이 성립함을 알 수 있다(즉, s^2을 계산할 때 분모는 $(n-1)$이어야 함을 알 수 있다).

❺ $t = \dfrac{Z}{\sqrt{\dfrac{U}{(n+1)}}} \sim t_{n-1}$이므로 Z와 U를 대입하여 간단히 하면 다음이 성립함을 알 수 있다.

$$t = \sqrt{n}\,\frac{(\overline{x} - \mu)}{s} \sim t_{n-1} \tag{1.64}$$

추정량의 특성

추정량(estimator)이란 관심 있는 모수의 값을 제공해 주는 공식을 지칭하며, 추정값(estimate)이란 추정량에 데이터를 대입하여 계산한 값 자체를 지칭한다. 일반적으로 추정량의 소표본(small sample) 특성은 다음과 같다.

(1) 불편성

$E(\hat{\theta}) = \theta$이 성립하는 경우 추정량 $\hat{\theta}$를 모수 θ의 불편 추정량이라고 한다. 이때 모수 θ의 불편 추정량은 여러 가지가 존재할 수 있다.

(2) 효율성

$\hat{\theta_1}$과 $\hat{\theta_2}$를 각각 모수 θ의 불편 추정량이라고 하자. $Var(\hat{\theta_1}) < Var(\hat{\theta_2})$인 경우 $\hat{\theta_1}$을 $\hat{\theta_2}$보다 효율적이라고 한다. 이때 $Var(\hat{\theta_1})/Var(\hat{\theta_2})$를 '상대적 효율성'이라고 부르며, θ에 대한 불편 추정량 중에서 최소 분산을 갖는 추정량을 '최소 분산 불편 추정량(minimum variance unbiased estimator)'이라고 부른다.

(3) 평균 제곱 오차

추정량 $\hat{\theta}$의 평균 제곱 오차(Mean Squared Error ; MSE)는 다음과 같이 정의한다.

$$MSE(\hat{\theta}) = E[(\hat{\theta} - \theta)^2] \tag{1.65}$$

이때 MSE는 추정량의 분산과 편의(bias)의 두 항으로 분해할 수 있다.

$$\begin{aligned} MSE(\hat{\theta}) &= E[(\hat{\theta} - \theta)^2] = E[\hat{\theta} - E(\hat{\theta}) + E(\hat{\theta}) - \theta]^2 \\ &= E[\hat{\theta} - E(\hat{\theta}) + b(\theta)]^2 = E[\hat{\theta} - E(\hat{\theta})^2] + b(\theta)^2 \\ &\quad + 2b(\theta)E[\hat{\theta} - E(\hat{\theta})] \\ &= Var(\hat{\theta}) + b(\theta)^2 \end{aligned} \tag{1.66}$$

(4) best linear unbiased estimator(BLUE)

$$\hat{\theta} = a_1 x_1 + a_2 x_2 + \cdots + a_n x_n = \sum a_i x_i \tag{1.67}$$

의 형태를 갖는 추정량을 선형 추정량이라고 한다(단, a_i는 상수, 예를 들어 $a_i = 1/n$이라고 하면 $\hat{\theta}$는 표본 평균($\bar{x}$)을 나타낸다. 즉, 모수 μ의 추정량인 표본 평균은 선형 추정량임을 알 수 있다).

한편, 모든 선형 불편 추정량 중에서 최소의 분산을 갖는 것을 'best linear unbiased estimator(BLUE)'라고 한다. 경우에 따라 어떤 추정량은 소표본인 경우, 위에서 논의한 바람직한 특성 중 하나 또는 그 이상을 결여할 수 있다. 이때 만일 표본이 충분히 크다면 추정량이 어떤 바람직한 특성을 가질 수 있겠는가 하는 것을 생각해 볼 수 있다. 일반적으로 추정량의 대표본(large sample) 특성은 다음과 같다.

❶ 점근적 불편성 : 추정량 $\hat{\theta}$는 다음의 조건이 만족하는 경우 점근적 불편성(asymptotic unbiasedness)을 띤다고 말한다.

$$\lim_{n \to \infty} E(\widehat{\theta_n}) = \theta \quad \text{또는} \quad \lim_{n \to \infty} [E(\widehat{\theta_n}) - \theta] = 0 \tag{1.68}$$

단, 기호 $\widehat{\theta_n}$은 n개의 유한한 표본을 사용하여 구한 추정량이라는 뜻이다.

❷ 일치성 : 추정량 $\hat{\theta}$는 다음의 조건이 만족하는 경우 일치 추정량이라고 말한다.

$$\lim_{n \to \infty} P(\theta - \varepsilon \leqq \widehat{\theta_n} \leqq \theta + \varepsilon) = 1, \quad \text{for all } \varepsilon > 0 \tag{1.69}$$

또는 기호로 $plim(\widehat{\theta_n}) = \theta$로 표현하기도 한다.

불편성은 소표본 또는 대표본에서 모두 성립할 수 있는 개념이지만, 일치성은 대표본에서만 성립한다. 예를 들어 표본 평균 $\bar{x}$는 소표본에서는 μ의 불편 추정량이지만, 대표본에서는 일치 추정량이기도 하다. 그러나 어떤 추정량은 소표본에서는 편의 추정량(biased estimator)이지만, 대표본에서 일치성 특성을 가질 수 있다.

❸ 점근적 정규성 : 추정량의 표본 분포가 표본의 크기가 무한히 커짐에 따라 정규분포에 접근할 때 그 추정량은 점근적으로 정규분포한다고 말한다.

다음은 점근적 정규성(asymptotic normality)과 관련된 두 가지 주요 결과이다.

ㄱ. 대수의 법칙 : $\overline{Z_n}$가 iid분포하는 확률변수 $Z_1, Z_2, \cdots, Z_n$의 평균이라고 하자. 이때 다음이 성립한다.

$$plim(\overline{Z_n}) = E(\overline{Z_n}) \tag{1.70}$$

즉, 확률변수의 표본 평균은 표본의 크기 n이 증가함에 따라 이의 기대값에 접근함을 의미한다. $\overline{Z} = \overline{x}$(단, $E(\overline{x}) = \mu$)인 경우,

$$plim(\overline{x_n}) = \mu \tag{1.71}$$

유사하게

$$plim(s^2)\left(= \frac{\sum(x_i - \overline{x})^2}{n-1}\right) = \sigma^2 \tag{1.72}$$

일반적으로 대수의 법칙(Law of Large Numbers ; LLN)은 체비셰프의 부등호를 사용하여 증명한다.

체비셰프의 부등호(Chebyshev's inequality)

임의 확률변수에 대하여 확률변수가 이의 기대값의 k, 표준편차 범위 내의 값을 취할 확률은 적어도 $1 - \frac{1}{k^2}$이다. 즉,

$$P(|X - \mu| \geqq k\sigma) \leqq \frac{1}{k^2} \tag{1.73}$$

ㄴ. 중심 극한 정리 : $x_1, x_2, \cdots, x_n$이 동일한 분포에서 추출한 확률 표본이고 이의 기대값과 분산이 각각 μ와 σ^2라고 하자. 표본의 크기 n이 클 때 $\sum\limits_{i=1}^{n} X_i$는 대략적으로 다음과 같은 평균과 분산을 갖는 정규분포를 한다.

$$\sum_{i=1}^{n} x_i \sim N(n\mu, n\sigma^2) \tag{1.74}$$

$$\overline{x} = (1/n)\sum_{i=1}^{n} x_i \sim N(\mu, \sigma^2/n)$$

$$\text{또는 } \overline{Z} = \sqrt{n}\,(\overline{x} - \mu)/\sigma \sim N(0, 1) \tag{1.75}$$

여기서 중심 극한 정리(Central Limit Theorem ; CLT)가 중요한 이유는 x_i를 추출한 분포를 모르더라도 $\overline{x}$가 정규분포한다는 결과를 얻을 수 있기 때문이다.

앞 절에서는 바람직한 추정량의 조건에 대하여 설명하였다. 이제 여기서는 이러한 조건의 일부 또는 대부분을 충족시키는 추정량을 구하는 방법에 대하여 간단히 설명하고자 한다. 본 절에서는 적절한 추정량을 구하는 방법으로 최소 자승법과 최우 추정법을 간단히 소개한다.

1 최소 자승법

최소 자승법(method of least squares)이란 잔차항 제곱이 미지의 모수에 대하여 최소화되도록 하는 추정량 계산법이다.

예시

▶ 최소 자승법에 의한 평균의 계산

i번째 관찰치가 다음과 같이 평균과 i번째 잔차로 이루어지는 경우를 생각해 보자.

$$x_i = \mu + e_i, \quad e_i \sim (0, \sigma^2) \tag{1.76}$$

잔차항은 $e_i - x_i - \mu$이므로 최소 자승법에서는 산차항 제곱을 다음과 같이 최소화한다.

$$\min_\mu SSE(\mu) = \sum e_i^2 \tag{1.77}$$
$$= \sum (x_i - \mu)^2$$

$$\frac{\partial SSE}{\partial \mu} = \sum (-2)(x_i - \mu) \tag{1.78}$$
$$= (-2)[\sum x_i - n\mu] = 0$$

즉, $\hat{\mu} = \left(\frac{1}{n}\right)\sum x_i$

따라서 이 간단한 예의 경우 평균의 최소 자승법에 의한 추정량은 표본의 단순 평균과 같아짐을 알 수 있다.

$e_i \sim N(0, \sigma^2)$을 가정하면 e_i의 밀도 함수(또는 우도 함수)를 설정할 수 있다.

우도 함수가 $f(\theta ; x)$, $\theta = (\mu, \sigma^2)'$이라면 최우 추정법(Maximum Likelihood Estimation ; MLE)은

$$\max_\theta f(\theta ; x) \tag{1.79}$$

위의 식이 최대값을 가지도록 θ를 찾는 것과 같다.

---

section 10 구간 추정

일반적으로 점추정이란 알려져 있지 않은 모수를 추정할 때 모수의 진정한 값이라고 추측되는 단일 수치로 나타내는 것을 뜻한다. 다시 말하면 지금까지 전 절에서의 추정법들은 하나의 추정치를 구하는 것인데(즉, 점추정량을 구하는 것임), 추정량은 본질적으로 확률적(subject to errors)이다. 따라서 구간 추정을 하게 되는데, 구간 추정(interval estimation)이란 모수의 진정한 값이 포함되는 것을 기대하는 추정치를 범위로 나타내는 것을 의미한다.

예를 들어 표본 평균의 구간 추정을 생각해 보기로 하자. 우선 모집단 평균이 μ인 x_1, x_2, $\cdots$, x_n가 있을 때 모수가 95%의 확률을 가지고 놓일 구간을 추정해 보자. 먼저 다음이 성립함을 앞에서 보았다.

$$t = \frac{\overline{x} - \mu}{s/\sqrt{n}} \sim t_{n-1} \tag{1.80}$$

t^*을 $P(-t^* \leq t \leq t^*) = 0.95$를 만족시키는 t-분포상의 값이라고 하자. 이때 모수의 구간 추정치는 다음과 같이 계산한다.

$$P\left[-t^* \leq t = \frac{\overline{x} - \mu}{s/\sqrt{n}} \leq t^*\right] = 0.95 \tag{1.81}$$

$$P[\overline{x} - (s/\sqrt{n})t^* \leq \mu \leq \overline{x} + (s/\sqrt{n})t^*] = 0.95$$

여기서 $t^* = t_{\alpha/2.64} \approx z_{\alpha/2}$임을 유의한다.

> **! 예시**

　$y = \alpha + \beta x + e$에서 최소 자승법(LS)에 의한 β의 추정치가 -0.3153, $SD(\hat{\beta}) = 0.1216$, $t(\hat{\beta}) = -2.592095$, 그리고 표본의 크기가 66일 때 95% 신뢰 수준에서 β의 구간 추정치를 계산하면 다음과 같다.

$$P[-0.3153 - 0.1216 \times 1.96 \leq \beta \leq -0.3153 + 0.1216 \times 1.96] = 0.95$$
$$P[-0.5536 \leq \beta \leq -0.0770] = 0.95$$

section 11　통계적 가설 검정

　가설이란 실증적인 증명 이전에 잠정적으로 세우는 모집단 특성에 대한 진술이며, 이것은 경험적으로 또는 논리적으로 검정되는 조건 또는 명제이다.

1　귀무가설과 대립가설

　통계적 가설은 귀무가설(H_0)과 대립가설(H_A) 두 가지로 구성되어 있다. 귀무가설은 표본추출 오차 여부에 대한 검정 대상이 되는 가설이며, 대립가설은 논리적 대안으로서 귀무가설이 기각될 때 채택되는 가설이다. 일반적으로 가설이 참일 확률이 적어 채택되기 어려운 가설을 귀무가설로 세운다. 귀무가설(H_0)과 대립가설(H_A)의 구체적인 예를 들면 다음과 같다.

　귀무가설(H_0)과 대립가설(H_A)은 관심 있는 모수의 값에 대하여 상호 배타적인 진술이다. 귀무가설은 통계치가 제공하는 확률의 측면에서 평가하는 것이며, 대립가설은 논리적 대안으로서 검정하고자 하는 현상에 관한 예측이다. 따라서 이 두 가설은 모집단과 표본을 연결시켜 주는 역할을 하게 된다. 다음은 통계적 가설 검정의 순서를 체계적으로 정리한 것이다.

표 1-1 귀무가설(H_0)과 대립가설(H_A)의 예

	a	b	c	d
H_0	$\mu = \mu_0$	$\mu = \mu_0$	$\mu \leq \mu_0$	$\mu \geq \mu_0$
H_A	$\mu = \mu_1$	$\mu \neq \mu_0$	$\mu > \mu_0$	$\mu < \mu_0$

❶ 두 개의 상반된 가설을 설정한다.
❷ 검정 통계량을 유도하고 이의 표본 분포를 식별한다.
❸ 의사결정규칙을 유도하고 두 개의 상반된 가설 중 하나를 선택한다.

2 제1종 오류와 제2종 오류

위에서 설명한 가설 검정을 시행할 때는 두 가지 오류에 직면할 수 있다. 그 중 하나가 제1종 오류(type I error)로서 실제로 진실한 가설을 기각시키는 경우이고, 또 하나는 제2종 오류(type II error)로서 거짓된 가설을 채택하는 경우이다. 제1종 오류와 제2종 오류, 유의 수준 및 검정력을 차례대로 정리하면 다음과 같다.

❶ 제1종 오류(type I error) : 제1종 오류는 귀무가설이 옳음에도 불구하고 이를 그릇되게 기각하는 오류를 말한다(예 : 죄를 범하지 않은 사람이 유죄판결을 받는 경우).
❷ 제2종 오류(type II error) : 제2종 오류는 귀무가설이 사실이 아님에도 불구하고 이를 채택하는 오류를 말한다(예 : 죄인이 무죄 방면되는 경우).
❸ 유의 수준(level of significance) : 유의 수준이란 귀무가설이 옳은 경우 제1종 오류를 범할 최대 확률을 말한다(예 : 무죄인 사람을 기소할 최대 확률).
❹ 검정력(power of a test) : 검정력이란 귀무가설이 사실이 아닐 때 이를 (옳게) 기각하는 확률을 말한다(예 : 유죄인 사람을 기소하는 확률).

3 정규분포의 평균에 대한 가설 검정

다음은 정규분포의 평균에 대한 가설 검정 중 양측 검정(two-tailed test)의 예를 정리한 것

이다.

❶ 가설 설정 : 귀무가설(H_0)과 대립가설(H_A)의 두 가지를 각각 설정한다.

$$H_0 : \mu = \mu_0, \qquad H_A : \mu \neq \mu_0$$

❷ 아래의 식을 이용하여 검정 통계량을 계산한다.

$$t = \sqrt{n} \left(\frac{\overline{x} - \mu_0}{s} \right) \sim t_{n-1}$$

❸ 유의 수준 α하에서 임계역 또는 기각역(critical region 또는 rejection region)
$P(t > t^*) = \dfrac{\alpha}{2}$가 되도록 임계값 $t^*_{\frac{\alpha}{2}, n-1}$을 설정한다.

❹ 만일 표본으로부터 구한 t-통계량이 $t > t^*$ 또는 $t < -t^*$이면 귀무가설을 기각한다.

---

section 12   단순 회귀분석

회귀분석(regression analysis)은 하나의 변수 혹은 여러 변수가 다른 변수에 미치는 영향력의 크기를 수학적 관계식으로 추정하고 분석하는 통계적 분석 방법을 말한다. 회귀분석에서의 변수는 독립변수(independent variable)와 종속변수(dependent variable)로 나누어진다. 다른 변수에 영향을 주는 변수를 독립변수 혹은 설명변수라고 하며, 독립변수에 의해 영향을 받는 변수를 종속변수라고 한다.

회귀분석은 독립변수의 수에 따라서 단순 회귀분석(simple regression analysis)과 다중 회귀분석 (multiple regression analysis)으로 나누어진다. 단순 회귀분석은 하나의 종속변수 Y와 하나의 독립변수 X의 관계를 분석하는 경우이며, 다중 회귀분석은 하나의 종속변수 Y와 두 개 이상의 독립변수들 $X_1, X_2, X_3, \cdots, X_k$의 관계를 분석하는 경우를 말한다.

1 단순 회귀분석의 가정

단순 회귀모형을 설정하는 데는 다음과 같은 가정들을 전제로 한다.

(1) 선형 모형

$$Y_t = \alpha + \beta X_t + u_t \tag{1.82}$$

단, α, β는 미지의 모수로 '회귀계수(regression coefficients)'라고 부르고, 확률변수 u_t는 미관측 오차항을 나타낸다. 이때 오차항 u_t는 다음의 효과들을 포함한다고 볼 수 있다.

❶ 누락 변수 효과
❷ 비선형성 효과 : $Y_t = \alpha + \beta X_t + \gamma X^2 + u_t$ (1.83)
❸ X와 Y변수의 측정오차
❹ 예측 불가능한 확률적 효과

(2) 오차항의 평균은 0이다. 즉, $E(u_t) = 0$ (1.84)

(3) 모든 X들은 동일한 값을 취하지 않는다. 즉, 적어도 그들 중 하나는 다른 값을 취한다.

(4) X_t는 비확률적(given or nonrandom)이다. 이는 X_t가 u_t와 무상관임을 의미한다. 즉,

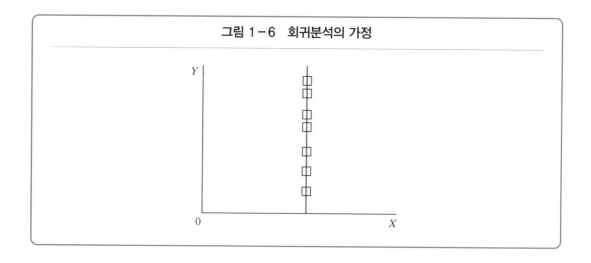

그림 1-6 회귀분석의 가정

$$Cov(X_t, \ u_t) = E(X_t u_t) - E(X_t)E(u_t) = 0 \tag{1.85}$$

따라서,

$$E(Y_t|X_t) = E(\alpha + \beta X_t + u_t|X_t) = \alpha + \beta X_t + E(u_t|X_t) = \alpha + \beta X_t \tag{1.86}$$

(5) 확률변수 u_t의 분산은 다른 변수의 값이나 시간에 상관없이 항상 일정하다. 즉,

$$Var(u_t) = E(u_t^2) = \sigma^2 \quad \text{for all t} \tag{1.87}$$

(6) u_t는 독립적으로 분포한다(independently distributed). 따라서,

$$Cov(u_t, \ u_s) = E(u_t u_s) = 0 \quad \text{for all t} \neq \text{s} \tag{1.88}$$

식 (1.88)은 주로 회귀분석자료가 시간 간격을 가지고 계속적으로 얻어질 경우 발생할 수 있는 자기 상관성의 부재를 의미한다. 즉, 오차항들이 서로 독립적이면 〈그림 1-7〉에서와 같이 자기 상관성이 없다는 것을 말하는 것이다.

(7) 확률 오차항 u_t는 다음과 같은 정규분포를 따른다.

$$u_t \sim N(0, \ \sigma^2) \tag{1.89}$$

한편, 가정 (7)을 하는 경우 Y_t도 조건부 정규분포를 한다.

$$Y_t|X_t \sim N(\alpha + \beta Xt, \ \sigma^2) \tag{1.90}$$

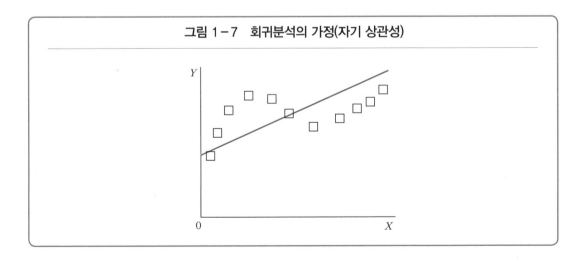

그림 1-7 회귀분석의 가정(자기 상관성)

이 가정은 가설 검정 시 검정 통계량의 분포 도출에 매우 중요하므로 독자들은 모두 기억해 두기 바란다.

2	회귀 모수의 추정

표본 회귀선의 $\hat{\alpha}$, $\hat{\beta}$를 구하는 가장 좋은 방법은 관측치에 가장 적합한 식을 구하는 것이다. 적합도가 가장 큰 식이란 잔차 u_t의 전체 크기가 가장 작은 식이라고 할 수 있다. 잔차의 값은 관측치가 표본 회귀선보다 밑에 있을 때에는 (−)가 되고 위에 있을 때에는 (+)의 값을 가질 것이다. 여기에서는 단순 회귀계수 $\hat{\alpha}$, $\hat{\beta}$를 추정하는 방법을 단순법, 최소 자승법 및 최우 추정법으로 나누어 간략하게 설명하고자 한다.

(1) 단순법

단순법(simple method)이란 오차항의 평균이 0이라는 가정을 이용하여 두 개의 방정식을 만들고 이를 두 개의 미지수에 관하여 푸는 방식을 말한다.

식 (1.84)의 오차항의 평균을 0이라고 하는 가정, 다시 말하면 $E(u_t) = 0$을 이용하면,

$$E(u_t) = 0 = E(u_t X_t) \tag{1.91}$$

오차항의 성질을 이용하여

$$\widehat{u_t} = Y_t - \hat{\alpha} - \hat{\beta} X_t \tag{1.92}$$

단, $\hat{\alpha}$, $\hat{\beta}$는 표본 추정치를 나타낸다. 따라서,

$$\frac{1}{T} \sum \widehat{u_t} = 0 = \frac{1}{T} \sum (Y_t - \hat{\alpha} - \hat{\beta} X_t) \tag{1.93}$$

$$= \frac{1}{T} \sum Y_t - \frac{1}{T}(T\hat{\alpha}) - \hat{\beta} \frac{1}{T} \sum X_t$$

$$\frac{1}{T} \sum (X_t, \widehat{u_t}) = \frac{1}{T} \sum [X_t(Y_t - \hat{\alpha} - \hat{\beta} X_t)] = 0$$

$$\sum X_t Y_t - \hat{\alpha} \sum X_t - \hat{\beta} \sum X_t^2 = 0 \;\; \text{or} \;\; \sum X_t Y_t = \hat{\alpha} \sum X_t + \hat{\beta} \sum X_t^2 \tag{1.94}$$

식 (1.93)과 식 (1.94)는 두 개의 방정식('정규 방정식'이라고 부름)과 두 개의 미지수로 구성되어 있으므로 $\hat{\alpha}$, $\hat{\beta}$에 대한 해를 구할 수 있다.

(2) 최소 자승법

최소 자승법(method of least squares)이란 잔차의 제곱의 합을 최소화하는 회귀선을 구하는 방법이다. 즉,

$$\min_\theta SSE(\theta) = \sum u_i^2 = \sum (x_i - \hat{a} - \hat{\beta} X_t)^2, \quad \theta = (\alpha, \beta)' \tag{1.95}$$

위와 같이 잔차의 '제곱'을 계산함으로써 얻게 되는 효과는 다음과 같다.

❶ 잔차항의 부호를 제거하여 $+u_t$와 $-u_t$를 동일하게 취급한다.
❷ '제곱'은 값이 큰 오차항에 페널티를 부과하는 효과가 있다.

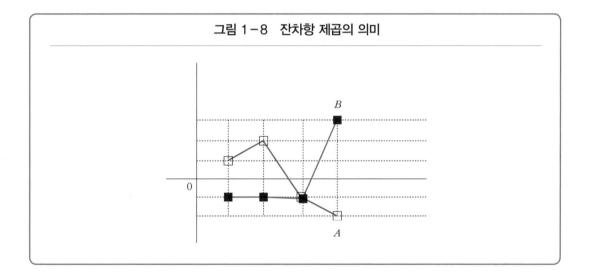

그림 1-8 잔차항 제곱의 의미

❗ 예시

잔차 계열 A : (1, 2, −1, −2), 잔차 계열 B : (−1, −1, −1, 3)

　　　A : $SSE = 10$　　　　　　　B : $SSE = 12$

잔차 계열 A와 B의 경우 잔차들의 절대값의 합은 두 계열 모두 6이지만 제곱하여 합을 구하면 (SSE) A는 10, B는 12가 된다. 즉, 오차항을 제곱한다는 것은 값이 큰 오차항에 페널티를 부과하는 효과가 있는 것이다. 이처럼 잔차의 제곱합을 최소화함으로써 두 개의 방정식과 두 개의 미지수를 갖는 정규 방정식을 도출할 수 있을 것이다.

(3) 최우 추정법

최우 추정법(MLE)이란 본래 각 표본 관측치의 밀도 함수를 극대화하는 방법으로 모수를 추정하는 방법이다. 조금 더 구체적으로 $u_i \sim N(0, \sigma^2)$을 가정하면 u_i의 우도 함수(likelihood function)를 설정할 수 있다.

우도 함수에서 t-번째 관측치의 우도 함수가 $l_t(\theta \; ; \; Y, X)$, $\theta = (\sigma, \beta, \sigma^2)'$이라면 최우 추정법에서는,

$$\max_\theta \sum_{t=1}^{T} \ln[l_t(\theta \; ; \; Y, X)] \tag{1.96}$$

가 되는 θ를 구하는 것이다.

단순 회귀분석에서는 최우 추정법에 의해 구한 $\hat{\alpha}, \hat{\beta}$는 최소 자승법에 의해 구한 그것과 동일하게 된다(즉, 닫힌 해가 존재한다). 그러나 좀 더 복잡한 모형에서는 MLE의 경우 닫힌 해가 존재하지 않는 경우가 많은데, 이러한 경우 대수 우도 함수의 극대화는 '수치 최적화(numerical optimization)' 방법을 사용하게 된다.

한편, 식 (1.93)과 식 (1.94) 두 개의 정규 방정식의 해를 구하면 두 개의 회귀계수 $\hat{\alpha}, \hat{\beta}$를 얻을 수 있다.

$$\hat{\beta} = \frac{\sum XY - \dfrac{\sum X \sum Y}{T}}{\sum X^2 - \dfrac{(\sum X)^2}{T}} = \frac{S_{xy}}{S_{xx}} = \frac{S_{xy}/(T-1)}{S_{xx}/(T-1)} = \frac{\overline{Cov(X, Y)}}{Var(X)} \tag{1.97}$$

$$\hat{\alpha} = \overline{Y} - \hat{\beta}\,\overline{X} \tag{1.98}$$

3 최소 자승 추정량의 특성

이제 $u_i \sim N(0, \sigma^2)$라는 전제하에서 위에서 구한 최소 자승 추정량이 어떤 특성을 갖는지 다음에서 살펴보기로 하자.

(1) $E(u_t) = E(X_t u_t) = 0$의 가정하에서 $\hat{\alpha}, \hat{\beta}$는 불편 추정량이다. 즉,

$$E(\hat{\alpha}) = \alpha, \quad E(\hat{\beta}) = \beta$$

예 : 또한 $\tilde{\beta} = \dfrac{Y_2 - Y_1}{X_2 - X_1}$ 도 불편 추정량이다.

$$\tilde{\beta} = \beta + \frac{u_2 - u_1}{X_2 - X_1} \Rightarrow E(\tilde{\beta}) = \beta$$

그러나 이 추정량은 $(T-3)$개의 정보를 사용하지 않고 있다. 따라서 불편성 외에 두 번째 기준으로 '일치성'을 점검하게 된다.

(2) 최소 자승 추정량은 다음 조건이 만족하는 경우 일치 추정량이다.

$$Cov(X,\ u) = E(Xu) = 0 \quad \text{그리고} \quad 0 < Var(X) < \infty$$

$$\text{즉, } \hat{\beta} = \beta + \frac{S_{xu}/T}{S_{xx}/T} \qquad (\text{단, } S_{pq} = \Sigma(P-\overline{P})(Q-\overline{Q}))$$

대수법칙(Law of Large Numbers)에 의하여

$$\frac{S_{xu}}{T} \quad \rightarrow \quad Cov(X,\ u)$$

$$\frac{S_{xx}}{T} \quad \rightarrow \quad Var(X)$$

그러므로 $\hat{\beta}$는 $Cov(X,\ u) = 0$인 경우 β로 수렴한다.

(3) 효율성

가정 (2)~(6)하에서 최소 자승 추정량은 불편 선형 추정량 중에서 가장 효율적인 추정량이다(즉, 'BLUE' 특성을 갖는다). 이러한 결과는 '가우스-마코프 정리'라고 알려져 있다.

4 최소 자승 추정량의 정확도

주어진 설명변수 X하에서 $\hat{\beta}$는 다음과 같이 표현할 수 있다.

$$\hat{\beta} = \sum_{t=1}^{T} \left[\frac{X_t - \overline{X}}{S_{xx}} \right] Y_t \tag{1.99}$$

따라서,

$$\hat{\alpha}, \hat{\beta} = f(Y_1, Y_2, \cdots, Y_T) = g(u_1, u_2, \cdots, u_T) \tag{1.100}$$

즉, $\hat{\alpha}, \hat{\beta}$는 확률변수이다. 그러므로 다음과 같은 결과가 성립된다.

❶ $Var(\hat{\beta}) = E[(\hat{\beta} - \beta)^2] = \dfrac{\sigma^2}{S_{xx}}$ \hfill (1.101)

❷ $Var(\hat{\alpha}) = E[(\hat{\alpha} - \alpha)^2] = \dfrac{\sum X^2}{TS_{xx}}\sigma^2$ \hfill (1.102)

❸ $Cov(\hat{\alpha}, \hat{\beta}) = E[(\hat{\alpha} - \alpha)(\hat{\beta} - \beta)] = -\dfrac{\overline{X}}{S_{xx}}\sigma^2$ \hfill (1.103)

식 (1.101)~(1.103)을 통하여 설명변수 X의 변동폭이 클수록, 그리고 표본의 크기가 클수록 추정치의 정확도가 높아짐을 알 수 있다. 특히 모집단 분산 σ^2는 다음과 같이 계산한 표본 분산으로 대체할 수 있다.

$$s^2 = \widehat{\sigma^2} = \frac{\sum \hat{u_t}^2}{T-2} \quad (s^2\text{는 } \sigma^2\text{의 불편 추정량임}) \tag{1.104}$$

5 | 회귀계수에 대한 가설 검정

표본 회귀선을 평가할 때 적합도의 측정에서는 거의 완벽하다고 하여도 β의 추정치인 $\hat{\beta}$가 거의 0에 가까운 경우를 생각해 볼 수 있을 것이다. 이 경우는 X가 어떤 값을 갖든지 간에 Y의 값은 거의 동일한 값을 갖는 것이고, 독립변수 X는 종속변수 Y를 설명할 수 없다. 따라서 $H_0 : \hat{\beta} = 0$에 대한 검정은 상당히 중요한 의미를 가지게 되며, 이를 통계적 유의성 검정이라고 칭한다. 다음의 일반적인 가설 검정을 생각해 보자.

$$H_0 : \hat{\beta} = \beta_0, \quad H_A : \hat{\beta} \neq \beta_0 \tag{1.105}$$

위의 가설을 검정하기 위한 통계량은 다음과 같다.

$$t_c = \frac{\hat{\beta} - \beta_0}{\sqrt{Var(\hat{\beta})}} \sim t_{T-2} \tag{1.106}$$

먼저 주어진 유의 수준(α)하에서 $P(t > t^*) = \dfrac{\alpha}{2}$를 만족하는 점 $t^*_{\frac{\alpha}{2}, T-2}$를 구한 다음 〈그림 1-9〉에서 보는 것처럼 기각역과 채택역을 정한다[또는 P-값$= P(t > t_c$ 또는 $t < -t_c) =$

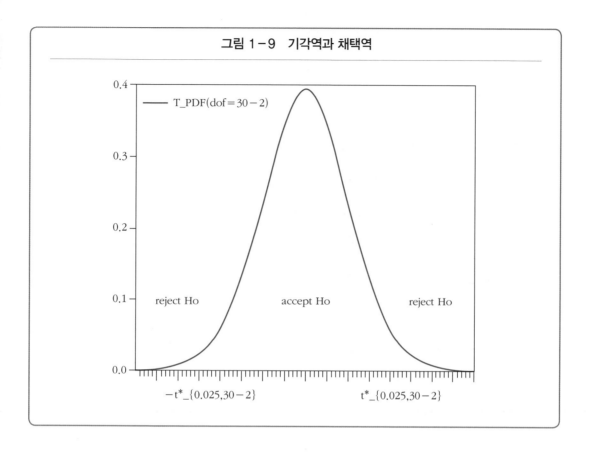

그림 1-9 기각역과 채택역

0.4 — T_PDF(dof = 30 − 2)

reject Ho   accept Ho   reject Ho

$-t^*\_\{0.025,30-2\}$ $t^*\_\{0.025,30-2\}$

$2 \cdot P(t > t_c)$을 계산한다]. 만일 표본으로부터 구한 통계량 t_c가 채택역에 포함되는 경우, 귀무가설을 기각하지 못하는 것으로 추론한다. 또는 p-값이 유의 수준(α)보다 큰 경우 귀무가설을 기각하지 못한다.

> ## ❗ 예시
>
> 표본의 크기가 $T = 66$이고 추정 모형이 $Y = \alpha + \beta X + u$일 때 최소 자승법(LS)에 의한 β의 추정치가 -0.3153, 그리고 $SD(\hat{\beta}) = 0.1216$으로 계산되었다. 95% 신뢰 수준($\alpha = 0.05$)에서 $\beta = 0$인지를 검정해 보자.
>
> (풀이)
> 검정 통계량은
>
> $$t_c(\hat{\beta}) = \frac{\hat{\beta} - 0}{\sqrt{Var(\hat{\beta})}} = -2.592095$$

이다. 따라서 p-값은 다음과 같이 계산할 수 있다.

$$\text{scalar p-value} = @ctdist(-2.592095, 66-2) \times 2 \Rightarrow 0.0118.^{[1]}$$

그러므로 회귀계수가 0이라는 귀무가설은 기각된다.

이번에는 다음과 같은 분산 σ^2의 가설 검정을 생각해 보자.

$$H_0 : \sigma^2 = \sigma_0^2, \qquad H_A : \sigma^2 > \sigma_0^2 \tag{1.107}$$

위의 가설을 검정하기 위한 통계량은 다음과 같으며, 검정 절차는 식 (1.105)와 식 (1.106)의 검정 절차와 동일하게 진행하면 된다.

$$\text{검정 통계량} : Q_c = (T-2)\frac{\widehat{\sigma^2}}{\sigma_0^2} \sim \chi_{T-2}^2 \tag{1.108}$$

여기서 우리는 가설 검정을 수행하기 위해서 귀무가설, 검정 통계량 그리고 '귀무가설하에서'의 검정 통계량의 분포가 필수요건임을 알 수 있다.

6 적합도의 측정

앞에서 설명한 최소 자승법을 사용하여 $\hat{\alpha}$, $\hat{\beta}$를 추정한 경우 표본 회귀선은 항상 바람직한 결과를 나타내는가 라는 문제를 생각해 보자. 이것은 표본 회귀선에 관한 평가의 문제이며, 표본 회귀선의 평가는 표본 회귀선에 대한 적합도(goodness of fit)의 측정과 앞에서 설명한 회귀계수의 통계적 유의성 검정의 두 가지로 나누어 생각할 수 있다. 여기에서 적합도란 표본 회귀선이 각 관측치들을 얼마나 잘 나타내고 있는가의 정도이다.

먼저 Y를 예측한다고 할 때 우리가 알고 있는 유일한 정보가 〈그림 1-10〉에서 나타내는 것처럼 다음과 같다고 하자(즉, $Y_t = \mu + u_t$).

$$Y \sim \left(\overline{Y}, \widehat{\sigma_y^2} = \frac{\sum (Y_t - \overline{Y})^2}{T-1} \right) \tag{1.109}$$

이 경우 Y를 예측하는 데 수반되는 오차는 다음과 같다.

---

1   여기서 사용하고 있는 컴퓨터 프로그램은 EVIEWS이다.

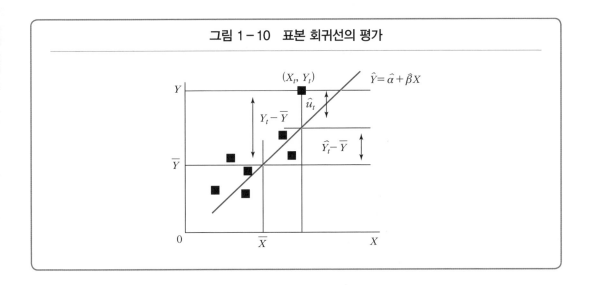

그림 1-10 표본 회귀선의 평가

$$TSS = \Sigma (Y_t - \overline{Y})^2 \tag{1.110}$$

그러나 설명변수 X를 사용하여 회귀식을 추정하는 경우 예측치는 $\hat{Y}$이므로 Y의 총변동분인 TSS 중 $RSS = \sum (\widehat{Y_t} - \overline{Y})^2$만큼은 회귀식에 의하여 '설명되는' 부분이 된다. 따라서 '설명되지 않는' 부분은 회귀식을 추정하는 경우 TSS가 아니라 $SSE = \widehat{\sum u_t^2} = \sum (Y_t - \widehat{Y_t})^2$가 된다. 만일 모형이 상수항을 포함하고 있고 $\hat{Y}$를 계산하기 위하여 $\hat{\alpha}$와 $\hat{\beta}$를 포함하고 있는 경우에는 이들 사이에 다음과 같은 관계가 성립한다(그렇지 않은 경우에는 등호 오른쪽에 교차항이 추가된다).

$$TSS = RSS + SSE \tag{1.111}$$

따라서 적합도를 측정하는 수단으로 결정계수(coefficient of determination ; R^2)는 다음과 같이 정의한다.

$$R^2 = 1 - \frac{\widehat{\sum u^2}}{\sum (Y - \overline{Y})^2} = 1 - \frac{SSE}{TSS} = \frac{RSS}{TSS}, \quad 0 \le R^2 \le 1 \tag{1.112}$$

이때 Y_t 관측치들에 동일한 상수를 더한 뒤 R^2를 다시 계산해 보자. X와 Y의 관계에는 변함이 없음에도 불구하고 이 경우 R^2는 다르게 계산됨을 볼 수 있는데, 이는 단순히 통계적 허상임을 유의하자. 반면 X와 Y의 단위를 변경하는 경우($Y^* = 1000Y$, $X = 100X'$ 등) 계수값들은 달라질 수 있으나, 추정 계수의 단위 변경을 고려하여 해석하면 계산된 통계량들은 불변임을 유의하자.

결정계수는 다음과 같이 관측치와 예측치 사이의 상관계수의 제곱으로 표현할 수도 있다.

$$R^2 = \frac{RSS}{TSS} = \frac{\overline{Cov^2(Y_t, \widehat{Y_t})}}{\overline{Var(Y_t)\ Var(\widehat{Y_t})}}$$

$$= r_{Y,\,\hat{Y}}^2 \qquad\qquad\qquad\qquad (1.113)$$

회귀분석을 행하는 가장 중요한 이유 중의 하나는 독립변수 X의 값이 알려졌을 때 이에 대응하는 종속변수 Y의 값을 찾기 위함이다. 지금까지 우리는 주어진 표본하에서 최소 자승법에 의하여 모수 α, β에 대한 추정치인 $\hat{\alpha}$, $\hat{\beta}$를 구하였다. 이렇게 구한 $\hat{\alpha}$, $\hat{\beta}$가 적합도와 통계적 유의성 검정에서 바람직한 것으로 평가가 되면 표본 회귀식을 이용하여 추정이나 예측(forecasting)을 행하게 된다.

우선 $\widehat{Y_0} = \hat{a} + \hat{\beta}X_0$이므로 $X = X_0$일 때 Y에 대한 예측치의 조건부 평균은 다음과 같이 계산한다.

$$E(\hat{Y} \,|\, X = X_0) = E(\hat{a}) + X_0 E(\hat{\beta}) \qquad\qquad (1.114)$$

$$= \alpha + \beta X_0 = E(Y \,|\, X = X_0)$$

그러므로 $\widehat{Y_0}$는 X_0가 주어진 경우 Y에 대한 불편 조건부 예측치임을 알 수 있다.

한편, 평균 예측치의 분산 추정량은 다음과 같이 주어진다.

$$Var(\widehat{Y_0}) = s_{\widehat{Y_0}}^2 = E[\widehat{Y_0} - E(\hat{Y} \,|\, X_0)]^2 \qquad\qquad (1.115)$$

$$= \sigma^2 \left[\frac{1}{T} + \frac{(X_0 - \overline{X})^2}{S_{xx}} \right]$$

회귀모형을 이용하는 목적은 크게 두 가지로 나누어 생각해 볼 수 있다. 하나는 X_0가 주어진 경우 Y_0의 기대치에 대한 추정이고, 또 다른 하나는 Y의 특정값 또는 개별값에 대한 예측이다. 식 (1.115)로부터 평균 예측치의 신뢰구간은 다음과 같이 계산한다.

$$\{ \widehat{Y_0} \pm t^* \cdot s_{\widehat{Y_0}} \} \qquad\qquad\qquad\qquad (1.116)$$

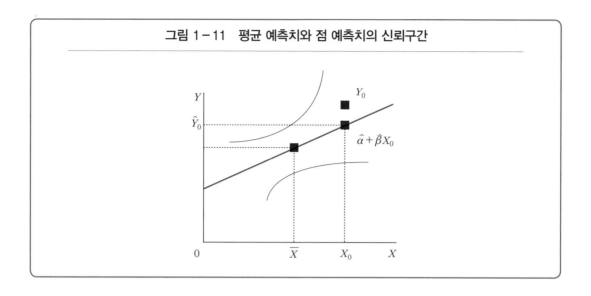

그림 1-11 평균 예측치와 점 예측치의 신뢰구간

일반적으로 신뢰구간은 〈그림 1-11〉에서 보는 바와 같이 T가 클수록, 그리고 X_0가 $\overline{X}$에 가까울수록 좁아진다. 그 의미는 표본의 범위(range)를 훨씬 벗어나는 예측의 경우 예측의 신뢰성이 떨어진다는 것이다.

한편, $X = X_0$일 때 Y_0에 대한 점 예측치의 신뢰구간은 다음과 같이 계산한다.

$$\{\widehat{Y_0} \pm t^* \cdot s_{\widehat{u_0}}\} \tag{1.117}$$

이때 예측 오차의 분산은 다음과 같이 계산한다.

$$Var(\widehat{u_0}) = s_{\widehat{u_0}}^2 = \sigma^2 \left[1 + \frac{1}{T} + \frac{(X_0 - \overline{X})^2}{S_{xx}} \right] > s_{\widehat{Y_0}}^2 \tag{1.118}$$

일반적으로 두 개의 서로 다른 모형으로 Y를 예측하는 경우 모형의 예측치를 $Y_t^{f,i}$ (i = 모형 1, 또는 2)라고 하면 다음과 같이 평균 제곱 오차(MSE) 또는 이의 제곱근 평균 제곱 오차(Root Mean Squared Error ; RMSE)을 계산한 뒤 이 값이 작은 모형을 취한다.

$$MSE_i = \frac{\sum_{t=1}^{T} (Y_t^{f,i} - Y_t)}{T-2} \quad (i = 1, 2) \tag{1.119}$$

다중 회귀분석

1 다중 회귀모형

지금까지는 독립변수가 하나인 단순 회귀분석에 대하여 설명하였다. 그러나 위험관리를 포함하는 실제의 경영문제에 있어서는 하나의 독립변수로는 종속변수를 충분히 설명하지 못하는 경우가 많으며, 이러한 경우에는 두 개 이상의 독립변수를 사용하여 회귀모형을 만들 수 있다.

종속변수 Y가 k개의 독립변수 $X_1, X_2, \cdots, X_k$와 선형으로 연관되어 있는 경우에 이들 간의 함수관계는 다음과 같은 모형으로 설정할 수 있다.

$$Y_t = \beta_1 X_{t1} + \beta_2 X_{t2} + \cdots + \beta_k X_{tk} + u_t \qquad (t=1, 2, \cdots, T) \tag{1.120}$$

$$X_{t1} = 1 \tag{1.121}$$

또는

$$Y_t = \sum_{j=1}^{k} \beta_j X_{tj} + u_t \qquad (t=1, 2, \cdots, T) \tag{1.122}$$

식 (1.120)과 식 (1.122)에서 X_{tk}는 독립변수 X_k의 t-번째 관측치를 나타낸다. 위의 모형은 종속변수 Y에 있어서의 총변동은 $\beta_1 X_{t1} + \beta_2 X_{t2} + \cdots + \beta_k X_{tk}$로 나타나는 체계적으로 설명되는 부분과 u_t로 나타나는 확률적인 부분으로 이루어졌음을 의미한다. 식 (1.121)에서 나타내는 것처럼 $X_{t1} = 1$이므로 식 (1.120)의 우변 첫 번째 항은 상수임을 알 수 있다.

식 (1.120)부터 (1.122)까지는 행렬과 벡터를 이용하여 다음과 같이 표현할 수 있다.

$$Y = X\beta + u \tag{1.123}$$

단,

$$Y = \begin{bmatrix} Y_1 \\ \vdots \\ Y_T \end{bmatrix}, \ X = \begin{bmatrix} 1 & X_{12} & \cdots & X_{1k} \\ 1 & X_{22} & \cdots & X_{2k} \\ \vdots & & \vdots & \\ 1 & X_{T2} & \cdots & X_{Tk} \end{bmatrix}, \ \beta = \begin{bmatrix} \beta_1 \\ \vdots \\ \beta_k \end{bmatrix} \ \text{그리고} \ u = \begin{bmatrix} u_1 \\ \vdots \\ u_T \end{bmatrix} \tag{1.124}$$

다중 회귀분석(multiple regression)의 추가 가정으로는 단순 회귀모형의 가정 (4)에 다음의 가정이 추가된다. 즉, 각 X는 주어진 비확률변수이고

$$Cov(X_{ti}, u_t) = E(X_{ti}, u_t) = 0 \qquad (i=1, \cdots, k \; ; \; t=1, \cdots, T) \tag{1.125}$$

이와 유사하게 각 독립변수의 상관관계는 1이어서는 안 된다. 왜냐하면 독립변수 간의 상관관계가 1이 되면 최소 자승법에 의한 회귀계수의 추정에 문제가 생기며, 다중 공선성의 문제가 발생하기 때문이다.

다중 회귀분석의 추정 원리는 단순 회귀분석의 추정 원리와 동일하며, 주로 최소 자승법을 사용하여 회귀계수들을 추정한다. 독립변수가 두 개이고 상수가 하나인 경우, 즉 $k=3$인 경우 다중 회귀모형 추정 계수 $\widehat{\beta_1}, \widehat{\beta_2}, \widehat{\beta_3}$는 각각 다음과 같이 계산된다.

$$\widehat{\beta_2} = \frac{S_{y2}S_{33} - S_{y3}S_{23}}{\Delta} \tag{1.126}$$

$$\widehat{\beta_3} = \frac{S_{32}S_{22} - S_{y2}S_{23}}{\Delta}$$

$$\widehat{\beta_1} = \overline{Y} - \widehat{\beta_2}\overline{X_2} - \widehat{\beta_3}\overline{X_3}$$

$$단, \Delta = S_{22}S_{33} - S_{23}, \; S_{ij} = \Sigma(X_{ti} - \overline{X}_i)(X_{tj} - \overline{X}_j) \tag{1.127}$$

이때 다중 회귀모형의 추정 계수를 행렬로 표현하면 다음과 같다.

$$\hat{\beta} = (X'X)^{-1}X'y \tag{1.128}$$

한편, 독립변수가 두 개이고 상수가 하나인 경우, 즉 $k=3$인 경우 다중 회귀모형 추정 계수 $\widehat{\beta_2}, \widehat{\beta_3}$의 분산과 공분산, 즉 정확도는 각각 다음과 같이 나타낼 수 있다. 이때에도 Δ는 식 (1.127)에서와 같이 동일하다.

$$Var(\widehat{\beta_2}) = \frac{\sigma^2 S_{33}}{\Delta} \tag{1.129}$$

$$Var(\widehat{\beta_3}) = \frac{\sigma^2 S_{22}}{\Delta} \tag{1.130}$$

$$Cov(\widehat{\beta_2}, \widehat{\beta_3}) = \frac{-\sigma^2 S_{23}}{\Delta} \tag{1.131}$$

역시 다중 회귀모형의 추정 계수 분산을 행렬로 표현하면 다음과 같다.

$$Var(\hat{\beta}) = \sigma^2(X'X)^{-1} \qquad (1.132)$$

또한

$$s^2 = \widehat{\sigma^2} = \frac{\widehat{\sum u^2}}{T-k} \qquad (1.133)$$

2 다중 회귀모형의 적합도 검정

표본 회귀선을 구한 다음에는 그것을 예측 도구로 사용하기 전에 표본 회귀선을 평가하여
야 한다. 다중 회귀모형에서 표본 회귀선의 평가는 단순 회귀분석의 경우와 같이 적합도의 측
정과 유의성 검정으로 나누어 생각해 볼 수 있다. 특히 다중 회귀분석에 대한 적합도의 측정
은 상대적으로 비교가 가능한 다중 결정계수(coefficient of multiple determination)가 사용된다. R^2
로 표기되는 다중 결정계수는 다음의 식 (1.134)에서 보는 것처럼 Y의 총변동 TSS에 대한 Y의
체계적인 변동인 RSS와의 비율로 정의된다. 다시 말하면 R^2는 Y의 총변동에 대한 회귀 방정
식에 의해 설명된 변동의 비율로서 실제 관측치들과 회귀선의 근사성에 대한 추정치로 생각
할 수 있다.

$$R^2 = 1 - \frac{\widehat{\sum u^2}}{\sum(Y-\overline{Y})^2} = 1 - \frac{SSE}{TSS} = \frac{RSS}{TSS}, \quad 0 \le R^2 \le 1 \qquad (1.134)$$

식 (1.134)를 보면 R^2의 값이 1에 가까우면 가까울수록 실제 관측치들이 회귀선을 중심으
로 밀집되어 있음을 알 수 있다. 그러나 R^2의 값은 독립변수가 많아질수록 증가한다. 즉, 독립
변수의 수가 증가함에 따라 SSE가 감소하게 된다. 이러한 문제점을 보완하기 위하여 R^2를 정
의할 때 변동량뿐만 아니라, 각 변동량의 자유도도 함께 고려하는 방법이 고안되었다. $\overline{R^2}$로
표기되는 조정 다중 결정계수(adjusted coefficient of multiple determination)는 다음과 같이 정의된다.

$$\overline{R^2} = 1 - \frac{\widehat{Var(u)}}{Var(Y)} \qquad (1.135)$$

$$= 1 - \frac{SSE/(T-k)}{TSS/(T-1)}$$

$$= 1 - \frac{T-1}{T-k}(1-R^2)$$

이제 식 (1.135)를 이용하여 R^2와 $\overline{R^2}$의 관계에 대하여 구체적인 예를 들어보자. $T = 26$, $k = 6$, $R^2 = 0.1$인 경우 $\overline{R^2} = -0.125$가 된다.

한편, 다중 회귀분석을 행하게 될 때 모형 선정을 위한 일반적 기준을 간단하게 정리하면 다음과 같다.

❶ $\overline{R^2}$(조정 다중 결정계수)가 큰 모형을 선택한다.

❷ $s = \sqrt{\dfrac{\sum \widehat{u^2}}{T - k}}$ (root MSE)가 작은 모형을 선택한다.

일반적으로 간단한 모형(k가 가능하면 작은 모형)이 선호되는데, 그 이유는 ① 너무 많은 설명 변수가 포함되면 개별 계수들의 상대적 정확도가 떨어질 수 있으며, ② 자유도가 낮아지므로 계수에 대한 검정력이 떨어지기 때문이다.

3 다중 회귀모형의 유의성 검정

다중 회귀모형의 유의성 검정은 다음과 같이 모형 전체의 유의성을 검정하는 경우와 개별적인 모수 β_i를 검정하는 경우의 두 가지가 있다.

❶ 개별 계수에 대한 검정 ⇒ t-검정 또는 p-값
❷ 여러 계수에 대한 동시 검성 ⇒ Wald F-검성

다음과 같은 제약식과 비제약식을 생각해 보자.

비제약식(U) :
$$Y_t = \beta_1 X_{t1} + \beta_2 X_{t2} + \cdots + \beta_m X_{tm} + \beta_{m+1} X_{tm+1} + \cdots + \beta_k X_{tk} + u_t \tag{1.136}$$

제약식(R) :
$$Y_t = \beta_1 X_{t1} + \beta_2 X_{t2} + \cdots + \beta_m X_{tm} + u_t \tag{1.137}$$

이때 귀무가설 H_0는 다음과 같다.

$$H_0 : \beta_{m+1} = \cdots = \beta_k = 0 : (k - m)개의 \; 제약조건$$

만일 귀무가설이 사실이면 $SSE_R - SSE_u$가 작을 것으로 생각된다. 그렇다면 얼마나 작아야 작다고 할 수 있을까? 만약

$$\frac{SSE_u}{\sigma^2} \sim \chi^2_{T-k} \tag{1.138}$$

$$\frac{SSE_R}{\sigma^2} \sim \chi^2_{T-m} \tag{1.139}$$

이면 다음을 보일 수 있다.

$$\frac{(SSE_R - SSE_u)}{\sigma^2} \sim \chi^2_{T-m-(T-k)} \tag{1.140}$$

$$F = \frac{(SSE_R - SSE_u)/(k-m)}{SSE_u/(T-k)} \sim F_{k-m,T-k}(\alpha) \tag{1.141}$$

예를 들어 제약식(R)이 $Y_t = \beta_1 + u_t$, $H_0 : \beta_2 = \cdots = \beta_k = 0$인 경우 F-통계량은 다음과 같이 계산된다.

$$F = \frac{RSS_u/(k-1)}{SSE_u/(T-k)} = \frac{R^2/(k-1)}{(1-R^2)/(T-k)} \sim F_{k-1,T-k}(\alpha) \tag{1.142}$$

이번에는 계수들의 선형결합에 대한 검정을 행해 보자. 소비함수의 형태와 귀무가설이 다음과 같이 이루어져 있는 경우를 생각해 보자.

$$\text{소비함수} : C_t = \beta_1 + \beta_2 W_t + \beta_3 P_t + u_t \tag{1.143}$$

$$H_0 : \beta_2 = \beta_3 \quad \text{또는} \quad H_0 : [1 \ -1]\begin{bmatrix} \beta_2 \\ \beta_3 \end{bmatrix} = 0 \tag{1.144}$$

이때 여러 계수에 대한 동시 검정을 행하는 Wald F-검정과 개별 계수에 대한 간접 t-검정 및 직접 t-검정의 제약식과 검정 통계량의 계산식은 다음과 같다.

1 Wald 검정

$$R : Y_t = \beta_1 + \beta_2(X_{t2} + X_{t3}) + u_t \tag{1.145}$$

$$F = \frac{(SSE_R - SSE_u)/(3-2)}{SSE_u/(T-3)} \sim F_{1,T-3}(\alpha) \tag{1.146}$$

2 간접 t-검정

$$C_t = \beta_1 + \beta_2 W_t + (\beta_2 - \delta)P_t + u_t \tag{1.147}$$
$$= \beta_1 + \beta_2(W_t + P_t) - \delta P_t + u_t$$

$$H_0 : \delta = \beta_2 - \beta_3 = 0$$

❸ 직접 t-검정

$$\widehat{\beta_2} - \widehat{\beta_3} \sim N[\beta_2 - \beta_3, Var(\widehat{\beta_2} - \widehat{\beta_3})] \tag{1.148}$$

$$T = \frac{\widehat{\beta_2} - \widehat{\beta_3} - (\beta_2 - \beta_3)}{[Var(\widehat{\beta_2}) + Var(\widehat{\beta_3}) - 2\,Cov(\widehat{\beta_2}, \widehat{\beta_3})]^{\frac{1}{2}}} \tag{1.149}$$

한편, 제약식이 식 (1.150)과 식 (1.151)처럼 비선형으로 주어지는 경우에는 다음과 같은 검정 절차를 따르게 된다.

$$Y_t = \beta_1 + \beta_2 X_{t2} + \beta_3 X_{t3} + u_t \tag{1.150}$$

$$H_0 : \beta_2 \beta_3 = 1 \tag{1.151}$$

먼저 귀무가설을 식 (1.150)에 대입하면

$$Y_t = \beta_1 + \beta_2 X_{t2} + \frac{1}{\beta_2} X_{t3} + u_t \tag{1.152}$$

식 (1.152)는 최소 자승법(LS)으로 직접 추정할 수 없다. 대신 식 (1.150)의 잔차항 제곱합을 식 (1.151)의 제약하에 최소화하는 방법을 사용하여야 하는데, 이러한 추정방법을 '비선형 최소 자승법(NLS)'이라고 부른다.

또한 기존의 검정방법은 이러한 경우 유효하지 않으므로 대신 우도비검정(LR), Wald 검정(W) 또는 lagrange multiplier 검정(LM) 등과 같은 대표본에서의 검정방법을 사용하게 된다.

4 적합한 변수가 누락된 모형

어느 재화의 수요함수에서 그 재화의 가격과 같은 중요한 변수가 회귀 방정식에서 제외된 경우, 추정된 방정식의 해석 및 이용에는 문제가 따를 수 있다. 즉, 가격과 같은 적합한 변수가 누락되면 통상적으로 모형에 포함된 다른 모수 추정량들에 편의를 초래하게 된다. 그러나 그러한 추정량들의 분산은 그렇지 않았을 경우에 비해서 편의를 상쇄시킬 수 있을 만큼 작게 된다. 하지만 모형에서 제외된 변수가 포함된 설명변수들과 상관관계가 없는 경우에는 계수

추정치들이 변수가 포함되어 있는 경우와 동일하게 되어 편의는 없게 될 것이다.

다음에서는 중요 변수를 누락한 경우(omission of a relevant variable)의 올바른 식과 그릇되게 추정된 식을 예시하고 그 효과를 정리한 것이다.

$$\text{바른 식}: Y_t = \beta_1 + \beta_2 X_{t2} + \beta_3 X_{t3} + u_t \tag{1.153}$$

$$\text{중요 변수 누락식}: Y_t = \beta_1 + \beta_2 X_{t2} + v_t \tag{1.154}$$

(1) 직관적으로 보면

❶ $v_t = \beta_3 X_{t3} + u_t \Rightarrow E(v_t) = \beta_3 X_t \neq 0$ $\qquad\qquad$ (1.155)

❷ $Cov(X_{t2}, v_t) = Cov(X_{t2}, \beta_3 X_{t3} + u_t)$ $\qquad\qquad$ (1.156)

$\qquad = \beta_3 Cov(X_{t2}, X_{t3}) + Cov(X_{t2}, u_t) = \beta_3 Cov(X_{t2}, X_{t3})$

만일 이것이 영이 아니면 $\widehat{\beta_2}$는 불편 추정량도 아니고 일치 추정량도 아니다.

(2) 효과

❶ 참회귀계수값이 영이 아닌 독립변수가 모형에서 누락된 경우, 누락된 변수가 다른 모든 포함된 설명변수와 무상관이 아닌 한 다른 회귀계수들의 추정치들은 편의를 갖는다.
❷ 위의 조건이 충족되는 경우에도 추정된 상수항은 일반적으로 편의를 가지며 따라서 예측치 또한 편의를 갖게 된다.
❸ 포함된 설명변수의 분산 추정량은 일반적으로 편의를 가지며 따라서 가설 검정은 유효하지 않다.

---

5 **부적합한 변수의 추가**

여기에서는 실제 모형은 단 하나의 설명변수만을 포함하고 있는 데 반하여 추정 방정식에서는 또 하나의 설명변수, 즉 부적합한 변수가 추가된 모형을 대상으로 살펴보기로 한다.

일반적으로 모형에 부적합한 변수를 포함시키게 되면 다른 추정된 계수들은 편의 추정량이 되지는 않지만 이는 통상적으로 추정된 계수들의 분산을 증대시키게 된다. 다음에서는 불필요한 변수를 포함한 경우(inclusion of an irrelevant variable)의 올바른 식과 그릇되게 추정된 식을 예시하고 그 효과를 정리한 것이다.

(1) 관련식

❶ 바른 식 : $Y_t = \beta_1 + \beta_2 X_{t2} + u_t$ (1.157)

❷ 부적합 변수 포함식 : $Y_t = \beta_1 + \beta_2 X_{t2} + \beta_3 X_{t3} + v_t$ (1.158)

(2) 효과

❶ 변수가 불필요한 경우에도 모든 다른 회귀계수들의 추정치는 여전히 불편·일치 추정량이다.

❷ 그러나 그들의 분산은 불필요한 변수를 포함하지 않았을 때보다 커서 추정 계수들은 비효율적이 된다.

❸ 회귀계수들의 분산 추정치는 불편성을 가지므로 가설 검정은 여전히 유효하다.

6   모형 설정 오류에 대한 검정

기본적인 모형 설정 오류(model mis-specification)로는 모형에 타당한 설명변수를 포함시키지 않는 데에서 발생하는 오류, 모형에 부적합한 변수를 포함시킴으로써 야기되는 오류 및 모형의 함수 형태를 잘못 설정하는 데서 발생하는 오류 등이 있다. 이러한 오류들은 회귀모형의 설정을 제대로 하지 못해서 오는 오류들로서 이들을 설정 오류라고 부른다.

이러한 설정 오류들을 검정하는 방법으로는 지금까지 수많은 검정법들이 개발되어 왔으나, 여기에서는 Ramsey의 RESET 검정과 Hausman 검정을 소개하고자 한다. RESET 검정과 Hausman 검정 절차는 다음과 같이 간단하게 요약할 수 있다.

(1) RESET 검정(Ramsey, 1969)

estimated : $Y_t = \beta_1 + \beta_2 X_{t2} + v_t$ (1.159)

suspect : $Y_t = \beta_1 + \beta_2 X_{t2} + \beta_3 X_{t3} + u_t$ (1.160)

❶ $\hat{Y} = \widehat{\beta_1} + \widehat{\beta_2} X_2$를 추정한다.

❷ X_3을 대리변수로, $\widehat{Y^2}, \widehat{Y^3}$ 등을 설명변수로 사용하여 다음의 회귀식을 추정한다. 예를 들어,

$$Y_t = \beta_1 + \beta_2 X_{t2} + \delta_1 \widehat{Y_t^2} + \delta_2 \widehat{Y_t^3} + \varepsilon_t \tag{1.161}$$

를 추정한 뒤 F-검정을 실행한다. δ가 유의적으로 나타나면 설명변수가 누락되었거나 (구체적인 형태는 모르지만) 회귀식이 비선형일 가능성이 있다. 즉, X^2, X^3, $\cdots$ 등이 설명변수로 필요한 경우이다.

(2) Hausman 검정(1978)

Hausman 검정은 누락변수가 있는 경우 추정식에 포함된 변수와 잔차항 사이에 '현시점 상관관계(contemporaneous correlation)'를 유발하는 데 착안한다. 예를 들어,

$$Y_t = \alpha + \beta X_t + u_t \tag{1.162}$$

H_0 : X와 u 간에 현시점 상관관계 없음

H_A : X와 u 간에 현시점 상관관계가 존재함

Hausman 검정을 설명하기 위해서는 먼저 다음과 같은 도구변수(instrumental variable)의 추정을 이해하여야 한다.

X와 u가 현시점 상관관계가 있는 경우 $\Sigma X_t u_t \neq 0$이므로 대표본의 경우에서도 OLS 추정량은 편의 추정량이 된다. 일치 추정량을 구하기 위해서는 X와 상관관계에 있으면서 u와 무상관인 도구변수 Z를 구한다.

❶ X를 Z에 회귀분석한다.

$$\widehat{X_t} = \hat{\gamma} + \hat{\delta} Z_t \tag{1.163}$$

❷ $\widehat{X_t}$를 도구변수로 하여 Y_t를 $\widehat{X_t}$에 회귀분석한다(X는 u와 상관관계에 있지만, $\widehat{X_t}$는 u와 무상관임을 유의).

$$\widehat{Y_t} = \alpha^* + \widehat{\beta^* X_t} \tag{1.164}$$

추정된 회귀계수는 다음과 같다.

$$\alpha^* = \overline{Y} - \beta^* \overline{X} \tag{1.165}$$

$$\beta^* = \frac{\sum Z_t Y_t}{\sum Z_t X_t}$$

도구변수의 추정을 이해하였으면 이제 Hausman 검정을 진행하도록 하자.

식 (1.162)를 최소 자승법(LS)과 도구변수(IV)로 추정하는 경우를 생각해 보자. 귀무

가설하에서 $\hat{\beta}$와 β^*는 모두 β의 일치 추정량이다. 그러나 대립가설하에서는 β^*만이 일치 추정량이다. 따라서 대표본에서 통계적으로 볼 때 $\hat{\beta}$와 β^*의 차이가 큰 경우 귀무가설을 기각하게 된다.

(3) 검정 절차

❶ $\widehat{Y_t} = \hat{\alpha} + \hat{\beta}X_t + \hat{\gamma}Z_t$ (1.166)

만일 $\hat{\gamma}$가 유의적이면 식 (1.162)의 설명변수와 잔차항 사이에 현시점 상관관계가 있는 것으로 결론내린다.

❷ 다중 회귀식의 경우

$$Y_t = \beta_1 + \beta_2 X_{t2} + \beta_3 X_{t3} + u_t \qquad (1.167)$$

ㄱ. 1단계 : u_t와 무상관인 도구변수가 m개 있다고 하자($Z_1, Z_2, \cdots, Z_m (m>3)$). X_{t2}를 $Z_1, Z_2, \cdots, Z_m$에 그리고 X_{t3}를 $Z_1, Z_2, \cdots, Z_m$에 회귀분석하여 $\widehat{X_{t2}}$와 $\widehat{X_{t3}}$을 구한다.

ㄴ. 2단계 : $Y_t = \beta_1 + \beta_2 X_{t2} + \beta_3 X_{t3} + \gamma_2 \widehat{X_{t2}} + \gamma_3 \widehat{X_{t3}} + \varepsilon_t$ (1.168)

ㄷ. 3단계 : γ_2, γ_3가 동시에 영인지 F-검정을 실행한다. 만일 영이 아니면 설정 오류가 있는 것으로 결론내린다.

---

section 14 회귀분석의 제문제 및 해결방안

1 이분산의 정의

이분산(heteroscedasticity)이란 독립변수가 취하는 값이 변화함에 따라 이에 상응하여 변화하는 종속변수의 분산이 동일한 값을 취하지 않고 변화하는 것을 의미한다.

〈그림 1-12〉에서는 이분산을 갖는 관측치의 전형적인 확산 형태를 도시하고 있다. 우선 회귀분석의 식 (1.169)를 생각해 보자.

$$Y_t = \alpha + \beta X_t + u_t \qquad (1.169)$$

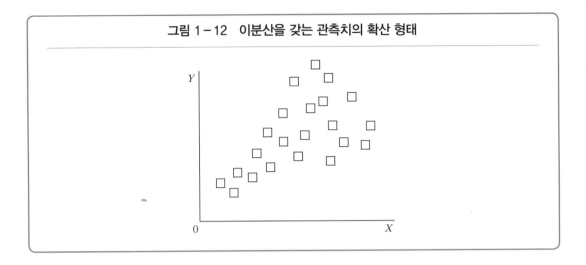

그림 1-12 이분산을 갖는 관측치의 확산 형태

본래 회귀분석에서는 식 (1.169)의 확률변수 u_t의 분산이 다른 변수의 값이나 시간에 상관없이 항상 일정하다는 다음과 같은 가정이 필요하다. 즉,

$$Var(u_t) = E(u_t^2) = \sigma^2 \ \text{ for all t} \tag{1.170}$$

그러나 이분산을 갖는 경우 확률변수 u_t의 분산은 다음과 같이 t가 변화함에 따라 일정한 값을 갖지 않게 된다.

$$Var(u_t) = E(u_t^2) = \sigma_t^2 \qquad (t=1, 2, \cdots, T) \tag{1.171}$$

이렇게 종속변수의 분산값이 일정하지 않게 되는 이분산 발생의 원인들을 예로 들어 보자.

첫째, 기술 연마 과정에서 처음보다 많은 시간을 투여하는 경우 그 기술에 익숙하게 되어 실수 또는 오류를 범할 가능성이 낮아질 수 있다.

둘째, 소득이 증가하면 소비의 선택범위를 확대시키게 되는데 그 결과로 소비의 분산이 소득증대와 함께 커지는 효과를 가질 수 있다.

셋째, 시계열 자료를 다루는 경우 주식 수익률이나 이자율 및 환율 변화율과 같은 시계열의 분포 자체가 정규분포하지 못하고 꼬리가 두터운 leptokurtic한 첨예 분포를 하는 경우가 많기 때문에 이들을 모형화하는 경우 분산이 시간에 따라 변하는 현상을 피할 수 없는 것이다.

일반적으로 이분산 특성을 갖는 자료를 이용하여 회귀분석을 하게 되면 다음과 같은 결과를 초래하게 된다.

❶ 추정량과 예측치는 여전히 불편이고 일치성을 가진다(왜냐하면 불편성과 일치성은 $E(u_t)=0$, $E(X_t u_t)=0$에 의존하기 때문이다).

❷ 최소 자승법(LS)의 추정량은 더 이상 BLUE가 아니며 비효율적 추정량이 된다(왜냐하면 가우스-마코프 정리의 증명에서 $Var(u_t)=\sigma^2$을 사용하기 때문이다). 예측치 또한 비효율적이 된다.

❸ 회귀계수의 분산과 공분산 추정량은 편의·불일치 추정량이 되며 따라서 가설 검정은 유효하지 않다.

2 이분산의 검정

그러면 일반적인 상황에서 이분산성의 존재 여부를 어떻게 알 수 있을까? 물론 최근 개발된 ARCH류나 GARCH류의 시계열적 방법론을 사용하면 자료를 쉽게 모형화할 수 있지만, 여기에서는 이분산성의 탐색방법으로 Goldfeld-Quandt 검정, Breusch-Pagan 검정 및 White 검정법을 간단하게 소개하고자 한다.

(1) Goldfeld-Quandt 검정(1965)

❶ 1단계 : $\sigma_t=f(Z_t)$의 관계를 만족하는 변수 Z_t를 식별한 뒤 자료를 Z_t의 값이 작은 것부터 큰 순서로 배열한다. Z_t는 설명변수들 중 하나일 수 있다.

❷ 2단계 : 전체 표본 T를 처음의 T_1개와 나중의 T_2개로 구분하고 중간의 T_1+1부터 $T-T_1$까지 관측치를 버린다. 생략하는 관측치의 수는 임의로 정하나 대략 전체 표본의 $\frac{1}{6}$ 또는 $\frac{1}{3}$ 정도로 한다.

❸ 3단계 : 처음과 나중의 두 개의 표본을 사용하여 각각 최소 자승법(LS)을 실행한다.

❹ 4단계 : 각각의 회귀식으로 잔차항 제곱합을 구한다.

$$SSE_1 = \sum_{t=1}^{T_1} \widehat{u_t^2} \tag{1.172}$$

$$SSE_2 = \sum_{t=T-T_2+1}^{T} \widehat{u_t^2}$$

❺ 5단계 : 귀무가설($H_0 : \sigma_1^2=\sigma_2^2$)하에서의 검정 통계량을 구한다.

$$F_c = \frac{\widehat{\sigma_2^2}}{\widehat{\sigma_1^2}} = \frac{SSE_2/(T_2 - k)}{SSE_1/(T_1 - k)} \sim F_{T_2 - k, T_1 - k} \qquad (1.173)$$

대립가설은 일반적으로 $H_A : \sigma_1^2 < \sigma_2^2$이다.

(2) Breusch-Pagan 검정(1979)

다음과 같은 함수 형태와 분산식 및 귀무가설을 가정할 때 Breusch-Pagan 검정의 단계별 절차는 다음과 같다.

$$Y_t = \beta_1 + \beta_2 X_{t2} + \cdots + \beta_k X_{tk} + u_t \qquad (1.174)$$

$$\sigma_t^2 = \alpha_0 + \alpha_1 Z_{t1} + \alpha_2 Z_{t2} + \cdots + \alpha_p Z_{tp} \qquad (1.175)$$

$$H_0 : \alpha_1 = \cdots = \alpha_p = 0 \qquad (1.176)$$

❶ 1단계

$$LS \Rightarrow \widehat{u_t}, \quad \widehat{\sigma^2} = \frac{\sum \widehat{u_t^2}}{T} \qquad (1.177)$$

❷ 2단계

$$\frac{\widehat{u_t^2}}{\widehat{\sigma^2}} = \alpha_0 + \alpha_1 Z_{t1} + \cdots + \alpha_p Z_{tp} + v_t \qquad (1.178)$$

❸ 3단계 : 귀무가설하에서 다음과 같은 검정 통계량을 구한다.

$$\frac{1}{2} \cdot RSS \sim \chi_p^2 \qquad (1.179)$$

$\frac{1}{2} \cdot RSS > \chi_{p, 0.05}^2$이면 귀무가설을 기각한다.

이때 BP 검정은 정규성(normality) 가정의 위배 여부에 따라 결과가 민감한 것으로 알려져 있다. 또한 이분산성의 형태에 대한 선험적 지식이 필요하다.

(3) White 검정(대표본 LM 검정)

Breusch-Pagan 검정은 오차항이 정규분포한다는 가정에 의존하고 있는 데 반하여, White 검정에서는 정규성에 크게 의존하지 않으면서도 Breusch-Pagan 검정과 밀접하게 연관된 검정방법을 제시하였다. 즉, White 검정에서는 이분산성의 형태에 대한 선험적 가정이 불필요하다.

다음과 같이 회귀식과 분산식이 주어질 때 White 검정의 단계별 절차는 다음과 같다.

$$Y_t = \beta_1 + \beta_2 X_{t2} + \beta_3 X_{t3} + u_t \tag{1.180}$$

$$\sigma_t^2 = \alpha_0 + \alpha_1 X_{t2} + \alpha_2 X_{t3} + \alpha_3 X_{t2}^2 + \alpha_4 X_{t3}^2 + \alpha_5 X_{t2} X_{t3} + v_t \tag{1.181}$$

❶ 1단계 : LS $\Rightarrow \widehat{u_t}, \widehat{u_t^2}$

❷ 2단계 : $\widehat{u_t^2}$을 $X_{t2}, \cdots, X_{t2}X_{t3}$에 대하여 회귀분석을 실행한다.

❸ 3단계 : 귀무가설하에서 다음과 같은 검정 통계량을 구한다.

$$T \cdot R^2 \sim \chi_5^2 \tag{1.182}$$

단, T는 표본의 크기, R^2는 2단계 회귀분석에서 구한 조정하지 않은 원래의 결정계수이다. 또한 $\frac{1}{2} \cdot RSS > \chi_{p,\,0.05}^2$이면 귀무가설을 기각한다. 만일 회귀식에 더미변수가 포함된 경우(예를 들어 X_{t2})에는 이를 제곱한 것 또한 더미변수와 같으므로 2단계에서 중복되는 것은 제외한다.

한편, 이분산성이 있는 경우 White는 이분산 일치성 공분산 행렬을 다음과 같이 계산할 것을 권고하였다.

$$Y = X\beta + u, \qquad u \sim (0,\, \sigma^2 \Omega) \tag{1.183}$$

White H-C 공분산 행렬 :

$$HC\ Var(\hat{\beta}) = (X'X)^{-1}[X'(\sigma^2 \Omega)X](X'X)^{-1} \tag{1.184}$$

실제로 계산하기 위하여 공식 중 꺾은 괄호 안의 부분(나누기 T) $\Sigma = \dfrac{\sigma^2 X' \Omega X}{T} = \dfrac{1}{T}\sum_{t=1}^{T} \sigma_t^2 X_t X_t'$를 다음과 같이 추정한다.

$$S_0 = \frac{1}{T}\sum_{t=1}^{T} u_t^2 X_t X_t'$$

이때 S_0는 Σ의 일치 추정량이다. 따라서,

$$Est.\ HC\ Var(\hat{\beta}) = T(X'X)^{-1} S_0 (X'X)^{-1} \tag{1.185}$$

    이상의 논의에서 살펴본 바에 의하면 이분산은 OLS 추정량의 불편성과 일치성의 속성에는 전혀 영향을 주지 않지만 효율적 추정량은 되지 못한다. 이러한 처방 중의 하나가 회귀모형이 동 분산의 가정을 충족시키도록 본래의 회귀모형을 변환시키는 방법이다. 여기에서는 이러한 변환법을 사용하는 방법 중의 일반화 최소 자승법(generalized least squares)의 절차를 간단히 소개하기로 한다.

    먼저 일반적인 회귀식을 σ_t로 나누어 변환시킨 후 변환식의 확률 오차항 분산을 구하면 다음과 같다.

$$\frac{Y_t}{\sigma_t} = \beta_1 \frac{1}{\sigma_t} + \beta_2 \frac{X_{t2}}{\sigma_t} + \beta_3 \frac{X_{t3}}{\sigma_t} + \frac{u_t}{\sigma_t} \tag{1.186}$$

$$\Rightarrow Y_t^* = \frac{\beta_1}{\sigma_t} + \beta_2 X_{t2}^* + \beta_3 X_{t3}^* + u_t^* \tag{1.187}$$

$$Var(u_t^*) = Var\left(\frac{u_t}{\sigma_t}\right) = \frac{Var(u_t)}{\sigma_t^2} = 1 \ (상수) \tag{1.188}$$

    그러므로 Y_t^*를 $\frac{1}{\sigma_t}$, X_{t2}^*, X_{t3}^*(추가적 상수는 불필요)에 회귀분석하면 BLUE가 된다. 그러나 σ_t는 일반적으로 미지이므로 실제 추정에 있어서는 일정한 가정이 필요하게 된다. 이에 대한 간단한 예를 들면 다음과 같다.

> **예시**
>
> $$Var(u_t) = \sigma_t^2 = \sigma^2 Z_t^2 \ \ 또는 \ \ \sigma_t = \sigma Z_t \tag{1.189}$$
>
> $$\frac{Y_t}{Z_t} = \beta_1 \frac{1}{Z_t} + \beta_2 \frac{X_{t2}}{Z_t} + \beta_3 \frac{X_{t3}}{Z_t} + \frac{u_t}{Z_t} \tag{1.190}$$
>
> $$\Rightarrow Y_t^* = \frac{\beta_1}{Z_t} + \beta_2 X_{t2}^* + \beta_3 X_{t3}^* + u_t^* \tag{1.191}$$
>
> $$Var(u_t^*) = \frac{Var(u_t)}{Z_t^2} = \frac{\sigma^2 Z_t^2}{Z_t^2} = \sigma^2 \ (상수) \tag{1.192}$$

    그러므로 회귀식을 변환하면 최소 자승법(LS) 적용이 가능함을 알 수 있다.

4 자기 상관의 정의

자기 상관(autocorrelation) 또는 계열 상관이란 시계열 자료의 경우에는 시간적으로, 횡단면 자료의 경우에는 공간적으로 연속적인 일련의 관측치들 간의 상관관계라고 정의할 수 있다. 앞에서 설명한 일반적 회귀모형의 6번째 가정은 u_t는 독립적으로 분포한다(independently distributed)는 것이었고 이에 따라 다음이 성립하였다.

$$Cov(u_t, u_s) = E(u_t u_s) = 0 \quad \text{for all } t \neq s \tag{1.193}$$

그러나 한 잔차항이 다른 잔차항에 영향을 미치는 경우, 즉 잔차항들이 종속적인 관계에 있는 경우에는 자기 상관이 존재하게 되고 이러한 경우에는 다음과 같이 기술되게 된다.

$$Cov(u_t, u_s) \neq 0 \quad \text{for } t \neq s \tag{1.194}$$

〈그림 1-13〉에서는 전형적인 자기 상관 자료를 단순한 회귀분석모형으로 추정했을 때의 잔차와 실제 자료 및 추정치를 도시하고 있다. 〈그림 1-13〉에서 Actual이라고 표기되어 있는 것은 1980년 1분기부터 1998년 1분기까지의 한국종합주가지수(KOSPI) 추이이고, Fitted라고 표기된 것은 식 (1.195)와 같은 단순 회귀모형으로 추정한 추정선이며, Residual은 실제 자료가 추정선으로 설명되고 남은 확률 오차항을 나타낸다.

$$\ln KOSPI_t = \alpha + \beta \cdot time + u_t, \qquad t = 80.1 - 98.1 \tag{1.195}$$

식 (1.195)에 의하면 자연대수를 취한 종합주가지수가 독립변수를 시간(time)으로 하는 함수 형태로 표시되고 있음을 알 수 있다.

회귀분석을 행할 경우 조정 결정계수도 매우 낮을 것이며, 이에 따라 잔차항도 〈그림 1-13〉에서 보는 바와 같이 원래 데이터와 매우 유사한 모양을 띠게 된다. 특히 자료가 KOSPI처럼 자기 상관이 있는 경우에는 잔차항이 확연히 구분될 수 있는 주기적인 패턴을 보여 주고 있음을 알 수 있다. 그러나 실제로 본 모형은 다음과 같은 1차 자기 상관 모형으로 모형화하여야 한다.

$$y = \alpha + \beta X + u, \tag{1.196}$$
$$AR(1) : u_t = \rho u_{t-1} + \varepsilon_t, \qquad -1 < \rho < 1$$
$$\varepsilon_t \sim iid(0, \sigma_\varepsilon^2)$$

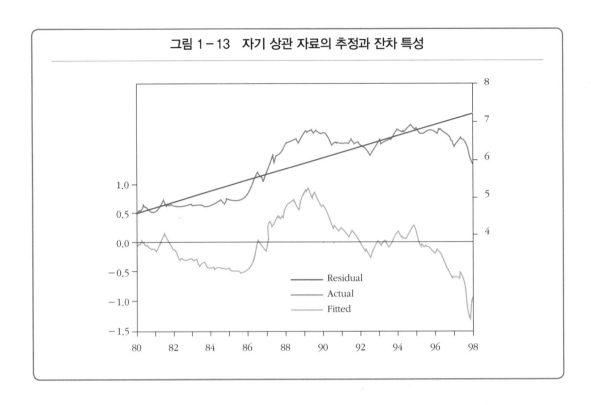

그림 1−13   자기 상관 자료의 추정과 잔차 특성

식 (1.196)과 같은 자기 상관이 발생하는 원인은 다음과 같다.

첫째, 어느 자기 상관된 하나의 변수가 실제 모형에서 제외되었을 경우 그 변수의 영향이 확률 오차항에 반영될 것이며, 그 결과로 확률 오차항에는 자기 상관이 초래되는 일종의 준자기 상관 때문에 올 수 있다.

둘째, 어느 경제관계에 실제 형태와는 다른 수학적 형태로 설정된 경우, 예를 들어 주기적 관계를 갖는 두 변수의 관계를 선형 함수로 설정하는 것과 같은 모형의 수학적 형태 설정 오류에 의해서 자기 상관이 발생할 수 있다.

셋째, 일련의 지속적인 기간을 통해 실제 변동을 평균화하여 완만하게 자료를 생성시켜 낼 때 자기 상관이 생기게 된다.

넷째, 자기 회귀모형으로 진정한 회귀모형이 설정되어 있는 상황에서 시차 변수를 포함시키지 않는 모형을 설정하게 되면 잔차항에는 당연히 뜻하지 않는 자기 상관이 생기게 된다.

다섯째, 태풍이나 홍수와 같은 순수한 확률적 요소가 어느 한 기간 이상으로 그 영향이 확산되는 양상을 보이게 될 때 여러 경제변수들은 여러 기간 동안 영향을 받을 것이며, 이에 따라 확률 오차항에 자기 상관이 생기는 실제 자기 상관의 경우를 생각해 볼 수 있을 것이다.

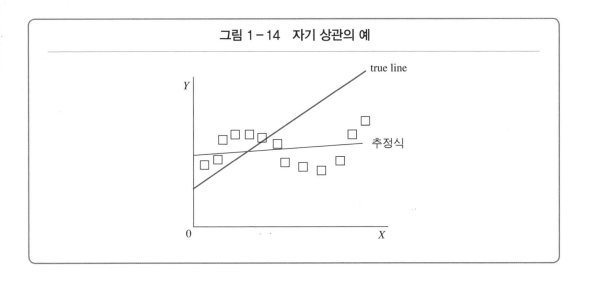

그림 1-14   자기 상관의 예

일반적으로 자기 상관 특성을 갖는 자료를 이용하여 회귀분석을 하게 되면 다음과 같은 결과를 초래하게 된다.

❶ 추정량과 예측치는 여전히 불편 추정량이고 일치 추정량이다(왜냐하면 $E(u_t)=0$, $E(u_t X_t)=0$ 이므로).

❷ LS 추정량은 더 이상 BLUE가 아니고 비효율적이 된다. 예측치 또한 비효율적이 된다.

❸ 회귀계수의 분산 추정치는 편익를 가지며 따라서 가설 검정은 유효하지 못하다. 민일 〈그림 1-14〉처럼 자기 상관이 '정(+)'이고 독립변수 X_t가 시간의 흐름에 따라 증가하는 경우 표준오차는 참값을 과소추정할 것이다.

　　이 경우 SSE는 작게 계산되고 R^2는 과대계산되어 실제보다 추정이 향상된 것으로 오해를 불러일으킬 가능성이 높다. 또한 t-통계량은 보다 유의적인 것으로 계산된다.

5   자기 상관의 검정

상기의 논의에서 자기 상관은 분석결과에 상당히 심각한 영향을 미칠 수 있음을 알아보았고, 또한 이에 따라 자기 상관에 대한 처치법이 필요한 이유를 생각해 보았다. 그러면 일반적인 상황에서 자기 상관의 존재 여부를 어떻게 알 수 있을까? 다음에서 자기 상관의 탐색방법으로 Durbin-Watson 검정, LM 검정 및 그래프를 통한 탐색방법을 간단하게 소개하고자

한다.

먼저 가장 쉽고 일반적인 방법으로 잔차항을 그림으로 표현하여 일정한 경향성이 있는지 살펴본다. 시계열 자료의 경우에 잔차항을 그래프로 작성하였을 때 시간이 지남에 따라 잔차항이 특정한 패턴을 보이게 되면 자기 상관이 존재하는 것으로 판단할 수 있다.

(1) Durbin-Watson 검정(1950~1951)

이는 소표본에도 적용할 수 있는 방법이다. 일반적으로 Durbin-Watson 검정은 식 (1.198)처럼 일차 자기 회귀 체계에만 적합한 것으로서 $\rho = 0$이라는 귀무가설을 검정하기 위한 단계별 절차는 다음과 같다.

$$Y_t = \beta_1 + \beta_2 X_{t2} + \beta_3 X_{t3} + \cdots + \beta_k X_{tk} + u_t \tag{1.197}$$

$$u_t = \rho u_{t-1} + \varepsilon_t \tag{1.198}$$

❶ 1단계 : LS를 실행하고 $\widehat{u_t}$를 구한다.

❷ 2단계 : 다음과 같이 Durbin-Watson 통계량을 구한다.

$$d = \frac{\sum_{t=2}^{T} (\widehat{u_t} - \widehat{u_{t-1}})^2}{\sum_{t=1}^{T} \widehat{u_t^2}} \tag{1.199}$$

이때 다음 사항을 참고해야 한다.

$$\hat{\rho} = \frac{\sum_{t=2}^{T} \widehat{u_t u_{t-1}}}{\sum_{t=1}^{T} \widehat{u_t^2}} \tag{1.200}$$

$$d \approx 2(1 - \hat{\rho}) \tag{1.201}$$

$$\hat{\rho} = 0 \Rightarrow d = 2 \tag{1.202}$$

즉, $H_0 : \rho = 0$의 검정은 $H_0 : d = 0$의 검정과 동일하게 됨을 알 수 있다. 이때 d의 분포(exact distribution)는 미지인 ρ와 X의 관측치값에 의존한다. 따라서 모든 경우를 테이블화하는 것은 불가능하다. 실제로 Durbin-Watson은 d의 분포가 두 개의 극한 분포(limiting distrubution ; U와 L)에 의해 한계가 주어짐을 보인 것이다.

❸ 3단계 : $H_0 : \rho = 0$, $H_A : \rho > 0$에서 하한치와 상한치를 구한다. 즉,

T=관측치 수, k'=상수항을 제외한 설명변수의 수 $\Rightarrow d_U, d_L$

(예 : $T = 30$, $k' = 2 \Rightarrow d_U = 1.57$, $d_L = 1.28$)

❹ 4단계 : $d \leqq d_L$이면 귀무가설을 기각하고 정의 일차 자기 상관이 있다는 가설을 채택한다. 만약 $d \geqq d_U$이면 자기 상관이 없다는 귀무가설을 기각할 수 없다. 또한 $d_L < d < d_U$이면 검정 결과는 미정이다.

참고

① 만일 대립가설이 $H_A : \rho < 0$이면 검정 통계량을 d 대신 $(4-d)$로 계산하여 3단계와 동일하게 가설 검정한다.
② 만일 대립가설이 $H_A : \rho \neq 0$이면 $d \leqq d_L$ 또는 $d \geqq 4 - d_L$인 경우 귀무가설을 기각하고, $d_U \leqq d \leqq 4 - d_U$이면 귀무가설을 채택한다.

(2) LM 검정

자기 상관 검정을 위한 Durbin-Watson 검정법은 검정 통계량 d가 검정 결과가 불완전한 영역에 속하는 경우에는 자기 상관의 존재 여부에 대하여 아무런 결론을 내릴 수 없으며, 또한 Durbin-Watson 검정법에 고유한 가정들이 있어 분석해야 할 자료들이 이러한 가정에 위배되는 경우 이를 사용할 수 없는 단점이 있다. 이때에는 LM(lagrangian multiplier) 검정법을 사용할 수 있다.

LM 검정법의 단계별 절차를 소개하면 다음과 같다.

❶ 1단계 : 식 (1.198)과 같은 회귀식에서 LS를 실행하고 $\widehat{u_t}$를 구한다.
❷ 2단계 : $\widehat{u_t}$를 상수 X_{t2}, $\cdots$, X_{tk}, $\widehat{u_{t-1}}$에 대하여 $T-1$개의 관측치를 사용하여 회귀분석하고 LM 검정 통계량 $(T-1)R^2$을 계산한다. 이때 R^2은 회귀식의 결정계수를 의미한다.
❸ 3단계 : $(T-1)R^2 > \chi^2_{1,0.05}$이면 귀무가설을 기각한다. 이때 대립가설은 $H_A : \rho \neq 0$이다. p-차 자기 상관에 관한 LM 검정은 $(T-p)R^2 \sim \chi^2_{p,0.05}$을 사용한다.

6 자기 상관의 처치

지금까지는 자기 상관의 검정법에 대하여 알아보았다. 이처럼 자료에 자기 상관이 존재할 때 이를 처치하기 위한 해결책은 여러 가지가 있을 수 있다. 자기 상관의 발생 원천을 생각해 볼 때, 예를 들어 자기 상관이 모형에서 제외된 변수에서 기인한 것이라면 이에 대한 처치법은 제외된 변수를 설명변수로 모형에 포함시키면 될 것이다. 그러나 실제로 확률 오차항이 시간적으로 종속적일 경우 본래의 자료가 OLS의 가정을 만족시킬 수 있도록 변환시켜야 한다.

여기에서는 Cochrane-Orcutt의 반복 추정법을 소개하기로 한다. Cochrane-Orcutt의 반복 추정법은 자기 상관계수 ρ의 추정을 점진적인 개략에 의하여 구하는 방법으로 단계별 추정 절차는 다음과 같다.

먼저 본래의 모형이 식 (1.203)~(1.204)와 같이 주어져 있다고 하자.

$$Y_t = \beta_1 + \beta_2 X_{t2} + \beta_3 X_{t3} + \cdots + \beta_k X_{tk} + u_t \tag{1.203}$$

$$u_t = \rho u_{t-1} + \varepsilon_t \tag{1.204}$$

이제 ρ를 이용하여 다음과 같이 모형을 변환시킨 다음 단계별 추정을 실시한다.

$$Y_t - \rho Y_{t-1} = \beta_1(1-\rho) + \beta_2[X_{t2} - \rho X_{t-1,2}] + \cdots \tag{1.205}$$
$$+ \beta_k[X_{tk} - \rho X_{t-1,k}] + \varepsilon_t$$
$$Y_t^* = \beta_1(1-\rho) + \beta_2 X_{t2}^* + \cdots + \beta_k X_{tk}^* + \varepsilon_t$$

❶ 1단계 : LS를 실행하고 $\widehat{u_t}$를 구한다.

❷ 2단계 : $\hat{\rho}$를 추정한다.

❸ 3단계 : $Y_t^* = Y_t - \hat{\rho}Y_{t-1}$, $X_{tj}^* = X_{tj} - \hat{\rho}X_{t-1,j}$를 계산한다.

❹ 4단계 : 1단계부터 다시 반복한다(단, Y^*를 X^*에 대하여 회귀분석한다).

이때 $\hat{\rho}$의 값의 변화가 일정 기준 이하가 될 때까지 계산을 반복한다. Cochrane-Orcutt의 절차를 실행함에 있어서 1개의 관측치를 잃게 되지만 추정량은 *MLE*에 수렴하게 된다.

최소 자승법을 적용하는 데 있어서 중요한 가정 중의 하나는 설명변수들이 완전한 선형 관계로 상관되어서는 안 된다는 것이다. 즉, 설명변수들 간의 상관계수가 1이 되어서는 안 된다는 것이다. 이처럼 모형에 포함된 어떤 설명변수가 다른 설명변수와 상관관계를 갖는 경우 '다중 공선성(multicollinearity)'에 문제가 있다고 한다. 다시 말하면 다중 공선성은 설명변수들 간의 높은 상호 연관성으로 인하여 종속변수에 미치는 그들 각각의 영향을 구분하기가 매우 어려운 상태를 말한다.

완전 다중 공선성이란 다음과 같이 설명변수들이 완전한 선형 관계에 있는 경우를 말한다.

$$Y_t = \beta_1 + \beta_2 X_{t2} + \beta_3 X_{t3} + u_t \tag{1.206}$$

$$X_{t3} = a + b X_{t2} \tag{1.207}$$

이러한 경우에는 변수들의 상관관계가 1이 되어 그들의 모수들은 결정되지 않는다. 즉, β_2와 β_3를 추정하기에 정보가 충분하지 않다는 것이다. 이에 반하여 준다중 공선성(near multicollinearity)은 변수들 간의 관계가 다음과 같은 경우를 일컫는다.

$$X_{t3} = a + b X_{t2} + v_t \tag{1.208}$$

이러한 경우에는 설명변수 간 상관관계가 완전하지 않은 상태를 말한다. 완전 다중 공선성 상태인 식 (1.207)과 준다중 공선성 상태인 식 (1.208)을 비교해 보면 식 (1.207)의 경우에는 확률 오차항이 없는 반면, 식 (1.208)의 경우에는 확률 오차항이 있는 것을 알 수 있다. 즉, 준다중 공선성의 경우에는 관련되어 있는 두 변수 간의 관계가 일정하지 않고 확률적으로 결정된다는 것이다. 이처럼 모형에 포함된 어떤 설명변수가 다른 설명변수와 상관관계를 갖는 다중 공선성이 발생하는 이유는 첫째, 경제의 규모는 동일한 요인들에 의하여 영향을 받고 그 결과 경제변수들은 시간을 두고 동일한 형태를 보이는 추세를 가지기 때문이며, 둘째, 시차모형의 사용이 점점 확대되면서 어느 한 변수의 연속적인 값이 상호 연관되어 나타나기 때문이다. 일반적으로 다중 공선성 특성을 갖는 자료를 이용하여 회귀분석을 하게 되면 다음과 같은 결과를 초래하게 된다.

❶ 다중 회귀분석에서 두 개 또는 그 이상의 변수들이 완전 선형 결합관계에 있으면 모형은 추정할 수 없다.

❷ 몇몇 설명변수들이 준선형 결합된 경우 LS 추정량은 여전히 BLUE이며 따라서 불편성·효율성 그리고 일치성을 갖는다.

❸ 준선형 결합의 경우 회귀계수의 표준오차는 크게 되는 경향이 있고 따라서 t-통계량은 작게 계산되는 경향이 있다. 그러나 가설 검정은 유효하다.

❹ 상관관계가 높은 변수들의 회귀계수들의 공분산은 매우 크게 계산되므로 개별 회귀계수를 해석하는 것이 쉽지 않다.

❺ 다중 공선성은 모형의 예측성과에 큰 영향을 미치지 않을 수도 있고 심지어 이를 개선할 가능성도 있다.

8 다중 공선성의 탐색과 처치

다중 공선성의 심각성은 전반적인 상관계수는 물론 편 상관계수의 크기에 달려있다. 따라서 표준오차, 편 상관계수 및 결정계수(R^2) 등이 다중 공선성에 대한 검정으로 사용되어질 수 있으나, 이들 요인 중 어느 것도 그 자체만으로는 다중 공선성 탐색을 위한 만족스러운 지표는 되지 못한다. 예를 들어 설명하면 큰 표준오차가 언제나 다중 공선성과 함께 나타나는 것은 아니기 때문이다.

다음은 다중 공선성의 징후를 식별하는 방법을 예시한 것이다.

❶ t-값이 작음에도 불구하고 R^2가 높은 경우
❷ 설명변수들 사이의 상관계수가 높은 경우
❸ 회귀계수값이 모형설정에 매우 민감한 경우

다중 공선성이 함수관계에 존재하는 경우 취해야 할 해결방법은 ① 다중 공선성의 심각성에 따라, ② 대표본이나 횡단면 표본자료 등과 같은 다른 자료를 이용할 수 있는 자료 이용 가능성에 따라, ③ 다중 공선성에 연관된 변수의 중요도 등에 따라 매우 다양하다.

다음은 일반적인 다중 공선성의 해결책을 간단히 정리한 것이다.

❶ 하나 또는 그 이상의 설명변수를 모형으로부터 제거한다.
❷ 모형 외 정보(extraneous information)를 사용한다.
❸ 표본의 크기를 증가시킨다.

단일 시계열 변동성 모형

금융 시계열의 변동성에 대한 정교한 추정과 예측은 금융 모형 분석 또는 이론 검정에 있어서 중요할 뿐만 아니라, 실무에 있어서 선물, 옵션 등의 파생상품을 거래하는 투자자에게도 매우 중요한 개념이다. 또한 변동성을 추정하고 예측하는 문제는 위험관리 분야에서도 매우 중요한 부분으로 지목받고 있다. 이는 위험의 척도가 곧 시계열의 변동성이기 때문이다. 여기에서는 주로 최근에 개발된 변동성 모형의 추정기법을 소개하기로 한다.[2]

1 ARCH 모형

변동성 집중 또는 fat tail의 특성을 갖는 시계열을 조건부 분산의 관점에서 모형화하기 위하여 Engle(1982)은 다음과 같은 p-차 자기 회귀형 조건부 분산(autoregressive conditional heteroscedasticity) 또는 줄여서 ARCH(p) 모형을 제안하였다.

$$y_t = X_t \beta + \sigma_t \xi_t, \; \xi_t \sim N(0, 1) \tag{1.209}$$

$$\varepsilon_t = \sigma_t \xi_t, \; \varepsilon_t | \psi_{t-1} \sim N(0, \sigma_t^2) \tag{1.210}$$

$$\sigma_t^2 = \alpha_0 + \alpha_1 \varepsilon_{t-1}^2 + \cdots + \alpha_p \varepsilon_{t-p}^2 \qquad (단 \; \alpha_0 > 0 \; ; \alpha_1, \cdots, \alpha_p \geqq 0) \tag{1.211}$$

식 (1.209)는 앞에서 설명한 식 (1.120)처럼 보통의 다중 회귀식이며, 다만 다른 점은 확률 오차항이 식 (1.210)에서 보는 것처럼 조건부 정규분포한다는 것이다. 설명변수 벡터 X_t는 t 시점에서 고정되어 있다고 가정하는 것도 일반 다중 회귀식과 같다. 흔히 금융 시계열 분석에 있어서 X_t는 종속변수 자신의 래그들과 식 (1.211)에 정의된 조건부 분산이나 표준편차 또는 기타의 외생적 설명변수들을 포함할 수 있다. 이러한 모형을 ARCH 모형이라고 하는 이유는 다음과 같다.

식 (1.210)~(1.211)을 고쳐 쓰면

---

2 본 절은 김명직·장국현 공저 「금융 시계열 분석」의 제4장 변동성(volatility) 부분을 참고하였다. GARCH 모형 외의 단일 시계열 변동성 모형, 다중 시계열 변동성 모형, 확률 변동성 모형 및 마코프 전환 변동성 모형 등과 같은 보다 심화된 변동성 모형의 추정 및 예측에 관심 있는 독자들은 「금융 시계열 분석」을 직접 참고하기 바란다.

$$\varepsilon_t^2 = \sigma_t^2 + (\varepsilon_t^2 - \sigma_t^2)$$
$$= \alpha_0 + \alpha_1 \varepsilon_{t-1}^2 + \cdots + \alpha_p \varepsilon_{t-p}^2 + \upsilon_t \qquad (\text{단, } \upsilon_t = \sigma_t^2(\xi_t^2 - 1)) \tag{1.212}$$

가 되어 잔차항의 제곱이 AR(p) 과정을 따른다.

$\sigma_t^2 \equiv Var(y_t | \psi_{t-1}) = Var(\varepsilon_t | \psi_{t-1}) = E(\varepsilon_t^2 | \psi_{t-1})$로 정의되므로 식 (1.212)의 양변에 $(t-1)$시점의 기대값을 취하면,

$$\sigma_t^2 = \alpha_0 + \alpha_1 \sigma_{t-1}^2 + \cdots + \alpha_p \sigma_{t-p}^2$$

가 되어 보통의 p-차 자기 회귀(autoregressive)모형을 따르는 것을 알 수 있다. 또한 이 분산성을 갖게 되는 이유는 ε의 실현된 래그값에 따라 σ_t^2가 항상 변할 수 있기 때문이다. 일정한 조건하에서 y_t는 첨예 분포를 가지며, ε_t^2(또는 y_t^2)는 안정적 자기 회귀과정을 따르고 따라서 분산집중을 야기할 수 있다. 그러므로 ARCH(p) 모형은 꼬리가 두터운 특성을 가지는 금융 시계열을 모형화하는 데 유용할 수 있음을 알 수 있다.

2 ARCH 효과의 검정과 추정

식 (1.212)가 의미하는 바는 다중 회귀식의 OLS 잔차 제곱을 사용하여 LM 검정을 수행함으로써 ARCH 효과를 검정할 수도 있다는 것이다. 즉, y_t를 X_t에 회귀분석함으로써 얻게 되는 OLS 잔차항의 제곱을 이의 p개의 래그항들에 대하여 두 번째 단계 회귀식을 추정함으로써 이들 회귀계수가 동시에 유의적인지를 검정하게 된다. 두 번째 단계에서 T개의 OLS 잔차항 제곱을 사용했다면 이때의 R^2 곱하기 T, 즉 $T \cdot R^2$는 점근적으로 $\chi^2(p)$ 분포하는 것으로 알려졌다. 이는 귀무가설이 'p래그까지 동시에 고려할 때 ARCH 효과가 없다'이므로 $T \cdot R^2$이 이론값보다 크게 되면, 즉 p-값이 0.05보다 작으면 5% 유의 수준에서 귀무가설을 기각하게 된다.

검정 결과 ARCH 효과가 있는 것으로 나타나면 예측 오차 분해(prediction error decomposition) 결과를 이용하여 다음과 같은 대수 우도 함수를 구할 수 있다. 모형의 모든 파라미터를 $\theta = (\alpha_0, \alpha_1, \cdots, \alpha_p, \beta)'$으로 두었을 때 ARCH(p) 모형의 대수 우도 함수는

$$\ln f(\varepsilon_1, \cdots, \varepsilon_T | \varepsilon_0, X ; \theta) \tag{1.213}$$
$$= \sum_{t=1}^{T} \ln f(\varepsilon_t | \psi_{t-1} ; \theta)$$

$$= -\left(\frac{T}{2}\right)\ln(2\pi) - \left(\frac{1}{2}\right)\sum_{t=1}^{T}\ln\sigma_t^2 - \left(\frac{1}{2}\right)\sum_{t=1}^{T}\ln\varepsilon_t^2/\sigma_t^2$$

이러한 표본 대수 우도 함수를 BHHH, BFGS, Marquart 또는 DFP 등과 같은 일반적 수치 최적화(numerical optimization) 알고리즘을 사용하여 평가함으로써 θ의 최우 추정값을 얻을 수 있다. 물론 ξ_t가 정규분포 이외의 분포 형태를 띠는 경우에도 유사하게 추정할 수 있으며, 이는 다음의 GARCH(p, q) 모형을 설명하면서 보다 구체적으로 살펴보기로 한다.

3   GARCH(p, q) 모형

ARCH(p) 모형을 추정하는 경우 래그 p를 크게 설정해야 하는 경향이 있음을 위에서 살펴보았다. 대안으로 Bollerslev(1986)는 ARCH 모형을 일반화하는 다음과 같은 GARCH (p, q) 모형(generalized ARCH)을 제안하였다.

$$y_t = X_t\beta + \sigma_t\xi_t, \ \xi_t \sim N(0, 1) \tag{1.214}$$

$$\varepsilon_t = \sigma_t\xi_t, \ \varepsilon_t|\psi_{t-1} \sim N(0, \sigma_t^2) \tag{1.215}$$

$$\sigma_t^2 = \alpha_0 + \alpha_1\varepsilon_{t-1}^2 + \cdots + \alpha_p\varepsilon_{t-p}^2 + \beta_1\sigma_{t-1}^2 + \cdots + \beta_q\sigma_{t-q}^2 \tag{1.216}$$
$$= \alpha_0 + A(L)\varepsilon_t^2 + B(L)\sigma_t^2$$

단, $\alpha_0 > 0$, $\alpha_1, \cdots, \alpha_p, \beta_1, \cdots, \beta_q \geqq 0$, $A(L) = \alpha_1 L + \cdots + \alpha_p L^p$, $B(L) = \beta_1 L + \cdots + \beta_q L^q$, $p = q = 1$인 경우, 즉 가장 간단한 GARCH(1, 1) 모형을 예로 들어보자.

$$\sigma_t^2 = \alpha_0 + \alpha_1\varepsilon_{t-1}^2 + \beta_1\sigma_{t-1}^2 \tag{1.217}$$

식 (1.217)의 양변에 $(t-1)$시점 조건부 기대값을 취하면

$$\sigma_t^2 = \alpha_0 + \alpha_1\sigma_{t-1}^2 + \beta_1\sigma_{t-1}^2$$

가 되므로 이를

$$(1 - \alpha_1 L - \beta_1 L)\sigma_t^2 = \alpha_0$$

로 다시 쓰면 GARCH(1, 1) 모형이 의미하는 비조건부 분산은 다음과 같음을 쉽게 알 수 있다.

$$\sigma^2 = \frac{\alpha_0}{(1 - \alpha_1 - \beta_1)}, \quad (\alpha_1 + \beta_1) < 1 \text{인 경우} \tag{1.218}$$

그러면 GARCH 모형을 도입하는 이유는 무엇인가? 그 해답은 GARCH (1, 1) 모형을 예로 들 때 이를 반복적 대입과정을 통하여 다음과 같은 ARCH(∞) 모형으로 다시 쓸 수 있기 때문이다.

$$\sigma_t^2 = \frac{\alpha_0}{(1 - \beta_1)} + \alpha_1 \sum_{j=1}^{\infty} \beta_1^{j-1} \varepsilon_{t-j}^2 \tag{1.219}$$

즉, 작은 수의 파라미터를 사용함에도 불구하고 긴 래그의 ARCH 모형을 추정하는 것과 유사한 효과를 가져오기 때문이다. 실제로 우리가 자주 접하는 금융 시계열들의 변동성은 매우 지속적(persistent)인 것으로 보이며, 흔히 단순한 GARCH(1, 1) 모형으로도 대부분 잘 모형화할 수 있는 것으로 알려져 있다.

GARCH(p, q) 모형에 관해서는 다음의 두 정리를 기억할 필요가 있다.

❶ GARCH(p, q) 모형이 $E(\varepsilon_t) = 0$, $Var(\varepsilon_t) = \alpha_0(1 - A(1) - B(1))^{-1}$ 그리고 $Cov(\varepsilon_t, \varepsilon_s) = 0$ $(t \neq s)$를 갖는 약한 의미에서의 안정성을 갖기 위한 필요충분조건은

$$A(1) + B(1) < 1 \tag{1.220}$$

따라서 $p = q = 1$인 경우, GARCH 모형의 약안정성 조건은 $\alpha_1 + \beta_1 < 1$이고 비조건부 분산은 위에서 살펴본 바와 같이 $\sigma^2 = \alpha_0(1 - \alpha_1 - \beta_1)^{-1}$이다.

비조건부 분산식을 보면 왜 α_0가 항상 영(0)보다 커야 하는지 이유를 알 수 있다.

❷ GARCH(1, 1) 과정의 경우 만일 $3\alpha_1^2 + 2\alpha_1\beta_1 + \beta_1^2 < 1$이면 4차 모멘트가 존재한다. 즉,

$$E(\varepsilon_t^4) = 3\alpha_0^2(1 + \alpha_1 + \beta_1)[(1 - \alpha_1 - \beta_1)(1 - \beta_1^2 - 2\alpha_1\beta_1 - 3\alpha_1^2)]^{-1}$$

따라서 초과 첨도(excess kurtosis)는 다음과 같이 계산된다.

$$\begin{aligned} \chi &= [E(\varepsilon_t^4) - 3E(\varepsilon_t^2)^2]E(\varepsilon_t^2)^{-2} \\ &= 6\alpha_1^2(1 - \beta_1^2 - 2\alpha_1\beta_1 - 3\alpha_1^2)^{-1} > 0 \end{aligned}$$

즉, GARCH(1, 1) 모형은 leptokurtic하고 fat tail을 갖는 시계열 자료를 모형화하는 경우에 적합함을 알 수 있다.

4 GARCH(1, 1) 모형의 특성

GARCH(1, 1) 모형은 다음과 같이 고쳐 쓸 수 있다.

$$\begin{aligned}\sigma_t^2 &= \alpha_0 + \beta_1\sigma_{t-1}^2 + \sigma_1\varepsilon_{t-1}^2 \\ &= \alpha_0 + (\alpha_1+\beta_1)\sigma_{t-1}^2 + \alpha_1(\varepsilon_{t-1}^2 - \sigma_{t-1}^2) \\ &= \alpha_0 + (\alpha_1+\beta_1)\sigma_{t-1}^2 + \alpha_1\sigma_{t-1}^2(\xi_{t-1}^2 - 1)\end{aligned}$$

(1.221)

두 번째 등호에서 $(\varepsilon_{t-1}^2 - \sigma_{t-1}^2)$항의 평균은 '영'이므로 변동성에 대한 충격으로 생각할 수 있다. 계수 α_1은 현재의 변동성 충격이 다음 기의 변동성에 미치는 영향을 측정한다.

α_1의 값이 크다는 것은 변동성이 시장의 움직임에 매우 민감하게 반응함을 의미하고 실제로 이러한 경우 계산된 변동성의 그림을 보면 많은 스파이크가 있음을 볼 수 있다. $\lambda \equiv (\alpha_1+\beta_1)$는 변동성이 얼마나 지속적인가(persistence) 또는 현재의 변동성이 미래에 어떻게 소멸되어 가는가를 측정한다.

λ의 값이 1에 가까울수록 현재의 높은(또는 낮은) 변동성이 장래에도 지속될 가능성이 높은 것이다. 일반적으로 실증분석에서 β_1의 추정값은 α_1보다 크고 또 1.0에 가까운 경향이 있다. 금융 시계열에 있어서 많은 경우 조건부 분산에 대한 충격의 효과가 사라지는 데 소요되는 시간은 매우 긴 경향이 있다.

세 번째 등호에서 $\sigma_{t-1}^2(\xi_{t-1}^2 - 1)$항은 위의 $(\varepsilon_{t-1}^2 - \sigma_{t-1}^2)$항을 표준 정규분포 확률변수의 제곱($\chi^2(1)$ 변량)에서 그의 평균(즉, 1)을 뺀 뒤 과거의 변동성값으로 곱한 것으로 다시 표현한 것이다.

GARCH(1, 1) 모형은 다음과 같이 제곱한 오차항 과정으로도 고쳐 쓸 수 있다.

$$\varepsilon_t^2 = \alpha_0 + \lambda\varepsilon_{t-1}^2 + (\varepsilon_t^2 - \sigma_t^2) - \beta_1(\varepsilon_{t-1}^2 - \sigma_{t-1}^2)$$

(1.222)

따라서 오차항 제곱은 ARIMA(1, 1) 과정을 따른다. 다만 확률 오차항$(\varepsilon_t^2 - \sigma_t^2)$이 이분산성을 띠고 있음을 알 수 있다.

01 다음 중 옳지 않은 설명은?

① 분산은 편차의 제곱거리를 평균적으로 나타낸 것이다.

② 분산은 관찰치의 흩어짐의 정도를 나타낸 것이다.

③ 편차는 관찰치에서 평균을 뺀 것이다.

④ 대표값에는 평균, 중앙값, 최빈값, 표준편차가 있다.

02 다음 중 확률 분포의 첨도(kurtosis)에 관한 설명으로 옳지 않은 것은?

① 첨도는 뾰족함의 정도를 의미한다.

② 정규분포의 첨도는 1이다.

③ 첨도는 4차 중심적률이다.

④ 왜도가 4로 계산된 경우는 정규분포보다 더 뾰족한 경우이다.

03 다음 기대값의 특성으로 옳지 않은 것은?

① $E(X-\mu) = E(X) = 0$ ② $E(c) = c$ (단, c는 상수)

③ $E[cg(X)] = cE[g(X)]$ ④ $E[u(X) + v(X)] = E[u(X)] + E[v(X)]$

해설

01 ④ 표준편차는 관찰치의 흩어짐의 정도를 나타낸다.

02 ② 정규분포의 첨도는 3이다

03 ① $E(X-\mu) = E(X) - \mu = 0$이다.

04 다음 중 분포의 표준편차를 분포의 평균으로 나눈 값은?

① 최빈수(mode) ② 중위수(median)

③ 변동 계수(coefficient of variation) ④ 왜도(skewness)

05 다음 중 공분산의 특성에 관한 설명으로 적절하지 않은 것은?

① 공분산은 두 개의 변수 X와 Y의 상호 연관도를 측정하는 기준으로 사용된다.

② X와 Y가 독립적이지 않은 경우 $Var(aX \pm bY) = a^2 Var(X) + b^2 Var(Y) \pm 2ab\ Cov(X, Y)$이다.

③ X와 Y가 독립이면 $Cov(X, Y) = 0$이므로 $Var(aX \pm bY) = a^2 Var(X) + b^2 Var(Y)$이다.

④ 공분산은 -1부터 $+1$까지의 값을 갖는다.

06 다음 중 다중 공선성의 탐색과 처치에 대한 설명으로 적절하지 않은 것은?

① t-값이 작음에도 불구하고 결정계수(R^2)가 높은 경우 다중 공선성을 의심해봐야 한다.

② 설명변수들 사이에 상관계수가 높을 경우 다중 공선성을 의심해봐야 한다.

③ 다중 공선성의 해결책으로 하나 또는 그 이상의 설명변수를 모형으로부터 제거한다.

④ 다중 공선성을 해결하기 위해 표본의 크기를 감소시킨다.

해설

04 ③ 변동 계수(coefficient of *Variation*, σ/μ)란 분포의 표준편차를 분포의 평균으로 나눈 값을 말한다. 즉, 평균치 한 단위당 변동이 얼마인지를 나타내는 값이다.

05 ④ -1부터 $+1$까지의 값을 갖는 것은 상관계수이다.

06 ④ 다중 공선성을 해결하기 위해 표본의 크기를 증가시킨다.

07 다음과 같은 GARCH(1, 1) 모형에서 현재의 변동성이 미래에 어떻게 소멸되어 가는지를 측정하는 것은?

$$y_t = X_t\beta + \varepsilon_t, \quad \varepsilon_t|\psi_{t-1} \sim N(0, \sigma_t^2)$$
$$\sigma_t^2 = \alpha_0 + \alpha_1\varepsilon_{t-1}^2 + \beta_1\sigma_{t-1}^2$$

① α_0

② $\alpha_0 + \alpha_1$

③ $\alpha_1 + \beta_1$

④ $\alpha_0(1 - \alpha_1 - \beta_1)^{-1}$

08 다음과 같은 GARCH(1, 1) 모형의 약안정성 조건은?

$$y_t = X_t\beta + \varepsilon_t, \quad \varepsilon_t|\psi_{t-1} \sim N(0, \sigma_t^2)$$
$$\sigma_t^2 = \alpha_0 + \alpha_1\varepsilon_{t-1}^2 + \beta_1\sigma_{t-1}^2$$

① $\alpha_0 = 0$

② $\alpha_0 + \alpha_1 < 1$

③ $\alpha_1 + \beta_1 < 1$

④ $\alpha_0(1 - \alpha_1 - \beta_1)^{-1} < 1$

09 다음 중 시계열의 변동성에 관한 설명으로 옳지 않은 것은?

① 주식 수익률이나 환율 변화율의 분포는 대개 fat tail의 특성을 갖는다.

② GARCH 모형은 변동성 군집(clustering) 현상을 갖는 시계열을 모형화할 수 있다.

③ GARCH(1, 1) 모형에서 $\lambda \equiv (\alpha_1 + \beta_1)$의 값이 1에 가까울수록 현재의 변동성이 장래에도 지속될 가능성은 높다.

④ 금융 시계열에 있어서 많은 경우 조건부 분산에 대한 충격의 효과가 사라지는 데 소요되는 시간은 매우 짧은 경향이 있다.

해설

07 ③ GARCH(1, 1) 모형에서 지속성은 $\lambda \equiv (\alpha_1 + \beta_1)$에 의하여 측정된다.

08 ③ GARCH(p, q) 모형에서 $p = q = 1$인 경우 GARCH 모형의 약안정성 조건은 $\alpha_1 + \beta_1 < 1$이다.

09 ④ 금융 시계열에 있어서 많은 경우 조건부 분산에 대한 충격의 효과가 사라지는 데 소요되는 시간은 매우 긴 경향이 있다.

10 다음과 같은 GARCH(1, 1) 모형에서 옳지 않은 것은?

$$y_t = X_t \beta + \varepsilon_t, \ \varepsilon_t | \psi_{t-1} \sim N(0, \sigma_t^2)$$
$$\sigma_t^2 = \alpha_0 + \alpha_1 \varepsilon_{t-1}^2 + \beta_1 \sigma_{t-1}^2$$

① GARCH(1, 1) 모형은 leptokurtic하고 fat tail을 갖는 시계열 자료를 모형화하는 경우에 적합하다.

② GARCH(1, 1) 과정의 경우 만일 $3\alpha_1^2 + 2\alpha_1\beta_1 + \beta_1^2 < 1$이면 4차 모멘트가 존재한다.

③ 계수 α_1은 현재의 변동성 충격이 다음 기의 변동성에 미치는 영향을 측정한다.

④ 일반적으로 실증분석에서 β_1의 추정값은 α_1보다 작고 0에 가까운 경향이 있다.

11 X_1과 X_2는 두 주식의 수익률이다. 이들의 평균수익률이 각각 4.2와 5.8이고 분산은 각각 35.82와 42.25이며, 두 주식 사이의 상관관계는 -0.27이다. X_1에 40% 그리고 X_2에 60% 투자하여 포트폴리오 P를 구성할 경우 다음에 답하시오.

(1) 포트폴리오 P의 기대수익률과 분산은?

(2) 두 주식 및 포트폴리오를 mean-variance 평면에 점으로 표시하고, 위험-수익 교환관점에서 분산 효과를 설명하시오.

해설

10 ④ 일반적으로 실증분석에서 β_1의 추정값은 α_1보다 크고 1.00에 가까운 경향이 있다.

11 (1) $E(X) = 4.2$, $E(Y) = 5.8$, $\rho_{x_1 x_2} = -0.27$, $Var(X) = 35.82$, $Var(Y) = 42.25$, 포트폴리오 수익률$(Rp) = 0.4X_1 + 0.6X_2$, $E(Rp) = 5.16\%$, $Cov(X_1, X_2) = \sigma_{x_1}\sigma_{x_2}\rho_{x_1 x_2} = -10.5036$

(2) $Var(Rp) = Var(0.4X_1 + 0.6X_2) = 0.4^2 Var(X_1) + 0.6^2 Var(X_2) + 2(0.4)(0.6) Cov(X_1, X_2) = 15.89950$이므로, 즉 분산투자의 효과가 있다.

12   $y=\alpha+\beta x+e$에서 LS에 의한 β의 추정치가 -0.5814, $SD(\hat{\beta})=0.4142$, $t(\hat{\beta})=-1.4038$, 그리고 표본의 크기가 215일 때 다음에 답하시오.

    (1) 95% 신뢰 수준에서 β의 구간 추정치는?

    (2) 귀무가설 $H_0 : \beta = 0$을 검정하시오.

해설

12 (1) $y=\alpha+\beta x+e$에서 LS에 의한 β의 추정치가 -0.5814 그리고 $SD(\hat{\beta})=0.4142$, $t(\hat{\beta})=-1.4038$ 그리고 표본의 크기가 215일 때 95% 신뢰 수준에서 β의 구간 추정치를 계산하면 다음과 같다.

    $P[-0.5814-0.4142\times1.96\leq\beta\leq-0.5814+0.4142\times1.96]=0.95$

    $P[-1.3932\leq\beta\leq0.2304]=0.95$

 (2) $t^{*}=t_{\alpha/2,64}\approx z_{\alpha/2}$임을 유의한다. 참고로 EViews에서는 $H_0 : \beta = 0$을 검정하기 위하여 $t(\hat{\beta})=-1.4038$의 p-값을 scalar p-value=@ctdist(-1.4038, 215$-$2)$\times$2로 계산하며, p-value=0.1618로 계산되어 귀무가설을 기각하지 못한다.

정답 01 ④ | 02 ② | 03 ① | 04 ③ | 05 ④ | 06 ④ | 07 ③ | 08 ③ | 09 ④ | 10 ④

part 02

채권분석

certified financial risk manager

chapter 01

채권의 개요 및 종류

section 01 **채권의 개요**

1 채권의 기본개념

채권은 정부, 공공기관, 특수법인과 주식회사가 일반투자자들로부터 비교적 중·장기의 자금을 일시에 대량으로 조달하기 위하여 발행하는 유가증권으로서 일종의 차용증서를 말한다. 채권(bond)은 넓은 의미의 고정수익증권(fixed income securities)의 한 종류인데 고정소득증권에는 채권 이외에도 부동산담보증권(Mortgage-Backed Securities ; MBS), 자산유동화증권(Asset-Backed Securities ; ABS), 은행대출(loan), 기업어음(Commercial Paper ; CP), 부채담보증권(Collateralized Debt Obligation ; CDO) 등을 포함하기도 한다.

2 채권의 본질

(1) 확정이자부 증권

채권은 발행 시에 지급해야 할 이자와 상환금액이 확정되거나 또는 그 기준이 확정되어 있다. 따라서 투자원금에 대한 수익은 금리 수준의 변동에 의한 것 이외에는 발행 시에 이미 결정되므로 발행자의 원리금 지급능력이 가장 중시된다.

(2) 이자지급 증권

채권의 경우 발행자는 주식과 달리 수익의 발생 여부와 관계 없이 이자를 지급하여야 한다. 채권의 이자지급은 채권 발행자가 부담하는 금융비용 중에서 가장 큰 비중을 차지하므로 기업의 손익과 성장에 많은 영향을 주게 된다.

(3) 기한부 증권

채권은 원리금의 상환기간이 사전에 정해져 있는 기한부 증권이다. 이러한 채권의 특성으로 인하여 잔존기간이 투자결정에서 중요해진다. 실세금리는 경제상황에 따라 변동하는 것이 상례이므로 잔존기간의 길고 짧음이 채권투자 수익에 큰 영향을 준다.

(4) 장기증권

채권은 다른 확정이자부 증권과 달리 장기증권이다. 따라서 원리금 상환 문제 외에도 장기적으로 존속해야 하므로 유통시장을 통한 환금성과 유동성을 보장해 주는 것이 필요하다.

3 채권의 특성

채권은 원금은 물론 일정한 이자를 지급받을 권리가 주어져 있는 유가증권이다. 따라서 일정기간 후에 얼마의 이익을 얻을 수 있는가 하는 수익성과 원금과 이자를 확실하게 받을 수 있는가 하는 안정성, 중도에 돈이 필요할 때 현금화 가능 여부인 유동성이 골고루 갖추어져 있는 특징이 있다.

(1) 수익성

채권을 보유함으로써 얻을 수 있는 수익은 이자소득과 자본소득이 있다. 이자소득은 채권을 보유함으로써 발생하는 이자수익을 말하며, 자본소득은 채권 가격 변동으로 인해 채권 매수 가격보다 시장 가격이 높을 때 발생하는 수익을 말한다. 채권은 일정한 이자와 투자운용에 따른 자본이득을 얻을 수 있는 투자대상이다.

(2) 안정성

채권은 정부, 공공기관, 특수법인, 금융기관 및 신용도가 높은 주식회사 등이 주로 발행하므로 안정성이 비교적 높다.

(3) 유동성

채권은 만기일까지 보유하여 확정된 이자와 원금을 받을 수 있고, 만기일 전에 증권회사 등을 통해 언제든지 팔아 현금화할 수도 있다. 특히, 채권수익률 변동에 따른 가격 변동폭이 작은 단기채권과 발행자의 신용도가 높아 안정성이 보장된 채권의 경우에는 여타 채권과 비교할 때 유동성이 더 높다.

---

4 채권투자와 위험

채권에 투자할 경우, 투자자는 ① 이자율 위험(interest rate risk), ② 재투자위험(reinvestment risk), ③ 신용 위험(default risk), ④ 중도상환 위험(call risk, prepayment risk), ⑤ 인플레이션 위험(inflation risk), ⑥ 환율 위험(foreign exchange rate risk), ⑦ 시장성·유동성 위험(market·liquidity risk) 중 하나 또는 그 이상의 위험에 항시 노출되어 있다.

(1) 가격 변동 위험

채권의 가격은 이자율의 변동 방향과는 반대로 움직인다. 즉, 이자율이 상승(하락)하면 채권 가격은 하락(상승)한다.

채권을 만기까지 보유하고자 하는 투자자는 만기 이전의 채권 가격 변동에 별다른 관심이 없을 수 있지만, 만기일 이전에 채권을 매각하고자 하는 투자자의 경우에는 채권을 매입한 이후 이자율의 상승은 곧 투자손실(capital loss)의 현실화를 의미한다. 장기채일수록 동일한 수익률 변동에 대한 가격변동율이 높아진다.

(2) 재투자위험

채권투자에 따른 수익은 다음과 같은 세 가지 경로를 통해서 창출되어지는데, ① 표면이자(coupon interest payments), ② 채권의 매매, 중도상환, 만기에 발생하는 자본이득·자본손실(capital gain/loss), ③ 중도 현금흐름으로부터 얻어지는 이자(coupon payment or principal repayments)로 나뉘어진다.

투자자가 채권의 매수수익률을 실현시키기 위해서는 중도에 발생하는 현금을 매수수익률과 동일한 수익률로 재투자해야 한다. 중도에 발생한 현금을 낮은 이자율로 투자하여 채권 매수수익률에 의한 것보다 낮은 수익을 얻는 경우의 위험을 재투자위험이라고 한다. 가격변동위험과 재투자위험은 수익률 변동에서 기인한다.

(3) 채무불이행 위험

채권 투자자가 발행자로부터 채권에 명시되어 있는 원금 또는 이자를 전부 또는 일부를 받지 못하는 위험을 말한다. 정부가 발행한 국채는 무위험자산으로 인식되어진다. 정부 이외의 발행자에 대한 신용상태는 민간신용평가기관이 평가한 신용등급에 의해 가늠해 볼 수 있다.

(4) 중도상환 위험

채권 만기 이전에 발행자가 채권의 일부 또는 전부의 중도상환을 요구할 수 있는 채권을 콜옵션 채권(callable bond)이라고 한다. 발행자는 향후 시장수익률이 발행수익률보다 하락할 것으로 예상되는 경우, 기존에 고금리로 발행한 채권을 중도상환하거나 낮은 수익률로 채권을 새로이 발행하고자 할 것이다.

콜옵션부 사채에 투자할 경우 투자자는 다음과 같은 세 가지 불리한 면이 있다. 첫째, 콜옵션부 사채는 현금흐름이 일정하지 않다는 것, 둘째, 수익률이 하락할 경우 발행자의 중도상환 요구로 재투자위험에 노출될 수 있다는 점, 셋째, 수익률 하락으로 인한 채권의 평가이익이 경감된다는 점이다. 특히, MBS의 경우 시장이자율이 낮아질 경우 조기상환위험(prepayment risk)이 높아진다.

(5) 인플레이션 위험

인플레이션 위험 또는 구매력 위험은 채권투자로부터 실현된 이득이 물가상승으로 인해 발생하는 구매력 손실을 충분히 상쇄하지 못하는 위험을 말한다.

(6) 환율 위험

외화표시로 발행된 채권에 투자하는 경우 발생하는 현금흐름은 환율시세의 변동에 영향을 받을 수밖에 없다. 따라서 투자자는 환율 위험에 노출되어 있다고 볼 수 있다.

(7) 시장성 위험(또는 유동성 위험)

시장성 위험 또는 유동성 위험은 보유하고 있는 채권을 현재 시장 가격이나 시장 가격에 근접한 가격으로 얼마나 쉽게 매각할 수 있는가를 말한다.

시장성·유동성 위험은 채권 딜러가 제시하고 있는 매도호가와 매수호가 간의 스프레드에 의해 주로 측정할 수 있다. 동 스프레드가 크면 클수록 시장위험은 크다고 볼 수 있다. 또한 현재 활동하고 있는 시장조성자의 많고 적음도 매도·매수호가 스프레드에 영향을 줄 수 있다. 시장조성자가 많으면 많을수록 매도·매수호가 스프레드는 좁혀지는 경향이 있다.

5	**주식과 채권의 차이점**

주식과 채권은 여러 가지 면에서 차이가 있다. 주식은 그 소유자가 주주총회 등에서 주주로서 의사결정에 참여할 수 있으나, 채권 소유자는 회사경영에 대한 의사결정에 참여할 수 없다. 또한 주식의 발행은 자본금의 증가를 수반하지만 채권은 부채의 증가를 수반하며, 채권은 회사의 해산 시 주식에 우선하여 원리금을 지급받을 권리가 있다.

표 1-1 주식과 채권의 차이점

항목	주식	채권
① 출자자의 지위	자본의 구성단위로서 주주의 지위	채권자로서 제3자의 지위
② 출자의 효과	배당 가능 이익이 있을 때만 배당 수령	이익의 유무와 상관 없이 일정한 이자 수령
③ 출자의 회수	• 반환의무 없음 • 회사의 해산 시 일반채권자보다 후순위로 잔여자산 분배받음	• 만기상환 • 회사의 해산 시 주주에 우선하여 변제받을 수 있는 권리
④ 납입의 방법	전액 납입	분할납입 가능
⑤ 자본의 구성	자기자본으로 자본 증가	타인자본으로서 회사 채무
⑥ 액면미달 발행	원칙적으로 금지	액면미달 발행 가능
⑦ 주금 납입에 대한 상계	상계로서 회사에 대항하지 못함	상계로서 회사에 대항 가능

6 채권 관련 용어

(1) 액면

채권 1장마다 권면에 표시되어 있는 1만 원, 10만 원, 100만 원 등의 금액을 지칭한다. 이자지급을 위한 기준이 된다.

(2) 단가

유통시장에서 채권의 매매단가는 시장 만기수익률을 적용해 산정한 액면 10,000원당 가격을 말한다.

(3) 표면이율

액면에 대한 1년당 이자율(연이율)을 의미하며, 할인채의 경우는 할인율로 표시한다.

(4) 잔존기간

기 발행된 채권의 중도매매 시 매매일로부터 원금상환까지의 기간을 뜻한다.

(5) 수익률

'이율'은 액면에 대한 이자의 비율이고, '수익률'은 투자원본에 대한 수익의 비율로서 통상 만기수익률을 의미한다.

(6) 경과이자

발행일(매출일) 또는 직전 이자지급일로부터 매매일까지의 기간 동안 표면이율에 의해 발생한 이자를 말한다.

(7) 채권투자에 따른 수익

❶ 표면이자수익(coupon income)
❷ 이자의 재투자수익(interest-on-interest)
❸ 상환 시의 상환차익
❹ 중도 매각 시의 매매차익(capital gains)

section 02 **채권의 종류**

1   국제 채권

❶ 자국통화표시 채권 : 자국 내에서 발행되더라도 내국인들에 의해 발행되는 원화표시 채권인 국내채(domestic bond)와는 달리 외국인들에 의해 발행되는 원화채권이 외국채(foreign bond)이다. 국내 발행 외국채를 아리랑본드(Arirang Bond)라고 부르고 있는데 국가마다 자국 내에서 외국인이 발행하는 자국통화표시 외국채를 구분하는 고유한 명칭이 있다. 미국의 양키본드(Yankee bond), 중국의 팬더본드(Panda bond), 일본의 사무라이본드(Samurai bond), 영국의 불독본드(Bulldog bond) 등이 대표적이다.

❷ 외화표시 채권 : 자국통화 이외에 타국의 통화로 채권에 관련된 권리를 표시한 채권이

다. 국내에도 원화 이외에 달러, 엔화 그리고 유로 등 해외통화 표시로 채권들이 발행되는데 이들 채권은 광의의 유로본드(Euro bond)에 속한다. 유로본드는 자국 내에서 발행되는 타국 통화표시 채권들을 포함하는데 이를 발행하는 국가별로 통용되는 명칭이 있다. 우리나라의 경우 김치본드(Kimchi Bond), 일본의 쇼군본드(Shogun 또는 Geisha bond) 등이 이에 해당된다. 중국의 딤섬본드(Dim sum bond)는 중국 이외의 지역에서 위안화 표시로 발행되는 채권을 포괄적으로 의미한다. 이와 같은 유로본드와 외국채를 포괄하여 국제채(International bond)라고 한다.

2 발행주체에 따른 분류

채권은 발행주체에 따라 국채, 지방채, 특수채, 금융채 및 회사채 등으로 분류할 수 있다.

(1) 국채

국채는 헌법 제58조, 국가재정법 제18조 및 제20조 그리고 국채법 등에 의거하여 국회의 의결을 얻은 후에 정부가 발행하는 채권으로 정부가 원리금을 지급한다. 정부의 공공사업과 사회복지 지출 등 정부의 재정지출이 재정수입보다 많은 선진국에서는 국채의 발행잔고가 채권 중에서 제일 많고 유통시장에서 거래량도 대규모인 반면, 재정수지 흑자로 국채 발행요인이 크지 않은 경우에는 국채 발행규모가 작은 실정이다.

표 1-2 **국채의 종류**

구분	발행 목적	발행 방법	만기	표면 이자
국고채	재원 조달	경쟁입찰	2, 3, 5, 10, 20, 30, 50년	입찰 시 결정
재정증권	일시 부족 자금 조달	경쟁입찰	1년 이내	0%
외국환평형기금채권	민간의 원활한 외화채권 발행 여건 조성	경쟁입찰	발행 시 결정	발행 시 결정
국민주택채권	국민주택사업 재원조달	첨가소화	5년	1.00%

(2) 지방채

지방채는 중앙정부가 아닌 지방자치단체가 발행하는 채권으로서 지방자치단체의 재원확보를 목적으로 발행한다.

구체적인 지방채로는 도시철도채권과 지역개발채권이 있다. 도시철도채권은 「도시철도법」에 따라 지하철건설자금을 조달하기 위하여 지방자치단체가 발행하는 채권이다. 현재 서울, 부산, 대구, 광주, 대전에서 발행된 채권이 있다. 채권의 발행주체는 지하철공사가 아닌 지방자치단체가 된다.

지역개발채권은 「지방자치법」, 「지방공기업법」, 「지역개발기금설치조례」 등에 의거하여 지역개발기금의 재원조달용으로 발행되는 채권이다.

(3) 특수채

특수채는 특별법에 의해 설립된 기관이 관련법에 근거해 특별법에 의하여 발행하는 채권이다.

특수채는 설립기관의 성격에 따라 금융특수채와 비금융특수채로 구분된다. 금융특수채는 산업은행, 수출입은행 등 특수은행이 발행한 채권이고, 비금융특수채는 수자원공사, 도로공사, 철도시설관리공단 등과 같이 공사 혹은 공단이 근거 특별법에 의해 발행하는 채권이다. 한국은행이 발행하는 통화안정증권도 광의의 금융특수채에 포함되나 발행규모나 거래량이 크기 때문에 실무에서는 일반적인 금융특수채와 별도로 분리하여 분류하는 경향이 있다.

(4) 회사채

회사채란 상법상 주식회사가 일반대중으로부터 자금을 집단적·대중적으로 조달하고, 회사가 채무자임을 표시해 발행하는 유가증권이다.

회사채는 일반회사채와 금융회사채로 분류된다. 일반회사채는 제조업을 중심으로 한 일반기업들이 자신의 신용이나, 담보, 보증을 기반으로 발행하는 채권이다. 이에 비해 금융회사채는 일반은행이나 기타금융기관이 주로 자신의 신용을 기반으로 발행한다. 일반은행 이외에 금융회사채의 발행자로는 카드회사나 캐피탈회사 등이 있다. 과거에는 보증을 기반으로 한 일반회사채의 발행이 많았으나, 1998 외환위기 후 대부분이 자신의 신용을 기반으로 발행하는 무보증회사채가 대부분이다.

A. 보증유무에 따른 분류

회사채는 보증 및 담보의 유무에 따라 보증담보부·일반사채로 구분하며, 사채권자에게 특수한 권리가 부여된 내용이나 원리금 상환방법에 따라 여러 가지로 분류된다.

❶ 보증사채 : 사채의 원금상환 및 이자지급을 금융기관이 보증하는 사채이다. 투자자의 입장에서는 투자의 안정성이 보장되기 때문에 선호되고 있으나, 발행자의 입장에서는 보증료 지급으로 발행비용 상승 요인이 되고 있다. 사채 원리금 지급보증기관은 은행, 신용보증기금, 기술신용보증기금, 보증보험회사 등이 있다.

❷ 담보부사채 : 사채의 원금상환 및 이자지급을 물적으로 보증하기 위하여 물적 담보가 붙여진 사채로 담보부사채신탁법에 의하여 발행된다.

❸ 무보증사채 : 사채의 원리금 상환에 대하여 금융기관의 보증이나 담보공여 없이 발행회사의 자기신용에 의하여 발행되는 사채를 말한다.

무보증사채(debenture)는 투자자의 입장에서 볼 때 보증사채나 담보부사채보다 투자의 안정성이 낮기 때문에 신용도가 우수한 회사만 발행하고 있으며, 발행조건은 자율화되어 있으나 발행 시 복수의 신용평가전문기관으로부터 동 사채에 대한 신용평가를 받아야 한다. 특히 공모사채의 경우는 수요예측과정을 거쳐야 한다.

B. 첨부된 옵션에 따른 분류

❶ 전환사채

ㄱ. 의의 : 전환사채(Convertible Bond ; CB)란 일정한 조건에 따라 채권을 발행한 회사의 주식으로 전환할 수 있는 권리가 부여된 채권으로서 전환 전에는 사채로서의 확정이자를 받을 수 있고, 전환 후에는 주식으로서의 이익을 얻을 수 있는 사채와 주식의 중간 형태를 취한 채권이다.

ㄴ. 장점 : 발행회사 측면에서는 첫째, 일반사채보다 낮은 금리로 발행되므로 자금조달비용이 경감되며, 둘째, 사채와 주식의 양면성을 지니므로 상품성이 크고, 셋째, 주식으로의 전환 시 고정부채가 자기자본이 되므로 재무구조 개선 효과를 지닌다는 점을 들 수 있다. 투자자 측면에서는 사채로서 투자가치의 안정성과 잠재적 주식으로서 시세차익에 의한 고수익을 기대할 수 있음을 장점으로 들 수 있다.

ㄷ. 단점 : 발행회사 측면에서는 주식전환에 의해 경영권 지배에 영향을 받을 수 있고

표 1-3 전환사채와 신주인수권부사채의 차이점

구분	전환사채	신주인수권부사채
사채에 부여된 권리	전환권	신주인수권
권리행사	전환권 행사 후 사채 소멸	신주인수권 행사 이후에도 사채는 존속
권리행사 시 자금 추가 소요 여부	전환권 행사에 신규자금 불필요	신주인수권 행사를 위한 별도의 자금 필요
권리의 이전	사채와 함께만 가능	분리형일 때 사채와 별도로 인수권만 유통이 가능
신주 취득의 한도	사채금액과 동일	사채금액 범위 내
발행이율	보통사채보다 아주 낮음	보통사채와 전환사채의 중간 수준

잦은 자본금 변동 등으로 사무처리가 번잡함을 들 수 있으며, 투자자 측면에서는 보통사채보다 낮은 이자율, 주가의 하락 등으로 전환권을 행사하지 못할 위험이 있다.

❷ 신주인수권부사채

ㄱ. 의의 : 신주인수권부사채(Bond with Warrants ; BW)란 사채권자에게 소정의 기간이 경과한 후 일정한 가격으로 발행회사의 일정수의 신주를 인수할 수 있는 신주인수권이 부여된 채권을 말한다.

ㄴ. 장점 : 발행회사 측면에서는 ① 사채발행에 의한 자금조달의 촉진, ② 낮은 표면이자율을 가지므로 자금조달비용의 절감, ③ 인수권 행사 시 추가 자금의 조달 가능, ④ 재무구조의 개선 효과, ⑤ 자금조달의 기동성 부여 등을 들 수 있다. 투자자 측면에서는 ① 투자의 안정성과 수익성을 동시에 만족할 수 있고, ② 주가 상승에 따른 이익 획득, ③ 투자의 융통성 보장 등을 들 수 있다.

ㄷ. 단점 : 발행회사 측면에서는 신주인수권이 행사된 후에도 사채권이 존속하고 대주주의 지분율 하락 우려가 있으며, 주가 변동에 따른 행사시기의 불확실에 따른 자본구조 불확실을 단점으로 들 수 있다. 투자자 측면에서는 주가가 약세 시에는 불이익을 받을 수 있으며, 인수권 행사 후에는 낮은 이율의 사채만 존속하게 되는 단점이 있다.

❸ 교환사채 : 교환사채(Exchangeable Bond ; EB)란 교환사채 소지인에게 소정의 기간 내에 사전에 합의된 조건(교환조건)으로 당해 발행회사가 보유하고 있는 유가증권으로 교환청구를 할 수 있는 권리(교환권)가 부여된 채권을 말한다.

교환사채는 사채 자체가 소유주식으로 교환되는 것으로 교환 시 발행사의 자산(보유

유가증권)과 부채(교환사채)가 동시에 감소하게 되는 특징이 있다. 또한 수시로 주식과 교환할 수 있으며, 추가적인 자금유입이 없다는 점에서 신주인수권부사채와 다르고 자본금 증가가 수반되지 않는다는 점에서 전환사채와 다르다.

❹ 이익참가부사채 : 이익참가부사채(Participating Bond ; PB)란 기업수익의 급증으로 주주가 일정률 이상의 배당을 받을 때 사채권자도 참가할 수 있는 권리가 부여된 사채로서 이익분배부사채 또는 참가사채라고도 한다. 이는 배당을 받지 못했을 경우 다음 연도로 권리가 넘어가는지의 여부에 따라 누적적 이익참가부사채와 비누적적 이익참가부사채로 구분된다. 이익참가부사채는 회사의 이익분배에 대한 참가권이 부여됨으로써 투자상의 매력이 높아 회사채 발행에 의한 자금조달을 촉진시킬 수 있는 장점이 있으나, 이러한 이익분배에 대한 참가권은 그만큼 주식에 대한 배당을 감소시키는 결과를 초래하여 주식발행에 의한 자본조달을 어렵게 할 수 있는 요인이 되기도 한다.

❺ 수의상환채권(callable bond) 혹은 수의상환청구채권(putable bond) : 채권 발행 시 제시되는 일정 조건이 성립되면 만기 전이라도 발행회사가 사채권자에게 매도청구(call option)를 하여 채권을 통해 조달했던 자금을 상환할 수 있는 권리가 부여된 채권을 수의상환채권, 사채권자(투자자)가 발행회사에 상환청구(put option)를 하여 투자한 자금을 회수할 수 있는 권리가 부여된 채권이 수의상환청구채권이다.

3 이자지급방법에 따른 분류

채권은 이자지급방법에 따라 이표채, 할인채 및 복리채로 분류할 수 있다.

(1) 이표채(Coupon Bond)

이표채는 채권의 권면에 이표가 붙어 있어 이자지급일에 이표를 떼어 일정이자를 지급받을 수 있는 채권이다. 대표적인 국채인 국고채는 매 6개월, 대부분의 회사채들은 매 3개월마다 이자를 지급하는 이표채로 발행되고 있다.

(2) 할인채(Discount Bond)

할인채는 액면금액에서 상환기일까지의 이자를 공제한 금액으로 매출하는 채권으로서 통화안정증권, 금융채 중 일부가 이에 해당된다.

(3) 복리채(Accrual Bond)

복리채는 이자가 단위기간 수만큼 복리로 재투자되어 만기상환 시에 원금과 이자가 동시에 지급되는 채권으로서 국민주택채권, 지역개발공채, 금융채 중 일부가 이에 해당된다.

4 상환기간에 따른 분류

채권은 만기에 따라 단기채, 중기채, 장기채로 나눌 수 있다. 단기채는 상환기간이 1년 이하인 채권으로서 통화안정증권, 재정증권 등이 있으며, 중기채란 상환기간이 1년에서 10년 미만인 채권으로서 제 1종 국민주택채권, 회사채, 특수채 등이 있다. 장기채는 만기기간이 10년 이상인 채권으로 장기 국고채(10년, 20년, 30년, 50년)가 대표적이다. 그러나 원래는 장기채권이라고 할지라도 발행 이후 시간이 경과하여 만기까지의 잔존기간이 줄어들면 중기채 혹은 단기채라고 지칭하기도 하기 때문에 채권의 실제 투자 시에는 채권의 발행일 및 만기일을 확인할 필요가 있다.

5 이자금액의 변동 유무에 따른 분류

채권은 지급이자율의 변동 여부에 따라 확정금리부 채권(straight bond)과 변동금리부 채권(floating rate bond)으로 나눌 수 있다. 확정금리부 채권이란 확정된 표면이자율의 이자지급일에 지급하는 채권으로서 국공채와 회사채의 대부분이 이에 해당하며, 변동금리부 채권은 양도성 정기예금증서(CD) 등 기준금리에 연동되어 지급이자율이 변동되는 조건의 채권으로 회사채 중 일부가 이에 해당된다. 한편 2007년부터는 물가와 연동된 물가연동부국채도 발행되고 있다.

역 변동금리 채권(reverse or inverse floating note)은 시중 금리가 올라 갈수록 쿠폰 금리가 낮아지는데(예 : coupon=fixed-Libor), 이러한 채권의 듀레이션은 만기보다 큰 경우가 많다.

6 원금지급형태에 따른 분류

만기 일시 상환채권은 만기에 원금 전액을 일시에 상환하는 채권으로서 대부분의 채권이 이에 해당된다. 액면분할 상환채권은 일정 거치기간 경과 후 원금을 일정하게 분할하여 상환하는 채권으로서 과거에 발행되었던 지하철공채와 도로채 중 일부가 이에 해당된다.

한편 2006년 도입된 국고채의 원금과 이표이자 분리제도(STRIPS)는 이표채로 발행되는 국고채의 이표를 분리하여 거래하도록 하고 있어 분리된 원금 부분과 각각의 이표들은 별도의 할인채로 간주되어 거래되고 있다.

chapter 02

채권 가격 및 수익률

채권의 가격과 시간가치 개념

1 채권의 가치

채권의 가치는 채권을 보유했을 때 얻게 될 미래 현금흐름을 적절한 할인율로 할인한 현재가치의 합이다. 여기에서 채권을 보유했을 때 얻게 될 현금흐름의 형태는 표면이자율의 유무와 만기의 유무에 따라 달라지는데, 이에 따라 채권은 이표채, 무이표채 그리고 영구채 등으로 구분할 수 있다.

(1) 이표채의 가치평가

이표채(coupon bond)는 만기, 액면가, 표면이자율이 모두 정해져 있어서 만기까지 매기 정해진 이자를 지급하고 만기에 원금(액면가)을 상환하는 채권을 의미한다. 따라서 매기의 이자율이 일정하다고 가정할 경우 이표채의 가치는 다음과 같다.

$$P = \sum \frac{CF_t}{(1+r)^t}$$

$$P = \sum \frac{I}{(1 + r)^t} + \frac{F}{(1 + r)^n}$$

$$P = I \times \left[\frac{1 - \dfrac{1}{(1 + r)^n}}{r} \right] + \frac{F}{(1 + r)^n}$$

$$P = \frac{I}{(1 + r)} + \frac{I}{(1 + r)^2} + \cdots + \frac{I}{(1 + r)^n} + \frac{F}{(1 + r)^n}$$

P : 채권 가격

CF_t : t시점에서의 현금흐름

I : 연간 이자금액

r : 시장이자율(채권의 위험이 반영된 할인율)

F : 만기금액(채권의 액면가)

n : 잔존 연수

위의 식에서 할인율 r은 채권시장이 균형인 상태에서 해당 채권에 대하여 투자자들이 요구하는 수익률로 시장이자율이라고 한다. 이는 현재의 가격에 채권을 매입하여 만기까지 보유할 경우에 얻게 될 가중평균 수익률을 의미하기 때문에 채권수익률 또는 만기수익률이라고도 한다. 이때 표면이자율이 시장이자율보다 작은 채권은 액면가보다 낮은 가격에 거래되는데 이러한 채권은 할인채(discount bond)로 불린다. 그런데 이는 액면보다 할인된 가격으로 거래되는 채권이라는 의미이기 때문에, (동일한 용어를 사용함에도) 우리나라 채권 발행시장에서 발행 시 단리로 산정된 이자를 선지급하는 채권을 정의하는 할인채의 개념과는 구별될 필요가있다. 표면이자율이 시장이자율과 동일한 채권은 액면가와 동일한 가격에 거래되는데 이러한 채권을 액면채(par bond)라 한다. 또한 표면이자율이 시장이자율보다 큰 채권은 액면가보다 높은 가격에 거래되는데 이러한 채권을 할증채(premium bond)라고 한다.

위 공식은 이자지급일에서 채권의 가치를 평가하는 경우에 사용할 수 있는 공식이다. 이 경우 공식에서 구한 가격은 현금 가격(cash price, full price, dirty price)으로서 순수 가격(clean price, flat price, 또는 quote price)과 일치한다. 그러나 이자지급일 사이에서 채권의 가치를 평가하는 경우에는 해외에서 사용하는 방식과 국내 방식에 다소 차이가 있다. 미국 등에서는 다음의 공식을 이용한다.

$$P = \sum \frac{I}{(1 + r)^{t-1}(1 + r)^v} + \frac{F}{(1 + r)^{n-1}(1 + r)^v}$$

단, $v = \dfrac{\text{기준 시점과 다음 이자지급일 간의 일수}}{\text{1기간의 일수}}$ 이다.

만일 v가 1이면 현금 가격(cash price)과 순수 가격(clean price)은 동일하다. 그러나 만일 이자지급일 사이에서 위의 식을 통하여 구한 가격은 현금 가격이고 이로부터 발생이자를 차감하면 순수 가격이 계산된다. 발생이자(Accrued Interest ; AI)는 매도자가 매도 시까지 보유한 기간으로 인해 자격을 가지고 있으나 아직 수령하지 못한 이자를 의미하며, 채권 매입자는 매입 시에 매도자에게 발생이자를 지급해야 한다. 발생이자는 1기간의 이자에 $(1-v)$를 곱하여 계산한다.

현금 가격＝순수 가격＋발생이자

발생이자(AI)＝coupon×$(1-v)$

이에 비해 우리나라에서는 각각의 현금흐름을 단위기간에 대해서는 단위기간 복리로, 단위기간 이하의 기간에 대해서는 단위기간 단리로 할인하는 방식을 사용한다. 이는 미국 등에서 사용하는 현금 가격과 거의 유사한 결과를 낳지만, 단위기간 미만의 기간에 대해서도 직접 할인을 하여 현금 가격을 산정한다는 점에서 순수 가격 산정 후 발생이자를 더하여 현금 가격을 산출하는 미국 등의 방식과 차이가 있다.

우리나라의 가격산정을 이해하기 위해 다음과 같이 매년 이자를 3년간 지급하는 채권(이표채)이 있다고 가정하자.

표면이율: 3%

이자지급 단위기간: 매 1년 후급

만기기간: 3년 만기

위와 같은 조건을 지닌 이표채가 잔존기간 2년 100일 남았을 때 시장 만기수익률 2.500%로 거래하는 매매 가격을 산출해 보자.

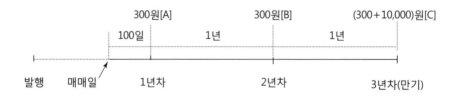

매매일을 기준으로 볼 때 첫 번째 현금흐름 300원[A]은 100일 후에, 현금흐름 300원[B]은 1년 100일 후, 현금흐름 10,300원[C]은 2년 100일 후에 발생한다. 이자지급 단위기간이 1년이므로 이들 현금흐름을 연단위 잔존기간에 대하여서는 복리방식으로, 연단위 이하의 잔존기간에 대하여서는 단리방식으로, 각각을 만기수익률로 현재가치화하여 합하면 다음과 같다.

$$P_A = \frac{300}{\left(1 + 0.0250 \times \frac{100}{365}\right)} = 297.9592\,원$$

$$P_B = \frac{300}{(1 + 0.0250)^1\left(1 + 0.0250 \times \frac{100}{365}\right)} = 290.6919\,원$$

$$P_C = \frac{10,300}{(1 + 0.0250)^2\left(1 + 0.0250 \times \frac{100}{365}\right)} = 9,736.997\,원$$

$$P(채권\ 가격) = P_A + P_B + P_C = 10,325(원\ 미만\ 절사)$$

결국 이 채권의 가격(P)은 각기의 현금흐름을 현재가치화하여 이들을 모두 합한 값인 10,325원($= P_A + P_B + P_C$)이라고 할 수 있다. 이와 같은 방식은 한국의 채권시장에서 관행적으로 사용되고 있는 채권 가격 계산방법이다.

(2) 무이표채의 가치평가

미국 채권시장의 경우 무이표채(zero coupon bond)는 표면이자율이 0인 채권으로 순할인채(pure discount bond)라고도 한다. 표면이자율이 0이므로 이자지급이 없고 만기에 원금만 상환하는 채권이다. 따라서 무이표채의 가치는 다음과 같이 평가할 수 있다.

$$P = \frac{F}{(1 + r)^t}$$

위 식에서 할인율인 만기수익률이 0보다 크다면 이 채권은 액면금액(F)보다 반드시 낮은 가격이 형성된다.

우리나라 채권시장에서도 만기수익률이 0보다 크다면 할인채의 단가는 액면금액보다 낮게 형성된다. 그런데 할인채가 현금흐름에 있어 이표채와 구별되는 특징은 발행 후에는 오직 만기에만 현금흐름이 발생한다는 점이다. 이처럼 발행 후 현금흐름이 만기에만 발생하는 원리금 만기일시상환채권들(복리채, 단리채)은 할인채와 같은 방식으로 가격을 산정한다. 다만 연미만의 단위기간에 대해서는 연단위 단리로 할인한다.

$$P = \frac{S}{(1 + r)^n \left(1 + r \times \dfrac{d}{365}\right)}$$

(단, 윤년 고려 시 365일 대신 366일을 사용하기도 함)

즉 현재 시점에서 만기까지의 기간이 n년 d일 남은 만기상환금액(할인채의 경우 원금, 단리채나 복리채는 원리금) S인 채권을 만기수익률 r로 할인한 채권 가격(P)을 나타낸 것이다. 이와 같은 방식은 한국의 채권시장에서 관행적으로 사용되고 있는 채권 가격 계산방법이다.

(3) 영구채의 가치평가

영구채(perpetual bond)는 만기가 무한대인 채권이다. 즉, 만기가 무한대이므로 원금상환은 없고 이자만 영구적으로 지급하는 채권이다. 따라서 영구채의 가치는 다음과 같이 평가할 수 있다.

$$P = \frac{I}{(1 + r)} + \frac{I}{(1 + r)^2} + \cdots + \frac{I}{(1 + r)^\infty}$$

$$P = \frac{I}{r}$$

2　**시간가치의 개념**

(1) 화폐의 시간가치

화폐는 임의의 이자율로 투자될 수 있는 기회를 가지고 있기 때문에 시간가치를 지니고 있다고 말할 수 있다. 독자가 현재 10,000원을 보유하고 있다면 은행에 소정의 이자율로 저축할 수 있기 때문에 10,000원은 시간가치를 지니고 있다.

❶ 화폐의 미래가치 : 한 투자자가 10,000원을 연 7%의 이자율을 받기로 하고 은행에 예금했다고 가정하자. 일년 뒤에 투자자는 원금 10,000원에 이자 700원을 합한 10,700원을 찾을 수 있을 것이다. 또한 투자자는 10,700원을 연 7%의 이자율을 받기로 하고 다시 은행에 예치하면 2년 뒤에는 원금과 이자를 합한 11,449원을 인출할 수 있다.

전체 원리금	11,449원
투자원금	10,000원
1년 동안의 이자	700원
원금에 대해 두 번째 해에 발생한 이자	700원
1년 동안의 이자에 대해 두 번째 해에 발생한 이자	49원

투자원금 10,000원에 대해 얻어진 700원에 대한 두 번째 해에 발생한 추가이자 49원은 첫 번째 해에 얻어진 이자 700원의 재투자이자이다.

8년 후 7%의 이자율로 세금 없이 투자되었을 경우, 만기에 찾을 수 있는 누적 원리금은 17,181.9원일 것이다. 여기서 8년이 지난 만기에 찾을 수 있는 금액을 미래가치라고 말한다.

총이자금액 7,181.9원은 원금에 대한 여덟 번의 이자금액 5,600원(=700×8회)과 재투자수익 1,581.9원(7,181.9−5,600원)을 합한 금액이다.

미래가치 계산방법은 연 7%의 이자율로 10,000원을 투자하였다고 할 경우, 8년 후의 투자원리금은 다음과 같은 방식으로 구할 수 있다.

$$17{,}181.9원 = 10{,}000원 \times (1+0.07)^8$$

계산식을 일반화시키기 위하여 N년 동안 i%의 이자율로 10,000원을 투자한다고 할 경우, N년 후의 투자원리금 합계를 구하는 계산식은 다음과 같이 나타낼 수 있다.

$$N년 \ 후의 \ 투자원리금 \ 합계 = 10{,}000원 \times (1+i)^N$$

예를 들어 4년 동안 10%의 이자율을 받기로 하고 5,000원을 투자하였을 경우, 만기 시에 지급되는 투자원리금은 7,320.5원(=5,000×(1+0.1)⁴)임을 위의 계산식을 이용하여 구할 수 있다. 미래가치를 구하는 공식을 일반화하면 다음과 같다.

$$FV(Future\ Value) = P \times (1+i)^N$$

여기서, FV : 미래가치, P : 투자원금

i : 이자율, N : 투자 연수

❷ 채권의 미래가치 : 채권의 미래가치는 ① 표면이자수입 총액, ② 이자가 낳은 이자, 즉 재투자수익, ③ 만기에 지급받는 원금의 합계로 나타난다. 또한 미래가치는 평가 시점을 만기로 하기 때문에 상환원금 자체가 미래가치에 포함된다. 만기에 평가되는 채권의 현금유입의 총액은 위의 3요소로 구성되며, 채권 투자자는 채권을 액면가 이하로 투자했을 때 상환차익을, 액면가 이상으로 투자했을 때 상환손실을 본다. 이와 같은 내용을 일반화된 식으로 표현해 보자.

각 기말에 C원의 표면이자가 발생하고 이를 만기 t년까지 연이율 r%의 이자율로 재투자한다고 가정하였을 경우, 현재 투자금액 F원의 t년 후 미래가치 FV는 다음과 같다.

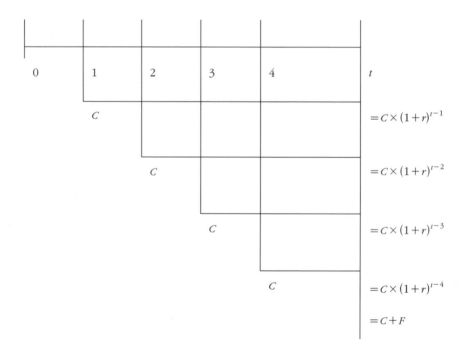

$$FV = F + C + C \times (1+r) + C \times (1+r)^2 + C \times (1+r)^3 + \cdots + C \times (1+r)^{t-1}$$

$$= F + C \times \frac{((1+r)^t - 1)}{r}$$

여기서, C : 표면이자수입, F : 원금, r : 재투자이율

t : 복리기간

(2) 화폐의 현재가치

이제는 특정 미래가치를 얻기 위해 현재 어느 정도의 금액을 투자하여야 하는가를 알아보고자 한다. 현재 투자되어야 할 투자금액을 현재가치라고 한다.

❶ 현재가치 계산방법 : 특정 미래가치 FV를 얻기 위하여 N년 동안 i%의 이자율로 투자한다고 가정할 경우, 현재 투자하여야 할 원금 PV는 다음과 같이 구할 수 있다.

$$PV(Present\ Value) = FV/(1+i)^N$$

❷ 채권의 현재가치 계산방법 : 채권의 현재가치는 표면이자수입의 현재가치와 상환원금의 현재가치의 합계로 나타나며, 이 경우에 유입되는 현금의 흐름은 할인율에 의하여 현재가치가 변하게 된다. 이 내용을 일반식으로 표시하면 다음과 같다.

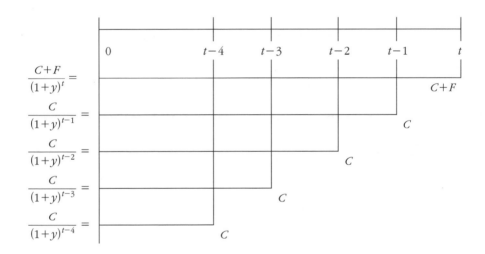

$$PV = C + \frac{C}{(1+y)^1} + \frac{C}{(1+y)^2} + \cdots + \frac{C}{(1+y)^{t-2}} + \frac{C}{(1+y)^{t-1}}$$

$$+ \frac{C}{(1+y)^t} + \frac{F}{(1+y)^t}$$

$$= C \times \frac{1 - \dfrac{1}{(1+y)^t}}{y} + \frac{F}{(1+y)^t}$$

여기서, C : 표면이자수입, F : 만기상환금, y : 할인율
t : 투자기간

section 02 채권수익률의 개념 및 종류

1   채권수익률의 개념과 의의

채권수익률이란 예금의 이자율과 같은 개념으로 채권의 투자성과를 평가함에 있어 보편적으로 사용하는 척도이다. 이것은 채권투자에서 얻어지는 현금흐름의 현재가치와 채권의 시장가격을 일치시켜 주는 할인율로서 채권에 투자했을 때 일정기간에 발생된 투자수익을 투자원본으로 나누어 투자기간으로 환산하는 것으로 일반적으로 연이율(%)로 표시한다.

채권수익률은 대체로 다음과 같이 두 가지 의미를 내포하고 있다.

첫째, 채권수익률은 채권의 가격을 나타내는 하나의 수단으로서, 채권의 시장 가격을 알면 수익률을 계산할 수 있고 수익률이 주어지면 채권 가격을 알 수 있다.

둘째, 채권수익률은 예금이자율과 같은 개념으로 표면이자율, 잔존기간, 시장 가격이 서로 다른 채권을 비교하는 기준으로 이용되고 있다.

2   채권수익률의 종류

채권수익률은 보는 관점에 따라 여러 가지 개념이 있는 바 이를 몇 가지로 구분해 보면 다음과 같다.

(1) 표면이율

채권의 권면에 기재된 이율로서 1년간 발행자가 지급하는 이자를 액면으로 나눈 것을 표면이율(표면금리, 발행이율)이라 하며, 단리의 개념이다.

(2) 발행수익률

발행시장에서 채권 발행 시 매출가액과 이로부터 얻어지는 모든 수익과의 비율을 연단위로 환산한 이율을 말하며, 응모한 사람이 얻을 수 있는 수익률이란 뜻에서 응모자 이율이라고도 한다.

다음 조건을 가진 할인채의 발행수익률은?

① 발행조건

표면이율 : 9.61%, 매출가액 : 7,117원(10,000−961×3), 만기상환금액 : 10,000원

발행일 : 2019년 12월 20일   만기일 : 2022년 12월 20일

표면이율 : 2.35%   원리금지급방법 : 이자선지급, 원금만기상환

표면이율 2.35%이고 만기기간이 3년이므로 액면금액 10,000원(FV)을 기준으로 한 발행가액 $(P) = 10,000 \times (1 - 0.0235 \times 3) = 9,295$

② 발행(실효)수익률(r_e):

$r_e = \sqrt[n]{\dfrac{FV}{P}} - 1 = \sqrt[3]{\dfrac{10,000}{9,295}} - 1 \approx 0.02467$, 따라서 발행수익률은 2.267%임.

(3) 인수수익률

발행시장에서 채권이 발행될 때 매출가액에서 인수수수료를 차감한 금액과 이로부터 얻어지는 모든 수익과의 비율을 연단위로 환산한 비율이다.

 예시

앞에서 제시된 채권을 매출가액의 0.1%의 인수수수료를 받고 매출인수했을 경우에 인수인의 인수수익률은?

① 인수가액

인수수수료율이 0.1%이기 때문에 인수수수료를 감안한 인수가액(P_u)은

$P_u = 9,295 - 9,295 \times 0.001 = 9,285.705$

② 인수수익률(r_u):

$r_u = \sqrt[n]{\dfrac{FV}{P_u}} - 1 = \sqrt[3]{\dfrac{10,000}{9,285.705}} - 1 \approx 0.02501$, 약 2.501%

(4) 경상수익률(current yield)

경상수익률이란 채권 투자원금에 대한 연간 표면이자수입(I)의 비율을 말한다.

경상수익률 $= I \, / \, Price$

표면이율 1.98%, 잔존기간이 3년인 3개월단위 이자지급 이표채를 9,900원에 매입했다면 경상수익률(r_c)은?

표면이율이 1.98%이기 때문에 이 채권의 투자자는 이자지급 단위기간에 관계없이 매년 액면금액 10,000원당 198원의 표면이자를 지급받는다. 따라서

$$경상수익률(r_c) = \frac{198}{9,900} = 0.02 = 경상수익률은 2\%임.$$

(5) 만기수익률(yield to maturity ; YTM)

통상 채권시장에서 대표되는 수익률로서 일단 발행된 채권이 유통시장에서 계속 매매되면서 시장여건에 따라 형성되는 수익률이다. 이는 어떠한 자본이득이나 자본손실은 물론 이자의 재투자수익까지도 감안하여 산출되는 채권의 예상수익률인 만기수익률 개념으로서 만기수익률 대신에 유통수익률, 내부수익률(internal rate of return ; IRR), 시장수익률이라는 표현을 사용하기도 한다.

만기수익률의 의미는 투자자가 채권을 현재 가격에 구입하여 만기일까지 보유하는 경우 얻게 되는 수익률이다. 현재 채권 장외시장에서 채권의 가격을 호가할 때 사용하는 수익률이 바로 만기수익률이다.

① 다음 조건을 가진 채권을 발행 당일 만기수익률 1.96%에 거래하고자 할 때 단가는?

발행일 : 2019년 6월 10일   만기일 : 2029년 6월 10일
표면이율 : 1.88%   이자지급 단위기간 : 매 6개월 후급
매기 이자지급금액 : 94원$\left(= 10,000 \times \frac{0.0188}{2}\right)$

만기일까지 총 20번의 현금흐름이 발생하므로, 이 채권의 현금흐름과 단가는

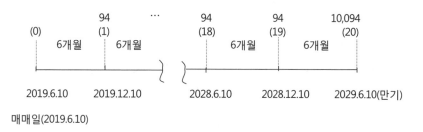

$$P = \frac{94}{\left(1 + \frac{0.0196}{2}\right)^1} + \frac{94}{\left(1 + \frac{0.0196}{2}\right)^2} + \cdots + \frac{94}{\left(1 + \frac{0.0196}{2}\right)^{19}} + \frac{10,094}{\left(1 + \frac{0.0196}{2}\right)^{20}}$$

$$= 9,927 (원 미만 절사)$$

이 된다.

② 한편 위 채권을 2019년 8월 20일에 단가 10,054원에 거래한다면 이 채권의 만기수익률은 다음과 같이 산정된다.

2019년 8월 20일을 기준으로 보면 이 채권은 만기일까지 총 20번의 현금흐름이 발생하고, 매매일에서 첫 번째 이자날(2019년 12월 10일)까지의 잔여일수가 112일, 매매일이 포함되는 이자지급 단위기간의 총 일수가 183일이다. 따라서 이 채권의 현금흐름은 다음과 같이 나타난다.

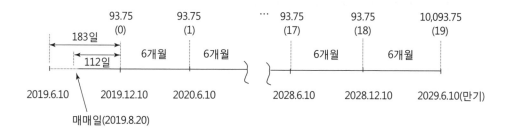

매매일을 기준으로 볼 때 첫 번째 현금흐름 94원이 112일 이후 발생하고 이후 만기까지 매 6개월마다 94원의 이자와 만기 시 원금 10,000원이 발생한다. 따라서 이 채권의 단가 10,054원은 이자지급 단위기간이 6개월(연 2회 지급)인 각기의 현금흐름을 6개월 단위기간으로 남은 잔존기간에 대하여서는 복리방식으로, 6개월 이하인 112일에 대하여서는 단리방식으로 $\frac{만기수익률(YTM)}{이자지급\ 횟수}$ 의 할인율로 현재가치화 하여 이들을 모두 합해서 산정되는 것이다. 이들 간의 관계는 다음과 같이 표시된다.

$$P = \frac{94 + \dfrac{94}{\left(1 + \dfrac{YTM}{2}\right)^1} + \dfrac{94}{\left(1 + \dfrac{YTM}{2}\right)^2} + \cdots + \dfrac{94}{\left(1 + \dfrac{YTM}{2}\right)^{18}} + \dfrac{10{,}094}{\left(1 + \dfrac{YTM}{2}\right)^{19}}}{\left(1 + \dfrac{YTM}{2} \times \dfrac{112}{183}\right)}$$

= 10,054(원 미만 절사)

이 된다. 이때의 만기수익률(YTM)은 1.8601%가 된다. 이 값은 일반적인 계산기로는 풀기 어렵고, 만기수익률 계산을 위해서는 CHECK단말기 등에 설치된 채권 가격산정 프로그램을 사용해야 한다.

(6) 연평균 수익률

만기가 1년 이상인 채권에서 만기까지의 총수익을 원금으로 나눈 후 단순히 해당 연수로 나눈 단리 수익률을 말한다.

> **예시**
>
> 다음 5년 만기 연단위 복리채인(제 1 종 국민주택채권)을 발행당일 10,000원에 매입하여 만기보유할 경우 연평균 수익률은?
>
> ① 발행조건
> 　발행일 : 2019년 8월 31일　　　　　만기일 : 2024년 8월 31일
> 　표면이율 : 1.25%
>
> ② 만기 원리금 : $10{,}000 \times (1 + 0.0125)^5 - 10{,}640$원(원 미만절사)
>
> ③ 연평균 수익률 : $1.28\% \left(\dfrac{10{,}640 - 10{,}000}{10{,}000} \times \dfrac{1}{5} - 0.0128 \right)$

연평균 수익률 1.28%는 복리수익률인 1.25%보다 0.03%가 높다. 이처럼 연평균 수익률은 연복리 수익률에 비해 과대평가되는 경향이 있다.

(7) 실효수익률

채권의 수익을 측정하는 데 있어서 재투자율을 적용하여 채권의 원금, 표면이자, 재투자수익 등 세 가지 수익을 모두 계산한 투자수익의 1년 단위 증가율을 나타내 주는 지표가 실효수익률이다. 이것은 일정한 투자기간 중에 실제로 실현된 이자수입, 이자의 재투자수입, 자본수익의 합계인 실현 총이익에 대한 매입 가격의 비율이다. 이와 같이 채권투자에서 발생된 최종 총수입에 의한 채권 최종가치(FV)에 대한 수익성을 연단위 기준으로 측정되는 (연단위) 실효수익률은

$$r_e = \sqrt[n]{\frac{FV}{P}} - 1$$

로 정의될 수 있다.

① 앞에서 제시한 복리채에 대한 실효수익률은

$$r_e = \sqrt[2]{\frac{10,640}{10,000}} - 1 = 0.0125,\ \text{즉 } 1.25\%\text{가 된다.}$$

② 액면금액 10,000원당 매년 말 500원씩 이자가 지급되는 3년만기 연단위 이표채의 이자급액을 연 5%의 수익률로 재투자하면 3년 후 이 채권의 최종가치(FV)는 다음과 같다.

$$FV = 11,576.25원(= 500 \times (1+0.05)^2 + 500 \times)1 + 0.05)^1 + 500 + 10,000)$$

이 채권투자에 대한 연단위 실효수익률은

$$r_e = \sqrt[3]{\frac{11,576.25}{10,000}} - 1 = 0.05,\ 5.00\%\text{가 된다.}$$

(8) 세전 수익률과 세후 수익률

세전 수익률이란 일정기간 동안의 채권투자로 얻은 수익에서 보유기간 동안의 경과이자에 대한 세금을 공제하기 전의 수익률을 말하며, 세후 수익률이란 이자에 대한 세금을 공제한 후의 수익률을 말한다.

세후 수익률＝세후 수익÷투자원금×100(%)

(9) 콜 예상수익률

수의상환채권(callable bond)은 발행기업이 채권의 만기일 이전에 상환할 수 있는 권리, 즉 콜옵션에 해당하는 수의상환권을 소유하고 있는 채권이다. 채권을 발행한 후 시장이자율이 하락하게 되면 일반적으로 채권 발행자는 콜옵션을 행사하여 채권을 매입할 가능성이 커진다. 따라서 수의상환채권의 경우 만기수익률뿐만 아니라, 발행자가 매입할 것으로 예상되는 시점까지의 수익률도 중요하다.

콜 예상수익률(yield to call)은 기업이 채권을 매입할 것으로 기대되는 시점을 만기일로 하고 콜가격을 원금으로 간주하여 계산할 수 있다. 그리고 콜 스케줄에 의해 한 개 이상의 콜가격이 존재하는 경우 각각의 콜가격에 대하여 콜 예상수익률을 계산할 수 있다.

예를 들면 만기가 10년이고 액면이자율이 8%인 수의상환채권이 현재 980달러에 거래되고 있다(1년에 이자 2회 지급). 그리고 발행기업은 이 채권을 5년 후에 액면가의 110%에 상환할 수 있다. 다음 식을 만족시키는 r은 5.05%이므로 콜 예상수익률은 10.10%이다.

$$P = 40 \times \left[\frac{1 - \dfrac{1}{(1+r)^{10}}}{r} \right] + \frac{1,100}{(1+r)^{10}} = 980$$

(10) 풋 예상수익률

상환요구사채의 경우 투자자가 상환을 요구할 것으로 예상되는 시점까지의 수익률인 풋 예상수익률(yield to put)을 계산하여야 한다. 풋 예상수익률은 투자자가 채권의 상환을 요구할 것으로 기대되는 시점을 만기일로 하고 상환청구 가격을 원금으로 간주하여 계산한다.

예를 들면 액면이자율이 6%이고 만기가 10년인 채권의 가격이 1,010달러이다(1년에 이자 2회 지급). 그리고 투자자는 5년 후에 풋가격(1,120달러)에 상환을 요구할 수 있는 권리를 가질 경우, 다음의 식을 만족시키는 r은 3.88%이므로 풋 예상수익률은 7.76%이다.

$$P = 30 \times \left[\frac{1 - \dfrac{1}{(1+r)^{10}}}{r} \right] + \frac{1,120}{(1+r)^{10}} = 1,010$$

chapter 03

채권 가격의 변동성

채권 가격의 변동성

채권 가격은 장래에 발생하는 유입자금(표면이자+원금)을 투자자가 기대하는 할인율로 할인한 현재가치의 합이다. 장래의 유입 현금은 계약에 의해서 결정되기 때문에 장래 가격을 변동시키는 것은 할인율, 즉 수익률의 크기에 의해 설성된다.

할인율은 일반적으로 금리 수준에 의해 결정되지만 할인율의 변동이 채권 가격에 미치는 효과는 다르다. 이와 같이 채권수익률의 변동으로 채권 가격을 변동시키는 요인으로는 ① 만기까지의 잔존기간, ② 표면이자율(coupon rate), ③ 수익률 수준(yield level) 등이 있다.

다음은 B. G. Malkiel의 채권 가격 정리를 설명한 것이다.

〈제1정리〉 수익률 변화에 따른 채권 가격의 변동 : 채권수익률과 가격은 서로 반비례한다.

앞서 채권의 현재가치(채권의 가격)를 살펴본 바와 같이, 채권의 가격은 확정된 미래의 현금흐름을 채권수익률로 할인하는 개념으로서 채권수익률의 수치가 커지면 할인하는 분모의 계수가 커진다. 그러므로 채권 가격은 낮아지게 되고, 반대로 채권수익률의 수치가 작아지면 할인하는 분모의 계수가 작아지므로 채권 가격은 올라간다. 즉, 채권 가격과 수익률은 서로 반비례관계에 있다고 할 수 있다.

> **〈제2정리〉** 잔존기간과 가격 변동 Ⅰ : 채권의 만기가 길어질수록 일정폭의 채권수익률 변동에 대한 채권 가격의 변동폭은 커진다.

일반적으로 일정한 표면이자율에서 수익률 수준이 변하는 경우에는 잔존기간이 길수록 가격변동이 크다. 또한 일정한 수준의 채권수익률 변동에 따른 채권 가격의 변동률은 만기까지의 기간에 따라 증가하여 주어진 수준의 채권수익률 상승과 하락에 대한 채권 가격의 하락과 상승폭이 동일하지 않음을 알 수 있다.

표 3-1 만기의 변화에 따른 채권 가격과 가격 변동률의 변화   (표면이자율 9.0%, 3개월 후급 이표채)

만기(년)	r=10.0%	r=8.0%		r=12.0%	
		채권 가격	가격 변동률	채권 가격	가격 변동률
1	9,905	10,095	1.92%	9,721	−1.86%
2	9,820	10,183	3.70%	9,473	−3.53%
3	9,746	10,264	5.35%	9,253	−5.03%
4	9,673	10,339	6.89%	9,057	−6.37%
5	9,610	10,408	8.30%	8,884	−7.55%

> **〈제3정리〉** 잔존기간과 가격 변동 Ⅱ : 채권수익률 변동에 의한 채권 가격 변동폭은 만기가 길어질수록 증가하나, 그 증감률(변동률)은 체감한다.

실례로 표면이자율 9%로 매 3개월마다 이자가 지급되는 회사채의 유통수익률이 10%에서 8%로 하락하였을 경우, 만기가 1년인 회사채의 가격 변동률은 1.92%에 불과한 반면, 만기가 5년인 회사채의 가격 변동률은 8.3%임을 알 수 있다. 또한 3년 만기 회사채 유통수익률이 10%에서 2%포인트 하락한 경우와 2%포인트 상승한 경우의 가격 변동률은 각각 3.7%와 −3.53%로 나타나고 있어 동일한 수익률의 변동폭에 대한 채권 가격의 변동폭이 동일하지 않음을 쉽게 알 수 있다.

표면이자율이 동일하다고 가정하였을 경우, 제2정리에서 동일한 수익률 변화에 대한 채권 가격 변동폭은 채권의 만기가 길어질수록 이미 커짐을 알 수 있었다. 그러나 만기가 길어질수록 가격의 변동속도는 감소하게 된다.

〈제4정리〉 수익률 수준의 등락과 가격 변동 : 만기가 일정할 때 채권수익률 하락으로 인한 가격 상승폭은 같은 폭의 채권수익률 상승으로 인한 가격 하락폭보다 크다.

〈표 3-2〉는 채권수익률이 10%에서 8%로 하락하였을 경우 만기가 길어질수록 가격 변동폭은 증가하나, 가격의 한계 변동률은 점진적으로 감소하고 있음을 보여 주고 있다.

표 3-2 만기의 변화에 따른 채권 가격의 증감 속도(r=10.0% → 8.0% 변동 시)

구분	r=10.0%	r=8.0%		
	채권 가격	채권 가격	가격 변동률	한계 변동률
1	9,905	10,095	1.92%	-
2	9,820	10,183	3.70%	1.78%pt
3	9,746	10,264	5.35%	1.65%pt
4	9,673	10,339	6.89%	1.54%pt
5	9,610	10,408	8.30%	1.41%pt

다음 〈표 3-3〉에서와 같이 동일한 종목의 채권에 대하여 수익률이 동일한 수준으로 상승하였을 때의 가격 변동률과 하락하였을 때의 가격 변동률이 서로 같지 않고, 수익률이 상승하였을 때보다는 하락하였을 때의 가격 변동이 더욱 심하게 나타나고 있음을 알 수 있다.

표 3-3 동일한 종목의 회사채 수익률이 동일한 수준으로 상승 또는 하락할 경우의 가격 변동률

구분	-3.0%pt	-2.0%pt	-1.0%pt	기준 수익률	+1.0%pt	+2.0%pt	+3.0%pt
유통수익률	7.0%	8.0%	9.0%	r=10.0%	11.0%	12.0%	13.0%
매매단가	10,268	10,000	9,739	9,487	9,242	9,004	8,774
가격 변동률	8.23%	5.41%	2.66%	0.0%	-2.58%	-5.09%	-7.52%

<제5정리> 표면이자율과 가격 변동 : 표면이자율이 낮은 채권이 표면이자율이 큰 채권보다 일정한 수익률 변동에 따른 가격 변동폭이 크다.

잔존기간이 일정할 때 수익률 수준이 변화하면 표면이자율이 낮을수록 가격 변동은 크고, 반대로 표면이자율이 높을수록 가격 변동은 작다. 그러나 복리채는 표면이자율에 관계 없이 수익률 변동폭이 일정하면 가격 변동률도 항상 일정하게 나타난다.

이상에서 일정한 수익률 변동이 채권의 잔존기간, 표면금리, 변화 전 수익률의 상태에 따라 채권 가격에 어떤 영향을 미치는가를 살펴보았다. 채권투자를 효율적으로 운용하기 위해서는 수익률 동향을 예측하여 채권 구성을 적절히 조정하여야 한다. 즉, 수익률 상승이 예상될 때에는 복리채보다는 이표채를, 또 이표채 중에서도 표면이자율이 높고 잔존기간이 짧은 채권을 매입하고, 반대로 수익률 하락이 예상될 때에는 복리채 중에서도 표면이자율이 낮고 잔존기간이 긴 채권을 매입하는 것이 투자수익을 높이는 방법이라 할 수 있다.

표 3-4   **수익률 변화에 대한 표면이자의 차이에 따른 가격 변화**

표면이자율	r=10.0%	r=6.0%	가격 변동률
6.0%	8,974	10,000	11.43%
7.0%	9,230	10,272	11.29%
8.0%	9,487	10,545	11.15%
9.0%	9,743	10,818	11.03%
10.0%	10,000	11,090	10.90%

section 02   듀레이션

1   정의

채권의 듀레이션(duration)은 채권의 가격 변동성을 파악하는 데 유용하게 사용되는 개념이다. 1938년에 맥콜레이(F. R. Macaulay)가 개발한 것으로 채권투자 시 각 시점에 있어 현가로 환산된 현금흐름을 총 현금흐름으로 나눈 값을 가중치로 사용, 채권의 현금흐름 시점에 곱하여 산출한 현가로 환산된 가중평균 만기로서 채권투자 시 현가 1원이 상환되는 데 걸리는 평균 기간을 의미한다.

$$Duration = \frac{\sum_{t=1}^{n} \dfrac{t \cdot CF}{(1+r)^t}}{\sum_{t=1}^{n} \dfrac{CF_t}{(1+r)^t}} = \frac{\sum_{t=1}^{n} \dfrac{t \cdot CF_t}{(1+r)^t}}{P} \tag{1}$$

또한 듀레이션은 이 정의에서 도출되는 수학적 관계를 통하여 다음과 같은 일종의 탄력성의 개념으로도 표현될 수 있다.

$$Duration = \frac{-(1+r) \times \dfrac{dP}{dr}}{P} = -\frac{\dfrac{dP}{P}}{\dfrac{dr}{(1+r)}} = -\frac{dP}{dr} \cdot \frac{(1+r)}{P} \tag{2}$$

여기서, n : 만기까지의 이자지급 횟수

t : 현금흐름 발생기간($t=1, 2, 3, \cdots, n$)

CF_t : 채권에서 발생하는 각 기의 현금흐름

r : 채권의 만기수익률

P : 채권의 가격

먼저 식(1)에서 채권의 가격(P)은 다음과 같이 표현될 수 있다.

$$P = \sum_{t=1}^{n} \frac{CF_t}{(1+r)^t} = \frac{C}{(1+r)} + \frac{C}{(1+r)^2} + \cdots \frac{C}{(1+r)^n} + \frac{Par}{(1+r)^n}$$

여기서, C : 표면이자

Par : 액면금액

따라서 위 식은

$$P = C \times [(1+r)^{-1} + (1+r)^{-2} + \cdots + (1+r)^{-n}] + Par \times (1+r)^{-n}$$

으로 다시 쓸 수 있다. 이때

$$\frac{dP}{dr} = C \times [(-1)(1+r)^{-2} + (-2)(1+y)^{-3} + \cdots$$
$$+ (-n)(1+r)^{(-n-1)}] + Par \times (-n)(1+y)^{(-n-1)}$$
$$= \frac{-1 \cdot C}{(1+r)^2} + \frac{-2 \cdot C}{(1+r)^3} + \cdots + \frac{(-n) \cdot C}{(1+r)^{n+1}} + \frac{(-n) \cdot Par}{(1+r)^{n+1}}$$

이 된다. 이 식이 양변에 $-\dfrac{(1+r)}{P}$를 곱해 주면

$$-\frac{dP}{dr} \cdot \frac{(1+r)}{P} = \frac{\dfrac{1 \cdot C}{(1+r)^1} + \dfrac{2 \cdot C}{(1+r)^2} + \cdots + \dfrac{(n) \cdot (C+Par)}{(1+r)^n}}{P}$$

$$= \frac{\sum_{t=1}^{n} \dfrac{t \cdot CF}{(1+r)^t}}{P} = Duration$$

듀레이션의 정의에 대한 수리적 전개과정에서 볼 수 있는 바와 같이 듀레이션은 만기, 표면이율에 의해 결정되는 현금흐름의 크기 그리고 만기수익률의 수준 등이 동시에 고려하여 만기수익률 변화 시 채권 가격 변동성을 추정 가능케 하는 개념이라고 할 수 있다.

> ⚠ **예시**
>
> 3년 만기, 표면이율 8%, 이자는 매 1년 후급인 채권의 유통수익률이 9%일 때 이 채권의 듀레이션은?

기간(년)	현금흐름(F)	현가(PV)
1	800	$800/(1+0.09) = 733.94$
2	800	$800/(1+0.09)^2 = 673.34$
3	10,800	$10,800/(1+0.09)^3 = 8,339.58$
합계	12,400	9,746.86

$$듀레이션 = \frac{1 \times 733.94 + 2 \times 673.34 + 3 \times 8,339.58}{9,746.86} = 2.78(년)$$

이미 말킬의 정리를 통해서 '다른 조건이 동일하다고 할 때, 채권의 만기가 길면 길수록 채권 가격의 변동폭은 커진다'는 사실을 알 수 있었다. 또한 '다른 조건이 동일하다고 할 때, 채권의 만기가 길면 길수록 채권의 듀레이션은 커지게 된다', '표면이자율이 낮으면 낮을수록 다른 조건이 동일할 때 가격 변동폭은 커지게 된다', '표면이자율이 낮으면 낮을수록 듀레이션은 커지게 된다'는 사실도 알 수 있었다. 따라서 듀레이션은 채권의 가격 변동에 대한 정보를 갖고 있다고 할 수 있다.

Macaulay duration과 채권 가격의 변동성 사이의 관계는 다음과 같이 표현할 수 있다.

$$\text{채권 가격 변동률(\%)} = -\frac{1}{(1 + \text{yield}/k)} \times \text{Macaulay duration}$$

$$\times \text{yield change} \times 100$$

여기서, k : 1년당 이자지급 횟수

일반적으로 위 식에서 우변의 첫째 항과 두 번째 항의 표현식은 하나의 항으로 결합되어지고 이는 수정 듀레이션(modified duration)이라고 불린다.

$$\text{Modified duration} = -\frac{1}{(1 + \text{yield}/k)} \times \text{Macaulay duration}$$

여기서, k : 1년당 이자지급 횟수

위의 두 식으로부터 다음과 같은 관계를 도출할 수 있다.

$$\text{채권 가격 변동률(\%)} = -\text{Modified duration} \times \text{yield change} \times 100$$

상기한 채권 가격 변동률을 구하는 관계식은 수익률 변화가 작은 경우에는 정확하게 적용되나, 수익률이 큰 폭으로 변하는 경우에는 단지 근사치에 가깝게 산출되는 한계성을 지니고 있다는 점을 기억해야 한다.

> ⚠️ **예시**
>
> 표면이자 연 8%, 액면가 10,000원인 3년 만기채권(1년단위 후급 이표채)의 현재 채권수익률이 9%인 경우, 이 채권의 가격은 9,746.86원이며 듀레이션은 2.78년이 된다. 만약 채권수익률이 1% 하락할

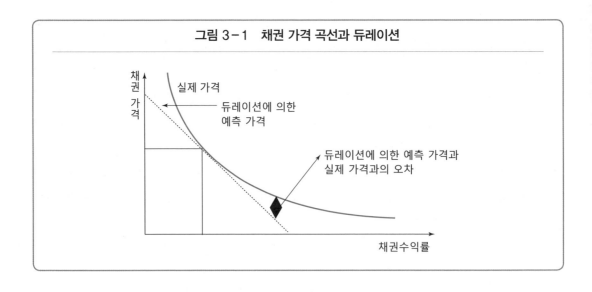

그림 3-1 채권 가격 곡선과 듀레이션

채권가격

실제 가격

듀레이션에 의한
예측 가격

듀레이션에 의한 예측 가격과
실제 가격과의 오차

채권수익률

경우 이 채권의 시장 가격은 어떻게 변할까? (듀레이션을 이용하여 구하시오.)

① Modified duration $= \dfrac{2.78}{(1+0.09/1)} = 2.55$

② 채권 가격 변동률(%) $= -2.55 \times -0.01 \times 100 = 2.55\%$

즉 Modified Duration(수정 듀레이션)은 수익률이 1%포인트 변화 시 발생하는 %로 표현된 채권 가격 변동률을 의미한다. 따라서 이 채권은 수익률 1%의 하락(⇒ 유통수익률 8%)으로 2.55%만큼의 가격 상승 효과를 얻게 된다.

③ 채권 가격 상승분 $= 9,746.86(원) \times 2.55 \div 100 = 248.54(원)$

그러므로 수익률이 1% 하락한 후에 시장 가격은 9,995.4원이 된다.

유통수익률이 8%일 때의 동 채권의 실제 단가는 10,000원으로 듀레이션에 의해 산출된 단가와 차이가 있음을 보여 주고 있는데, 이는 채권수익률과 가격과의 상관관계를 나타내는 곡선이 원점에 대하여 볼록(convexity)하기 때문에 수익률 변동이 클수록 실제 가격과 듀레이션에 의한 가격(예측 가격)과의 차이는 커진다.

이상에서 살펴본 바와 같이, 듀레이션은 수익률 변화에 따른 채권 가격의 변동폭을 결정하므로 채권 가격의 변동성은 듀레이션에 달려 있다고 말할 수 있다. 그러므로 듀레이션을 결정하는 요인을 살펴봄으로써 채권 가격의 변화율에 영향을 미치는 요인들을 알아볼 수 있다.

3   듀레이션을 결정하는 요인

듀레이션 계산식을 살펴보면 듀레이션은 ① 기간별 현금흐름, 즉 표면이자율, ② 채권수익률 기준, ③ 만기에 의해 결정됨을 알 수 있다. 어떤 요인이 듀레이션 계산에 (-)효과를 줄 때 이 요인은 채권 가격 변화율을 작게 할 것이며, 어떤 요인이 듀레이션에 (+)효과를 준다면 이 요인은 채권 가격의 변화폭을 크게 할 것이다.

(1) 듀레이션과 표면이자율과의 관계(이표채의 경우)

듀레이션과 표면이자율의 크기는 역의 관계를 갖는다. 즉, 표면이자율이 클수록 듀레이션은 작아지고 채권 가격의 변화 정도도 작아진다. 왜냐하면 높은 표면이자율의 채권은 상대적으로 초기에 현금유입이 많기 때문이다.

(2) 듀레이션과 채권수익률 수준과의 관계

듀레이션과 채권수익률의 수준은 역의 관계를 가지고 있다. 즉, 채권수익률 수준이 높을수록 듀레이션은 작아지며, 그에 따라 채권수익률 변화에 따른 채권 가격의 변동성은 작아진다.
채권의 수익률은 채권의 현가를 구할 때 할인율로 사용되며, 이 수익률이 높아지면 먼 장래에 발생하는 현금유입의 가치는 절대적·상대적으로 가까운 장래에 발생하는 현금유입의 현재가치보다 비중이 작아진다. 그 결과 듀레이션 계산에서 먼 장래에 발생하는 현금유입의 가중치가 작아지므로 듀레이션이 짧아진다.

(3) 듀레이션과 만기와의 관계

일반적으로 만기가 길수록 듀레이션은 크고 채권 가격의 변동성은 크다. 즉, 이 관계는 만기가 길어질수록 채권으로부터 발생하는 마지막 현금유입까지는 보다 긴 시간이 걸리기 때문에 듀레이션은 커진다.

4　듀레이션의 이용상 한계

(1) 작은 이자율 변동에만 유용

이자율의 변동이 작은 경우에는 듀레이션에 의하여 예측되는 접선상의 채권 가격과 실제 채권 가격인 곡선상의 값이 거의 동일하기 때문에 듀레이션이 채권 가격의 변동을 예측하는 중요한 측정수단으로 사용될 수 있다. 그러나 이자율 변동이 클 경우에는 듀레이션에서 예측해 주는 가격과 실제 가격과의 오차가 무시할 수 없을 정도로 커질 수 있기 때문에 듀레이션의 유용성이 그만큼 떨어지게 된다. 즉, 이자율 변동이 커질 경우 볼록성(convexity) 효과를 추가로 감안해야 한다.

(2) 수익률 곡선에 대한 가정

맥콜레이의 듀레이션은 매 기간별 현금흐름에 동일한 이자율을 적용하므로 모든 현물 이자율이 동일한 수평의 수익률 곡선(flat curve term structure)을 암묵적으로 가정하고 있다. 또한 이자율 변동 후의 채권 가격을 예측하는 경우에 모든 기간의 이자율이 동일한 폭으로 상승 또는 하락하여 수익률 곡선이 평행이동하는 것을 가정하고 있다. 만일 수익률 곡선이 수평으로 변하지 않을 경우에는 다양한 기간을 이용한 포트폴리오 전략에 있어 듀레이션이 같더라도 다른 결과를 초래할 수 있다.

5　각종 채권의 듀레이션

(1) 이표채의 듀레이션

이표채의 듀레이션은 만기와 쿠폰의 크기에 달려 있다. 만기가 길면 듀레이션의 길이가 길어지고, 쿠폰의 크기가 커지면 듀레이션의 길이는 작아진다. 일반적으로 듀레이션의 길이는 만기보다 길지 않다.

(2) 무이표채권의 듀레이션

무이표채의 맥콜레이 듀레이션은 만기와 같다. 그러나 일반적으로 무이표채권의 수정 듀레이션은 만기보다 작다.

왜냐하면 수정 듀레이션(Modified duration)은 다음의 식에서와 같이 맥콜레이 듀레이션과 다음과 같은 관계를 갖기 때문이다.

$$\text{Modified duration} = -\frac{1}{(1 + \text{yield}/k)} \times \text{Macaulay duration}$$

(3) 변동금리채권의 듀레이션

변동금리채권의 듀레이션은 채권의 만기와 상관 없이 변동금리를 재조정(reset)할 시기까지의 시간을 의미한다. 즉, 변동금리부 채권의 향후 금리 조정이 1개월 후에 이루어진다면 변동금리부 채권의 듀레이션을 대략 1개월로 볼 수 있다.

(4) 영구채권의 듀레이션

영구채권(perpetual bond)의 듀레이션은 채권의 액면이자율과 상관 없이 시장이자율에 의해 결정된다. 즉, 영구채권의 듀레이션은 $(1+r)/r$이다. 예를 들어 만일 시장이자율이 10%인 경우 이 영구채권의 듀레이션은 1.1/0.1 = 11년이다.

(5) 콜옵션부 채권의 듀레이션

콜옵션이 첨가된 채권의 듀레이션은 맥콜레이 듀레이션 방법을 사용하기에 적합하지 않다. 그 이유는 콜옵션이 첨가된 채권은 만기 이전이라도 금리가 유리하게 변동될 경우 발행자는 채권을 되살 수 있는 권리를 행사할 수 있기 때문이다. 이 경우에 채권의 현금흐름은 맥콜레이 듀레이션에서 사용된 고정된 현금흐름과 다를 수 있다. 즉, 콜옵션이 행사되면 현금흐름이 변하게 되며, 이러한 현금흐름 역시 미리 예상하기가 매우 어렵다.

따라서 콜옵션이 첨가된 채권의 듀레이션을 계산하기 위해서는 전통적인 듀레이션 계산법 대신에 시장에서 당 채권에 대하여 시장금리가 변할 때마다 어떤 가격으로 평가하는지를 측정하여 리스크, 즉 실효 듀레이션을 구할 수 있다.

예시

어떤 콜옵션부 채권 가격이 시장수익률이 10%일 때 100이 되고, 11%일 때 95 그리고 9%일 때 104가 되는 경우 이 채권의 실효 듀레이션(effective duration)은?

$$\text{실효 듀레이션} = -\frac{\Delta P/P}{\Delta r} = -\frac{-9/100}{0.02} = 4.5$$

6   PVBP

채권의 리스크를 나타내는 방법 중 하나로서 PVBP를 사용하는 경우가 있다. 채권의 PVBP(Present 또는 Price Value per Basis Point)는 시장금리가 0.01%포인트 변동했을 경우 가격의 변화를 의미한다. Basis Point(bp)는 0.01%포인트의 금리변동을 뜻하며, 따라서 100bps는 곧 1%포인트를 말한다.

> **!) 예시**
>
> 만일 어떤 채권 가격이 100,000,000원이고 만기가 10년이며 듀레이션이 7일인 경우, 이 채권의 PVBP는?
>
> $$PVBP = -7 \times 100,000,000 \times 0.0001 = -70,000원$$

7   역 변동금리부 채권(Inverse or Reverse Floater)의 듀레이션

역 변동금리부 채권의 듀레이션은 원 채권의 듀레이션보다 크며 다음과 같이 구할 수 있다. 예를 들어, 만일 원 채권(underlying bond)의 규모가 $100million이고 만기가 10년, 듀레이션이 7년일 경우, 이 채권을 바탕으로 $50million의 LIBOR(monthly reset)로 발행하고 $50million의 Fixed-LIBOR를 발행하였다고 했을 때, 대략적으로 LIBOR의 듀레이션을 0으로 가정한다면, 역 변동금리부 채권의 듀레이션은 2×원 채권의 듀레이션으로서 2×7=14가 된다.

section 03 | 채권의 볼록성(convexity)

1 정의

듀레이션에 의하여 예측된 이자율 변동 후의 채권 가격은 실제 채권 가격과 다를 수 있으며, 이자율 변동이 클수록 오차가 커지게 된다. 이는 이자율과 채권 가격 간의 관계가 원점에 대하여 볼록한 행태를 갖기 때문이다. 또한 이자율 변동에 대하여 채권 가격선이 볼록할수록 오차가 커지게 된다. 이때 채권 가격선의 볼록한 정도를 채권의 볼록성이라고 하며, 이는 채권 가격선의 기울기(또는 듀레이션)의 변화율을 의미하므로 채권 가격을 이자율에 대하여 2차 미분한 값으로 측정된다. 따라서 이자율 변동이 클 경우 볼록성을 감안하면 듀레이션에 의하여 예측된 채권 가격의 오차 문제를 대부분 해결할 수 있다.

볼록성은 다음과 같이 정의된다.

$$볼록성 = \frac{\dfrac{d^2P}{dr^2}}{P}$$

$$여기에서, \ \frac{d^2P}{dr^2} = \sum_{t=1}^{n} \frac{t(t+1)CF_t}{(1+r)^{t+2}}$$

> **예시**
>
> 잔존기간이 3년, 표면이율 8%인 연단위 후급 이자지급 이표채의 만기수익률이 10%일 때 가격은 9502.63원이다. 이 채권의 볼록성은?

t	CF_t	$t(t+1)CF_t$	$t(t+1) \times CF_t/(1+r)^{t+2}$
1	800	$1,600 = 1 \cdot 2 \cdot 800$	$1202.10 = 1600/(1+0.1)^{(1+2)}$
2	800	$4,800 = 2 \cdot 3 \cdot 800$	$3278.46 = 4800/(1+0.1)^{(2+2)}$
3	10,800	$129,600 = 3 \cdot 4 \cdot 10,800$	$80,471.40 = 129,600/(1+0.1)^{(3+2)}$
합계			84,951.96

$$Convexity = \frac{84,951.96}{9,502.63} = 8.94$$

표 3-5	표면이율 8%, 잔존기간이 3년인 연단위 후급 이표채, 기준 수익률 수준은 10%					
수익률 변동	듀레이션에 기인한 부분(A)		Convexity에 기인한 부분(B)		전체 변동(A+B)	
%포인트	금액(원)	비중(%)	금액(원)	비중(%)	금액(원)	비중(%)
2.00	479.86	96.6	16.99	3.4	496.85	100.0
1.00	239.93	98.3	4.25	1.7	244.18	100.0
0.10	23.99	99.8	0.04	0.2	24.04	100.0 100.0
0.01	2.40	100.0	0.00	0.0	2.40	

볼록성에 의해 설명되는 수익률 변화에 대한 채권 가격 변동분은 수익률의 변동폭이 커질 경우에는 그 크기와 비중이 증가한다. 하지만 수익률의 변동폭이 작아지면 그 크기뿐만 아니라 비중도 축소되고 축소되는 속도 역시 증가한다.

표면이율 8%인 3년만기 연단위 이자후급 이표채의 수익률이 10%수준에서 2%포인트 변동할 경우 전체 가격 변동폭 498원 중에서 볼록성에 기인하는 가격 변동액은 약 17원으로 전체 변화의 3.4%를 설명한다. 그러나 수익률 변동이 1%포인트로 줄어 들면 금액이 4.25원으로 감소할 뿐만 아니라 이를 통하여 설명할 수 있는 부분도 1.7%로 감소한다.

또한 수익률 변동이 0.1%포인트(10bps)가 되면 볼록성에 의해 설명되는 비중은 0.2%에 불과하고 0.01%포인트(1bp)가 되면 그 비중은 거의 무시할 수 있는 수준이 되어 버린다. 결과적으로 볼 때 수익률 변동이 크기가 크지 않다면 볼록성에 의해 설명되는 가격 변동의 비중이 크지 않기 때문에 듀레이션에 의한 가격 변동만을 고려해도 실제 가격 변동과 큰 오차는 발생하지 않는다는 것을 의미한다.

2 볼록성의 특성

(1) 볼록성과 채권 가격

듀레이션과 만기수익률이 동일하다면 볼록성이 큰 채권이 이자율 상승이나 하락에 관계 없이 볼록성이 작은 채권보다 항상 높은 가격을 갖는다. 즉, 이자율이 하락할 경우에는 듀레이션에서 나타내는 가격 상승에 볼록성에 의한 가격 상승을 더하게 되고, 이자율이 상승할 경우에는 듀레이션에 의한 가격 하락에 볼록성에 의한 가격 상승 효과를 합하게 되면 하락폭을 작게 해주기 때문이다.

(2) 듀레이션과 볼록성

채권의 볼록성은 듀레이션이 증가함에 따라 체증적으로 증가한다. 즉, 듀레이션이 크다는 것은 채권 가격선의 기울기가 가파르다는 뜻이며, 기울기가 가파를수록 채권 가격선이 접선에 대하여 더 볼록한 형태가 되기 때문에 일정한 이자율 변동에 대하여 접선상의 채권 가격과 곡선상의 실제 채권 가격 간의 차이가 커지게 된다.

(3) 만기수익률과 볼록성

다른 조건이 동일하다면 만기수익률이 높을수록 채권의 볼록성이 작아진다. 즉, 이자율과 채권 가격의 관계에서 이자율이 높을수록 접선의 기울기가 완만해지며 따라서 듀레이션과 볼록성은 작아진다.

(4) 표면이자율과 볼록성

다른 조건이 동일하다면 표면이자율이 높을수록 채권의 듀레이션과 볼록성은 작아진다.

(5) 볼록성 프리미엄

만기가 동일한 경우 액면이자율이 낮을수록 볼록성은 커진다. 듀레이션은 동일하나 볼록성이 상이한 두 채권의 경우, 볼록성이 큰 채권은 볼록성이 작은 채권에 비하여 상대적으로 높은 프리미엄이 형성되어 거래된다. 즉, 이 프리미엄은 볼록성의 가치를 반영한 것이다. 왜냐하면 수익률이 상승하면 볼록성이 큰 채권의 가격은 작은 채권의 가격보다 덜 하락하나, 수익률이 하락하면 채권 가격은 더 많이 상승하기 때문이다. 이와 같이 시장이자율이 안정적이면 프리미엄은 감소하게 된다.

(6) 콜옵션과 볼록성

장기채권의 경우 대개 콜옵션을 첨부하고 있다. 이렇게 콜옵션이 첨부된 채권의 경우 단순하게 맥콜레이 듀레이션을 이용할 수 없다. 이는 맥콜레이 듀레이션에서는 만기까지의 캐쉬플로어가 정해져 있지만, 콜옵션이 첨부된 채권의 경우 만기가 언제 종료될지 예측하기 매우 어렵다. 만일 금리가 하락한다면 채권 발행자는 채권을 되살 수 있는 콜옵션을 행사할 수 있기 때문이다. 따라서 금리가 하락하면 할수록 콜옵션 행사 가능성은 높아질 것이고 채권 가격은 콜 가격에 근접할 것이다. 이러한 경우에 볼록성은 금리 하락에 따라 상승하는 것이 아니라 감소하여 negative로 바뀔 수도 있을 것이다. 이러한 경우 볼록성을 구하기 위해서는 시장 금리 변화와 이에 따라 변화하는 채권 가격을 바탕으로 볼록성을 구할 수 있을 것이다.

$$\text{Effective Convexity for Option Embedded Bond} = \frac{[P(up) + P(down) - 2P]/P}{(0.5dr)^2}$$

> ❗ 예시

만일 금리가 7%를 중심으로 ±1%씩 변동하였을 때 가격이 104, 100, 95로 변하였다면 실효 볼록성(Effective Convexity)은?

$$\text{Effective Convexity} = \frac{(104 + 95 - 2 \times 100)/100}{(0.5 \times 0.02)^2} = -100$$

chapter 04

채권수익률의 결정요인과 투자전략

section 01 **채권수익률의 결정요인**

채권은 유통시장에서 시시각각 가격이 변하고 있다. 가격은 여러 가지 요인에 의하여 변동되는데 시중금리, 경제상황과 같은 외적 요인과 채권의 만기, 발행주체의 지급불능 위험과 같은 내적 요인에 의해서 결정된다고 볼 수 있다. 따라서 채권에 투자하는 투자자는 채권의 내적 요인인 만기, 표면이자율, 상환조건, 과세 문제를 비롯하여 채권 가격에 영향을 주는 경기동향, 정부의 재정금융정책, 채권의 수요와 공급, 금융시장의 계절적 변동 등 전반적인 경제여건에 대한 기본적인 이해가 필요하다.

채권의 가격은 수익률의 변동에 의해서 이루어지기 때문에 채권 가격 변동요인에 대한 이해는 곧 수익률 변동에 대한 이해와 같은 것이라고 할 수 있다.

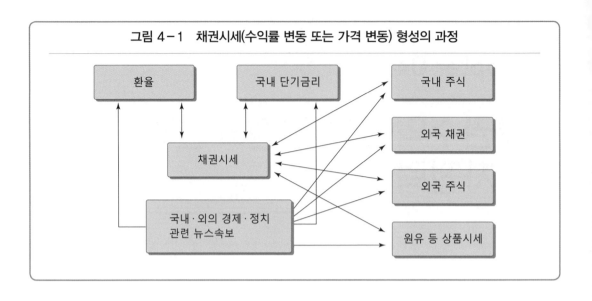

그림 4-1 채권시세(수익률 변동 또는 가격 변동) 형성의 과정

1 채권수익률의 결정요인 일반식

채권수익률은 자본의 한계생산성, 채권 발행자의 위험 수준에 대한 프리미엄, 물가상승률 및 채권의 만기에 따라 결정된다. 이를 식으로 나타내면 다음과 같다.

$r = f[MPK, rp, \Delta PI, f(m)]$

여기서, r : 채권수익률, MRK : 자본의 한계생산성

rp : 위험 프리미엄

ΔPI : 물가상승률, $f(m)$: 채권 만기에 따른 수익률 영향

위의 식은 다시 기업(발행주체)의 내적 요인과 외적 요인으로 나눌 수 있다.

$r = f(기업의 내적 요인, 기업의 외적 요인)$

$= f[\{rp(m)\}, \{MPK, \Delta PI\}]$

채권수익률을 결정하는 내적 요인인 채권의 위험구조와 만기구조에 대해서는 따로 설명하기로 하고 여기서는 채권의 외적 요인에 대하여 설명하도록 한다.

(1) 채권의 외적 요인

❶ 채권의 수요와 공급 : 채권수익률의 가장 큰 변동요인은 채권의 수요와 공급이다. 즉, '채권의 수요와 공급의 변동 → 채권수익률의 변화 → 채권 가격의 변화'라는 과정으로 설명된다. 결국 채권의 수요와 공급에 영향을 미치는 요인이 곧 채권수익률 결정에 영향을 미치는 요인이라고 할 수 있다. 채권 공급은 채권 발행자나 기존 채권 보유자들의 자금 수요 등에 의해 좌우되고, 채권 수요는 자금보유자들의 자금운용 필요성에 의해 결정된다. 자금 수요 요인은 채권의 공급요인으로 작용하고 자금운용(공급) 요인은 채권의 수요요인으로 작용하게 된다.

❷ 국내 재정정책과 금융정책의 상황 : 국내의 재정정책·금융정책도 국내 장기금리에 영향을 미치는 중요한 요인이다.

ㄱ. 재정정책 : 재정정책이 국내 장기금리에 미치는 영향으로는 다음과 같은 과정을 생각해 볼 수 있다.

a. '재정정책 집행 → 국채 발행 증가 → 채권수급 악화 → 장기금리 상승'의 경우 : 재정정책을 시행하기 위해서는 막대한 자금이 필요로 하기 때문에 이 부족자원을 보전하기 위한 수단으로서 국채 발행이 이루어지게 된다. 결과적으로 국채 발행 증가가 채권 수급구조를 악화시킬 가능성이 있고, 또한 국채에 의해서 자금흡수가 이루어지기 때문에 민간자금 부문에 대한 크라우딩 아웃효과(crowding out, 구축효과)가 발생하여 장기금리가 상승하는 효과를 일으킨다.

b. '재정정책 집행 → 내수확대 → 경기상승 → 장기금리 상승'의 경우 : 재정정책을 집행함으로써 ① 국내에서의 고용창출 → 노동 수급구조 압박 → 임금 상승, ② 민간기업의 실적 호조 → 민간수익 증가 → 설비투자의욕 증가 등을 배경으로 해서 내수가 확대되어 이것이 국내 경기의 상승으로 이어져 장기금리가 상승하게 된다.

ㄴ. 금융정책 : 금융정책이 장기금리에 미치는 영향으로는 다음과 같은 과정을 생각해 볼 수 있다.

a. 금융완화의 경우 : '재할인율 인하 → 통화공급 증가 → 은행 간 대출경쟁 심화 → 금리의 하락'

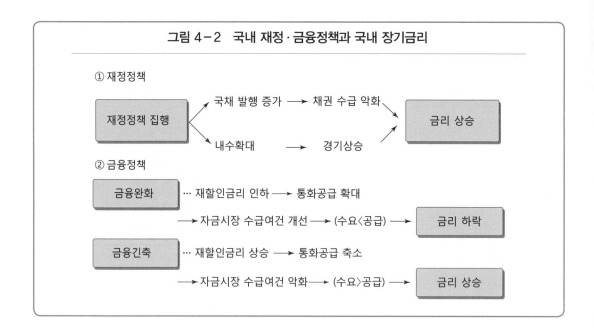

그림 4-2 국내 재정·금융정책과 국내 장기금리

① 재정정책

재정정책 집행 → 국채 발행 증가 → 채권 수급 악화 → 금리 상승

내수확대 → 경기상승 → 금리 상승

② 금융정책

금융완화 ··· 재할인금리 인하 → 통화공급 확대

→ 자금시장 수급여건 개선 → (수요〈공급) → 금리 하락

금융긴축 ··· 재할인금리 상승 → 통화공급 축소

→ 자금시장 수급여건 악화 → (수요〉공급) → 금리 상승

재할인율이 인하되면 통화공급이 증가하고 원활한 자금공급을 배경으로 해서 은행 간 대출경쟁이 심화될 가능성이 있으며, 자금수요보다 자금공급이 많아지는 상황이 연출되어 금리는 하락하게 된다.

b. 금융긴축의 경우 : '재할인율 인상 → 통화공급 감소 → 자금공급 긴축 → 금리의 상승'

재할인율이 상승하게 되면 통화공급이 감소하고 자금공급이 둔화되어 자금수요와 공급에 불균형이 발생한다. 즉, 자금수요가 자금공급보다 많아지게 됨에 따라 금리는 상승하게 된다.

❸ 경기동향 : 국내 경기와 장기금리와의 사이에는 다음과 같은 관계가 있다.

ㄱ. 경기상승 시 : 경기가 상승국면에 진입하면 기업 수익의 호조, 개인소득의 상승 등을 배경으로 해서 소비·투자가 증가, 즉 유효수요가 증대하게 된다. 더 나아가서는 기업의 설비투자수요 등이 증가하게 되어 자금수요가 급증한다. 이때 기업은 필요한 자금을 금융기관에서 차입하든가 회사채를 대량으로 발행하여 조달하게 되며, 금융기관은 필요한 자금을 확보하기 위하여 보유하고 있는 유가증권을 매각, 금융시장에서는 자금사정이 악화된다. 이 경우 채권의 공급은 증대되고 채권의 수요가 감소함으로써 채권수익률은 상승하게 된다. 또한 자금수요의 증대가 통화공급의 증가를 초래하고 이것이 물가상승 불안으로 이어져 금리의 상승을 촉발시킬

수 있다.

ㄴ. 경기하강 시 : 경기가 하락하게 되면 경기상승 국면과는 반대로 기업수익의 성장률이 둔화되고 개인소득도 정점을 기록하는 등의 상황을 배경으로 하여 소비·투자(즉, 유효수요)가 감소하게 된다. 더 나아가서는 기업의 설비투자심리 위축으로 자금수요가 감소하기 때문에 금리는 하락 압력을 받게 된다. 또한 자금수요의 감소로 향후 물가 하락을 예상할 수 있는 것도 금리 하락의 요인으로 작용한다.

❹ 물가상승 : 물가상승과 채권수익률은 정의 상관관계가 있다. 물가상승 시 명목금리는 상승하나 실질금리는 하락한다. 시장의 명목금리의 상승은 기존의 채권투자보다는 다른 실물자산에 대한 투자수요를 증가시키면서 채권의 수요는 감소하게 된다. 반대로 물가의 하락 시 시장의 실질금리는 상승하고 기존의 채권수익률로 채권을 투자하는 것이 유리하여 채권의 수요가 증대되므로 채권수익률은 하락하게 된다.

피셔 효과(fisher effect)

'시장수익률(명목이자율)은 실질이자율과 예상 물가상승률의 합'으로 나타난다는 이론으로서, 실질이자율과 명목이자율의 관계를 식으로 나타내면 다음과 같다.

$$R = \frac{P_0(1+r)}{P_1} - 1 \tag{4.1}$$

여기서, R : 실질수익률, r : 명목수익률, P_0 : 연초 물가지수
P_1 : 연말 물가지수를 각각 의미한다.

물가상승률을 π로 놓으면

$$\pi = \frac{P_1 - P_0}{P_0} = \frac{P_1}{P_0} - 1$$

따라서

$$\frac{P_1}{P_0} = \pi + 1 \tag{4.2}$$

식 (4.2)의 결과를 식 (4.1)의 식에 대입하면

$$R = \frac{1+r}{1+\pi} - 1$$

이 되고 이를 다시 표시하면

$$1+r=(1+R)(1+\pi)$$

이 된다.

위 식에서 채권수익률인 명목수익률 r에 대하여 풀어 쓰면 다음과 같다.

$$r=R+\pi+R\cdot\pi$$

여기서 물가가 안정되어 인플레이션율이 크지 않다고 가정하면 $R\cdot\pi$는 작은 두 숫자를 곱한 것이므로 무시해도 좋을 만큼 작은 숫자가 되어 채권수익률은 다음 식에 의해 근사치로 표시될 수 있다.

$$r \fallingdotseq R+\pi$$

즉, 채권의 수익률은 실질수익률과 예상 물가상승률의 합으로 나타낼 수 있다. 실질수익률은 자본의 한계생산성으로 볼 수 있는데, 자본의 1단위를 사용했을 때 실질적인 효용가치의 변화를 말하는 것으로 한 경제사회가 성장할 때에는 자본의 효용이 높아지고 침체 시에는 자본의 효용도가 낮아진다. 다시 말해서 자본의 생산성이 높다면 이자율은 높아지고 따라서 채권수익률도 상승하게 된다.

피셔 효과에 의하면 물가상승은 채권수익률의 상승을 가져오는데 실제적으로는 물가상승이 어느 정도의 시차를 두고 채권수익률의 상승을 가져오고 있다.

❺ 환율동향과 (국내) 장기금리 : 환율과 채권시세와의 사이에는 명확하진 않지만 일정 부분 영향을 주고 받는다.

〈환율〉		〈채권시세〉
원화 평가절상	→	긍정적 요인(금리 하락)
원화 평가절하	→	부정적 요인(금리 상승)

원화 평가절상(원화환율 하락)은 국내 채권시세에 있어서는 긍정적 요인으로 작용하고, 원화 평가절하(원화환율 상승)는 이와 반대로 부정적 요인이 되는 것으로 알려져 있다. 단, 여타 요인들과 채권시세에 복합적으로 작용하는 경우가 많아서 반드시 위와 같다고 단언할 수는 없지만 일반적인 경우에는 위와 같다.

환율의 경우 아래와 같은 절차를 통해서 장기금리에 영향을 미칠 수 있다.

ㄱ. '원화 평가절상 → (수출면)가격경쟁력 저하 → 수출 감소 → 국내 경기 감퇴 → 금리 하락' : 원화가 평가절상되면 외국 상품과의 가격경쟁력이 약해지기 때문에 국내 상품의 수출이 둔화되고 이어서 국내 경기는 후퇴하기 시작한다. 이렇게 되면 어느 정도 경기를 자극·회복시킬 필요성이 대두되어지기 때문에 금리가 하락할 수

있다.

ㄴ. '원화 평가절상 → (수입면)수입 가격 하락 → 국내 물가 하락 → 금리 하락' : 원화 평가절상은 수입상품 가격의 실질적인 하락을 가져오기 때문에 석유 등 원재료 가격이 하락하고 이는 다시 국내 도매물가에도 긍정적인 영향을 미쳐 인플레 기대심리를 후퇴시키게 된다. 또한 외국 제품의 가격 하락이 국산 상품에 대해서 가격 상승 억제효과를 가져올 것으로 기대되어 국내 물가 하락, 더 나아가서는 금리 하락으로 연결될 수 있다.

ㄷ. '원화 평가절상 → 달러자산의 가치 하락 → 원화자산의 상대적 가치 상승 → 금리 하락' : 원화 평가절상은 달러 자산을 보유한 투자자의 입장에서는 원화기준으로 볼 때 달러자산의 가치가 감소되는 반면에, 원화자산의 가치는 상대적으로 상승하게 된다. 따라서 달러자산으로부터 원화자산으로의 자금이동이 일어날 가능성이 커진다. 이렇게 되면 원화자산의 일종인 채권에 대한 수급이 호전되기 때문에 금리는 하락으로 이어질 수 있다.

국제 피셔 효과(international fisher effect)

2개국 간의 금리격차와 환율의 기대변동률과의 관계를 설명할 수 있다. 이들의 관계를 나타내면 다음과 같다.

$$E(S) = R_d - R_f = \frac{E(S_{t+1}) - S_t}{S_t}$$

여기서, $E(S)$: 환율의 기대 변동률

R_d : 국내 명목금리, R_f : 비교국가 명목금리

S_t : t시점의 환율, $E(S_{t+1})$: $t+1$시점의 기대환율

위의 식에서 나타난 바와 같이, 비교국가와의 금리차는 환율의 기대 변동률과 동일하다. 예를 들어 지금 미국의 물가는 일정한데, 한국의 물가가 연 5% 상승할 것으로 예측되는 경우에 투자자는 구매력 평가이론에 의해 원화가 미달러화에 대하여 5% 평가절하될 것으로 기대한다. 이때 일정 만기의 원화표시 채권수익률이 동일 만기의 미달러화표시 채권수익률보다 3%만 높다고 한다면, 투자자는 상대적으로 수익률이 낮은 원화표시 채권을 팔고 미달러표시 채권을 사게 된다.

이러한 과정에서 국가 간에 자본이 이동하여 원화표시 채권의 수익률은 상승하게 되고 미달러화표시 채권의 수익률은 하락하게 된다. 이때 양국 간의 수익률 격차가 환율의 기대 변동환율과 일치하는 시점에서 두 자산 간의 대체거래는 멈추게 되어 국제 피셔 효과가 성립하게 된다. 그러나 여기서 주의해야 할 점은 투자자가 특정 통화의 안전성이나 세제상의 유리함 등으로 인하여 특정 통화를 선호하는 경우에는 이러한

국제 피셔 효과가 성립하지 않는다.

따라서 A와 B라는 두 개의 국가가 존재할 때, 다른 조건이 모두 일정하고 A국가의 통화가치가 B국가의 그것보다 하락(환율 상승)하면 A국가 통화표시 채권에 투자한 투자자는 채권을 매각하고 B국가 통화로 환전한 후 B국가 통화표시 채권을 매입하므로, A국가의 채권수익률은 상승하게 되고 B국가의 채권수익률은 하락하게 된다. 또한 국제 금리도 채권수익률에 커다란 영향을 미친다. 국가 간의 자본이동이 자유롭고 다른 조건이 일정할 때, A국의 금리가 인하된다면 A국의 채권수익률도 하락하게 된다. 이때 다른 조건이 일정하므로 B국의 채권수익률이 A국의 채권수익률에 비해서 상대적으로 높아진다. 이에 따라 국가 간의 자본이동이 발생하여 환율의 변동을 초래하게 된다.

(2) 채권의 내적 요인

채권수익률은 위에서 설명한 채권의 외적 요인에 의해서도 결정되지만 채권의 만기와 같은 발행조건이나 발행주체가 지니는 지급불능 위험과 같은 채권의 내적 요인에 의해서도 영향을 받는다.

채권의 잔존기간

채권은 만기까지의 잔존기간에 따라 채권수익률이 달라진다. 다른 조건이 일정할 때 만기까지의 잔존기간이 길수록 채권 가격의 변동 위험이 커지게 된다. 즉, 채권의 잔존기간이 길수록 시장이자율에 따라 이자가 복리로 계산되는 기간이 더 많아지거나 채권수익률로 할인하는 기간이 길기 때문에 장기채일수록 채권수익률 변화에 따른 채권 가격의 변동성은 크다.

결국 채권 만기의 장·단에 따라 채권수익률 변화에 의한 채권 가격의 변동폭이 달라지므로 만기까지의 잔존기간에 따라 채권수익률에 차이가 생기게 된다. 이러한 채권수익률과 만기까지의 잔존기간과의 관계를 채권수익률의 만기구조(term structure of bond yield)라고 한다. 그리고 채권수익률의 기간구조는 흔히 수익률 곡선(yield curve)으로 표시된다.

그런데 채권시장에서 발표되는 수익률 곡선, 예를 들어 금융투자협회 채권시장 홈페이지(http://www.kofiabond.or.kr/)를 통해 공시되는 민평수익률은 만기수익률(YTM)이다. 그런데 최근 대부분의 중장기채권이 이표채로 발행되고 있고, 이 경우 만기수익률에는 이표효과(만기수익률이 동일하더라도 표면이율이 다른 경우 현물수익률은 다른 현상)가 반영되어 있다.

따라서 만기와 수익률 간의 명확한 관계를 파악하기 위해서는 이를 표현하는 개념, 즉 현물수익률(Spot Rate)의 산출이 필요하다. 현물수익률은 무이표채, 즉 만기 일시상환채권(만기 이전에 다른 현금흐름이 발생하지 않는 채권)과 잔존기간과 수익률 간의 관계를 나타낸 것 이다. 현재 현물수익률은 채권평가사들이 보간법(bootstrapping) 등의 방법으로 계산하고 있다.

만약 연단위 이표채들에 대한 만기수익률이 위 표와 같이 주어졌다면 현물수익률은 아래와 같은 과정을 거쳐 산출될 수 있다.

잔존기간	1년	2년	3년
만기수익률	3.00%	3.50%	4.00%

만기기간 1년, 표면이율 3.00%인 연단위 이표채권의 경우 채권 가격은 $\frac{10,300}{(1+0.0300)} = 10,000$(원)이 된다. 이는 수익률 3.00%가 만기수익률이자 현물수익률($_0R_1$)임을 의미한다.

이 경우 만기기간 2년인 현물수익률은 표면이율인 3.50%인 이표채권의 현금흐름과 가격 간의 관계에서 구해질 수 있다.

$$\frac{350}{(1+0.0350)} + \frac{10,350}{(1+0.0350)^2} = 10,000 = \frac{350}{(1+0.0300)} + \frac{10,350}{(1+{_0R_2})^2}$$

$_0R_2$=0.03509, 즉 만기기간 2년인 현물수익률은 3.509%이다.
만기기간 3년인 현물수익률 역시 다음 관계에서 구해질 수 있다.

$$\frac{400}{(1+0.0400)} + \frac{400}{(1+0.0400)^2} + \frac{10,400}{(1+0.0400)^3} = 10,000$$

$$= \frac{400}{(1+0.0300)} + \frac{400}{(1+0.03509)^2} + \frac{10,400}{(1+{_0R_3})^3}$$

$_0R_3$=0.04027, 즉 만기기간 3년인 현물수익률은 4.027%가 된다.
시장 만기수익률에 대한 자료는 4개 민간채권평가사를 통해 제공되고 있으며 금융투자협회 채권정보센터의 시가평가기준 수익률 테이블로 공시된다. 현재 채권 시가평가 자료를 제공하는 민간평가사는 KIS채권평가, 한국자산평가, 나이스피엔아이와 에프엔자산평가이다.

❶ 수익률 곡선 : 수익률 곡선(yield curve)이란 횡축에 만기까지의 기간을 표시하고, 종축에 채권수익률을 표시하여 일정 시점을 기준으로 만기까지의 잔존기간의 차이에 따라 달라지는 채권수익률의 변동상황을 곡선으로 나타낸 것이다.

ㄱ. 상승형 곡선(ascending curve) : 단기이자율 수준이 장기이자율 수준을 하회하는 수익률 곡선으로서, 향후 이자율이 상승할 것으로 전망되거나 일반적으로 이자율 수준이 낮은 시기에 나타나는 형태이다.

경기침체기에서 경기상승이 시작되는 때에는 기업들의 설비투자자금 수요급증과 인플레이션 발생 우려 등으로 장기이자율 수준이 상승하기 때문에 수익률 곡선은 우상향하는 경향이 있으며, 경제가 안정된 선진국에서 일반적으로 관찰되는 수익률 곡선 형태이다.

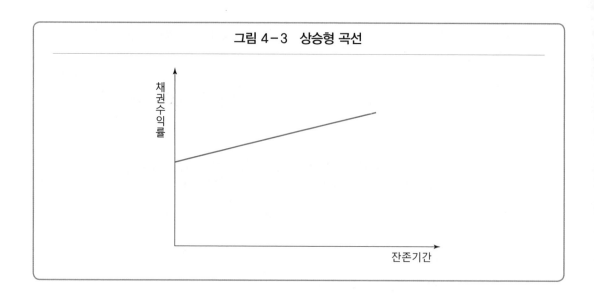

그림 4-3 상승형 곡선

ㄴ. 하강형 곡선(descending curve) : 단기이자율이 장기이자율을 상회하는 수익률 곡선
   형태로, 향후 이자율이 하락할 것으로 기대되거나 현재의 이자율 수준이 상당히 높
   은 수준에 있을 때 흔히 관찰되는 형태이다.

   경기상승의 정점근반, 즉 경기상승이 끝나가는 때에 흔히 나타나는데, 그 이유는
   경기과열을 방지하기 위한 통화당국의 금융긴축정책으로 장기이자율에 비해 단기
   이자율이 먼저 영향을 받아 단기이자율 수준이 상승하기 때문이다.

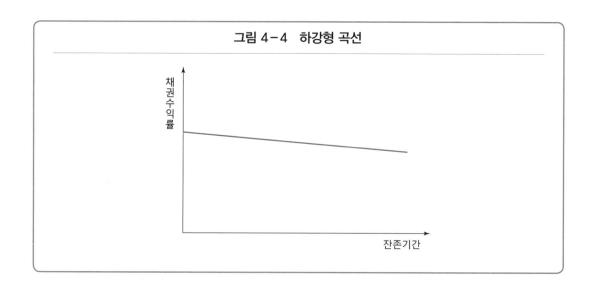

그림 4-4 하강형 곡선

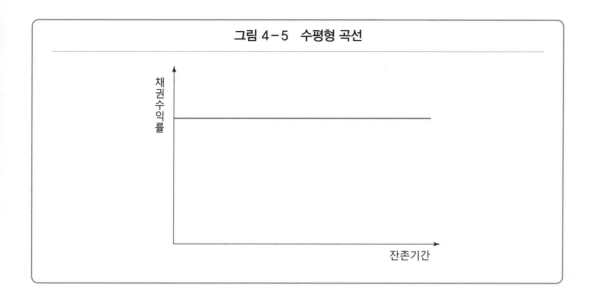

그림 4-5　수평형 곡선

ㄷ. 수평형 곡선(flat curve) : 단기이자율과 장기이자율이 거의 같은 수준으로 되는 곡선 형태로서 향후 이자율 수준이 현재의 수준과 변동이 없을 것이라는 기대가 작용하거나, 수익률 곡선의 형태가 하강형에서 상승형으로 변화해 가거나, 상승형에서 하강형으로 변화해 가는 과도기 또는 경기순환의 중간단계에서 잘 나타나는 형태이다.

ㄹ. 낙타형 곡선(humped curve) : 단기이자율이 급격히 상승하다가 어느 시점에서 장기이자율이 서서히 하락하는 곡선 형태로, 정부의 일시적인 금융긴축으로 인하여 시

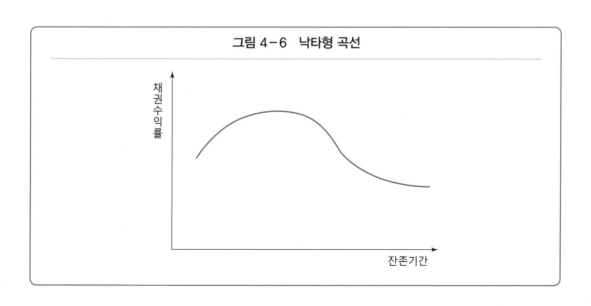

그림 4-6　낙타형 곡선

중의 단기자금사정이 아주 악화되었을 때 자주 나타나는 수익률 곡선 형태이다.

❷ 기간구조 설명 가설

ㄱ. 불편 기대가설(unbiased expectation hyphothesis) : 수익률 곡선은 채권시장에 참가하는 투자자들의 장래 금리 기대치(예측치)의 평균(균형)이다. 그러므로 향후 금리가 상승할 것으로 예측되는 경우, 합리적인 투자자는 수익률 상승으로 인한 가격손실을 가능한 한 적게 하고, 투자이익을 극대화하기 위해서 상환기간이 긴 장기채를 팔고 상환기간이 짧은 단기채를 매입하려고 할 것이다. 따라서 장기채는 수익률이 상승하게 되고 단기채는 수익률이 하락하게 된다. 이때 수익률 곡선은 우상향하는 형태가 된다.

그러나 현재의 금리 수준이 지나치게 높아 향후 금리가 하락할 것이라고 예상한다면, 수익률 하락에 의한 자본이득을 가능한 한 많이 얻기 위해 단기채 매입을 줄이는 대신에 장기채를 더 많이 매입할 것이므로, 단기채의 수익률은 상승하며 장기채의 수익률은 오히려 하락하여 수익률 곡선은 우하향하는 형태가 된다.

Fisher에 의해 제시된 불편 기대가설은 미래의 단기이자율에 대한 투자자의 동질적인 예상에 따라 수익률 곡선의 형태가 결정된다는 점에 기초하고 있다. 이러한 미래의 단기이자율을 선도수익률(forward rate)이라고 하는데 이 가설의 단점은 이자율 변동 위험에 대해 중립형의 투자자들을 전제하고 있어 모든 투자자의 행동을 적

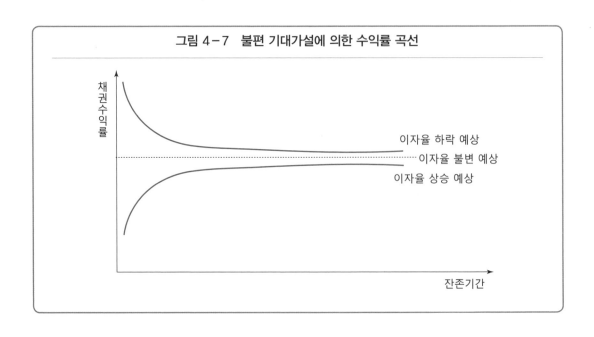

그림 4-7 불편 기대가설에 의한 수익률 곡선

절히 반영하고 있지 않다는 점이다.

불편 기대가설에서의 장기이자율과 각 기간별 이자율의 관계는 다음과 같이 나타낼 수 있다.

$$(1 + R_n)^n = (1 + {}_0r_1) \times (1 + {}_1r_2) \times (1 + {}_2r_3) \times \cdots \times (1 + {}_{n-1}r_n)$$

$$R_n = \sqrt[n]{(1 + {}_0r_1) \times (1 + {}_1r_2) \times (1 + {}_2r_3) \times \cdots \times (1 + {}_{n-1}r_n)} - 1$$

여기서, R_n : 만기가 n년인 채권수익률이고 이는 현물수익률(spot rate)임

${}_{n-1}r_n$: 특정 연도($n-1$)에서 n시점 사이의 기간수익률로, 여기에서 각 현물수익률이 구체적으로 주어지게 될 경우 산출되는 선도수익률을 내재선도수익률(implied forward rate)이라 함.

❗ 예시

1년물의 금리가 현재 5%에서 향후 매년 7%, 9%, 10%, 11%로 상승할 것으로 예측될 경우에 2년물, 3년물, 4년물, 5년물의 금리는 어느 수준으로 책정할 수 있을까?

$$R_2 = \sqrt{(1 + {}_0r_1) \times (1 + {}_1r_2)} - 1$$
$$\quad = \sqrt{(1 + 0.05) \times (1 + 0.07)} - 1$$
$$\quad = 0.05995 \text{ or } 5.995(\%)$$
$$R_3 = \sqrt[3]{(1 + {}_0r_1) \times (1 + {}_1r_2) \times (1 + {}_2r_3)} - 1$$
$$\quad = \sqrt[3]{(1 + 0.05) \times (1 + 0.07) \times (1 + 0.09)} - 1$$
$$\quad = 0.06988 \text{ or } 6.988(\%)$$

같은 방법으로 R_4 =7.73%, R_5 =8.38%임을 구할 수 있다.

즉 선도수익률들이 주어진 상태에서 현물수익률을 산출되는 과정을 이 예제가 보여준다.

불편 기대가설의 배경에는 다음과 같은 가정이 내포되어 있다.

첫째, 단기채권과 장기채권은 완전 대체관계에 있다. 즉, 장·단기채권 간에 수익률 차이가 발생할 경우 재정거래가 일어나 장·단기채권의 수익률은 곧 균형 상태를 이루게 된다.

둘째, 투자자는 위험중립형이어서 만기의 차이로 인해 발생할 수 있는 위험부담

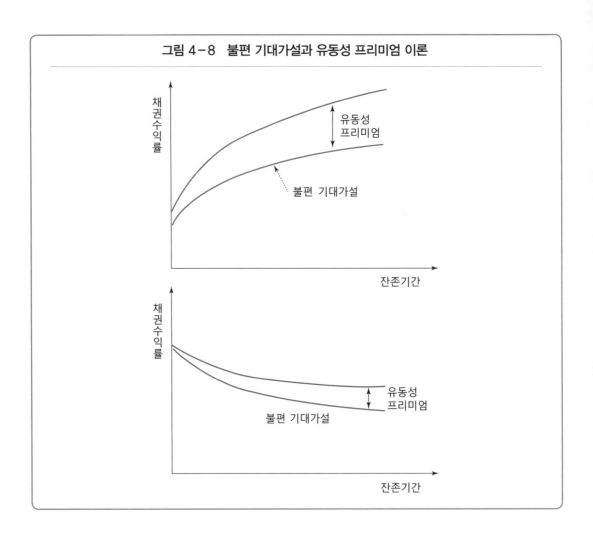

그림 4-8 불편 기대가설과 유동성 프리미엄 이론

이나 유동성 희생에 대해 어떠한 보상도 요구하지 않고 오직 기대수익만을 극대화하므로 기대수익률에 차이가 나지 않는다.

셋째, 투자자는 미래의 단기이자율을 확실하게 예상할 수 있다. 즉, 미래의 이자율에 대하여 안전한 확실성을 가지고 있다.

불편 기대가설은 금융시장의 완전 대체성의 가정, 위험중립형의 가정, 이자율 예측에 대한 확실성의 가정 등이 현실적으로 타당성을 지니지 못한다는 점에서 비판을 받고 있기는 하지만 이와 같은 가정들이 모두 성립할 경우 채권의 투자성과는 어떠한 만기의 채권에 투자하더라도 보유기간 동안의 기대수익률은 동일하게 된다.

ㄴ. 유동성 프리미엄 가설 : 불편 기대가설이 갖는 중요한 단점은 투자자가 유동성 위험에 대응하는 행동을 적절히 반영하지 못하고 있다는 점인데, 이는 위험에 대해

중립적인 투자자를 전제로 하고 있기 때문이다. 즉, 불편 기대가설에서는 모든 투자자들이 미래의 이자율을 확실하게 예측할 수 있다고 가정하고 또한 위험에 대한 투자자들의 선호도를 무시하고 있으나, 채권에 대한 유동성 위험을 고려할 경우 장기채권은 단기채권에 비해 위험이 크며 현금화될 수 있는 유동성도 작은 것이 일반적이다. 따라서 모든 투자자들은 기본적으로 유동성에 대한 프리미엄을 요구하게 된다는 것이 유동성 프리미엄 가설이다. 즉, 불편 기대가설에 유동성 프리미엄을 추가하여 상환기간에 따라 수익률에도 차이가 있다고 설명하는 것이 유동성 프리미엄 가설이다.

따라서 장기채권일수록 프리미엄만큼 더 높게 되어 이 이론에 의한 수익률 곡선은 불편 기대가설에 의한 수익률 곡선보다 항상 유동성 프리미엄만큼 상위에 있으며, 만기이자율이 약간 하락하거나 또는 일정할 것으로 투자자들이 예상한다 하더라도 수익률 곡선은 유동성 프리미엄의 영향으로 우상향 형태를 취하게 된다.

다음 식은 n년 만기 장기채권의 수익률을 나타낸 것이다.

$$R_n = \sqrt[n]{(1 + {}_0r_1) \times (1 + {}_1r_2 + L_1) \times (1 + {}_2r_3 + L_2) \times \cdots \times (1 + {}_{n-1}r_n + L_{n-1})} - 1$$

여기서, $L_{(n-1)} < L_n$ $(n = 1, 2, 3 \cdots)$의 속성을 갖는다.

이 가설은 Hicks에 의해 제시되었는데 투자자는 유동성 위험을 회피하고자 하기 때문에 단기채에 대한 초과수요가 존재하고, 자금을 조달하는 기업은 장기자금

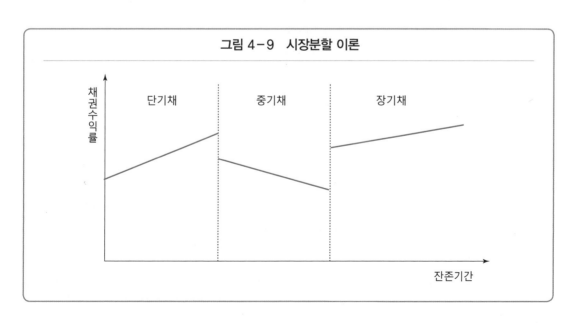

그림 4-9 시장분할 이론

을 원하므로 장기채의 초과공급이 있게 되어 유동성 프리미엄은 장기로 갈수록 커진다고 보고 있다. 그러나 이 가설은 단기채에 투자할 경우 자본손실 위험은 줄일 수 있지만 투자수익 위험은 늘어날 수 있기 때문에 유동성 프리미엄이 반드시 만기까지의 기간에 따라 증가한다고 볼 수가 없고(마이너스 프리미엄 가능성 존재), 또한 불편기대가설과 마찬가지로 장기에 걸친 이자율의 예측 가능성을 전제하고 있다는 데 문제점이 있다.

ㄷ. 시장분할 가설 : 채권시장이 투자자들이 선호하는 기간구조에 의해 분할되고, 그 기간에 해당하는 채권수익률은 그 기간을 선호하는 투자자들의 수요와 공급에 의해 결정된다는 이론이다. 즉, 일반적으로 기관투자가들은 법적인 규제, 업무 및 영업형태, 자산 및 부채구조 등에 따라 특정한 만기의 채권을 선호하는 경향이 있을 수 있는데, 이에 따라 채권시장을 단기채, 중기채, 장기채 시장으로 분할하고 채권수익률도 그 해당 기간의 시장에 참가하는 투자자들에 의해서 독립적으로 결정된다는 이론이다.

　시장분할 가설의 이론적 근거는 금융기관들이 이자율 변동 위험을 회피하기 위해 부채와 만기가 일치하는 자산에 투자하는 위험회피(hedging)행동에서 찾고 있다(단기부채가 많은 금융기관들은 단기채권에 투자, 장기부채가 많은 금융기관은 장기채권에 투자). 하지만 이 이론은 현실적인 측면에서 반론도 많이 있는데 그 이유는 만기에 따라 수익률 곡선이 달라진다면 차익거래(arbitrage) 현상이 일어나기 때문이다.

　차익거래란 위험은 같으나 가격 및 수익률이 서로 다른 채권이 존재할 때, 가격이 높은 채권을 팔고 저평가된 채권을 매입하는 거래를 통하여 무위험수익률을 창출할 수 있는 거래를 말한다. 차익거래 현상은 만기별로 독립적인 수익률 곡선을 갖지 못하도록 한다.

a. 채권의 표면이자율 : 채권의 다른 조건이 일정할 때 채권의 표면이자율에 따라 수익률은 달라진다. 표면이자율이 상승하면 첫째, 자본의 한계생산성 증가에 따른 높은 이자부담으로 이자율이 상승하고, 둘째, 그 이자율 상승분만큼 세금부담이 커진다. 그러므로 세후 수익률은 떨어져서 표면이자율 상승 이전의 세후 수익률을 보상받기 위해서는 그만큼 시장수익률이 올라가야 한다. 이와 같이 표면이자율 상승은 채권수익률 상승의 요인이 된다.

b. 채무불이행 위험(발행자의 신용도) : 채권은 원금과 표면이자수입이 약속된 확정이자부 증권이지만 위험이 전혀 없는 것은 아니다. 발행자의 재정난, 실적 부진 등

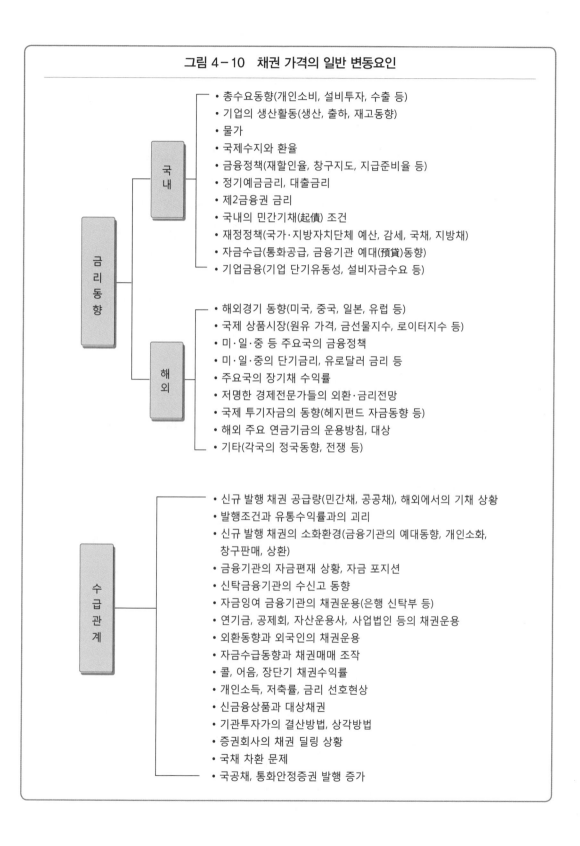

그림 4-10　채권 가격의 일반 변동요인

금리동향

국내
- 총수요동향(개인소비, 설비투자, 수출 등)
- 기업의 생산활동(생산, 출하, 재고동향)
- 물가
- 국제수지와 환율
- 금융정책(재할인율, 창구지도, 지급준비율 등)
- 정기예금금리, 대출금리
- 제2금융권 금리
- 국내의 민간기채(起債) 조건
- 재정정책(국가·지방자치단체 예산, 감세, 국채, 지방채)
- 자금수급(통화공급, 금융기관 예대(預貸)동향)
- 기업금융(기업 단기유동성, 설비자금수요 등)

해외
- 해외경기 동향(미국, 중국, 일본, 유럽 등)
- 국제 상품시장(원유 가격, 금선물지수, 로이터지수 등)
- 미·일·중 등 주요국의 금융정책
- 미·일·중의 단기금리, 유로달러 금리 등
- 주요국의 장기채 수익률
- 저명한 경제전문가들의 외환·금리전망
- 국제 투기자금의 동향(헤지펀드 자금동향 등)
- 해외 주요 연금기금의 운용방침, 대상
- 기타(각국의 정국동향, 전쟁 등)

수급관계
- 신규 발행 채권 공급량(민간채, 공공채), 해외에서의 기채 상황
- 발행조건과 유통수익률과의 괴리
- 신규 발행 채권의 소화환경(금융기관의 예대동향, 개인소화, 창구판매, 상환)
- 금융기관의 자금편재 상황, 자금 포지션
- 신탁금융기관의 수신고 동향
- 자금잉여 금융기관의 채권운용(은행 신탁부 등)
- 연기금, 공제회, 자산운용사, 사업법인 등의 채권운용
- 외환동향과 외국인의 채권운용
- 자금수급동향과 채권매매 조작
- 콜, 어음, 장단기 채권수익률
- 개인소득, 저축률, 금리 선호현상
- 신금융상품과 대상채권
- 기관투자가의 결산방법, 상각방법
- 증권회사의 채권 딜링 상황
- 국채 차환 문제
- 국공채, 통화안정증권 발행 증가

으로 인하여 이자뿐만 아니라 원금상환도 제대로 이행하지 못하는 경우도 있는데, 이러한 위험을 채무불이행 위험이라고 한다. 따라서 여타 조건이 동일하다면 채무불이행 위험이 높은 채권일수록 투자자는 높은 위험 프리미엄을 요구하게 되고 이로 인하여 채권수익률은 올라간다.

c. 유동성 : 채권의 유동성이란 채권을 적절한 가격으로 원하는 시점에서 매각할 수 있는 정도를 말하는데, 일반적으로 유동성이 높은 채권은 거래가 활발하기 때문에 당해 채권 보유자는 언제든지 원할 때 쉽게 현금화할 수 있는 장점을 가지고 있다. 따라서 합리적인 투자자라면 다른 조건이 같다고 할 때 유동성이 낮은 채권보다는 유동성이 높은 채권을 선호할 것이므로 유동성이 낮은 채권은 그만큼 발행하기가 어려워진다. 결국 유동성이 낮은 채권이 발행되거나 또는 유통시장에서 거래가 되기 위해서는 그 대가로 유동성 프리미엄을 제공해야 되기 때문에 낮은 유동성은 채권의 수익률을 올리는 요인이 된다.

section 02 채권의 투자전략

투자자가 채권에 투자하려고 할 때에는 먼저 투자할 자금의 성격을 명확히 하여 투자목표를 설정하고, 채권수익률 수준, 변동상황 및 변동요인 등을 분석·예측하여 설정된 목표에 따라 운용전략을 수립·실행하며, 운용성과의 평가를 통해 목표치와 달성치를 비교 평가하여 새로운 투자목표를 설정하게 된다. 채권투자의 일반적인 목표는 다음과 같다.

❶ 유동성의 확보
❷ 수익성의 확보
❸ 안전성의 확보
❹ 결산 지표 대책

이러한 목표를 동시에 달성하기는 어렵다. 안정성 및 유동성 확보에 1차적인 목표를 두는 경우에는 위험부담이 적어지는 반면 수익성은 감소되고, 수익성의 극대화에 1차적인 목표를 두는 경우에는 안정성 및 유동성이 저하됨과 동시에 위험부담이 증대되기 때문이다. 그러므로 채권투자의 목표는 이러한 투자목표 상호 간의 상반관계를 투자자금의 성격에 따라 조정하여 설정되어야 한다. 이처럼 채권의 투자·운용전략은 투자목표에 따라 앞으로의 채권수익률 동향 및 장·단기 수익률 구조, 만기별 가격 변동 위험도 등을 분석·예측하여 투자수익률의 극대화 및 위험의 극소화를 기할 수 있도록 투자전략을 수립하는 것을 말한다.

1 소극적 운용전략

소극적 운용전략은 투자자가 투자목표를 감안하여 채권 포트폴리오를 구성한 후 만기일 또는 중도상환 시까지 보유하고 있다가 만기일에 상환하여 다시 비슷한 채권 포트폴리오를 구성함으로써 정해진 투자원칙에 따라 기계적으로 운용하는 방법이다.

대표적인 소극적 투자전법으로는 만기보유 전략, 사다리형 만기전략, 바벨형 만기전략, 채권 면역 전략, 현금흐름 일치 전략 등이 있다.

(1) 만기보유 전략

채권을 매입하여 만기까지 보유함으로써 투자 시점에서 미리 투자수익을 확정하는 전략이다. 이 전략의 장점은 미래에 대한 금리예측이 필요 없어 간편하다는 것이다. 이러한 전략에서는 채권투자 후 채권수익률 상승으로 인하여 더욱 낮은 시장 가격으로 채권을 매입할 수 있는 경우는 기회손실이 발생하나, 채권투자 후 수익률이 하락한 경우에는 기회손실이 발생하지 않는다.

(2) 사다리형 만기전략

사다리형 채권운용은 채권별 보유량을 각 잔존기간마다 동일하게 유지함으로써 시세변동의 위험을 평준화시키고 수익성도 적정 수준 확보하려는 전략이다. 즉, 포트폴리오 구성 채권이 매년 일정 수준만큼 상환되기 때문에 유동성을 확보할 수 있고, 보유채권이 만기상환되면 다시 장기채권에 투자함으로써 수익률의 평준화를 기할 수 있는 것이다.

사다리형 포트폴리오의 최장 만기는 투자자의 유동성 필요 정도에 따라 결정된다. 예를 들어 매년 상환되는 채권의 원금이 전체 채권액의 20%가 되도록 하려면 최장기 만기는 5년이 된다. 사다리형 채권 투자전략의 장점은 다음과 같다.

❶ 보유채권의 만기가 도래하였을 경우 상환자금으로 장기채에 재투자하기만 하면 되므로 관리가 용이하다.

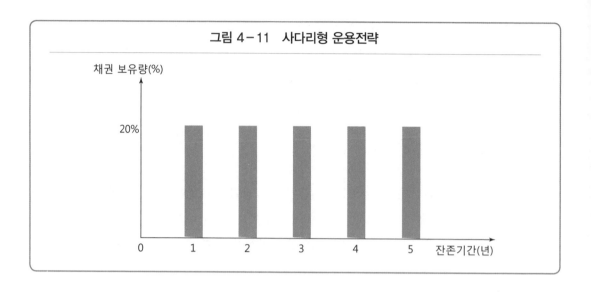

그림 4-11 사다리형 운용전략

❷ 평균 수익률이 상대적으로 높다. 일반적으로 수익률 곡선이 투자기간이 길수록 우상향함으로써 만기상환되는 자금이 장기채에 재투자되므로 장기채의 수익률이 높다고 볼 때 가장 높은 수익률로 운용되는 것이다.

❸ 금리예측이 필요하지 않다는 점이다. 앞으로의 금리동향과 관계 없이 상환자금을 그 시점에서의 장기채에 재투자만 하면 되므로 채권운용에 있어서 가장 어려운 문제인 금리예측에서 벗어날 수 있다는 점이 사다리형 채권 투자전략의 가장 큰 매력이라고 하겠다.

❹ 다양한 잔존기간을 가진 채권 포트폴리오이므로 유동성이 필요한 경우 매각할 채권의 선택폭이 넓다. 높은 수익률 수준에서는 단기채, 낮은 수익률 수준에서는 장기채를 매각함으로써 매매이익을 창출할 수 있다.

그러나 사다리형 채권 투자전략의 문제점으로는 평균적으로 수익률은 높으나 효율적이고 적극적인 채권운용에 비해서는 수익이 낮을 수밖에 없고, 투자자가 투자자금을 좀더 효율적으로 운용하기 위하여 투자시기 선택과 채권수익률 동향에 집착하게 되면 사다리형 채권 투자전략의 이점을 상실하게 된다.

(3) 바벨형 만기전략

바벨형 채권운용은 사다리형과는 달리 단기채권(유동성 확보)과 장기채권(수익성 확보)만 보유하고 중기채권은 보유하지 않는 전략으로서, 투자자의 유동성 확보 정도에 따라서 단기채의 편입비율이 결정된다. 바벨형 채권 투자전략의 장점은 다음과 같다.

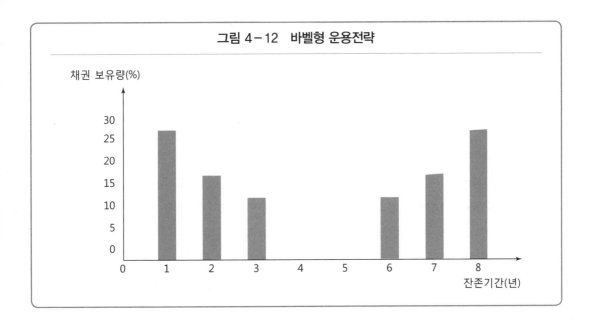

그림 4-12   바벨형 운용전략

① 단기채의 높은 유동성(낮은 위험)과 장기채의 높은 수익성(높은 위험)이 맞물려 있어 이들이 전체 포트폴리오 리스크를 상쇄해 준다.

② 금리 변동 예측에 따라서 장·단기채의 편입비율을 변화시킴으로써 보다 높은 수익을 확보할 수 있다.

예를 들어 수익률 하락이 예상되면 가격의 상승폭이 보다 큰 장기채의 편입을 증가시키고, 그 반대의 경우에는 단기채의 편입을 증가시켜 수익성을 높일 수 있게 된다.

그러나 이 전략은 사다리형 만기전략에 비해 상대적으로 관리가 어려우며, 관리비용이 높다는 단점이 있다. 즉, 단기채 부분전환은 사다리형의 경우와 같이 만기상환금을 자동적으로 재투자하면 되지만, 장기채 부분은 중기화하는 채권을 매각하여 장기채를 매입하여야 하므로 관리가 어렵고 장기채 부분의 교환에 따른 수수료 비용이 증가하게 된다. 또한 이자율 변동을

표 4-1   장기채와 단기채의 비교

구분	장기채	단기채
유동성(환금성)	소	대
수익성(표면금리)	고	저
가격 변동성(탄력성)	대	소
위험	대	소

감안하여 장기채와 단기채의 비율을 변화시킴으로써 투자효율을 높일 수 있다. 하지만 이를 위해서는 정확한 금리예측이 필요하여 실효성이 의심된다.

(4) 채권 면역 전략

채권수익률이 변하면 채권 가격이 변하게 되므로 채권 매입 당시의 수익률과 실현수익률이 달라지게 된다. 따라서 채권 매입 당시 비록 높은 수익률을 가진 채권에 투자했다고 하더라도 채권 매각 시 당초 예상했던 고수익률이 반드시 실현되리라는 보장은 없다. 왜냐하면 채권수익률의 변화 정도, 채권의 매각시기 등에 따라 채권투자로부터 얻을 수 있는 수익률은 채권 매입 당시의 수익률보다 클 수도 있고 작을 수도 있기 때문이다.

이러한 관점에서 채권 면역 전략이란 앞으로 채권수익률이 어떻게 변화하더라도 채권 매입 당시의 목표수익률과 거의 동일한 수준이 되게 하는 방법이다. 이 기법은 채권 또는 채권 포트폴리오의 듀레이션을 투자기간과 일치시킴으로써 투자기간 중 금리 변동에 따른 채권 가격

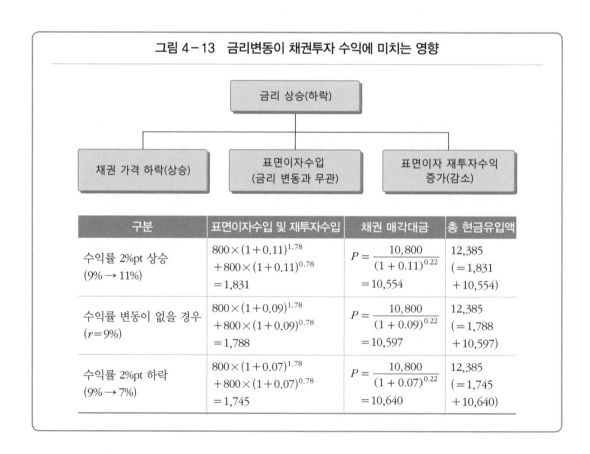

그림 4-13 금리변동이 채권투자 수익에 미치는 영향

구분	표면이자수입 및 재투자수입	채권 매각대금	총 현금유입액
수익률 2%pt 상승 (9% → 11%)	$800\times(1+0.11)^{1.78}$ $+800\times(1+0.11)^{0.78}$ $=1,831$	$P=\dfrac{10,800}{(1+0.11)^{0.22}}$ $=10,554$	12,385 (=1,831 +10,554)
수익률 변동이 없을 경우 ($r=9\%$)	$800\times(1+0.09)^{1.78}$ $+800\times(1+0.09)^{0.78}$ $=1,788$	$P=\dfrac{10,800}{(1+0.09)^{0.22}}$ $=10,597$	12,385 (=1,788 +10,597)
수익률 2%pt 하락 (9% → 7%)	$800\times(1+0.07)^{1.78}$ $+800\times(1+0.07)^{0.78}$ $=1,745$	$P=\dfrac{10,800}{(1+0.07)^{0.22}}$ $=10,640$	12,385 (=1,745 +10,640)

변동 위험과 표면이자 또는 상환에 따라 발생한 현금의 재투자위험을 서로 상쇄시켜 채권투자 종료 시 채권 포트폴리오의 실현수익률을 투자 당시의 목표수익률과 같게 해주는 투자전략이다.

금리 하락 시 채권 가격은 상승하나 재투자수익(중도에 받는 현금유입을 하락된 금리로 재투자)은 감소하고, 금리가 상승하면 그 반대현상이 일어나게 된다. 그러므로 서로 상반된 두 효과를 적절히 배합하면 그 반대현상이 일어나고 이자율 변동 위험을 극소화시킬 수 있게 되는데, 이는 듀레이션과 투자기간을 일치시킴으로써 이루어진다.

예를 들어 어느 투자자가 2.78년 후에 자금이 필요한데 그때까지 수익률 변동 위험을 제거하고자 한다면 듀레이션이 2.78년인 채권에 투자하면 가능하게 된다. 즉, 잔존만기가 3년인 1년단위 이표채(표면이율 8% 후급)를 시장수익률 9%로 매입, 2.78년 후에 매각한다고 가정하자.

$$\text{채권의 듀레이션} = \frac{1 \times 733.94 + 2 \times 673.34 + 3 \times 8339.58}{9746} = 2.78\text{(년)}$$

투자기간(2.78년) 동안 시장수익률이 〈그림 4-13〉과 같이 변동하였을 경우의 투자수익을 비교하면, 투자 종료 시점에서 발생하는 총 현금유입액은 수익률 변동과 아무런 상관 없이 동일함을 알 수 있다.

다음과 같은 경우에 채권 면역 전략이 효율적이라 할 수 있다.

❶ 조달기간과 조달비용이 확정되어 있는 자금운용에 있어서 금리위험을 회피하고, 현 시점에서 목표 시점(투자가 끝나는 시점)의 운용수익률을 고정시키고자 하는 경우
❷ 금리가 높은 시기에 자산운용을 일정기간 높은 수익률로 고정시키고자 하는 경우

이상에서 설명한 채권 면역 전략은 이자율 변동 위험을 제거시키는 투자기법으로서 이용이 확산되고 있지만, 일반적으로 적용하기에는 다음과 같은 문제점이 있다.

❶ 채권투자가 상당한 규모 이상이어야 한다.
❷ 수많은 채권의 듀레이션을 계산하기 위해서는 전산 시스템의 이용이 전제된다.
❸ 완벽한 면역 전략을 세우기 위해서는 이자율이 변경될 때마다 포트폴리오의 재편이 뒤따라야 한다. 왜냐하면 채권수익률의 변동은 모든 채권의 듀레이션을 바꾸기 때문에 이에 따른 거래비용의 증가도 문제점의 하나가 되고 있다.
❹ 원하는 목표 투자기간과 같은 듀레이션을 갖는 채권을 찾기가 현실적으로 어렵다.

(5) 현금흐름 일치 전략

❶ 개요 : 현금흐름 일치 전략은 효율적인 자산·부채 종합관리(ALM)를 위한 채권 포트폴리오 투자전략의 일종으로서, 이는 기본적으로 채권 포트폴리오로부터 발생되는 현금유입액이 향후 예상되는 현금유출액을 상회하도록 적절히 채권 포트폴리오를 구성함으로써 부채상환을 보장하고, 이자율 변동 위험을 제거함과 동시에 이를 위한 자금조달 비용을 최소화하는 방법이다. 예를 들어서 아파트 분양에 당첨되어 1년 동안 4개월 단위로 3회 2천만 원씩 납입할 경우에는 잔존기간 4개월, 8개월, 1년인 만기 일시상환채권을 각각 구입하여 만기 세후 금액을 2천만 원에 일치시키게 되면 이자율 변동 위험 또는 유동성 위험을 완전히 제거시킬 수 있다.

❷ 현금흐름 일치 전략의 운용과정

ㄱ. 1단계 : 현금유출의 연도별 예측

ㄴ. 2단계 : 포트폴리오에 편입되는 채권의 종류, 위험도, 최소 단위 수량에 대한 제한을 결정

ㄷ. 3단계 : 원금 및 이자수입의 재투자수익률을 결정. 원금상환 및 이자수입의 시기가 현금유출의 시기보다 선행한다면 원금 및 이자수입을 일정한 수익률에 의하여 재투자되는 것을 가정

ㄹ. 4단계 : 선형계획 모형을 통해 최적 포트폴리오를 구성. 이때 최적 포트폴리오를 구성하는 각 채권들로부터 발생하는 현금유입은 현금유출의 시기 및 금액과 일치해야 하며 동시에 최소의 비용으로 구성되어야 함

❸ 포트폴리오 구성방법

ㄱ. 목적함수

$$Min\ C = \sum_{i=1}^{n} W_i \times P_i$$

ㄴ. 제약조건

$K_i \geq L_i$

여기서, C : 투자비용

P_i : 각 채권의 가격

K_i : 재투자를 감안한 i 기의 현금유입 예상액

L_i : i기의 현금유출 예상액

W_i : 각 채권의 투자비중

현실적으로 필요한 시점에 현금흐름이 정확히 발생하는 만기 일시상환채권을 시장에서 찾기는 쉽지 않다. 하지만 이표채의 원리금을 분리하여 거래하는 STRIPS가 활발해지면 상대적으로 현금흐름 일치전략의 운용이 쉬워질 수 있다.

(6) 인덱스펀드

인덱스펀드(index fund)는 특정 시장지표의 수익률과 동일한 수익률을 얻고자 하여 구성되는 포트폴리오를 말한다. 인덱스펀드 투자전략이 각광받고 있는 주요 원인은 경험적으로 볼 때 적극적 방식의 운용전략 성과가 기대만 못하거나, 시장지표 수익률 수준에도 못하는 경우가 있어왔기 때문이다. 또한 적극적 투자관리에 비해 투자자문 수수료가 싸다는 점 때문이다. 그러나 인덱스펀드 투자전략에 대한 비판도 적지 않은데, 우선 선택된 특정 시장지표의 수익률이 적정 수준의 수익률이라고 볼 수 없다는 점과 시장지표에 포함되지 않는 채권군에서 획득할 수 있는 보다 높은 수익 획득의 기회를 놓칠 수 있다는 점 등을 열거하고 있다.

2 적극적 투자전략

적극적 투자전략이란 단기적인 관점에서 위험을 감수하면서도 채권투자 수익을 극대화시키고자 하는 전략이다. 이 전략의 핵심은 수익률 예측과 채권의 비교 평가·분석으로 요약할 수 있다. 수익률 예측은 시장 환경 변화에 대한 채권수익률의 기간구조 변화 형태를 예측함으로써 수익의 극대화에 가장 적합한 방법이지만, 일관성 있는 기간구조 예측이 쉽지 않다는 단점이 있다.

채권 비교 평가·분석은 비교대상 채권수익률들 간의 불균형상태 여부를 판단하여 투자함으로써 수익률을 제고시키는 방법이다. 다시 말하면, 시장에서 가격 이외의 모든 조건들이 동일한 채권들을 비교 평가하거나 질적인 차이(예를 들면 발행조건은 동일하나 발행자의 신용에 따라 위험에 차이가 나는 경우)를 지닌 채권들을 비교 분석함으로써 상대적으로 저평가 혹은 고평가된 채권을 찾아 채권 교체매매를 통하여 투자수익을 극대화시키는 전략이다.

(1) 금리예측 전략(금리 예상에 의한 채권 교체 운용)

금리 변화가 예상될 경우에는 장·단기채의 교체를 통해 투자수익을 극대화할 수 있다. 다만, 금리예측의 어려움으로 금리예측이 잘못될 경우 어느 정도까지 위험을 받아들일 수 있는가(위험의 허용범위)와 동시에 만기 구성의 분산도를 고려해 투자하지 않으면 안 된다. 이 위험의 허

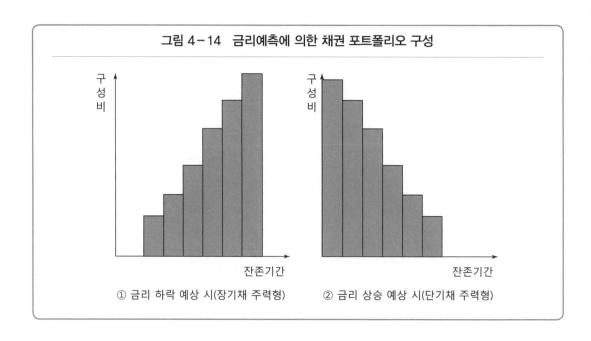

그림 4-14 금리예측에 의한 채권 포트폴리오 구성

① 금리 하락 예상 시(장기채 주력형)   ② 금리 상승 예상 시(단기채 주력형)

용범위는 채권 포트폴리오 운용에 있어서 요구되는 유동성과 수익성 수준에 의해 좌우된다.

앞에서 살펴보았듯이 채권의 가격 변동은 채권의 잔존기간(만기), 이자수입(이표채인 경우), 유통수익률(만기수익률), 이자지급조건 등의 요인에 따라 좌우된다.

❶ 잔존기간(만기) : 채권의 잔존기간(듀레이션)이 길수록 수익률 변동에 따른 채권 가격의 변동폭은 커지므로 채권 투자자는 투자 가능한 채권의 가격 변동을 미리 파악하여 수익률 변화에 따른 적절한 운용전략으로 투자수익을 극대화하여야 한다.

   ㄱ. 수익률 하락 예상 시 투자전략 : 수익률 하락이 예상되면 수익률 변동에 따른 채권 가격의 변동폭이 큰 장기채(잔존기간 10년 이상인 국고채 등)를 매수하여 운용수익률을 높일 수 있다.

   ㄴ. 수익률 상승 예상 시 투자전략 : 수익률 상승이 예상되면 수익률 변동에 따른 채권 가격의 변동폭이 작은 통안채를 비롯한 금융채 등 잔존기간이 1년 이하인 단기채를 매입하여 수익률 상승에 따른 투자손실을 최소화하여야 한다.

❷ 이자수입(표면이자율) : 이표채의 경우

   듀레이션과 표면이자율의 크기는 역의 상관관계에 있다. 즉, 표면이자율이 클수록 듀레이션은 짧아지므로 가격 변동성도 작아진다. 이는 표면이자율이 클수록 중도 현금흐름이 많아지기 때문이다. 그러나 복리채나 할인채의 경우는 중도 현금흐름이 없으므로 듀레이션은 만기(잔존기간)와 일치하며 가격 변동성도 표면이자율과는 무관하다. 따라서 이 투자전략은 이표채나 분할상환채에만 국한된다.

ㄱ. 수익률 하락 예상 시 투자전략 : 수익률 하락이 예상되면 듀레이션이 상대적으로 길고, 표면금리가 낮은 금리확정부 채권을 매입하면 운용수익률을 높일 수 있다.

ㄴ. 수익률 상승 예상 시 투자전략 : 수익률 상승이 예상되면 상대적으로 듀레이션이 짧고, 표면금리가 높은 금리연동부 채권을 매입하면 투자손실을 줄일 수 있다.

❸ 유통수익률 : 유통수익률 수준은 듀레이션과 역의 상관관계를 가진다. 즉, 유통수익률이 높을수록 듀레이션은 짧아지고 가격 변동성도 작아진다. 그러므로 수익률 하락이 예상되고 유통수익률이 같을 경우에는 듀레이션이 긴 채권을 매입하고, 듀레이션이 같을 경우에는 유통수익률 수준이 낮은 채권을 매입하는 것이 유리하다.

수익률 상승이 예상될 때에는 듀레이션이 짧은 채권을 매입하는 것이 유리하며(유통수익률이 같을 경우), 듀레이션이 같을 경우에는 유통수익률이 높은 채권을 매입하는 것이 유리하다. 듀레이션과 만기가 동일한 할인채, 복리채의 경우 유통수익률 수준과 듀레이션은 아무런 상관관계가 없다.

❹ 이자지급조건 : 수익률 상승이 예상되면 변동금리부 이자지급조건의 채권을 매입하여 표면이자수익을 증가시킬 수 있고, 수익률 하락이 예상되면 고금리이자부 이자지급조건의 채권을 매입하여 표면이자수익의 감소를 예방할 수 있다.

(2) 채권 교체 전략

채권 교체란 포트폴리오에 포함되어 있는 채권을 다른 채권으로 교체하는 것을 말한다. 이러한 채권 교체는 주로 독점적 정보를 기초로 단기적인 이득을 얻기 위하여 이루어지나, 채권시장이 효율적일수록 이러한 초과이익을 얻기가 어려워진다. 채권 교체 전략의 종류는 다양하나 흔히 이용되는 전략은 다음과 같다.

❶ 동종 채권 교체 : 채권시장에는 때때로 표면이율, 만기는 물론 시장성, 질적 등급 등 거의 모든 조건이 사실상 완전히 서로 대체될 수 있는 채권들이면서도 일시적인 시장의 불균형에 의해서 서로 가격이 다른 경우가 있다. 채권 교체란 이러한 경우에 현재 가지고 있는 채권을, 거의 같은 조건을 가지고 있으면서도 일시적인 시장의 마찰 요인에 따라 가격이 낮게 평가되어 있는 채권으로 교체하는 것을 말한다.

❷ 이종 채권 교체 : 채권수익률은 개별 채권의 위험, 만기 등에 따라 수익률 차이를 보이게 되는데, 수익률 차이가 확대되면 고금리 채권을 매입하고 축소되면 저금리 채권으로 교체하는 전략이 이종 채권 교체 전략이다. 이종 채권 교체는 수익률 포기 교체(yield give-up swap)와 수익률 취득 교체(yield pick-up swap)로 구분되어진다.

ㄱ. 수익률 포기 교체 : 현재 보유채권의 수익률보다 교체 대상 채권의 수익률이 낮은 경우이다. 이는 현재 보유채권과 교체 대상 채권 간의 수익률 격차가 너무 작아 향후 이 격차가 더 확대될 것으로 판단하여 이루어지게 된다.

ㄴ. 수익률 취득 교체 : 현재 보유채권의 수익률보다 교체 대상 채권의 수익률이 높은 경우이다. 이는 현재 보유채권과 교체 대상 채권 간의 수익률 격차가 너무 커서 향후 이 격차가 축소될 것으로 판단하여 이루어진다.

(3) 수익률 곡선 타기 전략

채권의 수익률 곡선은 시장 환경에 따라 여러 가지 형태로 나타나게 되는데, 예를 들어 우상향 곡선의 경우 잔존기간이 짧아짐에 따라 수익률이 저하되어 채권 가격이 상승하게 된다. 이러한 경우 일정 투자기간 후 매도를 하게 되면 그 기간의 경과이자와 더불어 수익률 하락에 따른 시세차익을 얻게 되는데, 이때의 시세차익은 금리 수준의 변동에 의한 것이 아니라 잔존기간이 짧아짐에 기인한 것이다.

수익률 곡선 타기 전략(yield curve riding strategy)은 수익률 곡선이 우상향의 기울기를 가진 경우에 언제나 실시될 수 있는 채권투자기법으로, 이 전략에는 수익률 곡선상의 롤링 효과(rolling effect)와 숄더 효과(shoulder effect)가 있다.

❶ 롤링 효과 : 수익률 곡선은 일반적으로 우상향의 형태를 보인다. 따라서 금리 수준이 일정하더라도 잔존기간이 짧아지면 그만큼 수익률이 하락하여 채권 가격이 상승하게 되는데, 이것을 롤링 효과라 한다.

예를 들어 10년 만기채를 매입하여 상환 시까지 그대로 보유하는 것보다는 10년 만기채의 잔존기간이 9년이 되는 시점에서 매각하고 다시 10년 만기채에 재투자하는 것이 수익률 하락폭만큼 투자효율을 높일 수 있게 된다. 이러한 관계를 이용하여 투자효율을 높이려는 적극적인 투자전략을 수익률 곡선 타기 전략이라고 한다.

그러나 이 전략을 이용할 경우 외부적 시장여건에 변화가 없음을 가정해야 하는 전제조건이 필요하다. 즉, 우상향의 기울기를 가지는 수익률 곡선의 형태가 앞으로는 변하지 않을 것이라고 예상하는 것이지만 만일 금리 상승기의 시장 상황에 놓여져 있다면 롤링 효과는 역의 결과를 초래하게 되는 수가 있다고 보아야 한다. 즉, 보유채권의 잔존기간 단축에서 오는 수익률 하락폭(가격 상승)이 금리 상승에서 오는 장기채권의 수익률 상승폭(가격 하락)을 커버하기 어려워질 것이기 때문이다.

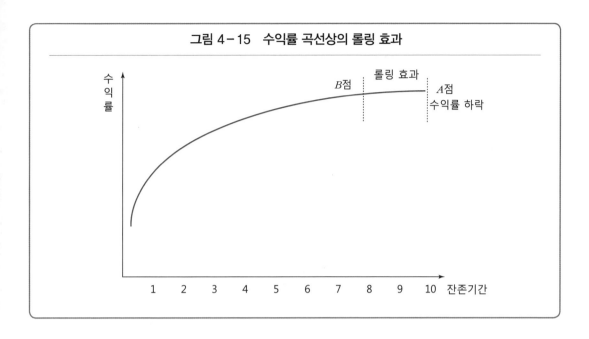

그림 4-15 수익률 곡선상의 롤링 효과

또한 채권수익률의 기간구조이론 중 불편 기대이론이 타당하고 그 예상이 정확하다면 이 전략은 유용하지 않을 것이다. 즉, 주어진 보유기간 동안의 수익률이 어떤 만기를 가진 채권에 투자하든지 동일하다면 수익률 곡선 타기 전략을 통한 초과이익은 발생하지 않을 것이다. 그리고 거래비용을 고려한다면 수익률 곡선 타기 전략에 따르는 거래비용에 의해 추가적 이익은 감소하거나 제거될 것이다.

❷ 숄더 효과 : 일반적으로 수익률 곡선은 각 잔존기간별로 그 수익률 격차가 일정하지 않다. 10년 만기채가 9년 만기채로 잔존기간이 단축되는 데 따른 수익률 하락폭보다 5년 만기채가 4년 만기채로 단축되는 데 따른 수익률 하락폭이 더 크다. 이러한 현상은 단기채로 갈수록 두드러지는데, 이와 같이 단기채에서 볼 수 있는 극단적인 수익률 하락폭을 수익률 곡선상의 숄더라고 한다.

가령 투자기간을 1년으로 했을 경우, 만기가 1년인 채권에 투자하는 것보다는 2년 만기채에 투자하였다가 1년 후에 매각함으로써 투자효율을 높이는 방법이다.

그러나 숄더를 이용하는 것이 수익률 하락폭(가격 상승분)이 크다고 해서 롤링 효과를 이용하는 것보다 항상 투자효율이 높다고는 할 수 없다. 그 이유는 2년 만기채와 10년 만기채의 수익률 변동에 따른 가격 변동성이 경우에 따라 각각 다르기 때문이다.

(4) 스프레드 운용전략

스프레드(spread) 운용전략은 서로 다른 두 종목 간의 수익률 격차가 어떤 이유에선가 일시

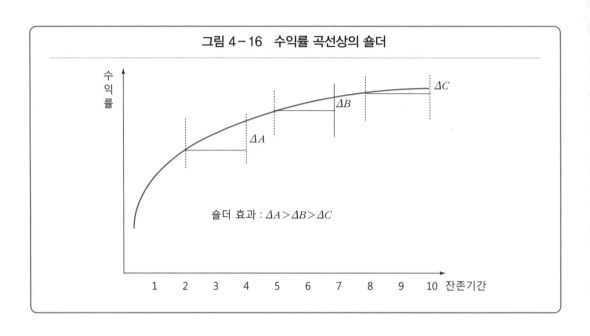

그림 4-16 수익률 곡선상의 숄더

숄더 효과 : $\Delta A > \Delta B > \Delta C$

적으로 확대 또는 축소되었다가 시간이 경과함에 따라 정상적인 수준으로 되돌아오는 특성을 이용하여 수익률의 격차가 확대 또는 축소되는 시점에서 교체매매를 행함으로써 투자효율을 높이고자 하는 전략이다.

❶ 스프레드 운용의 기본

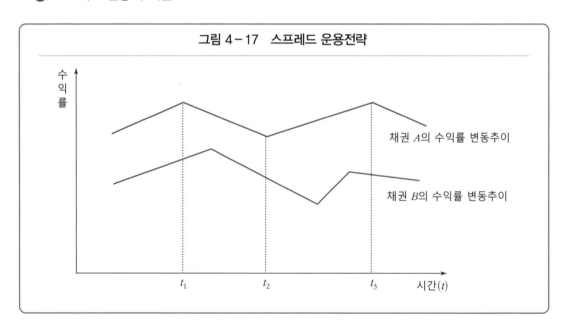

그림 4-17 스프레드 운용전략

채권 A의 수익률 변동추이

채권 B의 수익률 변동추이

t_1 시점	t_2 시점	t_3 시점
A : 채권 매수 B : 채권 매도	A : 채권 매도 B : 채권 매수	A : 채권 매수 B : 채권 매도

❷ 스프레드 지수 : 두 종목 간의 수익률 격차를 이용한 스프레드 운용 시 매매 시점 포착을 위해서는 통계학적인 방법을 이용하여 현재 두 종목 간의 수익률 격차가 정상적인 수준인지 비정상적인 수준인지를 파악하게 되는데, 비정상적인 수준까지 수익률 격차가 확대된 시점이 바로 매매 시점으로서 이의 명확한 판단을 위해서는 다음과 같은 스프레드 지수를 활용하고 있다.

스프레드 지수＝(현재 스프레드－평균 스프레드)/스프레드 표준편차

여기서 스프레드 지수가 '＋' 또는 '－' 표준편차의 범위 밖에 있을 때 두 종목 간의 수익률 격차는 비정상적인 신호를 나타내고 있는 것으로 판단하고 교체매매를 하게 되는데, 투자자의 성향에 따라 교체매매를 원하지 않을 경우 스프레드 지수가 높은 시점에서 교체매매를 행하려 할 것이다.

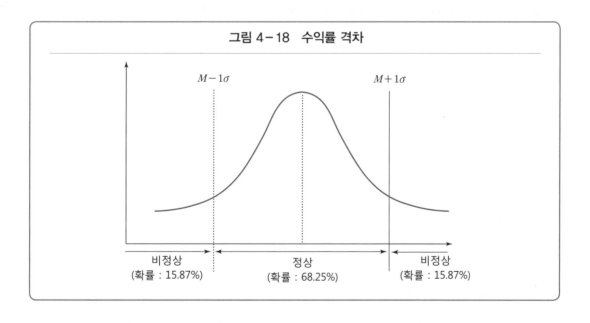

그림 4－18 수익률 격차

❸ 실제 운용상의 문제점

ㄱ. 평균 스프레드를 산출함에 있어서 시계열 선택의 문제가 발생하게 되는데 시계열 범위의 크기에 따라 현재의 스프레드 지수의 크기가 달라지게 된다.

ㄴ. 경제상황의 변화에 따라 수익률 구조가 근본적으로 변하게 되면 스프레드 운용의 실패 가능성이 커지게 된다.

ㄷ. 표준편차의 크기에 따른 문제로서 스프레드 지수는 표준편차가 기본이 되고 있으며, 그 표준편차는 각 종목의 조건에 따라 달라지게 된다. 따라서 스프레드 지수가 같더라도 표준편차의 크기에 따라 수익률의 절대폭으로 본 투자수익률의 정도도 달라지게 된다.

3 자금 포지션 대책을 위한 운용전략

(1) 자금화가 필요한 경우

❶ 자금화가 필요한 시기에 상환시기를 맞춘 채권을 보유
❷ 자금이 필요할 때 매각해도 매매손이 발생하지 않는 채권을 보유
❸ 시장성이 있는 채권을 보유

(2) 일시적 자금이 필요한 경우

일시적으로 자금이 필요한 경우에는 환매조건부 채권 매도, 시간차 교체매매, 단순 매각 등에 의한 자금조달방법이 있다.

(3) 일시적 여유자금이 있는 경우

일시적인 여유자금의 운용에는 단기채 매입이 유용하다.

(4) 결산 대책 전략

결산 대책에 따른 채권운용은 투자 본연의 목표가 아니라, 투자주체의 재무목표를 달성하기 위하여 행하는 투자전략이다. 이 전략은 투자주체의 회계연도에 따라서 채권매매를 통해 손익을 조정하며, 일반적으로 당기순이익을 평준화하기 위하여 사용한다. 따라서 이익이 지나치게 많이 발생한 회계연도에는 이익을 줄이기 위하여 평가손이 발행한 채권을 매각함으로

써 손실을 실현시키고, 손실이 지나치게 많이 발생한 경우에는 손실을 감소시키기 위하여 평가이익이 발생한 채권을 매각함으로써 이익을 실현시킨다.

　현실적으로 볼 때, 채권투자에 있어서 투자성과에 대한 평가가 단기적인 금융기관에 있어서는 결산 대책 전략이 매우 중요하다.

chapter 05

자산유동화증권

자산유동화증권(Asset Backed Securities ; ABS)이란 기업이나 금융기관이 보유하고 있는 자산을 표준화하고 특정 조건별로 집합하여 이를 바탕으로 증권을 발행하고, 기초자산의 현금흐름을 이용하여 증권을 상환하는 것을 의미한다.

자산유동화증권은 현금흐름을 발생시키는 기초자산의 종류에 따라 다양하게 분류될 수 있는데, 특히 주택 혹은 부동산담보대출의 현금흐름을 기초자산으로 하는 자산유동화증권인 MBS(Mortgage Backed Securities) 등은 전체 자산유동화증권 중에서 차지하는 비중이 매우 높아 이들 별도로 분리하기도 한다.

1 ABS 개념

(1) 개념

자산유동화증권은 기초자산의 현금흐름에 기초하여 발행된 증권이므로 이 증권이 자산보유자의 신용도와 분리되도록 하는 제도적 장치인 유동화전문회사(special purpose company ; SPC)가 필요하다. 유동화대상 자산은 자산보유자로부터 법적으로 완전히 매도되므로 투자자들은 기초자산의 현금흐름에만 의존해야 한다. 만일 기초자산의 가치가 많이 하락하거나 채무불이행이 발생하여 유동화증권의 원리금이 상환되지 못하더라도 원래의 자산보유자(originator)에게 변제를 요구할 권리를 갖지 못한다.

(2) 발행의 이점

유동화는 금융시장의 4개 주요 기능의 수행을 도와주는 역할을 한다. 예금기능(자금을 저장하는 기능), 투자기능(수익률, 유동성, 만기 등에 대한 자신의 선호와 일치하는 자산에 투자할 수 있게 한다), 신용기능과 위험관리 기능(재무위험을 이전시킬 수 있는 수단 제공)을 효과적으로 수행하게 할 수 있도록 해 준다.

2 ABS 종류

(1) 현금수취방식

❶ 패스-스루(pass-through) 방식의 유동화증권은 유동화자산을 유동화 중개기관에 매각하면 유동화 중개기관이 이를 집합화하여 신탁을 설정한 후, 이 신탁에 대해서 지분권을 나타내는 일종의 주식형태로 발행되는 증권이다. 이러한 유형의 증권화는 자산이 매각되는 형태이기 때문에 자산보유자의 자산에서 해당 유동화자산이 제외된다. 또한 유동화자산이 매각됨으로써 발행자는 금융위험을 투자자들에게 전가시키는 효과를 얻을 수 있다.

❷ 페이-스루(pay-through) 방식의 유동화증권은 유동화자산 집합에서 발행되는 현금흐름을 이용하여 증권화하되, 그 현금흐름을 균등하게 배분하는 단일 증권이 아니라 상환 우선순위가 다른 채권(tranche)을 발행하는 방식을 의미한다.

(2) 기초자산에 따른 유동화증권 종류

자산유동화증권의 기초자산으로는 다양한 형태가 있으며, 특히 주택저당채권, 자동차 할부금융, 대출채권, 신용카드 계정, 리스채권, 기업대출, 회사채 등이 일반적으로 자산유동화가 많이 이루어지고 있는 기초자산 유형이다. 지방정부 세수, 미래 현금흐름, 부실대출, 임대료 등을 자산유동화하는 것도 가능하다.

(3) 신용보강 기법

자산유동화증권이 유지하고자 하는 신용등급에 따라 신용보강(credit enhancement)의 수준이 결정된다. 신용보강의 수준은 기초자산 또는 유동화대상 자산의 신용도 분석에 근거하여 향후 기대 손실을 추정하고 목표 등급별로 배수를 적용하여 보강 수준을 결정한다. 신용보강에는 크게 외부 신용보강(external credit enhancement)과 내부 신용보강(internal credit enhancement)이 있다. 외부 신용보강은 지급 보증(guarantee), 은행의 신용장(letter of credit) 또는 신용공여(credit line) 제공과 보험회사의 보증 등이 있다. 외부 신용보강은 1차적인 신용보강이라기보다는 내부 신용보강을 보완하는 수단으로 이용된다. 내부 신용보강은 외부 신용보강보다 복잡한 구조를 갖고 있으며 일반적으로 선·후순위 구조, 초과담보, 준비 기금 등이 있다.

3　자산유동화증권 도입 의의

자산보유자가 가지고 있는 자산들 중 우량 자산을 분리하여 이를 기초로 자산유동화증권을 발행하면 원 자산보유자의 신용등급보다 더 높은 신용등급을 가진 자산유동화증권이 발행될 수 있다. 발행자 입장에서 보면 높은 신용등급을 지닌 유동화증권 발행이 가능하기 때문에 발행비용 등의 제반비용에도 불구하고 신용등급이 낮은 자산보유자가 일정 규모 이상의 유동화 발행을 통해 조달비용을 낮추는 이득을 얻을 수 있다. 또한 유동화를 통해 자산의 부외화의 효과를 거둘 수 있기 때문에 금융기관의 경우 자기자본 관리를 강화하는 방안으로 자산유동화를 추진하기도 한다.

그리고 유동화 추진과정에서 자산보유자의 과거 연체, 자산의 회수 등 다양한 리스크 부분에 대한 점검을 하게 되고, 이를 통해 위험 관리 부문의 강화 효과와 투자자의 경우 상대적으로 높은 신용도를 지닌 증권에 대한 투자기회가 확대됨으로써 투자자 보유자산의 건전도도 제고시킬 수 있는 효과를 지닌다.

4　자산유동화 시장분석

(1) 미국의 자산유동화증권시장

❶ 제2차 세계대전 이전부터 주택금융을 대상으로 대출채권의 유동화정책이 시행되었으

며, 1970년 GNMA(Government National Mortgage Association, Ginnie Mae)가 최초로 주택저당 대출 자산유동화증권을 공모 발행하면서 대출채권 유동화시장이 확대되었다.

❷ MBS는 정부보증에 따라 높은 신용력을 가지면서 국채에 비해 수익률이 높아 투자가에게 매력적인 투자대상으로 알려져 대규모의 유통시장이 형성되었다.

❸ 자산유동화증권의 발행주체는 은행, 금융회사 등이며, 사채와는 달리 특정 자산의 신용력을 담보로 하기 때문에 신용등급이 높고 안정적이어서 유통시장에서 활발하게 거래된다.

최근에는 항공기 리스채권, 컴퓨터 리스채권, 지방자치단체에 의한 세금 취득권 등의 자산담보 자산유동화증권 발행이 이루어지고 있다.

다만 2007년 이전까지 급증하던 Non Agency RMBS(Residential Mortgage Backed Securities)는 글로벌 금융위기의 주요 원인으로 간주되면서 점차 그 발행량이 줄어들었다.

(2) 국내 자산유동화증권 시장

❶ 1997년 외환위기 이후 국내에서도 자산유동화에 대한 관심이 늘어나면서 기반이 갖추어지기 시작했다. 1998년 「자산유동화에 관한 법률」이 제정되면서 1999년부터 자동차 할부채권, 리스채권, 기업 및 대출채권, 특별채권, 담보부 부실채권 등의 다양한 자산을 기반으로 본격적인 발행이 시작되었다.

❷ 외환위기 식후에는 부실채권(NPL)과 매출채권에 집중되었던 기초자산이 2001년 전후 신용카드 매출채권과 자동차 할부금융채권(오토론) ABS 등으로 확대되었다. 그러나 2003년 카드사태 이후 부동산 PF가 주를 이루었고, 글로벌 금융위기 이후에는 부동산 PF, CDO, 매출채권, RMBS 등이 주요 유동화대상 자산군을 형성하고 있다. 특히 부동산 PF로의 시장 쏠림이 계속되면서 절대적인 비중을 차지하고 전체 시장의 흐름을 좌우하고 있는 상황은 현재까지 계속되고 있다.

이러한 측면에서 2000년대 중반 이후 자산유동화시장의 큰 흐름은 부동산 PF 유동화로의 시장 쏠림, 부동산 PF 규제 강화에 따른 상법상 유동화회사의 증가, 상법상 유동화회사 증가에 따른 ABCP 거래 증가의 세 가지로 요약될 수 있을 것이다.

증가세를 보이던 ABS의 발행규모는 2015년을 정점으로 한 후 점차 감소세를 보여 왔다. 이는 MBS의 발행규모 축소에 영향을 받기 때문으로 보인다. 전체 ABS 중 MBS가 차지하는 비

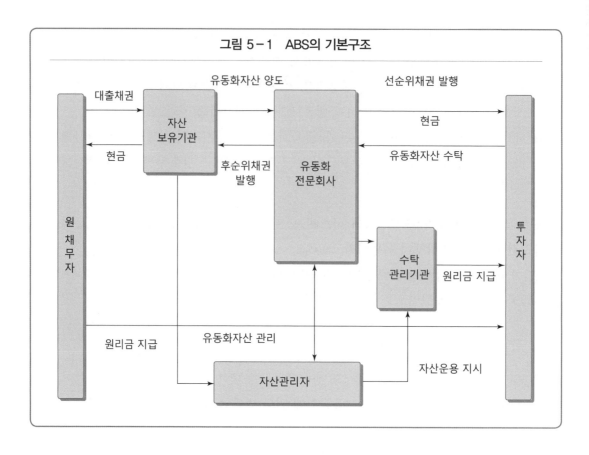

그림 5-1 ABS의 기본구조

중은 2010년대 초반 30% 초반 수준이었으나 이후 급격히 증가하여 2015년에는 최대 ABS 발행규모의 68%에 달하기도 하였다. 이후 이 비중은 점차 감소하였지만 여전히 50%의 비중을 차지하고 있다.

5 ABS 구조

❶ 자산보유자 : 유동화대상 자산을 보유한 기관으로 실질적인 자산유동화의 수혜자이다.

❷ 자산관리자 : 기초자산과 그로부터 발생하는 현금흐름의 관리와 보수를 책임지는 기관이다.

❸ 유동화전문회사 : 유동화증권 발행을 원활히 하고 자산보유자로부터 자산을 분리하기 위해 설립된 특수목적 유한회사이다.

❹ 업무위탁자 : 유동화전문회사의 업무를 대행하는 기관이다.

❺ 신용보강기관 : 발행할 증권의 전반적인 신용 위험을 경감시키는 업무를 담당한다.

1 저당대출의 정의

❶ 신용대출과 대비되는 부동산 담보대출을 의미하나, 본래 mortgage의 의미는 금전소비대차에 있어 차주의 채무변제를 담보하기 위해 차주 또는 제3자 소유의 부동산상에 설정하는 저당권 내지 일체의 우선변제권을 지칭한다.

❷ mortgage는 저당대출, 저당증서, 저당금융제도 등 여러 가지 의미로도 사용한다.

❸ mortgage는 자금용도면에서 주택금융과 반드시 같은 의미는 아니며, 실제 미국에서는 mortgage를 주택금융제도로 인식·발전시켜 왔기 때문에 흔히 mortgage 제도는 곧 주택금융제도로 이해된다.

❹ 제도상 가장 중요한 특징은 mortgage 그 자체에 있는 것이 아니라, 주택금융기관이 주택자금대출 후 이 대출채권을 담보로 취득한 mortgage와 함께 매각·유통시킬 수 있다는 것이다.

❺ 담보대출(mortgage loan)은 대출에 적용되는 이자율(mortgage rate), 상환 빈도(payment frequency), 만기(term to maturity)를 명시하여야 한다.

❻ 저당권자가 차입자에게 대출잔액의 일부 또는 전부를 원하는 시점에 상환할 수 있는 권리, 즉 조기상환 권리(prepayment option)를 부여하였기 때문에 수의상환사채(callable bond)의 경우처럼 미래 현금흐름을 추정하는 데에는 많은 불확실성이 존재한다. 주택담보대출은 부동산 담보증권(mortgage-backed securities)의 기초자산이 된다.

❼ 우리나라에서는 2004년에 20년 만기 주택 담보 대출을 근거로 한 MBS가 한국주택금융공사에 의해 발행되었다.

(1) mortgage originator

❶ 최초의 대출기관으로 은행, 할부금융사, 생명보험회사 등 대출실행 수수료, 대출채권 매각이익 등이 수입원이다.

❷ 대출 시 소득 대비 상환비율인 총부채상환비율(Debt To Income ; DTI), 가격 대비 대출금 비율, 즉 담보인정비율(Loan To Value ; LTV) 등이 심사기준이다.

❸ 대출 후 저당대출채권을 자산으로 보유하거나 투자자에게 매각하고 증권발행의 담보로 활용된다.

(2) mortgage servicer

❶ 원리금 회수, 저당대출채권 소유자에게 수익 분배, 차주에게 상환에 대한 통지, 관련 장부기록 유지, 필요시 경매절차 진행 등 대출 후 사후관리 업무를 수행한다.

❷ 관리수수료 회수 시점과 지불 시점의 차이점에 따른 자금운용수익, 연체수수료, 차주정보를 이용한 교차판매 등이 주요 수입원이다.

(3) mortgage insurer

❶ 차주의 채무불이행 시 채무상환을 보증한다.

❷ 차주의 부담으로 대출기관이 가입하는 mortgage insurance와 차주가 직접 생명보험회사에 가입하는 credit life가 있다.

❸ 대출기관의 입장에서 mortgage insurance가 더 중요한 역할을 하며, 차주가 적격 수준의 소득 대비 상환금비율을 충족하면서 자기자금이 부족할 경우에 채권회수 보호장치로 활용된다.

(1) 원리금 균등상환 고정금리부 대출(FRM : fixed rate mortgage)

❶ 보편적인 대출형태로, 만기까지 동일한 원리금이 상환되며 매월 상환될수록 원금잔액

이 감소하고 이에 따라 이자도 감소하며, 매월 상환액 중 이자 부분은 점차 감소하고 원금 부문은 점차 증가한다.

❷ 월상환금 산식

$$MP = MB_0 \frac{i(1+i)^n}{(1+i)^n - 1}$$

MP : 월 상환금

n : 개월 수

MB_0 : 최초 원금잔액

i : 월이자율(=연이자율/12)

(2) 변동금리부 대출(ARM : adjustable rate mortgage)

❶ 대출금리가 정기적으로 기준금리에 연동되어 변동되는 대출로 기준금리에 스프레드가 가산되어 금리가 결정된다.

❷ 스프레드는 자금시장 상황, 변동금리부 대출방식의 성격, 고정금리부 대출과 비교한 관리비용의 증가 등을 반영한다.

❸ 변동금리부 대출의 특성은 차주를 유인하기 위해 통상 최초 대출금리는 시장에서 통용되는 mortgage 금리보다 낮게 설정되며, 금리 재설정 시 기준금리에 스프레드를 가산하는 형태로 보전한다.

(3) 풍선형 대출(BPM : balloon payment mortgage)

❶ rollover 형태의 mortgage로 차주에게 장기로 대출하되, 미래의 특정일에 대출금리를 재약정하여 기존 대출금을 상환하고 새롭게 대출을 일으키는 재대출 형태의 대출이다.

❷ 대출기관이 장기대출을 실질적으로 단기로 대출하는 형태로, 대출기관 입장에서 자금조달운용의 불일치 문제를 완화할 수 있다.

(4) two-step mortgage

❶ 고정금리부 대출로 만기 전 일정 시점에서 금리를 재조정하는 대출이다.

❷ 일정기간 후 금리가 조정되는 것은 balloon mortgage와 유사하나, 재대출 형식이 아니고 금리만 조정되는 형식으로 대출기간 동안 고정금리가 한 번 조정되는 변동금리 대출이다.

(5) 지분증가형 대출

❶ 월 상환액이 증가하는 고정금리부 대출로 최초 상환액은 원리금 균등방식과 동일하다.
❷ 원금상환을 위해 더 많은 월 상환액이 요구되는 형태로, 원금상환이 더 빨리 이루어지는 형태이다.

(6) 체증식 대출

❶ 원리금 균등상환방식과 같이 금리와 기간은 고정되어 있으나, 월 상환액이 초기에는 원리금 균등상환방식보다 작다가 점차 증가하는 방식의 대출이다.
❷ 대출조건에 대출금리, 대출기간, 월 상환액이 증가하는 기간, 월 상환액의 연증가율이 포함된다.
❸ 초기에는 월 상환액이 이자지급에 충분하지 않기 때문에 negative amortization이 발생한다.

(7) tiered payment mortgage

❶ 고정금리부 월 상환방식으로 최초 월 상환액이 체증식 대출보다 작지만, 이자상환 부족분이 buydown 계정으로부터 충당되므로 negative amortization은 없다.
❷ buydown 계정은 대출 시 차주로부터 받아 적립하는데 대출금리를 내리게 하는 효과를 가진다.

(8) 고정 · 변동금리부 합성대출

처음 5년, 7년, 10년 동안 고정금리로 대출되다가 그 이후에는 변동금리부로 대출되는 형식이다.

---

4   저당대출 위험

(1) 채무불이행 위험

❶ 차주가 파산하여 채무이행이 불가능해질 위험이다.
❷ 채무불이행에 영향을 주는 주요 요소는 LTV, PTI(Payment to Income으로 DTI를 월단위로 산정

한 것), DSR(Debt Service Ratio : 전체 대출에 대한 원리금상환액을 연소득으로 나눈 비율) 등이 있는데, LTV, PTI가 높을수록 채무불이행 확률은 증가한다.

❸ 2차 저당대출이 있는 경우에는 없는 경우보다 채무불이행 확률이 높다.

❹ 저당대출기간이 경과할수록 채무불이행이 하락하는 seasoning 효과가 있다.

❺ 차주 입장에서 대출 초기에 월 상환부담 감당 능력 파악이 가능하고, 오래 거주할수록 LTV가 감소하고 주택에 대한 지분은 증가한다.

(2) 유동성 위험

❶ 활발한 2차 시장이 존재하더라도 저당대출은 규모가 크고 분리가 불가능하여 유동성이 떨어진다.

❷ 통상적인 담보물이 아닌 저당대출일수록, 담보물이 특이한 것일수록 스프레드는 높아진다.

(3) 이자율 위험

❶ 저당대출은 만기가 장기인 상품으로 기간 불일치가 크고 그 가격이 시장금리와 반대방향으로 움직인다.

❷ 차주가 언제든지 상환 가능하기 때문에 금리가 하락할 때 콜옵션이 부여된 채권과 동일한 효과를 가진다.

(4) 조기상환 위험

❶ 대출만기 전에 원금이 상환됨에 따라 저당대출의 현금흐름이 불확실해지는 위험이다.

❷ 조기상환의 발생원인(차주의 원금상환 권리 및 차주가 채무불이행 시 강제로 원금회수)이다.

5 저당대출 유동화시장

(1) 정의

주택금융기관이 주택자금을 대출하고 취득한 저당대출채권을 집합화하여 만기 전에 자본시장에서 제3자에게 매각하거나 동 채권을 기초로 증권을 발행하여 새로운 대출재원을 마련하는 제도이다.

❶ 직접매각 : 저당대출채권을 그대로 매각한다.

❷ 증권화 : 비유동적인 대출채권을 집합화한 후 대출채권의 현금흐름이나 자산가치를 이용하여 증권을 발행한다.

(2) 유형

❶ 대출기관에 의한 직접 매각 방식 : 주택금융기관이 보유 중인 저당대출을 증권화하지 않고 개별 또는 집합의 형태로 타금융기관에 직접 매각하는 방식이다.

❷ 대출기관에 의한 증권화 방식 : 대출기관이 특별목적회사(SPC) 또는 신탁 명의로 저당대출담보증권(MBS)을 발행한다.

❸ 중개기관을 통한 증권화 방식 : 유동화 중개기관이 대출기관으로부터 저당대출채권을 매입한 후 이를 기초로 저당대출담보증권을 발행한다.

❹ 중개기관에 대한 매각 방식 : 중개기관이 자본시장에서 무담보채권 발행으로 자금을 조달하여 대출기관으로부터 저당대출을 매입하여 보유한다.

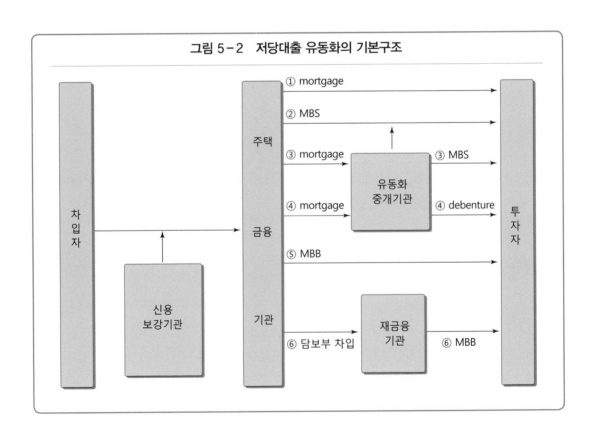

그림 5-2   저당대출 유동화의 기본구조

⑤ 대출기관에 의한 담보부채권 발행 방식 : 대출기관이 주택저당채권을 담보로 하여 자신의 부채로 직접 채권을 발행한다.

⑥ 담보부 차입에 의한 재금융방식 : 대출기관이 주택저당채권을 담보로 중개기관으로부터 차입한다.

6 MBS의 특성 및 현금흐름 추정

(1) MBS의 특성

❶ 주택저당대출 만기와 대응하므로 통상 장기로 발행한다.

❷ 조기상환(prepayment)에 의해 수익이 변동한다.

❸ 채권구조가 복잡하고 현금흐름이 불확실하기 때문에 국채보다는 수익률이 높다.

❹ 대상 자산인 주택저당대출의 형식 등에 따라 다양한 상품이 구성되어 있다.

❺ 자산이 담보되어 있고, 보통 별도의 신용보완이 이루어지므로 회사채보다 높은 신용등급의 채권이 발행된다.

❻ 회사채보다 유동성이 뛰어나다.

❼ 매월 대출원리금 상환액에 기초하여 발행 증권에 대해 매달 원리금이 상환된다.

❽ 채권상환 과정에서 자산관리 수수료 등 각종 수수료가 발생한다.

(2) 조기상환 속도와 현금흐름의 추정

❶ 부동산 담보증권의 가치를 평가하려면 현금흐름을 추정해야 한다. 그러나 차입자가 조기상환 권리를 가지므로 현금흐름을 추정하기란 매우 어렵다. 따라서 현금흐름을 추정하려면 MBS의 만기 동안의 조기상환율(prepayment rate) 또는 조기상환 속도(prepayment speed)에 대하여 적절한 가정을 해야 한다. 그리고 특정 조기상환율 가정하에서 계산된 수익률을 현금흐름 수익률(cash flow yield)이라고 한다.

❷ PSA 벤치마크 : 자동이전형 MBS의 현금흐름 추정에 필요한 조기상환 속도에 대해 이용되는 몇 가지 관례 중에서 미국 Public Securities Association(PSA)에서 이용하는 조기상환 벤치마크(conditional prepayment rate ; CPR)가 있다. CPR은 남은 기간 동안에 조기상환될 것으로 예상되는 미상환 원금(outstanding principal)의 비율을 의미한다. CPR은 연기준이므로 이를 월기준으로 전환해서 사용해야 한다. 이렇게 월기준으로 전환된 비율을

SMM(single-month mortality rate)라고 한다. CPR로부터 SMM를 구하는 공식은 다음과 같다.

$$SMM = 1 - (1 - CPR)^{\frac{1}{12}}$$

예를 들어 CPR이 6%이면 이에 상응하는 SMM은 0.005143이다.

$$SMM = 1 - (1 - 0.06)^{0.083333} = 0.005143$$

SMM이 0.005143이라는 것은 특정 월초 기준으로 담보대출잔액(mortgage balance)에서 예정된 원금상환을 차감한 금액의 0.5143%가 조기상환될 것으로 예상된다는 것을 의미한다.

즉, t 월의 조기상환 예상금액
$$= SMM \times (t\ 월의\ 원금잔액 - t\ 월의\ 예정된\ 원금상환)$$

❸ 미국 PSA 벤치마크는 일련의 CPR로 정의되는데, 기본적인 가정은 새로운 담보대출의 조기상환 속도는 낮으나, 시간이 지남에 따라 일정기간까지는 조기상환 속도가 증가한다는 것이다. 예를 들면 30년 만기 주택담보대출의 PSA 벤치마크는 0.2%로 시작하여 처음 30개월까지는 매월 0.2%씩 증가하나 일단 6%에 이르면 더 이상 증가하지 않는다는 가정이다. 이 벤치마크의 조기상환 속도를 100% PSA라고 한다면,

※ 100% PSA ⇒

만일 t < 30개월이면 CPR = 6% × (t/30)
만일 t > 30개월이면 CPR = 6%

벤치마크보다 빠르게 상환된다고 가정하려면 100%보다 높은 수치(예 : 150%, 200%)를, 반대로 보다 천천히 상환된다는 것을 가정하려면 100%보다 낮은 숫자(예 : 50%)를 사용한다.

(3) 조기상환 속도에 영향을 미치는 요인

조기상환 속도에 영향을 미치는 요인들로는 현재의 담보대출이자율, 담보대출풀의 특성, 계절적 요인과 일반적 경제 활동 상황 등이 있다.

7   pass-through MBS

❶ 가장 보편적인 형태의 MBS로, 주택저당대출 회수액이 MBS 투자자에게 그대로 이전되도록 설계된 MBS이다.

❷ pass-through MBS에서는 주택저당대출의 조기상환으로 인해 발생되는 모든 위험을 투자자가 부담하게 되며, 모든 투자자에게 주택저당대출의 현금흐름을 균등하게 배분하기 때문에 단일 트랜치의 지분형 증권으로 발행되는 것이 보통이다.

8   pay-through MBS

❶ pay-through MBS는 주택저당대출의 현금흐름을 균등하게 배분하지 않고 트랜치별로 상환 우선순위 또는 지급시기를 달리하는 방식의 MBS이다. pay-through MBS는 만기와 상환 우선순위가 다른 복수 트랜치의 채권형 증권으로 발행되기 때문에 주택저당대출의 조기상환으로 인해 발생되는 위험을 통제하기 위한 보강장치가 필요하다.

❷ 발행자 입장에서는 만기를 확정시키는 pay-through MBS보다는 조기상환위험이 모두 투자자에게 전가되는 pass-through MBS를 선호한다. 국내에서는 만기가 확정되지 않는 pass-through MBS에 대한 투자수요가 많지 않은 편이며 일반적으로 MBS는 pay-through 형태로 발행되고 있다.

9   CMO

CMO(collateralized mortgage obligation)는 조기상환위험을 감소시키기 위하여 기초자산이 제공하는 현금흐름을 우선순위(priority)에 의해 여러 계층으로 분배하는 MBS이다. 즉, 자동이전형 MBS와는 달리 상환되는 모든 원금을 미리 정한 순서(tranche)에 의해 분배한다.

CMO의 기초자산은 자동이전형 MBS 또는 담보(collateral)인 주택담보대출의 풀(pool)이다. 예를 들어 4개의 트랜치가 있으며, 각 트랜치는 지급 우선순위가 명시되어 있어 순차적으로 원금상환이 이루어지는 CMO를 순차지급 CMO(sequential pay collateralized mortgage obligations)라고 한다.

10   분리형 MBS

분리형 MBS(stripped MBS)는 1987년에 미국에서 처음 등장한 형태로, 모든 이자는 IO형 (interest only tranche)으로 지급하고 모든 원금상환액은 PO형(principal only tranche)으로 지급한다. PO 증권은 할인되어 거래되는데, 투자자가 얻는 수익률은 원금 조기상환 속도에 의해 좌우되므로 상환이 빠르게 이루어질수록 투자자는 높은 수익률을 얻는다. PO 투자자와는 달리, IO 증권을 소유한 투자자는 원금이 천천히 상환될 것을 기대한다. 왜냐하면 IO 투자자들은 미상환된 원금에 대하여 이자를 지급받기 때문이다.

11   이중상환청구권부채권(커버드본드, Covered Bond)

❶ 이중상환청구권부채권은 발행기관이 담보로 제공하는 기초자산집합에 대하여 제3자에 우선하여 변제받을 권리와 함께 발행기관에 대한 상환청구권도 가지는 채권이다. 즉 발행기관 파산 시 담보자산이 발행기관의 도산절차로부터 분리되어 투자자는 담보자산에 대한 우선변제권을 보장받을 수 있을 뿐만 아니라, 담보자산의 상환재원이 부족하면 발행기관의 다른 자산으로부터 변제받을 수 있다.

우리나라에서는 2014년 1월 「이중상환청구권부 채권 발행에 관한 법률」('커버드본드법')이 제정됨으로써 커버드본드의 발행이 시작되었다.

❷ 커버드본드는 법에서 정한 적격발행기관이 발행할 수 있으며 이들은 주로 금융회사, 즉 은행, 산업은행, 수출입은행, 기업은행, 농협은행, 수산업중앙회 및 주택금융공사 등이다(법 제2조). 이중상환청구권부 채권의 담보가 되는 기초자산 중 가장 대표적인 것은 주택담보대출채권이며, 국가, 지방자치단체 또는 법률에 따라 직접 설립된 법인에 대한 대출채권, 그리고 채권과 유동성 자산이 포함된다.

01 1년에 2번 이자를 지급하는 경우, 연간 표면수익률이 8%의 실질적인 연간 수익률은?

① 9.2%   ② 8.16%   ③ 7.45%   ④ 8.91%

02 수정 듀레이션이 7이고 볼록성이 50인 채권의 경우, 만일 이자율이 0.10% 상승하였을 때 가격의 변화율은?

① −0.705%   ② −0.700%   ③ −0.698%   ④ −0.690%

03 시장수익률이 10%인 영구채의 듀레이션은?

① 5년   ② 11년   ③ 30년 이상   ④ 알 수 없음

04 가격이 108, 쿠폰이 10%, 만기가 10년인 채권의 만기수익률은?

① 6.9%   ② 7.2%   ③ 8.1%   ④ 8.8%

05 만기가 8, 듀레이션이 5, 포트폴리오 가격이 100,000,000인 PVBP는?

① 80,000   ② 50,000   ③ 40,000   ④ 25,000

해설

01 ② EAR(effective annual return) $= (1 + 0.08/2)^2 - 1 = 8.16\%$

02 ③ $dP/P = -D \times dr + 1/2 \times C \times (dr)^2 = -7 \times 0.001 + 0.5 \times 50 \times (0.001)(0.001) = -0.698\%$

03 ② 영구채의 듀레이션 $= (1+r)/r$, $r =$ 시장수익률 $= (1+0.1)/0.1 = 11$년

04 ④ $\text{YTM} = \dfrac{(\text{coupon} + (100 - \text{price})/n)}{0.5 \times (100 + \text{price})} = \dfrac{(10 + (100 - 108)/10)}{0.5 \times (100 + 108)} = 8.8\%$

05 ② PVBP는 interest가 1basis(=0.01%=0.0001) 변동될 경우의 포트폴리오의 가격 변화이다. 부호가 (+)이면 이자율 하락을, (−)이면 이자율 상승을 의미하지만 대개의 경우 부호는 무시한다. $PVBP = D \times P \times 0.0001 = 5 \times 100,000,000 \times 0.0001 = 50,000$

06 만일 금리가 8%일 경우 가격이 100이고, 금리가 9%로 변했을 때 가격이 95, 금리가 7%로 변했을 때 가격이 104일 경우, 실효 듀레이션(effective duration)은?

① 4.5　　　　　　② −5　　　　　　③ −4.5　　　　　　④ +5

07 채권의 쿠폰이자율이 8%, 채권 가격이 105, 원금이 100, 만기가 5년인 채권의 경상수익률(current yield)은?

① 7.62%　　　　　② 8%　　　　　　③ 2%　　　　　　④ 8.78%

08 5년 만기의 3개월마다 금리를 조정하는 변동금리부 채권이 1개월 전에 금리를 reset했을 경우 이 채권의 듀레이션은?

① 5년　　　　　　② 3개월　　　　　③ 1개월　　　　　④ 2개월

09 MBS의 CPR이 12%일 때 SMM은?

① 0.53%　　　　　② 1.0%　　　　　③ 1.06%　　　　　④ 12%

10 만기가 10년, 원금이 10,000원, 액면 이자율을 8%인 채권의 가격이 9,900원이다. 콜예상 수익률은? (단, 5년 후에 콜을 11,000원에 행사할 수 있고 1년에 이자를 2회 지급한다고 가정)

① 9.85%　　　　　② 9.95%　　　　　③ 10.25%　　　　　④ 10.37%

해설

06 ① effective duration $= \dfrac{-dP/P}{dr} = \dfrac{-(104-95)/100}{-0.02} = 0.09/0.02 = 4.5$

07 ① current yield = coupon/price = 8/105 = 7.62%

08 ④ 보통 변동금리부 채권의 듀레이션은 이자율을 재조정(reset)하기까지의 기간으로 나타낸다. 따라서 듀레이션은 2개월이다.

09 ③ $SMM = 1 - (1-0.12)^{0.083333} = 0.0106 = 1.06\%$

10 ① 다음 식을 만족시키는 $r = 4.926\%$, 따라서 콜예상 수익률은 9.85% $\quad P = 400 \times \left[\dfrac{1 - \dfrac{1}{(1+r)^{10}}}{r}\right] + \dfrac{11,000}{(1+r)^{10}} = 9,900$

11 100% PSA의 경우 $t = 10$개월의 CPR은?

12 CPR이 12%일 때 SMM은?

13 원금이 10,000원, 액면이자율이 8%, 만기가 5년인 채권의 적정수익률이 10%라고 하자. 다음 채권의 가격은?
    (1) 이자를 연 1회 지급하는 경우
    (2) 이자를 연 2회 지급하는 경우
    (3) 이자를 연 4회 지급하는 경우

해설

11 2%(if $t \leqq 30$, then CPR=6%×(t/30))

12 $SMM = 1-(1-0.12)^{0.083333} = 0.0106 = 1.06\%$

13 (1) 9,241.84원, $P = 800 \times \left[\dfrac{1 - \dfrac{1}{(1+r)^5}}{r} \right] + \dfrac{10,000}{(1+r)^5} = 9,241.84$, r=10%

(2) 9,227.82원, $P = 400 \times \left[\dfrac{1 - \dfrac{1}{(1+r)^{10}}}{r} \right] + \dfrac{10,000}{(1+r)^{10}} = 9,227.82$, r=5%

(3) 9220.53원, $P = 200 \times \left[\dfrac{1 - \dfrac{1}{(1+r)^{20}}}{r} \right] + \dfrac{10,000}{(1+r)^{20}} = 9,220.53$, r=2.5%

14 1년에 이자를 2회 지급하는 연간 이자율 8%의 실질(실효)수익률은?

15 만기가 3년, 원금이 10,000원, 액면이자율이 8%인 채권의 가격이 9,700원이다. 만기수익률은? (단, 1년에 이자를 2회 지급한다고 가정)

16 만기가 3년, 원금이 10,000원, 액면이자율이 0%인 채권의 가격이 8,500원이다. 만기수익률은? (단, 1년에 이자를 2회 지급한다고 가정)

17 만기가 10년, 원금이 10,000원, 액면이자율이 8%인 채권의 가격이 9,700원이다. 콜 예상수익률은? (단, 5년 후에 콜을 11,000원에 행사할 수 있고 1년에 이자를 2회 지급한다고 가정)

18 만기가 5년, 원금이 10,000원, 액면이자율이 8%인 채권의 가격이 9,800원이다. 풋 예상수익률은? (단, 3년 후에 투자자가 풋을 11,000원에 행사할 수 있고 1년에 이자를 2회 지급받는다고 가정)

정답

14 8.16%, $EAR = \left(1 + \dfrac{r}{n}\right)^n - 1$ (n=이자지급 빈도수, r=명목이자율), $EAR = \left(1 + \dfrac{0.08}{2}\right)^2 - 1 = 8.16\%$

15 9.167%, $P = 400 \times \left[\dfrac{1 - \dfrac{1}{(1+r)^6}}{r}\right] + \dfrac{10,000}{(1+r)^6} = 9,700$을 만족시키는 r=4.585%

16 5.492%, $P = \dfrac{10,000}{(1+r)^6} = 8,500$을 만족시키는 r=2.746%

17 10.36%, $P = 400 \times \left[\dfrac{1 - \dfrac{1}{(1+r)^{10}}}{r}\right] + \dfrac{11,000}{(1+r)^{10}} = 9,700$을 만족시키는 r=5.18%

18 11.69%, $P = 400 \times \left[\dfrac{1 - \dfrac{1}{(1+r)^6}}{r}\right] + \dfrac{11,000}{(1+r)^6} = 9,800$을 만족시키는 r=5.84%

19   만기 5년짜리 변동금리부 채권의 다음 이자율 수정까지 2개월 남았을 경우 이 채권의 듀레이션은?

20   만일 어떤 채권의 가격이 $100,000,000이고 만기가 10년이며 듀레이션이 5일인 경우, 이 채권의 PVBP는?

21   어떤 채권의 수정 듀레이션이 10이고 볼록성이 100이라고 가정하자. 시장금리가 1% 하락할 경우 이 채권의 가격 변화율은?

22   영구채권의 표면이자율이 10%이고 시장이자율이 8%인 경우 이 채권의 듀레이션은?

23   어떤 콜옵션부 채권 가격이 시장수익률이 10%일 때 100, 11%일 때 96 그리고 9%일 때 106이 되는 경우 이 채권의 실효 듀레이션(effective duration)은?

19 2개월(다음 이자율 수정기간까지 남아 있는 기간)

20 PVBP = −5×100,000,000×0.0001 = −$50,000

21 $\Delta P/P = -D \times \Delta r + \frac{1}{2} \times C \times (\Delta r)^2 = 10.5\%$

22 1.08/0.08 = 13.5, 영구채의 듀레이션 = (1+r)/r, r=시장이자율

23 effective duration = $\dfrac{-\Delta P/P}{\Delta r} = -\dfrac{-10/100}{0.02} = 5$

외국환거래법

chapter 01

외국환거래법의 개요

section 01 외국환거래법의 목적

외국환거래법은 외국환거래와 대외거래의 자유를 보장하고 시장기능을 활성화하여 궁극적으로 국민경제의 건전한 발전에 기여하는 것을 목적으로 한다. 이를 위한 수단으로 대외거래의 원활화, 국제수지의 균형, 통화가치의 안정을 중간목표로 설정하고 있다.

외국환거래법규상 행정행위

1. 외국환거래법에서는 대외거래의 제한을 위해 특정 거래 또는 행위에 대해서는 사전 또는 사후적으로 허가, 인가, 신고, 신고수리, 확인, 등록, 보고 등의 일정한 행정절차를 거치도록 규정
2. 외국환거래법상 이러한 허가권 등은 원칙적으로 기획재정부 장관에게 귀속되어 있으나, 업무처리의 효율화 등을 위해 그 권한의 일부 또는 전부를 타 행정기관 또는 민간기관에 위임 또는 위탁
   ① 허가 : 국내 · 외 금융, 자본, 외환시장에 미치는 영향이 큰 일부 자본거래를 하고자 하는 경우 사전에 허가를 받도록 하고, 허가대상 거래의 종류에 따라 기획재정부 장관 또는 한국은행 총재가 동 허가권한을 행사
   ② 인가 : 특정 외국환업무를 업으로서 영위할 수 있는 자의 자격요건을 법률로 정하고, 동 업무를 영위하고자 하는 자의 신청에 의해 이를 심사하여 요건에 부합하는 자에 대해서만 업무를 영위할 수 있는 지위를 부여

③ 등록 : 특정 외국환업무를 법률상 자격요건을 갖춘 자에 대해서는 모두 영위할 수 있도록 하기 위하여 사전에 등록요건을 정하고 동 요건을 구비한 자에 대해 등록하도록 규정
④ 신고(수리) : 일부 정형·일반화된 거래 중 모니터링 등을 위하여 사전에 거래의 주요 내용을 기재한 서면 및 관련 증빙서류 등을 제출하도록 하고, 신고(수리)대상 거래의 성질과 중요도에 따라 기획재정부 장관, 한국은행 총재 및 외국환은행의 장이 동 권한을 행사
⑤ 확인 : 대외지급·영수 등에 있어 주로 외국환은행의 장으로 하여금 거래당사자로부터 거래증빙서류를 제출받아 거래의 존재 유무, 거래상대방 및 거래금액 등의 일치 여부를 확인하도록 규정
⑥ 보고 : 정책당국이 통계 작성 또는 사후관리를 위하여 일정한 양식을 정하여 거래당사자 또는 금융회사 등으로 하여금 특정 거래내역을 제출하도록 규정

section 02 외국환거래법의 적용대상

1 인적 대상

개인, 법인 및 기타 단체 등 외국환거래 또는 행위의 주체(인적 대상)인 거주자와 비거주자의 판단요건을 거주성이라 한다. 거주자와 비거주자로 구분하여 외국환관리의 내용을 달리 적용한다.

거주성은 원칙적으로 국적과는 관계없이 일정기간을 거주하고 있거나 거주할 의사를 가지고 있고, 경제적으로 밀착되어 있는지의 여부에 따라 결정한다.

❶ 거주자 : 원칙적으로 대한민국 내에 주소 또는 거소를 둔 개인과 대한민국 내에 주된 사무소를 둔 법인 등(동 법인의 국외지점, 출장소, 기타의 사무소는 비거주자로 간주)
❷ 비거주자 : 거주자 이외의 개인 및 법인 등(비거주자의 국내 지점, 출장소, 기타의 사무소는 거주자로 간주)

외국환거래법상의 거주자 및 비거주자의 구분

1. 거주자
    ① 국내에 주소 또는 거소를 둔 개인(자연인)
    ② 국내에 주된 사무소를 둔 법인 및 단체, 기관 기타 이에 준하는 조직체
    ③ 재외공관 및 이에 근무할 목적으로 파견되어 외국에 체재하고 있는 국민
    ④ '비거주자' 중 ④ 내지 ⑥에 해당하는 국민으로서 일시 귀국의 목적으로 국내에 입국하여 3개월 이상 체재하고 있는 자
    ⑤ 비거주자의 국내 지점, 출장소, 기타 사무소
    ⑥ 국내에 있는 영업소, 기타 사무소에 근무하고 있거나 국내에서 영업활동에 종사하고 있는 외국인
    ⑦ 6개월 이상 국내에 체재하고 있는 외국인
2. 비거주자
    ① 외국에 주소 또는 거소를 둔 외국인(자연인)
    ② 외국에 주된 사무소를 둔 외국법인 및 단체, 기관 기타 이에 준하는 조직체
    ③ 외국에 있는 영업소, 기타의 사무소
    ④ 외국에 있는 영업소, 기타 사무소에서 근무하고 있는 국민
    ⑤ 외국에 있는 국제기구에 근무하고 있는 국민
    ⑥ 2년 이상 외국에 체재하고 있는 국민
    ⑦ 국내에 있는 외국 정부의 공관과 국제기구
    ⑧ 국내에 있는 외국 정부의 공관 또는 국제기구에서 근무할 목적으로 파견되어 국내에 체재하고 있는 외교관, 영사 또는 그 수행원이나 사용인
    ⑨ 외국 정부 또는 국제기구의 공무로 입국하는 자
    ⑩ 대한민국과 미합중국 간의 협정에 의한 미합중국 군대 등과 그 구성원, 군속, 초청 계약자 및 그 동거가족과 비세출자금기관, 군사우편국 및 군용은행시설
    ⑪ 거주자였던 외국인으로서 출국하여 외국에서 3개월 이상 체재 중인 자

2	거래 · 행위

   거주자 간 외화표시 거래, 거주자와 비거주자 간 거래, 국내 · 외 간 자금의 이동뿐만 아니라 비거주자 간의 내국 통화표시 거래도 적용대상이다.

❶ 대한민국 내에서 행하는 외국환거래
❷ 대한민국과 외국 간의 거래 또는 지급이나 수령
❸ 비거주자 간의 대한민국 통화로 표시되거나 지급받을 수 있는 거래

❹ 기타 거래, 지급 또는 수령과 직접 관련하여 행해지는 지급수단, 귀금속, 증권 등의 취득·보유·송금·추심·수출·수입행위

❺ 대한민국 안에 주된 사무소(주소 또는 거소)를 둔 법인(개인)의 대표자·대리인·사용인 기타 종업원이 외국에서 그 법인(개인)의 재산 또는 업무에 관하여 한 행위(예 : 국내 기업의 해외 지점에 대한 영업활동 등)

3 물적 대상

(1) 외국환

❶ 대외지급수단 : 외국 통화 또는 외국 통화로 표시되거나 외국에서 사용할 수 있는 정부 지폐·은행권·주화·수표·우편환·신용장·환어음·약속어음·상품권·기타 우편 또는 전신에 의한 지급지시·전자화폐·선불전자지급수단 등

❷ 외화증권 : 대외지급수단에 해당하지 않는 것으로 외국 통화로 표시되거나 외국에서 지급받을 수 있는 증권으로서 자본시장법 제4조의 증권과 무기명 양도성 예금증서·유동화증권·기타 재산적 가치가 있는 권리가 표시된 증서로서 투자대상으로 유통될 수 있는 것 등이 포함됨

❸ 외화파생상품 : 외국 통화로 표시된 파생상품 또는 외국에서 지급받을 수 있는 파생상품

❹ 외화채권 : 외국 통화로 표시되거나 외국에서 지급받을 수 있는 모든 종류의 예금, 신탁, 보증, 대차 등으로 인하여 생기는 금전채권으로서 지급수단 또는 증권에 해당되지 않음

(2) 내국지급수단

대외지급수단을 제외한 내국 통화 및 기타의 지급수단이다.

(3) 귀금속

금이나 금합금의 지금, 유통되지 아니하는 금화, 기타 금을 주재료로 하는 제품 및 가공품이다.

chapter 02

외국환업무 취급기관제도

외국환업무 취급기관제도의 의의

외국환업무 취급기관제도는 금융회사로 하여금 외국환거래 신고의 접수, 거래내역 확인, 사후관리 및 보고 등 정부 행정사무의 일부를 위탁하여 수행토록 하는 대신, 금융회사가 외국환업무를 독점적으로 자유롭게 취급할 수 있도록 업무영역을 확보해 주는 제도이다. 아울러 외환시장의 안정과 외국환업무 취급기관의 건전성을 유지하기 위하여 필요한 경우에는 기획재정부장관이 외국환업무 취급기관의 업무를 제한할 수 있도록 하고 있다. 주요 외국환업무는 다음과 같다.

① 외국환의 발행 또는 매매
② 대한민국과 외국 간의 지급·추심 및 수령
③ 거주자와의 외화로 표시되거나 지급되는 예금·금전의 대차 또는 보증
④ 비거주자와의 예금·금전의 대차 또는 보증
⑤ 비거주자와의 내국 통화로 표시되거나 지급되는 증권 또는 채권의 매매 및 매매의 중개
⑥ 거주자 간의 신탁·보험 및 파생상품거래(외국환과 관련된 경우에 한함)
⑦ 거주자와 비거주자 간의 신탁·보험 및 파생상품거래
⑧ 외국 통화로 표시된 시설대여

❾ 기타 이에 부대되는 업무

section 02 | 외국환업무의 등록

외국환업무를 업으로 영위하고자 하는 자(외국환업무 취급기관)는 기획재정부장관에게 등록하여야 한다. 주요 외국환업무의 등록요건은 다음과 같다.

❶ 자본규모 및 재무구조의 적정성
❷ 외국환 사후관리를 위한 전산시설 구비(외환전산망과 연결)
❸ 외국환 고객으로부터 외국환 전문인력 확보(영업소별 2명 이상)

section 03 | 외국환업무의 취급범위

외국환업무는 금융회사에 한하여 당해 금융회사의 업무와 직접 관련되는 범위 내에서 이를 영위할 수 있도록 하고 있다. 종전에는 은행 및 종금사만이 원칙적으로 모든 외국환업무를 영위할 수 있고, 여타 금융회사는 환전, 선물환거래, 외화대출 등으로 영위할 수 있는 업무를 열거하였다.

그러나 2016년 3월 비금융회사의 외국환업무 범위를 획기적으로 확대하는 네거티브 규제 방식을 도입하여 해당 업권별 모법에서 허용된 업무와 직접 관련된 외국환업무를 영위할 수 있게 되었다. 각 금융회사별 설치법령에서는 업무로 인정되나 외국환거래법령에 따라 외국환 거래를 일반 거주자의 지위로 할 수는 없다. 다만, 각 금융회사별 설치법령상의 업무로 인정하고 있지 않은 거래는 일반 거주자의 지위에서 할 수 있다.

❶ 은행 : 모든 외국환업무(외국환업무를 영위하는 은행을 '외국환은행'이라 함).

❷ 종합금융회사 : 종합금융회사의 업무와 직접 관련된 외국환업무. 다만, 예금업무는 다른 외국환업무취급기관과의 외국통화로 표시되거나 지급되는 예금업무, 외국금융기관과의 외국통화로 표시되거나 지급되는 예금업무에 한정

❸ 금융투자업자 : 대한민국과 외국과의 지급·추심·수령 및 외화예금을 제외한 자본시장법상 해당 금융회사의 업무와 직접 관련된 외국환업무. 다만, 투자매매업자·투자중개업자는 대한민국과 외국과의 지급·추심·수령 업무를 건당 각각 미화 5천 달러의 지급 및 수령한도, 동일인당 각각 미화 5만 달러의 연간 지급 및 수령 누계 한도 범위 내에서 할 수 있음. 또한 투자매매업자·투자중개업자 중 종합금융투자사업자로 지정 받은 자는 인적·물적 요건을 갖추어 기획재정부 장관의 확인을 받은 이후 내국통화 및 외국통화 매매 가능

❹ 보험사업자 : 대한민국과 외국과의 지급·추심·수령 및 외화예금을 제외한 보험업법상 허용된 업무와 직접 관련된 외국환업무

❺ 체신관서 : 「우정사업 운영에 관한 특례법」에 따른 체신관서의 업무와 직접 관련된 외국환업무

❻ 신협·상호저축은행·새마을금고·한국해양진흥공사 : 대한민국과 외국과의 지급·추심·수령 및 거주자와 비거주자 간의 금전대차 중개를 제외한 모법에 의해 허용된 업무와 직접 관련 있는 외국환업무. 다만, 직전 분기말 총자산이 1조원 이상인 상호저축은행은 대한민국과 외국과의 지급·추심·수령 업무를 건당 각각 미화 5천 달러의 지급 및 수령한도, 동일인당 각각 미화 5만 달러의 연간 지급 및 수령 누계 한도 범위 내에서 할 수 있음

❼ 여신전문금융업자 : 대한민국과 외국과의 지급·추심·수령 및 외화예금을 제외한 여신전문금융업법상 허용된 업무와 직접 관련된 외국환업무. 다만, 신용카드업자는 대한민국과 외국과의 지급·추심·수령 업무를 건당 각각 미화 5천 달러의 지급 및 수령한도, 동일인당 각각 미화 5만 달러의 연간 지급 및 수령 누계 한도 범위 내에서 할 수 있음

1 외국환매매

1) 외국환 매입

(1) 고객으로부터 외국환 매입 시 동 외국환의 취득이 신고 등의 대상인지 여부를 확인하고 매입내용을 국세청 및 관세청에 통보한다. 다만, 동일자 동일인 기준 미화 2만달러 이하의 대외지급수단 매입, 정부·지방자치단체·외국환업무 취급기관·환전영업자 및 소액 해외송금업자로부터의 대외지급수단 매입, 거주자계정(거주자 외화신탁계정)에 예치된 외국환 매입 등은 제외

(2) 외국인 거주자 또는 비거주자로부터 2만 달러를 초과하는 대외 지급수단을 매입할 경우 취득경위를 입증하는 서류를 제출하지 못하면 당해 비거주자 등이 대외지급수단 매매에 대해 한국은행 총재에게 신고

2) 외국환 매각

(1) 신고 면제 외국환 매각

❶ 거주자에 대한 매각 : 동일자 동일인 기준 미화 1만 달러를 초과하는 외국 통화, 여행자수표·카드매각의 경우 동 내용을 국세청 및 관세청에 통보(단, 정부·지방자치단체·외국환업무 취급기관·환전영업자 및 소액 해외송금업자에게 매각한 경우는 제외).

ㄱ. 거주자(외국인 거주자 제외)의 인정된 거래 또는 지급을 위한 외국환 매각

ㄴ. 외국인 거주자의 인정된 지급을 위한 매각 또는 최근 입국일 이후 미화 1만 달러 이내 매각

ㄷ. 외국인 거주자에 대한 취득 경위를 입증하는 외국환을 대가로 한 다른 외국환 매각

ㄹ. 거주자(외국인 거주자 제외)의 외국 통화, 여행자수표의 소지목적을 위한 매각

ㅁ. 거주자계정 및 거주자 외화신탁계정에 예치를 위한 외국환 매각

ㅂ. 다른 외국환은행으로 이체하기 위한 외국환 매각(단, 대외계정 및 비거주자 외화신탁계정
으로의 이체는 인정된 거래에 따른 지급에 한함)

ㅅ. 소액 해외송금업자, 환전영업자에 대한 매각

❷ 비거주자에 대한 매각

ㄱ. 최근 입국일 이후 당해 체류기간 중 외국환업무 취급기관 또는 환전영업자에게 내국
통화 및 원화표시 여행자수표를 대가로 외국환을 매각한 실적 범위 내 매각

ㄴ. 외국환은행 해외 지점, 현지법인 금융회사 및 외국 금융회사에 내국 통화 및 원화
표시 여행자수표를 대가로 외국환을 매각한 실적범위 내 매각

ㄷ. 외국에서 발행된 신용카드 또는 직불카드에 의한 국내 원화현금서비스 또는 원화
인출금액 범위 내 매각

ㄹ. 상기로 외국환을 매각한 실적 등이 없는 비거주자에 대한 미화 1만달러 이내의 매각

ㅁ. 인정된 대외 지급을 위한 매각

ㅂ. 취득 경위 입증서류를 제출하여 외국환은행장의 확인을 받은 지급금액 범위 내
매각

(2) 한국은행 총재 앞 신고대상 외국환 매각(외국환을 매입하고자 하는 비거주자 등이 신고)

❶ 외국인 거주자 또는 비거주자의 취득 경위를 입증하지 못하는 외국환을 대가로 한 다른
외국 통화표시 외국환 매각

❷ 외국인 거주자 또는 비거주자에 대한 다음의 지급을 위한 외국환 매각

ㄱ. 국민인 비거주자의 국내 원화예금·신탁계정 관련 원리금의 지급(다만, 재외동포 국내
재산반출은 은행 확인)

ㄴ. 외국인 거주자의 국내 부동산 매각대금의 지급(단, 휴대수입 또는 송금된 자금으로 취득한
후 해당 부동산을 매각하여 매각대금을 지급하고자 하는 경우로서 부동산 소재지 또는 신청자의 최종
주소지 관할세무서장이 발행한 부동산 매각자금 확인서를 제출하는 경우는 제외)

ㄷ. 교포 등에 대한 여신[1]관련 대지급의 경우를 제외하고 비거주자와 비거주자 간의 거
래와 관련하여 국내 재산을 담보로 제공한 후 동 처분대금의 지급

---

1   교포 등에 대한 여신 : 국내에 본점을 둔 외국환은행의 해외 지점 및 현지법인 금융회사 등이 외국에 있는
거주자(일반 해외여행자는 제외), 국민인 비거주자 또는 국민인 비거주자가 전액 출자하여 현지에 설립한
법인에 대한 여신이다.

ㄹ. 주로 국민인 비거주자가 국내에서 신고 등이 면제되는 자본거래의 결과로 취득한 원화자금의 대외 지급으로, 예를 들어 비거주자가 거주자로부터 차입한 원화자금, 비거주자가 거주자에게 국내 부동산을 임대하고 임차보증금으로 수취한 원화자금 등

ㅁ. 기타 외국인 거주자 및 비거주자의 지급한도를 초과하는 지급

2 외화자금 차입 및 증권발행

비거주자로부터 미화 5천만 달러 초과의 외화자금을 상환기간(거치기간을 포함) 1년 초과의 조건으로 차입(외화증권 발행 포함)하는 경우 기획재정부장관에게 신고해야 한다.

3 대출 및 보증

(1) 거주자로부터 보증 또는 담보를 제공받아 비거주자에게 외화대출을 하는 경우 대출을 받는 비거주자가 한국은행 총재에게 신고하여야 한다.

(2) 비거주자(국민인 비거주자 및 주한 외교관 등은 제외)에 대한 동일인 기준 10억 원 초과 300억 원 이하 원화자금 대출 시에는 당해 비거주자가 외국환은행의 장에게 신고하여야 한다(다만, 비거주자 자유원계정에서의 2영업일 이내 당좌대월은 제외).

(3) 다음의 경우를 제외하고 외국환은행이 보증을 하고자 하는 경우에는 보증을 의뢰하는 당사자가 한국은행 총재에게 신고해야 한다.

❶ 신고 면제

ㄱ. 거주자 간의 거래에 관하여 보증을 하는 경우

ㄴ. 거주자와 비거주자의 인정된 거래에 관하여 채권자인 당해 거주자 또는 비거주자에게 보증을 하는 경우(다만, 거주자가 채권자인 경우에는 채무자인 비거주자가 외국환은행에 보증 또는 담보를 제공하는 경우에 한함)

ㄷ. 교포 등에 대한 여신과 관련하여 당해 여신을 받는 동일인당 미화 50만 달러 이내에서 보증하는 경우

ㄹ. 비거주자간 현지금융에 해당하는 보증을 하는 경우

ㅁ. 기타 비거주자 간의 거래에 관하여 보증을 하는 경우로서 거주자가 외국환은행에 보증 또는 담보를 제공하지 않은 경우(다만, 비거주자로부터 국내 재산을 담보로 제공받아 보증하는 경우는 제외)

❷ 한국은행 총재에게 신고 : ❶에 해당하지 않는 경우에는 한국은행 총재에게 신고

4 역외계정 자금조달 및 운용

역외계정이란 비거주자로부터 자금을 조달하여 비거주자를 대상으로 운용하는 경우 이를 일반 외화계정과 구분하여 계리할 수 있도록 설치된 계정이다.

(1) 자금조달

❶ 비거주자 또는 다른 역외 금융계정으로부터의 차입 및 예수
❷ 외국에서의 외화증권 발행 또는 비거주자에 대한 외화채권 매각

(2) 자금운용

❶ 비거주자 또는 다른 역외 금융계정에 대한 대출 및 예치
❷ 비거주자가 발행한 외화증권의 인수 및 매입

(3) 일반계정과의 자금이체

직전 회계연도 중 역외 외화자산 평잔의 10% 이내에서 자금이체만을 허용하고 이를 초과하는 역내·외계정 간 자금이체는 기획재정부장관의 허가를 받아야 한다.

외국환업무 취급기관의 확인의무 등

❶ 지급신청서 및 수령사유 확인절차를 이행하였음을 입증하는 서류를 5년간 보관하여 야 함
❷ 고객과 외국환거래법의 적용을 받는 거래를 함에 있어 고객의 거래 또는 지급 등이 동 법에 의한 허가를 받았거나 신고를 하였는지의 여부를 확인하여야 함
❸ 외국환거래 당사자가 신고 등을 회피하고자 하는 거래를 중개·알선하여서는 안됨
❹ 외국환거래의 신고 등을 처리한 경우 당해 외국환거래 당사자가 한 외국환거래가 법령 의 규정대로 실행되었는지 여부에 대해 사후관리하여야 함
❺ 외국환거래 당사자가 신고 등의 조건을 이행하지 않은 경우 또는 외국환거래법령 등을 위반한 경우 금융감독원장에게 보고하여야 함

section 06 **환전영업자**

(1) 의의

외국환업무 중 외국 통화의 매입·매도 또는 외국에서 발행한 여행자수표의 매입등을 업으로 영위하고자 하는 자로서, 필요한 영업장을 갖추어 관세청장에게 등록하면 업무영위가 가능하다.

(2) 업무내용

❶ 외국 통화의 매입 또는 매도 및 외국에서 발행한 여행자수표의 매입, 대한민국과 외국 간의 지급 및 수령과 이에 수반되는 외국통화의 매입 또는 매도 등
❷ 재환전
ㄱ. 비거주자가 최근 입국일 이후 대외 지급수단을 매각한 실적 범위 내 재환전
ㄴ. 비거주자 및 외국인 거주자가 당해 환전영업자의 카지노에서 획득한 금액 또는 미

사용한 금액에 대한 재환전

(3) 거래 외국환은행 지정

　환전영업자는 환전영업과 관련된 거래를 외국환은행과 할 때에는 하나의 은행을 거래 외국
환은행으로 지정하여 거래내역에 대한 관리를 받아야 한다.

(4) 서류 보관

　환전영업자는 환전장부, 외국환매각신청서, 외국환매입증명서 등 환전 관계서류를 해당 연
도 이후 5년간 보관하여야 한다.

---

section 07 　소액 해외송금업자

(1) 의의

　외국환업무 중 소액 해외송금업무를 업으로 하려는 자로서 자기자본, 재무건전성, 외환전
산망 연결, 전산요건, 외환 전문인력 등을 갖추어 기획재정부장관에게 등록하면 업무영위가
가능하다.

(2) 업무내용

❶ 건당 지급 및 수령 한도는 각각 건당 미화 5천 달러로 하며, 동일인당 연간 지급 및 수
　령 누계 한도는 각각 미화 5만 달러로 한다.
❷ 소액해외송금업무를 수행하기 위해 외국환은행을 상대로 외국 통화를 매입 또는 매도
　할 수 있다.
❸ 국내의 지급인 및 수령인별로 지급등의 내역을 기록하고 5년간 보관하여야 하며, 지급
　등의 내역을 매월별로 익월 10일까지 외환정보집중기관을 통하여 금융정보분석원장,
　국세청장, 관세청장, 금융감독원장에게 통보하여야 한다.
❹ 소액해외송금업무 수행 과정에서의 정산 및 거래 내역(외국 협력업자와의 지급등 또는 상계 내

역, 그 밖에 소액해외송금업무를 완결하기 위한 거래 또는 행위를 모두 포함)을 기록하고 5년간 보관해야 하며, 금융감독원장이 요구할 경우 이를 제출해야 한다.

(3) 소액 해외송금업자 준수사항

소액 해외송금업자는 등록사항의 유지·변경 관련 의무, 이행보증금 예탁 관련 의무, 외환 전산망 보고 등 의무, 지정계좌를 통한 송금의무, 약관 신고·공시의무 등을 준수해야 한다.

chapter 03

대외지급 및 채권회수의무

대외지급을 자유화하되 지급사유에 대해서는 외국환은행이 확인하고 일정 규모 이상의 거래에 대해서는 국세청 통보제도에 의하여 관리한다. 지급을 하고자 하는 자는 당해 지급의 원인이 되는 거래 또는 행위가 외국환거래법령 등에 의하여 신고 등을 하여야 하는 경우에는 먼저 그 신고 등을 하여야 한다.

대외지급은 평상시에는 자유롭게 할 수 있으나, 전시, 국내·외 금융경제사정의 급변 등 유사시 또는 국제평화 및 안전유지를 위한 국제적 노력에 기여할 필요가 있는 경우 등에는 일시정지 또는 허가를 받도록 할 수 있다(외국환거래법 제6조 및 제15조).

대외로부터의 수령에 대해 제한은 없으나 자금세탁, 불법자금 유입 가능성 등을 방지하기 위해 외국환은행 등이 당해 외국환의 취득 경위 등을 확인하고 일정 규모 이상의 수령에 대해 국세청에 통보한다.

(1) 대외지급 시 외국환은행장의 확인

다음의 경우를 제외하고 대외지급을 하고자 하는 거주자(외국인 거주자 제외)는 원칙적으로 외국환은행의 장에게 지급의 사유와 금액을 입증하는 서류를 제출해야 한다.

❶ 외국환거래규정에 따른 신고불요거래로서 건당 5천 달러 초과 금액의 지급 누계 금액이 연간 미화 10만 달러 이내이거나[1] 연간 누계금액이 미화 10만 달러를 초과하는 지급으로서 당해 거래 내용과 금액을 서류를 통해 외국환은행의 장이 확인할 수 있는 경우
❷ 정부 또는 지방자치단체의 지급
❸ 거래 또는 행위가 발생하기 전에 하는 사전지급(단, 지급금액의 100분의 10 초과에 대해 거래 또는 는 행위 발생 후 60일 이내에 지급증빙서류를 제출하여 정산)
❹ 전년도 수입실적이 미화 3천만 달러 이상(다만, 「새만금사업 추진 및 지원에 관한 특별법」 제2조 제1호에 따른 새만금사업지역 내에 소재한 기업의 경우 전년도 수입실적이 미화 1천만 달러 이상)인 기업의 송금방식 무역대금의 지급(증빙서류 제출을 면제받은 기업은 관련 지급 증빙서류를 5년간 보관)

(2) 거래 외국환은행 지정

특정 지급을 위해서는 하나의 외국환은행(점포 기준)을 거래은행으로 지정하여 동 은행(지정 거래 외국환은행)을 통해서만 지급한다. 건당 미화 5천 달러를 초과하는 증여성 지급, 해외체재비·해외 유학생 경비 지급, 외국인 및 비거주자의 국내 보수 또는 소득의 지급, 해외지사 경비 지급, 재외동포 재산반출 등이 이에 속한다.

(3) 외국인 거주자 및 비거주자의 지급

다음에 해당하는 자금의 취득 경위를 입증하는 서류를 제출하여 외국환은행장의 확인을 받은 경우에 한하여 지급할 수 있다. 다만 외국환은행장 확인대상이 아닌 경우에는 자금 취득 경위입증서류 없이 연간 5만 달러 범위 내에서는 지정거래 외국환은행을 통하여 지급할 수 있다.

---

1   건당 미화 5천 달러를 초과하는 증여성 지급금액이 동일인당 연간 10만 달러를 초과하는 경우에는 거주자와 비거주자 간의 기타 자본거래로 간주하여 한국은행에 신고해야 함

❶ 비거주자 또는 외국인 거주자(배우자와 직계비속 포함)가 외국으로부터 수령 또는 휴대 수입한 대외 지급수단 범위 이내

❷ 한국은행 총재에게 대외 지급수단매매 신고를 한 경우

❸ 국내에서의 고용, 근무에 따라 취득한 국내 보수 또는 자유업 영위로 취득한 소득 및 국내에서 지급받는 사회보험 및 연금 등을 지정거래 외국환은행을 통하여 지급 하는 경우. 다만, 「외국인근로자의 고용등에 관한 법률」에 따른 출국만기보험 수령 은 제외

❹ 주한 외교기관이 징수한 영사수입 기타 수수료의 지급

❺ 외국 정부의 공관과 국제기구의 외국환은행의 지급

❻ 기타 제4장 내지 제5장의 규정에 따라 대외지급이 인정된 자금의 지급

지급증빙 없는 지급 및 영수

1. 지급 : 연간 누계 미화 10만 달러 이내(경상＋자본)
2. 수령 : 한도 없음(단, 자본거래는 연간 수령누계금액 10만 달러 이내 신고 불요, 한편 동일자 동일인 미화 10만 달러 초과 수령 사유 서면 확인)

(4) 대외지급을 위한 외국환 매입 시 한국은행 총재에게 신고

비거주자등이 국내에서 신고등이 면제되는 자본거래의 결과 취득한 원화자금으로 대외 지급수단을 매입하여 대외로 송금하기 위해서는 외국환 매입 시 대외 지급수단 매매에 대해 한국은행 총재에게 신고하여야 한다(2장 4절 **1** 을 참고).

(5) 외국환은행을 통한 지급내용의 국세청장 및 금융감독원장 앞 통보

❶ 건당 미화 5천 달러를 초과하는 지급증빙서류 제출 면제 지급금액이 지급인별로 연간 미화 1만 달러를 초과하는 경우

❷ 해외 유학생 및 해외 체재자의 해외 여행경비 지급금액이 연간 미화 10만 달러를 초과 하는 경우

❸ 기타 건당 미화 1만 달러를 초과하는 금액을 외국환은행을 통해 지급(송금수표에 의한 지급 포함)하는 경우

(6) 외국환은행을 통한 지급내용의 관세청장 앞 통보

❶ 수출입대금의 지급
❷ 용역대가의 지급
❸ 건당 미화 5천 달러를 초과하는 증빙서류 미제출 지급
❹ 건당 미화 1만 달러를 초과하는 해외 이주비의 지급
❺ 기타 건당 미화 1만 달러를 초과하는 금액을 외국환은행을 통해 지급(송금수표에 의한 지급 포함)하는 경우

2 　대외로부터의 수령

(1) 대외수령 시 외국환은행장의 확인

다음의 경우를 제외하고 대외로부터 수령을 하는 자는 원칙적으로 외국환은행의 장에게 수령의 사유와 금액을 입증하는 서류를 제출해야 한다.

❶ 신고를 필요로 하지 않는 수령(미화 10만 달러 초과 시 서면에 의하여 수령사유 확인 필요)
❷ 정부 또는 지방자치단체의 수령
❸ 전년도 수출실적이 미화 3천만 달러 이상(다만, 「새만금사업 추진 및 지원에 관한 특별법」 제2조 제1호에 따른 새만금사업지역 내에 소재한 기업의 경우 전년도 수출실적이 미화 1천만 달러 이상)인 기업의 송금방식 수출대금 수령(증빙서류 제출을 면제받은 기업은 관련 지급 증빙서류를 5년간 보관)

(2) 외국환 취득 경위에 대한 외국환은행장의 확인

❶ 외국환은행이 동일자에 동일인으로부터 미화 2만 달러를 초과하는 대외 지급수단을 매입하는 경우
❷ 거주자가 외국 또는 비거주자로부터 외국환은행을 통해 수령한 대외 지급수단을 외국환은행이 당해 거주자에게 동일자 2만 달러를 초과하여 지급하는 경우
❸ 거주자계정 및 거주자외화신탁계정에 동일자 동일인 기준 미화 2만 달러를 초과하여 대외 지급수단을 예치하는 경우
❹ 대외계정 및 비거주자외화신탁계정에 예치된 자금을 동일자 동일인 기준으로 2만 달러를 초과하여 내국 지급수단을 대가로 매각하고자 하는 경우

(3) 지급수단의 휴대수입 시 세관장에게 신고

거주자 또는 비거주자가 미화 1만 달러를 초과하는 지급수단(대외 지급수단, 내국 통화, 원화표시 여행자수표 및 원화표시 자기앞수표에 한함)을 휴대수입하는 경우 관할세관의 장에게 신고하여야 한다.

(4) 외국환 수령에 대한 국세청장 및 관세청장 앞 통보

외국환은행은 고객으로부터 동일자 동일인 기준 미화 1만 달러를 초과하는 외국환을 매입한 경우 매입에 관한 사항을 국세청장 및 관세청장에게 통보한다.

(5) 외국환 수령에 대한 국세청장, 관세청장 및 금융감독원장 앞 통보

❶ 수입대금의 수령(관세청장 앞 통보)
❷ 용역대가의 수령(관세청장 앞 통보)
❸ 기타 건당 미화 1만 달러를 초과하는 금액을 외국환은행을 통해 수령(송금수표에 의한 수령 포함)하는 경우(국세청장, 관세청장 및 금융감독원장 앞 통보)

3 　지급등의 방법

거주자와 비거주자 간 또는 비거주자 간의 거래 또는 행위에 따른 채권·채무의 결제에 있어서 국제금융거래상 일반적인 관행에서 벗어나거나 일부 특수한 방식 등에 의해 결제하는 경우에 대해 지급의 투명성 등을 확보할 수 있도록 원칙적으로 한국은행 총재에게 신고하도록 하고 있다.

(1) 상계에 의한 지급등의 방법

대외거래를 함에 있어서 계정의 대기 또는 차기에 의하여 결제하는 등 비거주자에 대한 채권 또는 채무를 비거주자에 대한 채무 또는 채권으로 상쇄하고자 하는 경우(거래의 존재 여부 또는 거래규모 등 파악 곤란)이다. 다만, 상호계산계정[2]을 통한 결제, 연계무역·위탁가공무역·수탁가공무역에 의한 수출입대금 상계, 수출입대금과 당해 수출입거래에 수반되는 중개 또는 대

2　상계는 개별 대차거래건별로 그때그때 상쇄하는 방식인 데 반해, 상호계산은 상대방과의 상호 대차거래가 빈번한 경우 일정기간 누적된 개별 거래를 일괄하여 결산한 후 대차잔액만을 지급 또는 수령하는 방식이다.

리점 수수료 등과의 상계 등은 신고를 면제하며, 양자 간 상계의 경우에는 외국환은행의 장에게 신고하거나, 상계처리 후 1개월 이내에 외국환은행의 장에게 사후 보고를 하여야 한다. 다만, 다국적 기업의 상계센터를 통하여 상계하거나 다수의 당사자의 채권 또는 채무를 상계하는 경우에는 한국은행에 신고해야 한다.

(2) 상호계산에 의한 지급등의 방법

❶ 상호계산에 의한 지급등을 하고자 하는 자는 지정거래 외국환은행의 장에게 신고하여야 하며, 지정거래 외국환은행의 장은 동 신고사실(폐쇄사실)을 국세청장 및 관세청장에게 통보

❷ 당해 거래가 물품의 수출입 또는 용역의 제공을 수반하는 경우에는 수출입 또는 용역제공의 완료 후 30일 이내, 기타의 경우에는 당해 거래에 따른 채권·채무의 확정 후 30일 이내에 기장

❸ 상호계산계정의 결산은 회계기간의 범위 내에서 월 단위로 실시(필요한 경우 회계기간 범위 내에서 결산 주기를 달리 정할 수 있음).

❹ 결산결과 대차기 잔액은 매 결산기간 종료 후 3개월 이내에 지정거래 외국환은행의 장에게 신고 후 지급 또는 수령

(3) 기획재정부장관이 정하는 (결제)기간을 초과하는 지급등의 방법

거주자가 수출입대금을 물품의 선적 전·후 일정기간을 초과하여 지급 또는 수령하는 경우 한국은행 총재에게 신고하여야 한다(사실상의 금전차입 또는 금전대여와 동일한 효과).

❶ 미화 5만 달러를 초과하는 국내 본사와 해외지사(해외 현지법인 포함) 간(본·지사 간) 수출대금을 물품의 선적 전에 수령하거나 또는 선적 후 3년을 초과하여 수령하거나, 본지사 간이 아닌 수출대금을 물품의 선적 전 1년을 초과하여 수령하는 경우

❷ 미화 2만 달러를 초과하는 수입대금을 물품의 수령 전 1년을 초과하여 송금방식에 의하여 지급하거나 미화 5만 달러를 초과하는 미가공 재수출 목적의 금 수입대금을 물품의 수령일로부터 30일을 초과하여 지급하는 경우

(4) 제3자 지급등의 방법

거주자가 당해 거래의 당사자가 아닌 거주자 또는 비거주자와 지급 등을 하거나 당해 거래

의 당사자가 아닌 거주자가 당해 거래의 당사자인 비거주자와 지급 등을 하는 경우(거래의 진실성 확인 곤란) 거주자가 미화 5천 달러를 초과하고 미화 1만 달러 이내의 금액을 제3자 지급하는 경우 외국환은행의 장에게 신고하여야 하며, 미화 1만 달러 초과 시에는 한국은행 총재에게 신고하여야 한다. 다만, 다음의 경우는 신고를 면제한다.

① 거주자 간 또는 거주자와 비거주자 간 거래의 결제를 위하여 당해 거래의 당사자인 거주자가 당해 거래의 당사자가 아닌 비거주자로부터 수령하는 경우

② 비거주자 간 또는 거주자와 비거주자 간 거래의 결제를 위하여 당해 거래의 당사자가 아닌 거주자가 당해 거래의 당사자인 비거주자로부터 수령하는 경우(당해 거래의 당사자인 거주자가 당해 거래의 당사자가 아닌 거주자로부터 결제대금을 수령하는 경우를 포함)

③ 외국환은행이 당해 외국환은행의 해외 지점 또는 현지법인의 여신과 관련하여 차주, 담보제공자 또는 보증인으로부터 여신원리금을 회수하여 지급하고자 하는 경우

④ 거주자인 예탁결제원이 예탁기관으로서 외국환거래법규에서 정한 바에 따라 비거주자가 발행한 주식예탁증서의 권리행사 및 의무이행과 관련된 내국 지급수단 또는 대외 지급수단을 지급 또는 수령하는 경우

⑤ 거래당사자가 회원으로 가입된 국제적인 결제기구와 지급·수령하는 경우

⑥ 인정된 거래에 따른 채권의 매매 및 양도, 채무의 인수가 이루어진 경우(비거주자 간의 외화채권의 이전을 포함)

⑦ 부동산 취득과 관련한 대금을 부동산 소재지 국가의 중개·대리업자에게 지급하는 경우

⑧ 인정된 거래로 외국에서 외화증권을 발행한 거주자가 원리금 상환 및 매입 소각 등을 위하여 자금관리위탁계약을 맺은 자에게 지급

⑨ 인정된 거래에 따라 외화증권을 취득하고자 하는 자가 관련 자금을 예탁결제원에 지급

⑩ 본사 주식 취득과 관련하여 외국인 투자기업, 외국 기업 국내 지사, 외국환은행 국내 지점 또는 사무소가 본사에게 직접 지급

⑪ 해외 현지법인 또는 해외 지사를 설치하고자 하는 거주자가 동 자금을 해외 직접투자 관련 대리인에게 지급

⑫ 외교부의 신속 해외송금 지원제도 운영지침에 따라 대한민국 재외공관이 국민인 비거주자에게 긴급경비를 지급

⑬ 수입대행업체에게 단순 수입대행을 위탁한 거주자(납세의무자)가 수입대행계약 시 미리 정한 바에 따라 수입대금을 수출자인 비거주자에게 지급

⑭ 거주자가 인터넷으로 물품 수입을 하고 수입대금은 국내 구매대행업체를 통해 지급 및 수입대금을 받은 구매대행업체가 수출자에게 지급

⑮ 비거주자가 인터넷으로 판매자인 다른 비거주자로부터 물품을 구매하고 구매대금을 거주자인 구매대행업체를 통하여 지급하는 경우와 구매대금을 받은 거주자인 구매대행업체가 판매자인 다른 비거주에게 지급하는 경우(예 : 스마트폰의 앱을 올려 판매하는 비거주자에게 이를 구입한 다른 비거주자가 마켓 개설업체인 거주자를 통하여 거래하는 경우 등)

⑯ 국내 정유회사가 외국 국영기업 등으로부터 원유 등을 수입하고 수입대금을 수출국 중앙은행에 지급하는 경우

⑰ 국내 해운대리점 또는 선박관리업자가 외국 선주로부터 받은 자금으로 국내 입항 선원의 경비 등을 외항선박의 선장 등 관리책임자에게 지급하는 경우

⑱ 거주자 간 거래 결제 시 당사자인 거주자가 당사자가 아닌 거주자에게 대금을 지급하는 경우

⑲ 다국적기업의 상계센터를 통한 상계로서 한국은행 총재에게 상계 신고를 이행한 후 상계잔액을 해당 센터에 지급하는 경우 등

(5) 외국환은행을 통하지 아니하는 지급 등의 방법

거주자가 외국환은행을 통하지 아니하고 당사자 간에 직접 거래대금 등을 지급하거나 또는 수령하고자 하는 경우(거래의 존재 여부를 파악하기 어렵거나 지급규모의 정당성 등 확인 곤란) 한국은행 총재에게 신고하여야 한다. 다만, 다음의 경우는 신고를 면제한다.

❶ 거주자가 지급수단을 수령하는 경우

❷ 미화 1만 달러를 초과하는 해외여행 경비를 일정한 절차[3]를 거쳐 대외 지급수단을 휴대 수출하여 지급하는 경우

❸ 거주자가 외국에서 보유가 인정된 대외 지급수단으로 인정된 거래에 따른 대가를 외국에서 직접 지급하는 경우

❹ 거주자와 비거주자 간에 국내에서 내국 통화로 표시된 거래를 함에 따라 내국 지급수단으로 지급하고자 하는 경우

❺ 지급증빙서류 제출 등 지급절차를 거친 후 외국환은행의 장의 확인을 받은 다음에 지급

---

3 해외 체재자, 해외 유학생, 여행업자 및 해외 이주자는 지정거래 외국환은행장의 확인을 받아야 하고, 일반 해외여행자는 관할세관장에게 신고해야 한다.

ㄱ. 영화, 음반, 방송물 및 광고물의 외국 제작에 필요한 경비를 대외 지급수단을 휴대 수출하여 지급하는 경우

ㄴ. 스포츠 경기, 현상광고 등과 관련한 상금을 당해 입상자에게 직접 지급하는 경우

ㄷ. 외국인 거주자가 또는 비거주자가 국내 보수 또는 소득을 대가로 지정거래 외국환은행으로부터 매입한 대외 지급수단을 휴대수출하여 지급하는 경우 등

❻ 거주자와 비거주자 간 또는 거주자와 다른 거주자 간의 건당 미화 1만 달러 이하의 경상거래에 따른 대가를 대외 지급수단으로 직접 지급하는 경우

❼ 본인 명의의 신용카드 등으로 다음에 해당하는 지급을 하고자 하는 경우

ㄱ. 외국에서의 해외여행 경비 지급(외국 통화 인출 지급 포함)

ㄴ. 국제기구, 국제단체, 국제회의에 대한 가입비, 회비 및 분담금 지급

ㄷ. 외국 간행물에 연구논문, 창작작품 등의 발표·기고에 따른 게재료 및 별책대금 등 제 경비 지급

ㄹ. 기타 비거주자와의 인정된 거래(자본거래 제외)에 따른 결제대금을 국내에서 지급하는 경우 등

4 지급수단등의 수출입

거주자 또는 비거주자가 허용된 범위를 초과하여 지급수단 또는 증권('지급수단 등')을 직접 휴대 또는 우편 등의 방법을 포함하여 수출입하는 경우 일정한 신고의무를 부과한다.

(1) 신고의 면제

❶ 지급수단

ㄱ. 미화 1만 달러 이하의 지급수단 등(단, 내국 통화, 원화표시 여행자수표 및 원화 자기앞수표 이외의 내국 지급수단은 제외) 수입

ㄴ. 약속어음·환어음·신용장 수입

ㄷ. 외국환은행이 외국에 있는 금융회사에게 환전용 내국 통화를 수출하거나 외국에 있는 금융회사로부터 대외 지급수단을 대가로 지급하고 내국 통화를 수입하는 경우

ㄹ. 미화 1만 달러 이하의 지급수단(대외 지급수단, 내국 통화, 원화표시 자기앞수표 및 원화표시 여

행자 수표) 또는 외국인 거주자 및 비거주자가 국내에서 외국환은행장의 확인을 받아 취득한 미화 1만 달러를 초과하는 대외 지급수단 수출

ㅁ. 외국환은행을 통하지 않은 지급방법에서 인정된 대외 지급수단 수출

ㅂ. 비거주자가 최근 입국 시 휴대수입한 범위 내 또는 국내에서 인정된 거래에 의하여 취득한 대외 지급수단 수출

ㅅ. 국내의 외국 정부 공관과 국제기구, 미합중국 군대 및 이에 준하는 국제연합군, 주한 외교관 등 비거주자의 대외 지급수단 수출입

ㅇ. 수출물품에 포함 또는 가공되어 대외 무역법에서 정하는 바에 의한 내국 지급수단 수출

ㅈ. 비거주자의 입국 시 휴대수입 또는 국내에서 매입한 원화표시 여행자수표 수출

ㅊ. 거주자의 자가화폐 수집용·기념용·자동판매기 시험용·외국 전시용 또는 화폐수집가 등에 대한 판매를 목적으로 하는 미화 5만 달러 상당액 이내의 외국 통화 또는 내국 통화 수출입 등

ㅋ. 거주자가 수출대금의 수령을 위하여 외국 통화표시수표를 휴대수입 이외의 방법으로(예 : 우편 등) 수입하는 경우 등

❷ 증권

ㄱ. 미화 1만 달러 이하의 증권의 수입

ㄴ. 자본거래의 허가 또는 신고된 바에 따른 기명식 증권 수출입

ㄷ. 외국인투자촉진법에 의해 취득한 기명식 증권 수출입

ㄹ. 외국 기업 국내 지사 등에 근무하는 거주자가 취득한 본사 주식이나 국제수익증권 등의 수출입

(2) 관할세관의 장에게 신고

❶ (1)의 경우를 제외하고 거주자 또는 비거주자가 미화 1만 달러를 초과하는 지급수단을 휴대수입하는 경우

❷ (1)의 경우를 제외하고 국민인 거주자가 미화 1만 달러를 초과하는 지급수단을 휴대수출하는 경우

5 **비거주자 또는 외국인 거주자의 국내에서의 지급수단 취득 확인**

비거주자 또는 외국인 거주자가 미화 1만 달러 상당액을 초과하는 대외 지급수단을 국내에서 취득하는 경우에는 당해 취득 사실에 대해 외국환은행의 장의 확인을 받아야 한다. 확인을 받은 경우 세관신고가 면제된다.

section 02 │ 채권 회수의무

2017. 7. 18. 개정 외국환거래법령 시행 전에는 거주자가 비거주자에 대해 건당 미회수잔액이 미화 50만 달러를 초과하는 채권을 보유하고 있는 경우 당해 채권의 만기일 또는 조건성취일부터 3년 이내에 이를 국내로 회수하여야 하며, 동 회수 대상채권 회수의무 면제 또는 연장을 위해 한국은행에 신고토록 하였으나, 2017. 7. 18. 이후 평상시 대외채권 회수의무는 폐지되고 유사시 기재부장관의 비상조치권(safeguard)으로 대체되었다(외국환거래규정 제1-3조 폐지 및 외국환거래법 제6조 제1항 제3호 신설).

chapter 04

자본거래 및 현지금융

자본거래 유형

자본거래는 물품 등 실물의 이동과 직접적인 관련없이 독립적으로 이루어지는 금융거래로서, 외국환거래법령에서는 자본거래의 당사자 또는 거래형태에 따라 자본거래의 유형을 다음과 같이 분류한다.

유형	관련 규정	
① 예금 및 신탁계약	외국환거래규정	제7장 제2절
② 금전대차 및 채무의 보증계약	〃	〃 제3절
③ 대외지급수단, 채권, 기타의 매매 등	〃	〃 제4절
④ 증권의 발행	〃	〃 제5절
⑤ 증권의 취득	〃	〃 제6절
⑥ 파생상품거래	〃	〃 제7절
⑦ 부동산 취득	〃	제9장 제4절~제5절
⑧ 외국기업 등의 국내 지사	〃	〃 제3절
⑨ 기타 자본거래	〃	제7장 제8절
⑩ 현지금융	〃	〃 제3절
⑪ 해외 직접투자	〃	제9장 제1절
⑫ 국내 기업 등 해외 지사	〃	제9장 제2절
⑬ 외국인 직접투자	외국인투자촉진법	

거주자와 비거주자 간의 모든 자본거래, 거주자 간의 외국 통화로 지급될 수 있는 거래, 비거주자 간의 원화로 표시되거나 지급될 수 있는 거래에 대해 적용한다.

거주자 간의 외화표시 자본거래는 원칙적으로 제한하지 않되, 자본거래에 따른 대금의 지급(미화 5천 달러 이하 제외)은 외국환은행을 통하여 지급·영수토록 하고 있다.

예금 · 신탁계약

(1) 국내의 예금 · 신탁

거주자의 국내 외화예금·신탁거래에는 특별한 제한이 없으나, 비거주자의 국내 예금·신탁거래는 국민인 비거주자의 원화예금·신탁거래, 비거주자의 국내 증권투자 관련 원화·외화예금거래를 제외하고는 대부분 예치 재원, 처분 용도를 지정하고 이를 벗어나는 경우 한국은행 총재 앞 신고의무를 부과한다. 국내 예금 및 신탁계정의 종류는 다음과 같다.

❶ 원화계정

종류	개설자	예치 가능 자금	처분 용도
비거주자 원화계정	비거주자	• 비거주자가 국내에서 취득한 내국 지급수단 • 비거주자가 대외경제협력기금법 시행령에 의한 차관공여 계약서에 따라 지급받은 내국 지급수단	• 내국 지급수단으로의 인출 • 거주자 원화계정 및 다른 비거주자 원화계정으로의 이체 • 대외경제협력기금법 시행령에 의한 차관공여 자금을 외국으로의 송금 기타 인정된 거래에 사용 • 비거주자 원화계정에서 발생한 이자를 외국으로 송금
		• 원화표시 경상거래대금 또는 원화표시 재보험거래대금으로 취득한 내국 지급수단 • 본인 명의의 다른 비거주자 자유원계정, 투자전용 비거주자 원화계정으로부터의 이체	• 외국환은행 등에 대외지급수단을 대가로 한 매각 • 원화표시 경상거래대금 또는 원화표시 재보험거래대금 지급(지급하는 자는 경상거래대금의 추심·결제업무를 수행하는 외국에 있는 금융회사를 포함하며, 지급 방법은 계좌 간 이체방식에 한함)

비거주자 자유원계정 (비거주자 원화신탁 계정)	비거주자	• 인정된 자본거래에 따라 국내에서 취득한 자금으로서 대외지급이 인정된 자금 • 외환동시결제시스템[1]을 통한 결제 또는 이와 관련된 거래에 따라 취득한 내국 지급수단 • 거주자 보증 등 제공 없이 은행으로부터 차입한 자금 • 외국에 소재한 공인된 거래소에서 거래되는 증권·장내파생상품의 원화 결제에 따라 취득한 자금 • 국내에서 증권의 발행으로 조달한 자금 • 외국으로부터 송금 또는 휴대 반입한 외화자금 또는 본인 명의 대외계정에 예치된 자금을 원화대가로 매각한 자금	• 비거주자 본인 명의의 다른 비거주자 자유원계정, 투자전용 원화계정 및 비거주자 원화신탁계정으로의 이체 • 거주자에 대한 원화자금 대출 • 외국에서 국내로 지급·의뢰된 건당(동일자 동일인 기준) 미화 2만 달러 상당 이하 원화자금의 지급(외국 금융회사 명의의 계정에 한함) • 외환동시결제시스템을 통한 결제 또는 이와 관련된 거래를 위한 자금의 이체 • 거주자 보증 등 제공 없이 은행으로부터 차입한 원화자금의 원리금 상환 • 외국에 소재한 공인된 거래소에서 거래되는 증권·장내파생상품의 원화 결제를 위한 자금의 지급 • 증권의 원리금 상환, 증권의 매입 및 증권 발행수수료 등 발행비용의 지급

※ 거주자와 국내에서 신탁거래(거주자 간 원화신탁거래 포함)를 하는 자가 신탁계약 만료 후 금전이 아닌 자산 또는 이에 대한 권리를 취득하는 경우에는 해당 자산 등의 취득에 관해 규정에서 정하는 바에 따라 신고 등을 하여야 한다.

❷ 외화계정

종류	개설자	예치 가능 자금	처분용도
거주자 외화계정 (거주자 외화신탁 계정)	거주자(예금계정인 경우는 개인인 외국인 거주자, 대한민국 정부의 재외공관 근무자 및 동거가족 제외)	• 취득 또는 보유가 인정된 대외지급수단 • 내국 지급수단을 대가로 외국환은행으로부터 매입한 대외지급수단	제한 없음 (다만, 대외지급 시는 확인 등 지급절차를 따름)
대외계정 (비거주자 외화신탁 계정)	• 비거주자 • 개인인 외국인 거주자 • 대한민국 정부의 재외공관 근무자 및 동거가족	• 외국으로부터 송금되어 온 대외지급수단 • 인정된 거래에 따라 대외지급이 인정된 대외지급수단 • 국내 금융회사와 외국환은행 해외 지점 등 간 또는 외국환은행 해외 지점 등 간 외환결제에 따라 취득한 대외지급수단	• 외국에 대한 송금 • 다른 외화예금계정 및 외화신탁계정에의 이체 • 대외지급수단으로의 인출 또는 외국환은행 등으로부터 다른 대외지급수단의 매입 • 외국환은행 등으로부터 다른 대외지급수단의 매입 • 외국환은행에 내국 지급수단을 대가로 한 매각

---

1 매도통화와 매입통화의 동시결제를 통한 외환결제 리스크의 감축을 목적으로 설립된 외환결제전문기관인 CLS은행(CLS Bank International)이 운영하는 결제시스템

		• 국내에서 증권의 발행으로 조달한 자금	• 기타 인정된 거래에 따른 지급 • 국내 금융회사와 외국환은행 해외 지점 등 간 외화결제에 따른 지급
해외 이주자 계정	• 해외 이주자 • 재외동포*	해외 이주자 및 해외 이주 예정자의 자기 명의 재산 또는 재외동포의 자기명의 국내 재산을 처분하여 취득한 내국지급수단을 대가로 외국환은행등으로부터 매입한 대외지급수단	• 인정된 해외 이주비 및 반출이 인정된 재외동포 국내 재산의 송금 • 외국환은행에 내국 지급수단을 대가로 한 매각 • 재외동포의 자기명의 부동산 처분대금과 국내 예금·신탁계정 관련 원리금 송금

* 해외 이주법에 의한 해외 이주자로서 외국 국적을 취득한 자 및 대한민국 국민으로서 외국의 영주권 또는 이에 준하는 자격을 취득한 자

(2) 거주자의 해외예금 · 신탁

거주자의 해외예금거래는 해외증권투자, 해외직접투자 등 인정된 원인거래와 관련하여 이의 실행을 위해 필요한 경우는 자유롭게 허용하나, 자산운용 목적의 해외 외화예금·신탁거래는 외국환은행 또는 한국은행 총재에게 신고하여야 한다.

국내에서 송금하는 예치자금은 지정거래 외국환은행을 통해 송금하도록 규정되어 있다.

❶ 신고 면제

ㄱ. 외국에 체재하고 있는 거주자의 외화예금·신탁거래

ㄴ. 외화자금차입, 해외장내파생상품거래, 외국에서의 증권발행, 증권투자, 현지금융, 해외직접투자 등과 관련한 외화예금거래를 하는 경우

ㄷ. 인정된 거래에 따른 지급을 위한 외화예금·신탁계정의 처분 등

❷ 외국환은행장에게 신고 : 기관투자가, 전년도 수출입 실적이 미화 5백만 달러 이상인 자, 외항운송업자, 해외건설업자, 원양어업자 등이 건당 미화 5만 달러 이하를 예치하고자 하는 경우

❸ 한국은행 총재에게 신고

ㄱ. 거주자가 해외에서 비거주자와 신탁거래를 하고자 하는 경우

ㄴ. 기관투자가, 전년도 수출입 실적이 미화 5백만 달러 이상인 자, 외항운송업자, 해외건설업자, 원양어업자 등(이상 지정거래 외국환은행장 신고대상)을 제외한 거주자가 건당 미화 5만 달러를 초과하여 국내에서 송금한 자금으로 예치하고자 하는 경우

❹ 보고 등

ㄱ. 해외에서 건당 미화 1만 달러 초과 입금한 경우 입금일로부터 30일 이내에 해외입
금보고서를 지정거래 외국환은행에 제출

ㄴ. 다음에 해당하는 자는 지정거래 외국환은행을 경유하여 한국은행 총재에게 잔액현
황보고서 제출

　　a. 법인 : 연간 입금액 또는 연말 잔액이 미화 50만 달러를 초과하는 경우

　　b. 법인 이외의 자 : 연간 입금액 또는 연말 잔액이 미화 10만 달러를 초과하는 경우

section 03 **금전의 대차계약**

거주자 간 외화표시 금전의 대차거래, 국민인 거주자와 국민인 비거주자 간 국내에서 내국
통화표시 금전대차, 외국인투자촉진법에 의한 차관계약 등(이상 신고 면제)을 제외하고는 거주
자의 비거주자로부터의 원화자금 차입 및 외화자금 차입, 일정 기준을 초과하는 거주자의 비
거주자에 대한 원화 또는 외화자금의 대여에 대해서는 보고 또는 신고의무를 부과한다.

(1) 거주자의 비거주자로부터의 금전차입

❶ 외화자금을 차입(외화증권 발행 포함)하고자 하는 경우에는 다음을 제외하고 현지금융여부
를 명시하여 지정거래 외국환은행장에게 보고(현지금융의 경우 다른 거주자가 보증 및 담보를 제
공하지 않는 경우에 한함)

ㄱ. 신고 면제 : 외국인투자촉진법에 의한 차관계약, 재외공관 근무자 또는 해외 체재
자의 생활비 지급용 해외차입, 거주자(배우자 포함)의 해외 주거용 주택을 담보로 한
주택 취득자금용 외화차입 등

ㄴ. 기획재정부장관에게 신고 : 영리법인 등의 미화 5천만 달러(과거 1년간의 누적차입금액
포함) 초과 차입(단, 외국인 투자기업이 일정 한도[2] 이내에서 단기외화자금[3]을 차입하는 경우에는 지

2　일반 제조업체 : 외국인 투자금액의 50/100
　고도기술업체 : 외국인 투자금액(단, 외국인 투자비율이 1/3 미만인 기업은 75/100)
3　단기 외화자금 : 상환기간이 자금인출일로부터 1년 이내인 외화자금차입

정거래 외국환은행장에게 신고)

☞ 직전 분기말 자기자본이 1조원 이상인 투자매매업자 또는 투자중개업자가 비거주자로부터 미화 5천만 달러 초과의 외화자금을 상환기간(거치기간을 포함) 1년 초과의 조건으로 차입(외화증권 발행 포함)하는 경우 기획재정부 장관에게 신고

ㄷ. 한국은행 총재에게 신고 : 개인 및 비영리법인의 외화자금 차입

☞ 외국인 투자기업의 장기차관 도입 : 국내 외국인 투자기업(거주자)이 해외 모기업 또는 해외 모기업과 일정한 자본출자관계가 있는 기업(비거주자)으로부터 상환만기 5년 이상으로 자금을 차입하는 경우에는 외국인 투자촉진법에 따라 외국환은행의 장(또는 대한무역투자진흥공사의 장)에게 신고

❷ 원화자금(비거주자자유원계정에 예치된 내국 지급수단에 한함)을 차입하고자 하는 경우 1년간 누적차입금액이 10억 원 이내인 경우에는 지정거래 외국환은행에 신고, 10억 원이 초과되는 경우에는 지정거래 외국환은행을 경유하여 기획재정부장관에게 신고(국민인 거주자의 국민인 비거주자로부터의 원화자금 차입신고 면제)

(2) 현지법인의 현지금융

❶ 외국환은행에 대한 보고 : 거주자의 현지법인(거주자의 현지법인이 50% 이상 출자한 자회사 포함), 거주자의 해외지점(외항운송업자·원양어업자, 해외건설·용역사업자의 해외지점은 제외)이 현지금융을 받고자 하는 경우에는 현지금융 관련 거주자로부터 보증(담보포함)을 받는 경우에 한하여 현지법인 등을 설치한 거주자의 지정거래외국환은행장에게 보고

❷ 기획재정부 장관에게 신고 : 거주자가 외화증권 발행방식에 의하여 미화 5천만 달러를 초과하는 현지금융을 받고자 하는 경우

(3) 거주자의 비거주자에 대한 금전대여

❶ 신고 면제 : 국민인 거주자가 국민인 비거주자에게 국내에서 원화자금을 대여하는 경우 등

❷ 지정거래 외국환은행장에게 보고 : ❶의 경우를 제외하고 외국 법인에 투자한 거주자가 해당 외국법인에 대하여 상환기간을 1년 미만으로 하여 금전을 대여하는 경우

❸ 한국은행 총재에게 신고 : ❶과 ❷의 경우를 제외하고 거주자가 비거주자에게 원화자금 또는 외화자금을 대여하고자 하는 경우에는 한국은행 총재에게 신고

대차거래 등에 있어서 채무자가 채무(주채무)를 이행하지 않는 경우 채무자 이외의 제 3자(보증인)가 채무(보증채무)를 부담한다는 채권자와 보증인 간의 계약으로 자본거래의 하나로 분류하여 관리한다.

채무의 보증계약은 원칙적으로 자유롭게 할 수 있으나, 대기업 등의 상호 지급보증 또는 보증채무의 이행으로 순자본 유출을 초래할 우려가 있는 보증계약 등에 대해서는 이를 제한한다.

거주자, 거주자의 해외 지점(비거주자) 및 거주자의 해외 현지법인(비거주자)이 해외에서 사용하기 위해 해외에서 자금을 차입함에 있어 (다른) 거주자 등이 보증을 하는 경우에는 현지금융 관련 규정에 따라 지정거래 외국환은행장에게 보고해야 한다.

(1) 신고 면제

❶ 거주자와 거주자의 거래에 대한 다른 거주자의 외국통화표시 보증

❷ 거주자가 인정된 거래를 함에 따라 비거주자로부터 보증을 받는 경우

❸ 거주자의 비거주자로부터의 외화자금 또는 원화자금 차입계약(현지금융은 제외)에 대해 다른 거주자가 비거주자에게 보증을 하는 경우(단, 주채무계열 소속 상위 30대 계열기업체의 외화자금차입계약에 관해 동 계열소속 다른 기업체가 보증하는 경우, 비영리법인 및 개인 등의 외화차입과 관련된 거주자의 보증 등은 제외)

❹ 거주자의 인정된 지급을 위한 비거주자에 대한 외국 통화표시 보증

❺ 거주자의 비거주자와의 인정된 임차계약에 따른 다른 거주자의 보증

❻ 거주자의 비거주자에 대한 약속어음 매각과 관련한 계열기업의 보증

❼ 거주자의 비거주자와의 수출입·용역거래, 해외건설 및 용역사업 수행 등을 위한 국제입찰 또는 계약과 관련한 비거주자에 대한 보증

❽ 거주자의 해외 장내파생상품거래와 관련한 당해 거주자 또는 계열기업의 비거주자에 대한 보증

❾ 국민인 거주자와 국민인 비거주자 간의 다른 거주자를 위한 내국 통화로 표시되고 지급되는 보증 등

(2) 외국환은행장에게 보고

❶ 국내에 본점을 둔 투자매매업자·투자중개업자, 시설대여회사가 당해 회사 현지법인의 현지차입에 대해 각각 출자금액의 300%, 100% 이내에서 보증을 하는 경우
❷ 거주자의 현지법인의 외국 시설대여회사로부터의 시설재 임차에 대해 당해 거주자 또는 계열기업이 보증하는 경우
❸ 주채무계열 소속 상위 30대 계열기업체('30대 계열기업체')의 장기외화자금 차입에 대해 동일 계열기업체가 보증하는 경우(지정거래 외국환은행 보고사항)
❹ 교포 등에 대한 여신과 관련하여 거주자 또는 당해 여신을 받는 비거주자가 국내에 있는 금융회사에 미화 50만 달러 이내에서 원리금의 상환을 보증하는 경우(지정거래 외국환은행 보고사항)

(3) 한국은행 총재에게 신고

신고 면제, 외국환은행장 보고대상을 제외하고 거주자가 비거주자와 채무의 보증계약을 하는 경우에는 한국은행 총재에게 신고해야 한다.

section 05 · 대외지급수단, 채권 기타의 매매 및 용역계약

대외지급수단과 예금, 보험증권, 대차 및 입찰 등으로 인하여 생기는 금전채권을 대외지급수단 또는 내국 지급수단을 대가로 매매하는 거래와 동산, 부동산을 불문하고 재산권을 매매하는 기타의 매매계약과 운송, 건설 등 타인을 위한 노무 또는 편의의 제공을 목적으로 하는 용역계약에 따른 자본거래가 포함된다.

(1) 거주자 간 대외지급수단, 채권 기타의 매매 및 용역계약

거주자 간의 기타의 매매 및 용역계약은 대부분 실물거래로서 외국 통화로 지급받을 수 있는 계약에 대해 외국환거래법상 자본거래로 분류하며, 원칙적으로 자유롭게 할 수 있으나 다음의 경우 한국은행 총재에게 신고하여야 한다.

❶ 대외지급수단 매매로서 매매차익을 목적으로 하거나 또는 동일자 미화 5천 달러를 초과하는 경우

❷ 대외지급수단, 채권 기타의 매매 및 용역계약에 따른 대가를 외국환은행을 통하지 않고 지급·수령하는 경우

(2) 거주자와 비거주자 간 대외지급수단, 채권의 매매계약

거주자와 비거주자 간의 기타의 매매 및 용역계약은 부동산 관련 계약을 제외하고는 대부분 무역 또는 무역 외 거래에 해당되어 외국환거래법상 제한할 근거가 없다.

그러나 대외지급수단, 채권의 매매계약은 다음의 신고 면제(❶~❻) 또는 외국환은행장 신고(❼)거래를 제외하고 한국은행 총재에게 신고하여야 한다.

❶ 외국환은행해외지점, 외국환은행현지법인, 외국금융기관(외국환전영업자를 포함)이 해외에 체재하는 거주자와 원화표시여행자수표, 원화표시자기앞수표 또는 내국통화의 매매

❷ 외국에 체재하는 거주자(재외공관근무자 또는 그 동거가족, 해외체재자를 포함)가 비거주자와 체재에 직접 필요한 대외지급수단, 채권의 매매

❸ 거주자의 외국에서 보유가 인정된 대외지급수단 또는 외화채권으로 다른 외국 통화표시 대외지급수단 또는 외화채권 매입

❹ 거주자의 비거주자 앞 수출 관련 채권 매각 후 동 매각자금 전액의 외국환은행을 통한 국내 회수

❺ 거주자의 국내외 부동산·시설물 등의 이용과 관련된 회원권, 비거주자가 발행한 약속어음 및 비거주자에 대한 외화채권 등의 비거주자 앞 매각 후 동 매각자금 전액의 외국환은행을 통한 국내 회수

❻ 거주자가 비거주자에게 매각한 국내의 부동산·시설물 등의 이용·사용과 관련된 회원권의 비거주자로부터의 재매입

❼ 거주자가 외국의 부동산·시설물 등의 이용·사용과 관련된 회원권을 비거주자로부터 매입

section 06 | 증권의 발행

(1) 거주자의 증권발행

❶ 신고 면제 : 국내에서의 외화증권 발행
❷ 외국에서의 외화증권 발행은 앞의 '금전의 대차계약(외화차입)(section 03)' 준용
❸ 기획재정부장관에게 신고 : 외국에서의 원화증권 발행

(2) 비거주자의 증권발행

비거주자가 다음의 증권을 발행하는 경우에는 기획재정부장관에게 신고하여야 한다.

❶ 국내에서 외화증권 또는 원화 연계 외화증권을 발행하거나 외국에서 기발행된 외화증권을 국내 유가증권시장에 상장 또는 등록하는 경우거나 원화증권을 발행하고자 하는 경우
❷ 외국에서 원화증권[4] 또는 원화 연계 외화증권[5]을 발행하고자 하는 경우

section 07 | 증권의 취득

거주자와 비거주자 간 증권거래는 자산운용 등의 일환으로 시장 등을 통하여 증권을 매입하는 간접투자(portfolio investment)와 국내 또는 해외법인의 경영에 참여하기 위하여 그 법인의 증권을 취득하는 직접투자(direct investment)로 구분한다.

❶ 비거주자의 국내 직접투자를 위한 증권 및 지분취득에 대해서는 별도의 법령인 외국인투자촉진법을 적용하며, 거주자의 해외 외국법인 설립 및 경영참여 등을 위한 증권 및 지분취득은 '제 5 장 해외 직접투자' 관련 조항을 적용

---

4 원화증권 : 표시통화, 지급금액의 결정통화 및 결제통화가 모두 내국 통화인 증권
5 원화 연계 외화증권 : 표시통화 또는 지급금액의 결정통화 또는 결제통화가 내국 통화인 외화증권

❷ 거주자 간의 외화증권 매매 및 비거주자 간의 원화증권매매에 대해서는 이후 '기타 자본거래(9절)'를 적용

(1) 거주자의 비거주자로부터의 증권 취득

❶ 신고 면제

ㄱ. 자산운용목적 등으로 다음 참고의 '거주자의 외화증권 투자절차'에 따른 취득

ㄴ. 비거주자로부터 상속 · 유증 · 증여로 인한 취득

ㄷ. 거주자가 외국에서 발행한 증권의 만기 전 상환 및 매입 소각 등을 위한 취득

ㄹ. 인정된 거래에 따라 취득한 주식을 대신하여 합병 후 존속 · 신설된 법인의 주식 또는 지분을 비거주자로부터 취득하는 경우

ㅁ. 외국 법령에 의한 의무이행을 위해 비거주자로부터의 외화증권 취득

ㅂ. 국민인 비거주자로부터 국내에서 원화증권을 내국 통화로 취득

ㅅ. 인정된 거래에 따른 대부금의 대물변제, 담보권의 행사와 관련한 취득

ㅇ. 비거주자가 국내 · 외에서 발행한 만기 1년 이상인 원화증권 취득

ㅈ. 국내 기업의 외국 기업과의 거래관계 유지 등을 위한 미화 5만 달러 이하의 당해 외국 기업의 주식 또는 지분 취득

ㅊ. 외국인 투자기업, 외국 기업 국내 지사, 외국 은행 국내 지사에 근무하는 자의 본사 (본사의 지주회사나 방계회사 포함) 주식 또는 지분 취득

ㅋ. 국내에 상장된 외화증권의 비거주자로부터의 취득

ㅌ. 국내에서 인정된 방법으로 증권을 취득한 비거주자로부터의 동 증권 취득

❷ 한국은행 총재에게 신고 : 신고 면제 거래를 제외하고 거주자가 비거주자로부터 증권을 취득하고자 하는 경우에는 한국은행 총재에게 신고

거주자의 외화증권 투자절차

1. 투자가의 구분
  (1) 기관투자가 : 외국환은행, 종합금융회사, 금융투자업자, 집합투자기구, 보험회사, 한국주택금융공사, 기금, 공제조합 등
  (2) 일반투자가 : 기관투자가가 아닌 거주자

2. 투자절차
　(1) 기관투자가 : 특별한 제한은 없음
　(2) 일반투자가
　　① 투자중개회사를 통하여 외화증권의 매매를 위탁. 단, 외국집합투자 증권을 매매하고자 하는 경우
　　에는 투자매매업자 또는 투자중개업자와 매매 가능
　　② 투자중개업자는 외국환은행에 개설된 일반투자가 명의(투자중개업자의 명의를 부기함) 또는 투
　　자중개업자 명의의 외화증권투자전용 외화계정을 통하여 투자 관련 자금을 송금 또는 회수

(2) 비거주자의 거주자로부터의 증권 취득

❶ 신고 면제
　ㄱ. 자산운용목적 등으로 다음 참고의 '외국인 투자자[6]의 국내 원화증권 투자절차'에
　　따른 국내 원화증권 취득
　ㄴ. 외국인 투자촉진법에 의해 인정된 외국인 직접투자를 위한 증권 취득
　ㄷ. 비거주자가 거주자로부터 상속·유증으로 증권 취득
　ㄹ. 거주자가 취득한 외국인 투자기업 등 본사 주식의 당해 거주자로부터의 매입
　ㅁ. 국민인 비거주자가 국내에서 거주자로부터 원화증권 취득
　ㅂ. 국내에서 증권을 발행한 비거주자의 만기 전 상환 등을 위한 증권 취득 등
　ㅅ. 대부금의 대물변제, 담보권의 행사 및 채권의 출자전환과 관련한 거주자로부터의
　　증권 취득
　ㅇ. 국내에 상장된 외화증권을 외국인 투자자의 국내 원화증권 투자 절차에 따른 취득
　ㅈ. 인정된 방법으로 증권을 취득한 거주자로부터의 동 증권 취득
❷ 외국환은행장에게 신고 : 상기 ❶의 ㄱ.에 해당하는 경우를 제외하고 비거주자가 거주
　자로부터 국내법인의 비상장·비등록 내국통화표시 주식 또는 지분을 「외국인투자촉진
　법」에서 정한 출자목적물에 의해 취득하는 경우로서 「외국인투자촉진법」에서 정한 외
　국인투자에 해당하지 아니하는 경우
❸ 한국은행 총재에게 신고 : 신고 면제, 외국환은행장 신고대상을 제외한 비거주자의 거주
　자로부터의 증권 취득에 대해 신고

6　비거주자(국민은 해외 영주권자만 포함) 및 외국인 거주자(증권거래법령에 의해 투자와 관련하여 내국민
　대우를 받는 외국인거주자는 제외)이다. 여기서 내국민 대우 외국인이란 국내에 있는 영업소·기타 사무소
　에 근무하고 있거나 국내에서 영업활동에 종사하고 있는 자 및 국내에 주된 사무소를 두고 있는 외국 법인
　또는 외국 법인의 국내 지점·출장소·기타의 사무소를 말한다.

> **외국인 투자자의 국내 원화증권 투자절차**
>
> 1. 투자대상 증권
>   자본시장법령에 의한 증권, 기업어음, 상업어음, 무역어음, 양도성 예금증서, 표지어음, 종합금융회사 발행어음
> 2. 투자절차
>   외국환은행에 개설된 자기 명의 투자전용 대외계정, 투자전용 비거주자 원화계정 또는 투자중개회사 등이 외국환은행에 개설한 투자전용 외화계정을 통해 투자자금을 예치 및 처분

section 08 파생상품거래

외국환거래법령에서는 파생상품거래를 크게 현물을 기초로 하는 선물, 지수선물, 스왑, 옵션 및 신용파생상품거래[7]로 구분한다. 원칙적으로 외국환업무취급기관을 통하지 않는 거래 및 변칙거래로 활용될 우려가 있는 거래에 대해서는 일정한 제한을 둔다.

(1) 신고 면제

외국환업무취급기관이 외국환업무로서 행하는 거래는 신고를 요하지 않는다.

(2) 한국은행 총재에게 신고

거주자 간 또는 거주자와 비거주자 간 파생상품거래로서 신고 면제 사항에 해당되지 않는

---

7 신용파생상품거래 : 자본시장법 제5조 파생상품 중 신용 위험을 기초자산으로 하는 파생상품을 말한다. 종전에는 당사자, 제3자 또는 기초자산의 채무불이행, 신용등급 하락 등 당사자 간의 약정된 조건에 의한 신용사건 발생 시 신용 위험을 거래당사자의 일방에게 전가하는 신용연계채권(credit linked note), 총수익 교환스왑(total return swap), 신용스왑(credit default swap), 신용옵션(credit default option) 및 손실을 우선 부담시키는 합성담보부채권(synthetic collateralized debt obligations, synthetic collateralized loan obligations) 또는 이와 유사한 거래이었으나 외국환거래규정에 따르면 신용연계채권, 합성담보부채권(synthetic collateralized debt obligations, synthetic collateralized loan obligations)은 신용파생결합증권으로 분류된다.

거래 또는 다음에 해당하는 파생상품거래는 한국은행 총재에게 신고하여야 한다.

❶ 옵션 프리미엄이 액면금액의 100분의 20 이상인 거래
❷ 기체결된 거래에서 발생한 손실을 새로운 파생상품거래의 가격에 반영하는 거래
❸ 파생상품거래를 외국환거래법령에서 정한 신고 등의 절차를 회피하기 위하여 행하는 경우
❹ 한국은행 총재 신고사항으로 규정된 경우

section 09 **기타 자본거래**

외국환거래법에서는 현재 정형화할 수 없거나 또는 새로 출현하게 되는 거래 등에 대응하여 필요시 신속하게 이를 제한할 수 있도록 하기 위해 상기 2절~8절의 자본거래와 유사한 거래를 '기타 자본거래'로 분류하여 제한토록 할 수 있는 근거를 마련하고 있다.

1) 거주자 간 외국 통화표시 기타 자본거래

(1) 적용범위

❶ 거주자 간 외화증권 또는 이에 관한 권리의 취득
❷ 외국 통화로 표시되거나 지급을 받을 수 있는 임대차계약·담보·보증·보험·조합·사용대차·채무의 인수 기타 이와 유사한 계약
❸ 상속·유증·증여에 따른 외국 통화로 지급받을 수 있는 채권의 발생 등에 관한 거래

(2) 제한내용

❶ 원칙적으로 신고 면제
❷ 건당 미화 5천 달러 이하의 거래를 제외하고는 외국환은행을 통해 거래대금을 지급·수령하여야 하며, 외국환은행을 통하지 않는 경우 한국은행 총재에게 신고

2) 거주자와 비거주자 간 기타 자본거래

(1) 적용범위

❶ 거주자와 비거주자 간 임대차계약(부동산 임대차 제외) · 담보 · 보증 · 보험 · 조합 · 사용대차 · 채무의 인수 · 화해 기타 이와 유사한 계약
❷ 상속 · 유증 · 증여에 따른 채권의 발생 등에 관한 거래
❸ 거주자가 해외에서 학교 및 병원의 설립 · 운영 등과 관련된 행위 및 자금의 수수
❹ 거주자의 자금통합관리 및 이와 관련된 행위

(2) 제한내용

❶ 신고 면제
ㄱ. 국내 외항운송업자와 비거주자 간의 1년 미만 선박 · 항공기 임대차계약(소유권 이전의 경우 제외)
ㄴ. 거주자의 비거주자로부터의 부동산 이외 물품의 무상임차
ㄷ. 외국환업무 취급기관의 외국환업무 영위에 따른 비거주자 앞 담보제공
ㄹ. 거주자의 비거주자로부터의 국내 부동산 임차(단, 임차보증금은 내국 통화로 지급)
ㅁ. 거주자가 취득한 외국 부동산의 비거주자에 대한 외국 통화표시 임대
ㅂ. 거주자와 비거주자 간 예탁결제원 또는 유가증권 대차거래 중개기관을 통한 원화증권 차입 · 대여 또는 이와 관련한 원화증권 또는 현금담보 제공
ㅅ. 비거주자의 외국으로의 원리금 송금이 허용되는 국내 예금 · 신탁 · 증권 등의 금융회사 앞 자기여신 관련 담보제공 또는 제3자를 위한 담보제공
ㅇ. 거주자 현지법인의 현지금융 상환을 위한 국내에서의 원화증권 발행과 관련한 당해 거주자(계열회사 포함)의 보증 또는 담보제공
ㅈ. 기관투자가의 외국 증권대여기관 앞 보유 외화증권 대여
ㅊ. 신용카드에 의한 현금서비스거래
ㅋ. 거주자가 수취한 수출신용장의 비거주자 앞 양도
ㅌ. 직전 분기말 기준 자기자본 1조 원 이상의 투자매매업자 또는 투자중개업자의 외화증권 차입 · 대여
ㅍ. 거주자와 국민인 비거주자 간 국내에서 내국 통화로 표시되고 지급되는 기타 자본거래

ㅎ. 거주자의 비거주자로부터의 상속·유증·증여에 따른 채권의 발생 등

ㄲ. 해외건설 및 용역사업자의 해외에서의 장비임차계약 체결

ㄴㄴ. 거주자의 비거주자와의 외국 통화표시 보험계약 체결 또는 외국 보험사업자와의 재보험계약 체결

ㄸ. 외환동시결제시스템을 통한 결제와 관련 외국환은행이 CLS은행 또는 비거주자와 결제 관련 약정(손실부담약정 포함) 체결 등

❷ 외국환은행장에게 신고

ㄱ. 거주자와 비거주자 간 계약 건당 3천만 달러 이하의 부동산 이외 물품임대차계약 (소유권 이전의 경우 포함)

ㄴ. 국내 외항운송업자와 비거주자 간 계약기간 1년 이상인 선박·항공기 임대차계약 (소유권 이전의 경우 제외)

❸ 한국은행 총재에게 신고 : 신고 면제, 외국환은행장 신고대상 거래를 제외한 거주자 와 비거주자 간의 기타 자본거래

3) 비거주자 간의 내국 통화표시 자본거래

(1) 적용범위

❶ 비거주자 간 내국 통화로 표시되거나 지급받을 수 있는 채권의 발생 등에 관한 거래
❷ 비거주자의 다른 비거주자로부터 원화 증권 또는 이에 관한 권리의 취득

(2) 제한내용

❶ 신고 면제

ㄱ. 외국환은행 해외 지점·현지법인의 비거주자와의 내국 통화표시 거래(내국 통화 및 원 화표시 여행자수표 및 원화표시 자기앞수표의 매매에 한함)

ㄴ. 국민인 비거주자 간 국내에서의 내국 통화표시 거래

ㄷ. 비거주자 간 인정된 거래에 따라 취득한 원화증권의 매매

ㄹ. 비거주자의 외국에 있는 금융회사와의 내국 통화표시 예금거래

ㅁ. 비거주자의 외국 금융회사 또는 외국 환전영업자와의 내국 통화 및 원화표시 여행 자수표 및 원화표시자기앞수표의 매매

ㅂ. 비거주자 간 예탁결제원, 증권금융회사 또는 유가증권 대차업무를 영위하는 투자

매매업자 또는 투자중개업자를 통한 원화증권 차입·대여 또는 이와 관련한 원화증권 또는 현금담보 제공

ㅅ. 외국인 투자가의 인정된 거래로 취득한 원화증권의 비거주자 앞 담보제공

ㅇ. 비거주자의 국내 체재 또는 국내 사업영위에 따른 비거주자와의 내국 통화표시 거래

ㅈ. 비거주자 간 상속·유증에 따른 내국 통화로 표시되거나 지급받을 수 있는 채권의 발생 등에 관한 거래

ㅊ. 비거주자 간 해외에서 행하는 내국 통화표시 파생상품거래(결제차액은 외화로 결제)

ㅋ. 외환동시결제시스템을 통한 CLS은행과 비거주자인 회원은행 간, 비거주자인 회원은행 간, CLS은행 및 비거주자인 회원은행과 비거주자 간 원화표시 손실부담약정 및 원화신용공여

ㅌ. 한국은행과 외국 중앙은행 간의 통화스왑자금을 활용한 비거주자 간 내국 통화표시 금전대차계약 등

❷ 기획재정부장관에게 신고 : 신고 면제를 제외한 기타 비거주자 간 내국 통화표시 거래

section 10 현지금융

2023. 7. 4. 개정 외국환거래규정 시행 전에는 금융회사(해외 지점 및 현지법인 포함), 비금융회사가 설립한 현지법인 금융회사를 제외하고 개인이 아닌 거주자, 또는 거주자의 해외 지점(단, 외항운송업자·원양어업자, 해외건설·용역사업자의 해외 지점은 제외) 및 현지법인(거주자의 현지법인이 50% 이상 출자한 자회사 포함)이 외국에서 사용하기 위해 외국에서(현지법인 등이 국내 외국환은행 등으로부터 역외 금융대출을 받는 경우 포함) 외화자금을 차입(외화증권 발행 포함)하거나 지급보증을 받는 경우(현지금융) 신고의무를 부과하였으나, 2023. 7. 4. 이후 현지금융에 대한 별도 규정은 폐지되고, 금전대차·채무보증 계약에 따른 자본거래 규정으로 통합되었다.

chapter 05

해외 직접투자 및 국내 · 외지사

---

section 01 해외 직접투자 및 부동산 취득

---

1 해외 직접투자의 범위

❶ 외국법령에 의하여 설립된 법인(또는 설립 중인 법인)의 경영에 참가하기 위하여 당해 외국
법인의 발행주식 총수 또는 출자총액의 10% 이상의 주식 또는 출자지분을 취득하는 경
우
❷ 투자비율이 10% 미만인 경우로서 임원의 파견, 1년 이상 원자재나 제품의 매매계약,
기술제공 · 도입이나 공동연구개발 계약, 해외건설 및 산업설비공사 수주계약 체결 등
의 경제관계를 수립하는 경우
❸ 이미 투자한 외국법인의 주식 또는 출자지분을 추가로 취득하는 경우
❹ 이미 투자한 외국법인에 대해 상환기간 1년 이상의 금전을 대여하는 경우
❺ 해외 지점 또는 사무소의 영업기금 또는 설치비 지급('제5장 2절 **1** 국내 기업 등의 해외지
사'에서 규정)
❻ 외국에서 법인형태가 아닌 기업을 설치 · 운영하기 위한 자금의 지급
❼ 해외자원 개발사업, 사회간접자본 개발사업을 위한 자금의 지급

2   해외 직접투자의 목적물

해외 직접투자를 하고자 하는 자가 투자대상 외국법인 등의 주식 또는 지분 취득 등의 대가로 납입 또는 제공할 수 있는 목적물은 다음에 한해 인정한다.

❶ 지급수단
❷ 현지법인의 이익유보금 및 자본잉여금
❸ 자본재
❹ 산업재산권 기타 이에 준하는 기술과 이의 사용에 관한 권리
❺ 해외법인 또는 해외 지점·사무소를 청산한 경우의 그 잔여재산
❻ 대외채권
❼ 주식
❽ 기타 그 가치와 금액의 적정성을 입증할 수 있는 자산

3   금융회사가 아닌 자의 해외 직접투자 절차

(1) 외국환은행장에게 신고

거주자(해외이주 수속 중이거나 영주권 등을 취득할 목적의 개인 또는 개인 사업자 제외)가 금융·보험업 이외의 업종에 대하여 해외직접투자(증액투자 포함)를 하고자 하는 경우에는 외국환은행장에게 신고하여야 한다. 다만, 이미 투자한 외국법인이 자체이익유보금 또는 자본잉여금으로 증액투자하는 경우에는 사후에 보고할 수 있으며, 누적 투자금액이 미화 50만불 이내에서의 투자의 경우에는 투자금의 지급이 있은 날로부터 1개월 이내에 사후보고할 수 있다.

(2) 신고 시 제출 서류

❶ 사업계획서
❷ 채무 미변제로 종합신용정보집중기관에 등록되어 있지 않음을 입증하는 서류 및 조세체납이 없음을 입증하는 서류 등

(3) 보고서

❶ 외화증권(채권)취득 보고서

❷ 송금(투자)보고서

❸ 연간사업실적보고서(부동산 관련업 이외의 투자사업으로서 투자금액의 합계가 미화 200만 달러 이하인 경우에는 면제, 미화 300만 달러 이하인 경우에는 현지법인 투자현황표로 갈음)

❹ 청산보고서 등

(4) 역외금융회사 투자 시 한국은행 총재에게 신고

❶ 거주자(개인 및 개인사업자 제외, 금융회사는 금융감독원 신고)가 역외금융회사에 투자하는 경우에는 (1)에도 불구하고 한국은행 총재에게 신고

❷ 역외금융회사 : 직접 또는 자회사 등을 통하여 증권, 채권 및 파생금융상품에 투자하거나 수익을 얻는 것을 주된 목적으로 외국법에 따라 설립된 회사(설립 중인 회사 및 계약형태를 포함)로서 설립 준거 법령 지역에 실질적인 경영활동을 위한 영업소를 설치하지 않은 회사임

❸ 신고대상 투자의 범위

ㄱ. 앞의 '▨**1** 해외 직접투자의 범위' **❶**~**❹**에 준하는 직접투자의 경우

ㄴ. 총투자금액(ㄱ에 의한 투자금액, 부채성증권 매입, 대출, 보증 및 담보제공 포함[1])이 당해 역외금융회사 총자산의 100분의 10 이상인 경우

ㄷ. 역외금융회사에 대해 ㄱ. 또는 ㄴ.에 해당하는 투자를 목적으로 외국 금융회사에 ㄴ에 해당하는 투자를 하는 경우

ㄹ. 역외금융회사 또는 외국 금융회사에 소속된 자금운용단위에 대하여 ㄱ~ㄷ에 해당하는 투자를 하는 경우

❹ 거주자의 현지법인(역외금융회사 포함) 및 그 자회사, 손회사 또는 해외 지점이 '**❸** 신고대상 투자의 범위' ㄱ.~ㄹ.에 해당하는 투자를 하는 경우 투자일로부터 1개월 이내에 한국은행총재에게 보고

❺ 해외직접투자 신고(보고)를 한 자는 매반기별 역외금융회사의 설립 및 운영 현황 등을 다음 반기 첫째달 말일까지 한국은행총재에게 보고

---

1 단, 외국환업무 취급기관이 업무로서 행하는 대출, 보증 및 담보제공 등은 제외한다.

(1) 금융회사의 금융·보험업 및 비금융·보험업에 대한 투자

❶ 금융회사등이 금융·보험업에 대한 해외 직접투자를 하고자 하는 경우에는 금융위원회에 신고하여 수리를 받아야 함. 다만, 이미 투자한 외국법인 이 자체이익유보금 또는 자본잉여금으로 증액투자하는 경우 또는 미화 3천만 달러(투자금 지급시점으로부터 과거 1년간의 누적투자금액 포함) 이내의 투자의 경우에는 투자금의 지급이 있은 날로부터 1개월 이내에 사후보고 가능

☞ 신고 시 첨부서류 : 당해 현지법인의 향후 3년간의 사업계획서·예상수지계산서 및 배당계획서, 당해 투자에 소요될 외화경비명세서 및 동 경비조달계획서, 당해 외국법인의 최근 대차대조표·손익계산서 및 이사회 회의록

❷ 금융·보험업 이외의 해외 직접투자를 하고자 하는 경우에는 금융감독원장에게 신고하여야 함. 다만, 이미 투자한 외국법인이 자체이익유보금 또는 자본잉여금으로 증액투자하는 경우 또는 미화 3천만 달러(투자금 지급시점으로부터 과거 1년간의 누적투자금액 포함) 이내의 투자의 경우에는 투자금의 지급이 있은 날로부터 1개월 이내에 사후보고 가능

☞ 신고 시 첨부서류 : 사업계획서, 주식을 통한 투자인 경우에는 공인회계사법에 의한 회계법인의 주식평가에 관한 의견서,[2] 채무 미 변제 사실이 종합신용정보집중기관에 미등록 및 조세체납이 없음을 입증하는 서류 등

❸ 금융회사등이 설립한 현지법인 또는 현지법인금융기관이 다른 외국법인(당해 현지법인의 손회사를 포함)의 주식 또는 출자지분을 취득하는 경우 취득 후 3개월 이내에 현지법인 또는 현지법인금융기관을 설립한 금융회사등이 금융감독원장에게 보고하여야 함.

☞ 보고 시 첨부서류 : 당해 외국법인의 향후 3년간의 사업계획서 및 예상수지계산서, 당해 외국법인의 향후 3년간의 배당계획서, 당해 외국법인에의 투자에 소요될 외화경비명세서 및 동 경비조달계획서, 당해 외국법인의 직전 사업연도 대차대조표, 손

---

2   다만, 해외상장법인의 경우에는 주식평가에 관한 의견서 제출을 면제하되, 다음 각 1)부터 3)중 어느 하나의 사유가 인정되는 경우 금융감독원장은 이를 요청할 수 있다.
1) 국제적으로 인정받는 신용평가기관에 의한 신용평가등급이 투자부적격인 경우
2) 중대한 소송사건의 발생, 소재지국의 법령 위반으로 인한 감독당국이나 사법기관으로부터 제재조치를 받은 경우
3) 합병 및 최대주주의 변경, 영업양수도 등 경영관리상 중대한 변경사항이 예정된 경우

익계산서 및 이사회 회의록

(2) 금융회사의 역외금융회사 투자

❶ 역외금융회사에 투자하는 경우 금융감독원장에게 신고하여야 함. 다만, 미화 2천만 달러(투자금 지급시점으로부터 과거 1년간의 누적투자 금액을 포함) 이내의 경우에는 투자금의 지급이 있은 날로부터 1개월 이내에 사후보고 가능

❷ 역외금융회사 : 직접 또는 자회사 등을 통하여 증권, 채권 및 파생금융상품에 투자하거나 수익을 얻는 것을 주된 목적으로 외국법에 따라 설립된 회사(설립 중인 회사 및 계약형태를 포함)로서 설립 준거 법령 지역에 실질적인 경영활동을 위한 영업소를 설치하지 않은 회사임

❸ 신고대상 투자의 범위

　ㄱ. 앞의 '　1　해외 직접투자의 범위' ❶~❹에 준하는 직접투자의 경우

　ㄴ. 총투자금액(ㄱ.에 의한 투자금액, 부채성 증권 매입, 대출, 보증 및 담보제공 포함[3])이 당해 역외금융회사 총자산의 100분의 10 이상인 경우

　ㄷ. 역외금융회사에 대해 ㄱ. 또는 ㄴ.에 해당하는 투자를 목적으로 외국 금융회사에 ㄴ.에 해당하는 투자를 하는 경우

　ㄹ. 역외금융회사 또는 외국 금융회사에 소속된 자금운용 단위에 대하여 ㄱ.~ ㄷ.에 해당하는 투자를 하는 경우

❹ 금융회사등의 현지법인 또는 현지법인금융기관(역외금융회사 포함) 및 그 자회사, 손회사 또는 해외 지점이 '❸ 신고대상 투자의 범위' ㄱ.~ ㄹ.에 해당하는 투자를 하는 경우 투자일로부터 1개월 이내에 금융감독원장에게 보고

❺ 역외금융회사 등에 대한 해외직접투자 신고(보고)를 한 자가 당해 신고(보고) 내용을 변경하거나 역외금융회사를 청산하는 경우에는 현지법인 또는 현지법인금융기관(역외금융회사)등 변경(청산)보고서를 변경(청산) 사유가 발생한 후 1개월 이내에 금융감독원장에게 제출하여야 함. 다만, 역외집합투자기구 투자시, 금융회사등의 투자금 변동없이 발생한 지분율 변동의 경우에는 보고의무를 면제함

3　단, 외국환업무 취급기관이 투자목적이 아닌 업무로서 행하는 거래의 경우 제외한다.

5 부동산 취득

(1) 거주자의 외국 부동산 또는 이에 관한 권리 취득

❶ 신고 면제
- ㄱ. 외국환업무 취급기관의 해외지사의 설치·운영에 필요한 부동산 소유권 또는 임차권 취득
- ㄴ. 비거주자로부터의 상속·유증·증여로 인한 부동산에 관한 권리 취득
- ㄷ. 외국환업무 취급기관이 외국환업무와 관련하여 해외 소재 부동산을 담보로 취득하는 경우
- ㄹ. 부동산 투자회사, 금융투자업자가 당해 법령이 정한 바에 의하여 외국에 있는 부동산 또는 이에 관한 권리를 취득하는 경우
- ㅁ. 법률에 의해 설립된 기금 및 국민연금기금을 관리·운용하는 법인의 해외 자산운용 목적 부동산 취득
- ㅂ. 은행 등 금융회사가 해외 자산운용을 목적으로 당해 기관의 관련 법령이나 규정 등에서 정한 범위 내의 외국 부동산 취득

❷ 지정거래 외국환은행장 신고수리 : 거주자가 주거 이외의 목적으로 외국에 있는 부동산을 취득하는 경우, 거주자 본인 또는 배우자가 해외에서 체재할 목적으로 주거용 주택을 취득하는 경우(배우자 명의 취득 포함), 외국에 있는 부동산을 임차하는 경우(임차보증금이 미화 1만달러 초과인 경우)

❸ 한국은행 총재의 신고수리 : 신고 면제, 외국환은행 신고수리 대상을 제외한 거주자의 외국 부동산 또는 이에 관한 권리 취득에 대해 신고수리함

(2) 비거주자의 국내 부동산 또는 이에 관한 권리 취득

외국인이 대한민국 안의 부동산등을 취득하는 계약(부동산거래신고법 제3조제1항 각 호에 따른 계약은 제외)을 체결하였을 때에는 외국환거래법 이외에 별도의 법령인 「부동산 거래신고 등에 관한 법률」에 따라 계약체결일부터 60일(상속·경매 등으로 취득한 경우에는 취득한 날로부터 6개월) 이내에 신고관청에 신고하여야 한다.

❶ 신고 면제

　ㄱ. 해저광물자원개발법에 의한 조광권자의 국내 부동산 등 취득

　ㄴ. 본인, 친족, 종업원의 거주용 국내 부동산 임차

　ㄷ. 국민인 비거주자의 국내 부동산 등 취득

　ㄹ. 국내 거주·비거주자로부터의 토지 이외의 국내 부동산 등 취득

　ㅁ. 외국인 비거주자의 상속·유증으로 인한 국내 부동산 등 취득

❷ 외국환은행장에게 신고

　ㄱ. 외국으로부터 휴대수입 또는 송금(대외계정에 예치된 자금 포함)된 자금에 의한 국내 부동산 등 취득

　ㄴ. 거주자와의 인정된 거래에 따른 담보권 취득

　ㄷ. 신고 면제 거래, ㄱ. 또는 ㄴ.의 방법으로 국내 부동산 등을 취득한 비거주자로부터의 국내 부동산 등 취득

❸ 한국은행 총재에게 신고 : 신고 면제, 외국환은행장 신고대상 거래를 제외한 비거주자의 국내 부동산 등의 취득은 한국은행 총재에게 신고

section 02　국내외·지사

1　국내 기업 등의 해외지사

법인의 국내에 있는 본점·지점·출장소·기타의 사무소(사무소)와 외국에 있는 사무소 간의 사무소의 설치·확장 또는 운영 등과 관련된 행위 및 그에 따른 자금의 수수를 자본거래의 범주에 포함하여 관리한다.

여기서 해외지점이란 독립채산제를 원칙으로 하여 외국에서 영업활동을 영위하는 곳이고, 해외사무소는 업무연락, 시장조사, 연구개발 등의 비영업적 기능만을 수행하거나 비영리단체(종교단체 포함)의 경우 설립목적에 부합하는 활동을 수행하는 곳이다.

(1) 비금융회사의 해외지사

❶ 해외지점

ㄱ. 설치신고 : 일정한 자격(과거 1년간 외화획득 실적이 미화 1백만 달러 이상인 자, 주무부장관 또는 중소벤처기업부장관 또는 한국무역협회장이 설치 필요성을 인정하는 자)을 갖춘 자가 지정거래 외국환은행장에게 신고 후 설치

ㄴ. 해외지점이 부동산·증권에 관한 거래를 하거나 비거주자에 대해 상환기간 1년 초과의 금전을 대부하는 경우에는 한국은행 총재의 신고 수리사항

❷ 해외사무소 : 일정한 자격을 갖춘 자(공공기관·금융감독원·중소기업협동조합·언론기관, 과거 1년간 외화획득 실적이 미화 30만 달러 이상인 자, 설립 후 1년이 경과한 무역업자, 주무부장관 또는 중소벤처기업부장관 또는 한국무역협회장이 인정한 자 등)가 지정거래 외국환은행장에게 신고 후 설치

(2) 금융회사의 해외지사

❶ 설치 시 금융감독원장의 신고수리를 받아야 함

❷ 해외지점이 부동산 또는 증권 등에 관한 거래 또는 행위를 한 경우 해당 행위 후 1개월 이내에 금융감독원장에게 보고하여야 함

2 외국기업 등의 국내지사

비거주자의 국내에 있는 지점·출장소·기타의 사무소(사무소)와 외국에 있는 사무소 사이의 사무소의 설치·확장 또는 운영 등과 관련된 행위 및 그에 따른 자금의 수수를 자본거래의 범주에 포함하여 관리한다.

(1) 기획재정부장관 앞 설치 신고

❶ 자금의 융자, 해외금융의 알선·중개, 카드업, 할부금융 등 은행업 이외의 금융 관련 업무

❷ 증권업무 및 보험업무와 관련된 업무

❸ 외국인 투자촉진법 등 다른 법령의 규정에 의해 허용되지 아니하는 업무

(2) 그 외의 국내지사 설치는 지정거래 외국환은행장 앞 설치 신고

(3) 영업기금 등의 도입

❶ 국내지사가 외국의 본사로부터 영업기금을 도입하고자 하는 경우에는 지정거래 외국환
은행을 통하여 도입
❷ 한국은행 총재는 연도별로 다음 연도 2월 말까지 금융감독원장에게 통보

(4) 결산순이익금의 대외송금

지점이 결산순이익금을 외국에 송금하고자 하는 경우 지정거래 외국환은행을 통하여 송금

01 다음 중 외국환거래법이 국민경제의 건전한 발전에 이바지 하기 위한 수단이 아닌 것은?

① 국제수지의 균형

② 환율조정

③ 대외거래의 원활화

④ 통화가치의 안정

02 다음 중 신고를 하지 않아도 되는 것은?

① 거주자의 국내에서의 외화증권 발행

② 거주자의 외국에서의 원화증권 발행

③ 비거주자의 국내에서의 외화증권 발행

④ 비거주자의 외국에서의 원화 연계 증권 발행

03 다음 중 국내에서 외국으로 외화를 송금하는 경우 규제하는 방법에 해당하는 것이 아닌 것은?

① 대외지급 시 외국환은행장의 확인

② 거래 외국환은행 지정

③ 외국인 거주자 및 비거주자의 지급제한

④ 지급신청서 면제

해설

01　② 이를 위한 수단은 대외거래의 원활화, 국제수지의 균형, 통화가치의 안정이다.

02　① 거주자가 국내에서 외화증권을 발행하는 경우에는 신고를 하지 않아도 된다.

03　④ 지급신청서 면제는 규제하는 방법이 아니라 자유화 하는 방법이다.

04 다음 중 자본거래에 대한 설명으로 옳지 않은 것은?

① 거주자가 해외예금을 하는 경우 일정 금액 이상을 송금할 때에는 신고하여야 한다.

② 외국법인 발행주식 총수의 10% 이상의 주식을 취득하면 해외 직접투자에 해당된다.

③ 모든 자본거래는 신고대상이다.

④ 거주자가 외국에 있는 부동산을 취득하는 경우 신고수리 대상이 되는 경우가 있다.

05 다음 중 비거주자의 국내 예금거래에 대한 설명으로 옳지 않은 것은?

① 비거주자가 본인 명의의 비거주자 원화계정에서 내국 지급수단으로 인출하는 경우에는 신고가 면제된다.

② 비거주자 원화계정에서 발생한 이자를 대외로 지급하기 위해서는 한국은행 총재에게 사전에 신고하여야 한다.

③ 비거주자 자유원계정에서 다른 비거주자의 비거주자 자유원계정으로 자금을 이체하기 위해서는 한국은행 총재에게 사전에 신고해야 한다.

④ 비거주자 원화계정에서 비거주자 자유원계정으로 자금을 이체하기 위해서는 한국은행 총재에게 사전에 신고하여야 한다.

06 다음 중 외국환업무 취급기관제도에 대한 설명으로 옳지 않은 것은?

① 외국환업무 취급기관은 고객의 대외지급 등이 인정된 절차를 거쳤는지 확인하여야 한다.

② 외국환은행도 외국환업무 취급기관에 해당된다.

③ 외국환중개회사와 환전영업자도 외국환업무 취급기관이다.

④ 투자매매업자도 외국환업무 취급기관이 될 수 있다.

해설

04 ③ 자본거래의 경우 연간 10만 달러 이내에서 송금하거나 수령하는 경우, 정형화된 거래의 경우 등은 신고 면제 대상으로 별도로 규정하고 있다.

05 ② 비거주자 원화계정에서 발생한 이자는 신고 없이 대외로 지급할 수 있다.

06 ③ 외국환 중개회사와 환전영업자는 외국환업무 취급기관은 아니나 외국환거래규정이 허용하는 제한된 범위에서 외국환업무를 영위할 수 있다.

07 다음 중 신고대상이 되는 파생상품거래가 아닌 것은?

① 옵션 프리미엄이 100분의 20 이상인 거래

② 이미 체결된 거래에서 발생한 손실을 새로운 파생상품거래의 가격에 반영하는 거래

③ 파생상품거래를 외국환거래법령에서 정한 신고절차를 회피하기 위해 행하는 경우

④ 투자중개업자를 통한 장내파생상품거래

08 다음 중 거주자의 외화증권투자 제도에 대한 설명으로 옳지 않은 것은?

① 투자자별 구분을 하고 있다.

② 기관투자자는 투자중개업자를 통하여 거래하여야 한다.

③ 일반투자자는 투자자금의 송금 및 회수를 위해 외화증권투자전용 외화계정 개설이 필요하다.

④ 금융투자업자는 기관투자자이다.

09 다음 중 외국인 투자자의 국내 원화증권 투자절차에 대한 설명으로 적절하지 않은 것은?

① 외국환은행에 투자전용 대외계정을 개설하여야 한다.

② 상장·등록 주식의 경우 금융감독원에 투자자 등록을 하여야 한다.

③ 투자자금의 송금과 회수 시에 일정한 절차가 있다.

④ 자기명의 또는 투자중개업자 명의의 투자전용 대외계정을 통하여 거래할 수 있다.

해설

07 ④ 투자중개업자를 통한 장내파생상품거래는 신고없이 할 수 있다.

08 ② 기관투자자는 투자절차에 대한 제한이 없으며, 일반투자자는 투자중개업자를 통하여 외화증권의 매매를 위탁하여야 한다.

09 ② 자본시장법 시행령 개정으로 외국인 투자자 등록 제도가 폐지되었다.

10 다음 중 외국환에 해당되지 않는 것은?

① 대외지급수단   ② 귀금속
③ 외화증권   ④ 상품권

part 04

자기자본 건전성 규제내용

chapter 01 자기자본 건전성 규제내용

chapter 01

자기자본 건전성 규제내용

자기자본 관리제도의 개요

1 도입 배경

(1) 금융투자업의 구조변화에 따른 파산 위험 증대

❶ 진입장벽 축소 및 자율화·국제화 진전으로 인한 증권산업 안팎의 경쟁 심화
❷ 선물·옵션 등 파생금융상품거래 증가로 인한 새로운 위험요인 증대
❸ 경영부실회사에 대한 정부의 직접 지원이 곤란

(2) 감독기준의 국제화 요청

❶ 금융투자업의 대외개방 및 국제화에 대비한 외국사와의 대등한 경쟁여건을 조성
❷ 국내 금융투자업자 재무건전성에 대한 국제적 신인도를 제고

금융투자업자의 자기자본 관리제도의 주된 목적은 금융투자업자의 파산 시 발생할 수 있는 금전적인 손실이나 지급 지연으로부터 고객과 채권자를 보호하는 것이다. 더불어 금융투자회사의 파산을 예방하여 자본시장과 금융투자산업의 안정을 목적으로 한다. 이를 위해 금융투자업자의 자기자본비율(NCR)이 최소한의 규제비율 이하로 떨어질 때 공식적인 절차를 거치지 않고 청산할 수 있을 만큼의 충분한 유동자산을 보유할 것을 금융투자업자에게 요구하고 있다.

3 **자본시장법상의 자기자본 관리제도**

(1) 진입 관련 최저 자기자본규제

금융투자업의 인가를 받거나 또는 등록을 하려는 자에 대하여 최소한의 재무적 요건을 규제(자본시장법 제12조의 '금융투자업의 인가' 및 제18조의 '투자자문업 또는 투자일임업의 등록')하고 있다.

❶ 진입규제방식 : 금융투자업을 영위하려면 업무의 종류에 따라 인가를 받거나 등록을 하여야 함

ㄱ. 인가제(자본시장법 제12조)

　　a. 투자자가 상대적으로 많은 위험에 노출되는 투자매매업, 투자중개업, 집합투자업 및 신탁업

　　b. 금융투자업의 종류, 금융투자업의 범위, 투자자 유형을 조합하여 설정되는 1단위의 금융기능을 '인가업무단위'로 하여 이러한 인가업무의 단위들의 전부나 일부를 선택하여 금융위원회로부터 1개의 금융투자업 인가를 받아야 함(자본시장법 제12조 제1항).

ㄴ. 등록제(자본시장법 제18조)

　　a. 투자자가 상대적으로 적은 위험에 노출되는 투자자문업 및 투자일임업

　　b. 금융투자업의 종류, 금융투자상품의 범위, 투자자의 유형을 조합하여 설정되는 1단위의 금융기능을 '등록업무단위'로 하여 그 전부나 일부를 선택하여 금융위원회로부터 1개의 금융투자업 등록을 받아야 함(자본시장법 제18조 제1항).

❷ 진입요건으로서의 최저 자기자본규제 : 금융투자업을 영위하려는 자는 자본시장법에서
정하는 최저 자기자본 요건을 충족하여야 함.

　금융투자업의 위험과 투자자 보호의 필요성 등이 적정하게 반영되도록 인가 및 등록
단위별로 최저 자기자본 요건을 설정하였음.

ㄱ. 인가의 경우 금융투자업자는 인가업무단위별로 5억 원 이상으로서 대통령령에서
정하는 금액 이상의 자기자본을 보유하여야 함. 대형화 · 겸업화 · 전문화 · 진입활성
화를 유도할 수 있도록 인가업무 단위별로 최저 자기자본을 5억 원~900억 원으로
정하고 있음(자본시장법 시행령 별표 1).

ㄴ. 등록의 경우 금융투자업자는 등록업무단위별로 1억 원 이상으로서 대통령령에서
정하는 금액 이상의 자기자본을 보유하여야 함. 등록은 인가보다 완화된 진입규제
방식이므로, 등록에 필요한 자기자본은 인가에 필요한 자기자본보다 적음.

❸ 유지 요건으로서의 최저 자기자본규제 : 원칙적으로 금융투자업자에 대한 진입요건은
진입 이후에도 유지조건으로 존속된다. 자본시장법은 진입요건을 진입 이후에도 계속
적으로 충족해야 하는 유지조건으로 규정하고 있음.

　유지조건의 충족 여부는 매 회계연도말을 기준으로 적용하며, 특정 회계연도말을 기
준으로 유지조건에 미달한 금융투자업자이더라도 다음 회계연도말까지는 그 유지조건
에 적합한 것으로 간주(자본시장법 시행령 제19조 제1항 제1호 및 제23조 제1호).

(2) 재무건전성 유지 관련 자기자본규제

❶ 재무건전성 기준 : 자본시장법 제30조는 금융투자업자의 재무건전성 유지에 관한 조항
으로서 제30조 제1항에서는 영업용순자본을 총위험액 이상으로 유지하여야 한다고 규
정하고 있음.

❷ 경영건전성 기준 : 자본시장법 제31조는 경영건전성 기준을 규정하고 있다. 제31조 제1
항은 금융투자업자는 경영의 건전성을 유지하기 위하여 다음 4가지 사항에 관하여 금
융위원회가 정하여 고시하는 경영건전성 기준을 준수하여야 하며 이를 위한 적절한 체
계를 구축 · 시행하도록 하였음.

ㄱ. 자기자본비율, 그 밖의 자본의 적정성에 관한 사항

ㄴ. 자산의 건전성에 관한 사항

ㄷ. 유동성에 관한 사항

ㄹ. 그 밖에 경영의 건전성 확보를 위하여 필요한 사항으로서 대통령령으로 정하는 사항

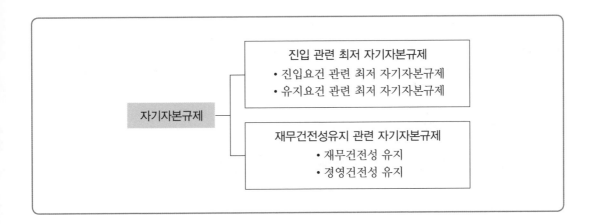

(3) 자본시장법 하의 자기자본규제의 특징

❶ 재무건전성지표 공시를 강화하기 위해, 기존의 NCR(%) 이외에도 새로이 '위험액 차감 순자본'의 공시를 의무화하였음.

❷ 총위험을 국제기준으로 통용되는 BIS협약에 맞게 시장위험, 신용 위험, 운영위험으로 분류하여 산정하도록 하였음.

❸ 자기자본투자, 유가증권 인수, 기업 M&A 등 투자은행업무가 활성화될 수 있도록 제도적 유인방안을 마련하였음.

❹ 신종 상품의 지속적 출현에 적시 대응할 수 있도록 위험액 산정기준을 금융감독원장이 정하도록 위임하였음.

자기자본 관리제도의 주요 원칙

---

1 **NCR(Net operating Capital Ratio)제도의 기본틀**

(1) 기본 구조

금융투자업자가 파산될 경우 고객 및 이해관계자에게 손실을 입히지 않기 위하여 '위험손실을 감안한 현금화 가능 자산의 규모'가 '상환의무 있는 부채의 규모'보다 항상 크도록 유지되어야 한다는 자기자본 관리제도의 목적에서 영업용순자본이 총위험액보다 항상 크도록 요구하는 논리가 도출된다. 즉, 〈표 1-1〉에서 C≥D ⇔ A≥B ⇔ α≥0인 관계가 성립한다.

| 표 1-1 | 영업용순자본제도 |

자산		부채와 자본	
현금화 가능 자산	위험손실을 감안한 현금화 가능 자산(C)	부채	상환의무 있는 부채(D)
		자기자본	α(재무안정 완충 수준)
	총위험액(B) − 발생 가능한 손실		영업용순자본(A)
	현금화 곤란 자산		현금화 곤란 자산

※ 신속하게 현금화될 수 있는 자산액(위험감안 후) ≥ 상환의무 있는 부채액

신속하게 현금화될 수 있는 자산액(위험감안 후) ≥ 상환의무 있는 부채액

⇩

영업용순자본 ≥ 총위험액

⇩

$$순자본비율 = \frac{(영업용순자본 - 총위험)}{필요\ 유지\ 자기자본} \times 100 ≥ 0\%$$

바젤Ⅲ 총자본비율은 다음과 같다.

$$\frac{보통주자본 + 기타기본자본 + 보완자본 - 공제항목}{위험가중자산} \times 100 ≥ 8\%$$

(2) NCR 산정의 기본원칙(금융투자업규정 제3 – 10조)

❶ 순자본비율 산정의 기초가 되는 금융투자업자의 자산, 부채, 자본은 연결재무제표[1]에 계상된 장부가액(평가성 충당금을 차감한 것)을 기준으로 함. 영업용순자본비율 산정의 기초가 되는 금융투자업자의 자산, 부채, 자본은 개별 재무제표에 계상된 장부가액(평가성 충당금을 차감한 것)을 기준으로 함

❷ 시장위험과 신용 위험을 동시에 내포하고 자산에 대하여는 시장위험액과 신용위험액을 모두 산정함

❸ 영업용순자본 차감항목에 대하여는 원칙적으로 위험액을 산정하지 않음

❹ 영업용순자본의 차감항목과 위험액 산정대상 자산 사이에 위험회피 효과가 있는 경우에는 위험액 산정대상 자산의 위험액을 감액할 수 있음

❺ 부외자산과 부외부채에 대해서도 위험액을 산정하는 것을 원칙으로 함

---

2   영업용순자본

영업용순자본은 기준일 현재 금융투자업자의 자산을 즉시 현금화 가능 여부 등을 기준으로 평가한 자산의 순가치로서 다음 식에 의하여 계산한다.

$$\text{영업용순자본} = \text{자산} - \text{부채} - \text{차감항목} + \text{가산항목}$$

❶ 영업용순자본은 기본적으로 재무상태표상 순자산(자산 – 부채)에서 출발

❷ 차감항목 : 유형자산 등 즉시 현금화 곤란 자산

ㄱ. NCR은 유동성을 고려한 자기자본 규제비율이므로 재무상태표상 자산 중 현금화하기 곤란한 자산은 영업용순자본을 계산할 때 차감

ㄴ. 다만, 제도의 취지상 금융투자업자가 즉시 유동화가 가능한 자산 또는 유동화를 위해 담보로 제공한 자산에 대해서는 차감에서 제외

❸ 가산항목 : 후순위차입금 등 상환의무 없는 부채

가산항목은 재무상태표상 부채로 계상되었으나 실질적인 채무이행의무가 없거나 미

---

1   '15년까지는 순자본비율 산정의 기초가 되는 자산, 부채, 자본은 개별 재무제표에 계상된 장부가액을 기준으로 함.

래 손실에 대비하여 내부에 유보시킨 항목(대손충당금), 현물상환이 가능한 부채(리스부채) 그리고 일반채무의 변제와 관련하여 실질적으로 자본의 보완적 기능을 하는 항목(후순위차입금) 등으로 함.

3 총위험액

총위험액은 금융투자업자가 영업을 영위함에 있어 직면하게 되는 리스크의 총액으로서 다음 식에 의하여 계산한다.

> 총위험액=SUM(①, ②, ③)   ① 시장위험액   ② 신용위험액   ③ 운영위험액

(1) 시장위험액

❶ 시장위험액은 금융투자업자가 보유하는 증권 등의 포지션이 주가, 이자, 환율 등 시장가격의 변동으로 인하여 입을 수 있는 손실액을 계량화한 것으로 일반위험액과 개별위험액으로 구분

❷ 일반위험액(general market risk)은 금리, 주가, 환율 등 시장 가격의 일반적인 수준 변화에 따라 금융투자업자가 입을 수 있는 손실액을 말하며, 개별위험액(specific risk)은 일반적인 시장 가격의 변화 이외에 증권발행인의 신용 등으로 인하여 개별 증권 가격이 변동함에 따라 입을 수 있는 손실액으로 포트폴리오 구성에 따라 위험액의 감소가 가능한 비체계적 위험(unsystematic risk)을 뜻함.

❸ 시장위험이 발생하게 되는 것은 ① 유가증권을 보유(공매도 포함)한다든지, ② 외화로 표시된 화폐성 자산·부채 간의 만기 또는 금액이 불일치한다든지, ③ 인수계약 등이 존재하기 때문임.

❹ 시장위험을 적절하게 측정하기 위해서는 과거의 시세변동으로 인하여 특정 포지션에서 기발생한 손실이나 이익은 미래의 위험과는 무관하므로 위험산정에 앞서 현재 상태에서 합리적인 시세로 평가되어야 함(mark to market).

(2) 신용위험액

거래상대방의 계약불이행 등으로 인하여 발생할 수 있는 잠재적 손실액

(3) 운영위험액

부적절하거나 잘못된 내부의 절차, 인력 및 시스템의 관리부실 또는 외부의 사건 등으로 인하여 발생할 수 있는 잠재적인 손실액

❶ 운영위험은 시장위험이나 신용위험과 달리 위험에 노출된 금액을 객관적으로 파악하기 어렵고 수치화하기 어려운 점이 있음. 현행 NCR제도는 최근 3년간 회사의 영업별 영업이익과 법정 최소 자기자본금액을 기본으로 산정
❷ 신BIS의 운영리스크 표준방법을 도입하여 회사의 영업활동을 13가지로 세분하고, '업무보고서상 영업부문별 영업이익'의 일정 비율(12~18%)을 운영리스크로 산출하여 이를 합산

4 　특수관계인 관련 사항

계열회사 등 금융투자회사와 이해관계를 갖는 자와의 과도한 거래로 인하여 이들의 재무불안이 금융투자업자의 재무불안으로 직접 이어지는 것을 구조적으로 차단하고, 금융투자업자의 독립적 경영을 지원하기 위하여 제한하고 있다.

금융투자회사가 가지고 있는 특수관계인[2]에 대한 금전 또는 증권에 관한 청구권과 특수관계인이 발행한 증권은 전액 영업용순자본에서 차감한다(다만, 적격 금융기관의 지급보증 등이 있는 경우 예외).

5 　산정 및 보고시기

❶ 금융투자업자는 최소한 일별로 순자본비율(또는 영업용순자본비율)을 산정해야 함.

2 　당해 금융투자업자의 임원, 대주주, 계열회사(외국 금융투자업자 지점의 경우 본점 및 본점의 해외영업단위를 포함) 및 임원·대주주가 개인인 경우 그 배우자·3촌 이내의 부계 또는 모계혈족

ㄱ. 순자본비율(영업용순자본비율) 산출내역은 매월말 기준으로 1개월 이내에 업무보고서를 통하여 금감원장에게 제출해야 함.

ㄴ. 분기별 업무보고서 제출 시에는 순자본비율(영업용순자본비율)에 대한 외부감사인의 검토보고서를 첨부하여야 함. 다만, 최근 사업년도말 자산총액(투자자예탁금 제외)이 1천억 원 미만이거나 장외파생상품에 대한 투자매매업자 또는 증권에 대한 투자매매업(인수업 포함)을 하지 않는 금융투자업자는 외부감사인 검토보고서를 반기별로 제출함.

❷ 순자본비율이 100%(영업용순자본비율의 경우 150%) 미만이 된 경우에는 지체 없이 금감원장에게 보고하여야 함.

6 NCR에 따른 적기시정조치(금융투자업규정 제 3 장)

(1) 금융투자업자는 자본적정성 유지를 위해 순자본비율 100% 이상 유지되도록 하여야 하며, 금융위원회는 NCR이 일정 수준에 미달한 금융투자업자(1종)에 대하여 단계별로 경영개선조치를 취하도록 되어 있다.

❶ 경영개선 권고 : 순자본비율 50% 이상~100% 미만
❷ 경영개선 요구 : 순자본비율 0% 이상~50% 미만
❸ 경영개선 명령 : 순자본비율 0% 미만

(2) 영업용순자본 규제의 도입은 경영자의 자율적이고 전략적인 판단에 의해 자산을 운용할 수 있으며, 금융투자업자의 전문화·차별화를 가능하게 한다.

(3) 금융투자업자 스스로 보유한 각종 포지션에 대한 위험을 인식하고 그에 필요한 자기자본을 갖추고, 이를 유지하도록 하고 있는 바, 이는 간접적으로 금융투자업자 스스로가 영업활동에 따르는 위험을 체계적으로 관리하도록 하는 역할을 한다.

표 1-2 적기시정조치 내용(1종 금융투자업자의 예)

	경영개선 권고	경영개선 요구	경영개선 명령
조치 근원	① 순자본비율 100% 미만 ② 경영실태평가 종합평가 등급 3등급(보통) 이상 & 자본적 정성부문 평가등급 4등급(취약) 이하 ③ 거액 금융사고 또는 부실채권 발생으로 ①, ②의 기준에 해당 ④ 직전 2회계연도 간 연속하여 당기순손실이 발생하고, 레버리지비율이 900%를 초과하는 경우. 다만, 직전 2회계연도 간 발생한 당기순손실의 합계액이 직전 3회계연도말 자기자본의 5% 미만인 경우는 제외 ⑤ 레버리지 비율이 1,100% 초과	① 순자본비율 50% 미만 ② 경영실태평가 종합평가등급 4등급(취약) 이하 ③ 거액 금융사고 또는 부실채권 발생으로 ①, ②의 기준에 해당 ④ 직전 2회계연도 간 연속하여 당기순손실이 발생하고, 레버리지 비율이 1,100%를 초과하는 경우. 다만, 직전 2회계연도 간 발생한 당기순손실의 합계액이 직전 3회계연도말 자기자본의 5% 미만인 경우는 제외 ⑤ 레버리지 비율이 1,300% 초과	① 순자본비율 0% 미만 ② 부실금융기관
조치	① 인력 및 조직운용의 개선 ② 경비절감 ③ 점포관리 효율화 ④ 부실자산의 처분 ⑤ 영업용순자본 감소행위 제한 ⑥ 신규업무 진출의 제한 ⑦ 자본금액의 증액 또는 감액 ⑧ 특별 대손충당금 설정	① 조직의 축소 ② 점포의 폐쇄, 통합 또는 신설 제한 ③ 고위험자산 보유제한 및 자산처분 ④ 자회사 정리 ⑤ 영업의 일부정지 ⑥ 임원진 교체요구 ⑦ 합병, 영업양도, 금융지주회사 편입 계획수립 ⑧ 경영개선 권고 시 조치사항	① 주식의 일부 또는 전부 소각 ② 임원의 직무집행 정지 및 관리인 선임 ③ 합병, 금융지주회사의 자회사로 편입 ④ 영업의 전부 및 일부 양도 ⑤ 제3자의 당해 금융투자업 인수 ⑥ 6월 이내 영업정지 ⑦ 계약의 전부 또는 일부 이전 ⑧ 경영개선 요구 시 조치사항
경영 개선 계획	경영개선 권고, 경영개선 요구 또는 경영개선 명령을 받은 금융투자업자는 조치일로부터 2개월의 범위 내에서 경영개선 계획을 금융감독원장에게 제출 금융위원회가 제출받은 날로부터 1개월 이내에 승인 여부 결정		

* 레버리지 비율은 자기자본에 대한 총자산의 비율이며, 순자본비율의 시행시기와 동일하게 시행('16년 시행이나, 순자본비율을 조기적용한 경우 순자본비율의 시행시기에 시행됨)

NCR 세부 산정방법

1 NCR

$$순자본비율 = \frac{(영업용순자본 - 총위험)}{필요 유지 자기자본} \times 100$$

$$영업용순자본비율 = \frac{영업용순자본}{총위험액} \times 100$$

2 영업용순자본의 산정

영업용순자본은 금융투자업자가 청산하는 경우 일반채권자의 청구권 금액을 차감하고 남게 되는 유동성 있는 자산을 의미한다. 재무상태표상 순재산액에서 현금화가 곤란한 자산을 차감한 금액이다.

$$영업용순자본 = 순재산액(자산 - 부채) - 차감항목 + 가산항목$$

(1) 순재산액

NCR 산정기준일 현재 재무상태표상의 자산총액에서 부채총액을 차감한 금액임

(2) 차감항목(17개)

재무상태표상 자산 중 현금화 곤란 자산을 영업용 순자본에서 차감함

❶ 유형자산 : 토지, 건물, 차량운반구, 기구비품 등 신속하게 현금화 곤란한 자산
   <차감 제외> 이미 유동화되었거나 유동화될 수 있는 부동산
❷ 선급금, 선급법인세, 이연법인세자산 선급비용

<차감 제외> 선급비용(선급금) 중 이자부 증권을 매입하면서 지급한 선급 경과이자

❸ 담보가액을 초과하는 대출채권

<차감 제외> 잔존만기 3개월 이내 대출채권, 채권 보유 후 1개월 이내에 처분 또는 상환에 예정된 대출채권, 주식 관련 사모사채(전환사채, 비분리형 신주인수권부사채, 교환사채 등), 청약자금대출 및 신용거래융자, 신용거래대주에 따른 신용공여, 임직원 대여금, 신용공여 관련 리스크 관리기준에 대해 금감원장의 승인을 받은 금융투자업자와 종합금융투자사업자의 M&A 등 기업금융업무(영 제68조 제2항 제1호 내지 제4호) 관련 대출금, 종합금융투자사업자의 기업에 대한 신용공여, 다수의 적격 기관투자자에게 청약의 기회를 부여할 것 등의 일정한 요건을 모두 충족하는 사모사채

❹ 법 제110조에 따라 신탁업자가 발행한 수익증권의 취득 등 행위를 통해 위3의 대출채권 취득과 동일한 효과 초래 시 그 금액

❺ 특수관계인 채권 등

<차감 제외> 이연법인세부채 상당액, M&A과정에서 취득한 子증권사 투자지분

❻ 자회사 결손액 중 금융투자업자 소유지분 해당액

❼ 지급의무가 발생한 채무보증금액(관련 충당금은 제외)

❽ 경영투자형 사모투자전문회사의 무한책임사원인 경우 동회사의 결손액

❾ 신탁계정대여금 금액의 100분 16(부동산 신탁회사에 한함)

❿ 상환우선주 발행에 의한 자본금 및 자본잉여금

<차감 제외> 상환우선주 자본금 및 자본잉여금 중 보완자본의 요건을 충족하는 경우

⓫ 임차보증금 및 전세권 금액

<차감 제외> 3개월 이내에 해지할 수 있거나 월세 계약으로 전환할 수 있는 경우

⓬ 대손준비금 잔액

⓭ 신용 위험 변동으로 인한 금융부채의 누적 미실현 평가손익

⓮ 간주원가 적용에 따른 유형자산 등 재평가이익

<차감 제외> 이익잉여금 증가액 중 배당이 제한된 금액

⓯ 무형자산

<차감 제외> 시장성이 인정되는 무형자산

⓰ 지급예정 현금배당액

⓱ 금융투자협회 가입비

(3) 가산항목(5개)

재무상태표상 부채항목으로 계상되었으나 실질적인 채무이행의무가 없는 항목, 미래 손실에 대비하여 내부에 유보시킨 항목, 현물상환이 가능한 항목, 보완자본의 기능을 하는 항목 등이다.

❶ 자산건전성 분류대상에 적립된 대손충당금(고정 이하 충당금 제외)

❷ 일정요건을 충족하는 후순위차입금(또는 후순위사채) : 회사가 청산하는 경우 다른 모든 채무를 우선상환하고 남은 재산이 있는 경우에 한하여 동 차입금을 상환한다는 조건이 있는 차입금

❸ 금융리스 부채 : 리스 조건에 리스자산에 의한 현물상환이 가능하다는 별도약정이 있으면서 현금상환을 해야 한다는 별도 약정이 없는 경우에 한함. 금융리스 계약에 대한 계약해지금이 있는 경우 계약해지금은 가산에서 제외

❹ 자산평가 이익

❺ 부채로 분류되는 상환우선주중 일정요건을 충족하는 경우

후순위차입금(후순위사채)

① 후순위차입금 인정요건 : 다른 금융투자업자로부터 차입하거나 다른 회사와 상호 보유하여 실질적인 자금유입이 없는 경우 등에 대해서는 가산하지 아니하며, 원금상환일까지 잔존기간이 5년 미만인 경우 연도별로 20%씩 축소함

　ㄱ. 회사가 파산하는 때에 다른 모든 채무를 우선 변제하고 잔여재산이 있는 경우에 한하여 당해 채무를 상환한다는 조건이 명시될 것

　ㄴ. 차입일부터 원금상환일까지의 기간이 5년 이상일 것

　ㄷ. 원리금의 상환으로 인하여 순자본비율 0% 미만 또는 영업용순자본비율이 100% 미만으로 떨어질 경우에는 계약상 상환시기가 도래하는 경우에도 원리금을 상환하지 아니한다는 약정이 있을 것

　ㄹ. 채무의 이행을 보증하는 담보의 제공, 상계 및 만기 전 상환을 금지하는 약정이 있고, 기타 후순위차입금의 본질을 해할 우려가 있는 약정이 없을 것

② 영업용순자본에 가산하는 후순위차입금(후순위사채) 한도 : 순재산액의 100분의 50 범위 내

③ 가산금액의 단계적 축소 : 잔존기간이 5년 미만인 경우 영업용순자본에 가산하는 금액을 연도별로 20%씩 축소함

④ 신고 및 보고 : 후순위차입금을 차입하고자하는 경우에는 사전에 금융감독원장에게 신고하여야 하며 상환한 경우에는 즉시 금융감독원장에게 보고하여야 함

3　총위험액의 산정

총위험액은 금융투자업자가 상황 악화로 입을 수 있는 손실을 계량화한 것이다.

> 총위험액＝시장위험액＋신용위험액＋운영위험액

(1) 시장위험액

❶ 시장위험액 산정방법

> 시장위험액＝주식 위험액＋금리위험액＋외환위험액＋집합투자증권 위험액
> ＋일반상품 위험액＋옵션 위험액

ㄱ. 파생상품은 기초자산(Underlying Asset) 포지션으로 전환하여 위험금액 산정 : 기초자산을 크게 주식, 금리, 환율, 일반상품으로 분류하고, 선물, 옵션 등 장내·외 파생상품을 포함하여 관련 기초자산에 대한 통합된 포지션을 산정한 후 당해 포지션에 해당 위험값을 적용함. 이를 통해 기초자산에 대한 매수·매도 포지션 간의 위험액 상쇄효과를 인정하려는 것임

ㄴ. 시장위험을 일반위험(General Market Risk, Systematic Risk)과 개별위험(Specific Risk, Unsystematic Risk)으로 구분 : 시장위험을 개별위험과 일반위험으로 구분하여 산정한 후 합산함

❷ 주식위험액

ㄱ. 산정대상

　a. 주식(최소 배당금이 확정고시된 우선주를 제외), 주식예탁증서(DR) 및 기타 이에 준하는 증권

　b. 주식과 유사한 가격 변동성을 가지는 전환사채, 교환사채, 비분리형 신주인수권부사채

　c. 상장지수 집합투자기구(ETF)

　d. 기초자산이 주식위험액 산정대상인 파생상품 및 파생결합상품

표 1-3 주식 등의 개별위험값 및 일반위험값

구분		개별위험값		일반위험값
		유동성-분산도 충족	유동성-분산도 미충족	
시장성 있는 주식 등	유가증권시장 및 해외적격시장 주식	4%	8%	8%
	코스닥 시장 주식	5%	10%	
	코넥스 시장 주식	6%	12%	
	주가지수, 주식바스켓, 상장지수 집합투자기구(ETF)[****]	1%	4%	
	기타 시장성 있는 주식(협회의 K-OTC, 비상장 공모주식 등)	12%		
시장성 없는 주식 등	투자목적의 주식	20%(12%[***], 16%[***])		—
	매각제한 주식	20%		
	관계 기관 출자 지분[*]	공공 기관[**]	8%	
		기타	12%	

[*] 한국거래소, 한국예탁결제원, 한국증권금융, 코스콤, 한국자금중개를 말함

[**] 「공공기관의 운영에 관한 법률」 제4조에 따른 공공기관을 말함

[***] 규정 제3-14조 제5호 단서에 따라 차감제외되는 자회사 출자지분은 12%의 위험값을 적용하며, 「중소기업창업 지원법」에 따른 중소기업창업투자회사 또는 중소기업창업투자조합에 대한 출자, 「벤처기업육성에 관한 특별조치법」에 따른 한국벤처투자조합에 대한 출자, 「여신전문금융업법」에 따른 신기술사업투자조합에 대한 출자지분은 16%의 위험값을 적용

[****] 시장 불확실성 증대에 따른 시장왜곡을 해소하고 증권시장 안정을 위하여 각 투자자들이 개별 환경에 맞게 2인 이상의 투자자로 구성한 투자신탁(증권시장안정펀드)에 대한 출자를 통해 취득한 집합투자증권의 국내 편입자산에 대하여는 개별위험값 및 일반위험값에 각각 50%를 곱한 값을 적용한다.

    e. K-IFRS에 따라 자본으로 회계처리한 조건부 자본증권

ㄴ. 산정방법 : 주식 등은 국가별 및 시장별로 포지션을 구분하여 개별위험액 및 일반시장위험을 산정하여 합산

    a. 개별위험액 : 주식시장별로 보유 주식 포지션(매입 포지션과 매도 포지션 합계)에 대하여 유동성 및 분산도 충족 여부에 따라 ⟨표 1-3⟩의 개별위험 값을 곱하여 산정한 금액

    b. 일반위험액 : 시장별로 매수 포지션 합계액과 매도 포지션 합계액의 차액의 절대값에 대하여 ⟨표 1-3⟩의 일반위험값 8%를 곱하여 산정함

    c. 주식 등의 유동성 및 분산도 요건 : 금융투자업자는 전체 주식 포지션을 유동성 및 분산도 요건을 충족하는 포지션과 충족되지 않은 포지션으로 구분하여 위험값을 적용할 수 있음(포지션의 구분)

표 1-4　주식 집중 위험액의 산정기준

보유 비율	위험액 가산
① 주식 총수의 5% 초과~15% 이하	5% 초과분 주식 개별위험액의 50%
② 주식 총수의 15% 초과~25% 이하	①의 위험액 + 15% 초과분 주식 개별위험액의 100%
③ 주식 총수의 25% 초과	②의 위험액 + 25% 초과분 주식 개별위험액의 200%

ㄷ. 주식 관련 파생상품의 위험산정 : 주식 관련 파생상품은 기초자산으로 변환하여 동일한 기초자산의 반대 포지션을 상계한 후 순매도·순매수 포지션에 대하여 개별위험액 및 일반위험액을 산정함

ㄹ. 차익거래에 대한 위험액 산정 : 차익거래 포지션에 대하여는 개별위험액, 일반위험액을 산정하는 대신에 별도로 방법을 적용하여 산정할 수 있음

ㅁ. 주식 집중위험액의 가산 : 특정 기업의 주식을 발행주식 총수(우선주 포함)의 5%를 초과하여 보유하거나 공매도하는 경우에는 〈표 1-4〉에 따라 개별위험액을 가산함

ㅂ. 주식인수 위험액의 산정 : 금융투자업자가 주식 등을 인수하기로 계약을 체결한 경우에는 계약 확정일로부터 해당 주식 등이 발행되어 입고되기 전날까지 〈표 1-7〉에 따라 주식인수 위험액을 산정하여야 함

❸ 금리위험액

ㄱ. 산정대상

a. 고정 또는 변동금리부 채권, 일정한 요건을 갖춘 사모사채, 양도성예금증서(CD), 기업어음(CP), 자산유동화증권(ABS, ABCP), 기타 이에 준하는 증권

b. 주식위험액 산정대상이 아닌 전환사채, 교환사채, 비분리형 신주인수권부 사채, 최소배당금이 확정고시된 우선주

c. 기초자산이 금리위험액 산정대상인 파생상품 및 파생결합증권

d. 주식위험액 산정대상이 아닌 조건부자본증권

ㄴ. 산정방법 : 통화별로 구분하여 금리 관련 포지션을 산정한 후 개별위험액과 일반위험액을 합산하여 산정함(금리변동에 따라 손익이 서로 반대되는 포지션이 있는 경우 그 포지션은 서로 상계 가능)

a. 개별위험액 : 시가로 평가된 각 금리 포지션에 당해 기초자산의 신용등급 및 잔존만기에 따라 〈표 1-5〉의 0~32% 해당 위험값을 곱하여 산정함

b. 일반위험액 : 만기법으로 매입, 매도 포지션을 잔존만기에 따라 기간대에 배정한

표 1-5 금리 관련 포지션의 개별위험값

채권의 구분		신용등급	잔존만기	위험값
정부 발행	국채[1]	–	–	0.0%
	외국 정부 채권[2]	AAA~AA–	–	0.0%
		A+~BBB–	6개월 이하	0.25%
			6개월 초과 24개월 이하	0.5%
			24개월 초과	1.0%
		BB+~B–	–	4.0%
		B–미만(무등급포함)	–	8.0%
기업등 발행	우량 채권[3]	AAA~AA–	6개월 이하	0.25%
			6개월 초과 24개월 이하	0.5%
			24개월 초과	1.0%
		A+~A–	6개월 이하	0.5%
			6개월 초과 24개월 이하	1.0%
			24개월 초과	1.6%
		BBB+~BBB–	6개월 이하	1.0%
			6개월 초과 24개월 이하	1.6%
			24개월 초과	2.4%
		무등급채권		6.0%
	기타 채권	BB+~B–	6개월 이하	4.0%
			6개월 초과 24개월 이하	8.0%
			24개월 초과	12.0%
		B– 미만	6개월 이하	12.0%
			6개월 초과 24개월 이하	12.0%
			24개월 초과	12.0%
		무등급		12.0%
		원리금정지[4]		32.0%

주 : 1) 한국 중앙정부, 지방자치단체, 한국은행, 예금보험공사 등에서 발행하거나 전액 지급보증하는 채권, 특별법에 의해 제도적으로 정부의 결손보전이 이루어지는 공공법인이 발행하거나 전액 지급보증하는 채권을 말함

2) 외국의 중앙정부, 중앙은행 및 국제기구(IMF, IBRD, ADB, EDB 등)에서 발행하거나 전액 지급보증하는 채권을 말함

3) 우량채권은 적격 금융기관 및 특별법에 의해 설립된 국내법인이 발행하거나 보증한 채권을 포함

4) 원리금 지급이 정지되었거나, 채권자 간 협의 또는 법원의 회사정리절차 등에 의하여 채무조정 중에 있는 기업이 발행한 채권을 말함

 * 국내 채권에 대한 신용등급은 은행업감독업무 시행세칙 〈별표 3〉에 따라 감독원장이 지정하는 적격 외부신용평가기관이 평가한 등급을 적용하고, 외국 채권에 대해서는 바젤은행감독위원회 회원국 감독당국이 지정한 적격 외부신용평가기관이 평가한 등급을 적용함

** 단기 신용등급, 해외 신용등급, 복수의 평가등급 등의 적용에 관하여는 금융투자업규정 시행세칙 〈별표 5〉의 34(거래상대방의 신용등급)를 준용

표 1-6 금리 일반위험액 산정의 만기별 해당 위험값 및 자본할당률

	만기		해당 위험값	자본할당률(horizontal disallowance)		
	이표금리 3% 이상	이표금리 3% 미만		동일 소그룹 내	인접 소그룹 간[1]	비인정 소그룹 간
소그룹 1	1개월 이하	1개월 이하	0.00%	40%	40%	100%
	1~3개월	1~3개월	0.20%			
	3~6개월	3~6개월	0.40%			
	6~12개월	6~12개월	0.70%			
소그룹 2	1~2년	1.0~1.9년	1.25%	30%		
	2~3년	1.9~2.8년	1.75%			
	3~4년	2.8~3.6년	2.25%		40%	
소그룹 3	4~5년	3.6~4.3년	2.75%	30%		
	5~7년	4.3~5.7년	3.25%			
	7~10년	5.7~7.3년	3.75%			
	10~15년	7.3~9.3년	4.50%			
	15~20년	9.3~10.6년	5.25%			
	20년 초과	10.6~12년	6.00%			
		12~20년	8.00%			
		20년 초과	12.50%			

주 : 1) 인접그룹 간의 상계는 순차적으로 계산(1, 2간 먼저 계산 후 2, 3간 계산)

후, 기간대별 해당 위험값을 곱한 가중 포지션을 산출하여 상계분에 대한 자본할당액과 상계되지 않은 순위험 포지션을 합산하여 산정함(〈표 1-6〉 참조)

ㄷ. 금리 관련 파생상품의 기초자산 포지션 분해 : 금리 관련 파생상품은 당해 기초상품의 적정 포지션으로 분해하여 개별위험액과 일반위험액을 산정하고, 대상 포지션 금액은 기초자산의 시장가치로 평가함. 금리 관련 파생상품의 분해 시 국채 포지션은 미래 예상 현금 흐름을 현재가치로 평가함. 다만, 현재가치 평가가 곤란한 경우에는 계약상 명목금액으로 평가할 수 있음

ㄹ. 금리 관련 포지션의 상계 : 금리 관련 포지션 간에 금리변동에 의한 손익이 반대이고, 아래 요건을 만족하는 경우 포지션 간에 상계가 가능함

a. 금리 관련 상품의 발행인, 이표금리, 표시통화, 만기가 동일한 경우에는 매입 포지션과 매도 포지션을 상계할 수 있음

표 1-7	주식, 채권 등의 인수위험액 산정

인수계약에 의한 위험액
= (인수대상 증권수 − 판매확정 증권수) × 발행 가격 × 인수대상 증권의 위험값(개별위험값 + 일반위험값) × 경과일 수에 따른 조정비율
☞ 경과일 수에 따른 조정비율
  ① 계약 확정일~공모 개시일 이전 : 20%
  ② 공모 개시일~공모 완료일 : 50%
  ③ 공모 완료일 이후~인수대상 증권의 입고일 전일 : 100%

      b. 금리 관련 선물 또는 선도의 포지션에 대해서는 이와 일치되는 기초자산의 반대 포지션과 상계할 수 있음

      c. 기초자산과 통화가 일치하는 금리 파생상품 사이에 일정 요건을 충족하는 경우 매입 포지션과 매도 포지션을 상계할 수 있음

   ㅁ. 금리 인수위험액의 산정 : 금융투자업자가 금리위험액 산정대상에 해당하는 자산을 인수하기로 계약을 체결한 경우

      a. 계약 확정일로부터 해당 증권이 발행되어 당해 금융투자회사에 입고되기 전날까지는 〈표 1-7〉에 의한 인수위험액을 산정해야 함

      b. 금융투자업자가 인수계약을 체결한 채무증권을 대상으로 함

         ① 산정시기 : 계약이 체결되고 발행조건이 확정되어 이를 변경할 수 없는 시점에서부터 해당증권이 입고되기 전날까지

         ② 인수위험액은 계약이 체결되고 발행조건이 확정되어 이를 변경할 수 없는 시점부터 산정하므로 채권은 신고서상 금리산정 기준일부터 산정함

❹ 외환위험액

   ㄱ. 산정대상

      a. 외국 통화(금을 포함)로 표시된 자산·부채(부외항목을 포함)

      b. 외국 통화를 기초자산으로 하는 파생상품 및 파생결합증권.

      c. 기타 외국 통화로 산정·결제되는 선물·선도·스왑거래의 포지션, 다만 환위험이 없는 경우는 제외

   ㄴ. 산정방법

      a. 외환 포지션을 통화별로 매입 포지션과 매도 포지션을 상계하여 순포지션을 구함

b. 통화별 순매입 포지션 또는 순매도 포지션을 구한 후 통화별 순포지션에 대하여 기준일 현재 재무제표 작성 시 적용한 기준환율을 적용하여 원화로 환산함

c. 원화로 환산한 통화별 순매입 또는 순매도 포지션을 통화별로 집계하여 전체 통화에 대한 순매입 포지션 합계액과 순매도 포지션 합계액 중에서 큰 금액에 위험값 8%를 곱하여 외환위험액을 산정함

d. 금에 대해서는 순포지션에 위험값 8%를 곱하여 외환위험액에 합산함

❺ 집합투자증권 등 위험액

ㄱ. 산정대상

a. 금융투자업자가 보유하고 있는 집합투자증권, 외국 집합투자증권 및 법 제110조에 따른 신탁업자가 발행하는 수익증권

b. 국고채 ETF 등 편입자산이 주식위험액 산정대상이 아닌 상장지수 집합투자기구 (ETF)

c. 금융투자업자가 판매한 집합투자증권

ㄴ. 산정방법

a. 보유 집합투자증권 및 수익증권 등의 위험액 산정 : 편입자산을 기초자산 포지션으로 분해하여 기초자산의 위험액을 산정하는 것을 원칙으로 하며, 편입자산 분해가 곤란한 경우에는 다음과 같이 위험값을 산정할 수도 있음

① 집합투자증권에 대하여 적격 신용평가기관의 신용등급이 있는 경우에는 신용등급에 따라 위험값을 적용함

② 신용등급이 없는 경우 약관상 또는 정관상 기초자산의 최대 편입한도에 따라 위험값을 적용함

③ 편입한도 비율을 파악하기 곤란하거나, 환매 청구일로부터 3개월 이후에 환매 가능한 집합투자증권 및 수익증권은 위험값 24%를 적용함

④ 신탁방식에 의한 투자자예탁금 별도예치금은 위험값 0.5%를 적용함

b. 판매 집합투자증권의 위험액 : 판매 집합투자증권은 B/S상의 자산은 아니나 펀드의 손실에 대하여 집합투자업자가 부담하면서 환매하여야 하는 경우에는 환매 손실이 발생할 수 있는 바, 이를 반영하여 위험액을 산정하는 것임

❻ 일반상품 위험액

ㄱ. 산정대상

a. 농산물·축산물·수산물·임산물·광산물·에너지·날씨·물가지수·변동성지수

등에 속하는 일반상품 관련 금융상품

    b. 기초자산이 위에서 정의한 일반상품 또는 일반상품 관련 금융상품에 해당하는 파생상품 및 파생결합증권 : 일반 상품을 기초자산으로 하는 파생상품은 일반상 품의 포지션으로 변환하여 위험액을 산정하고, 일반 상품들 사이에 대체관계가 밀접하고 최근 1년간 가격의 상관관계가 0.9 이상 지속되는 경우에는 동일한 상 품으로 분류하여 위험액을 산정할 수 있음

ㄴ. 산정방법

간편법에 따른 일반상품 위험액은 상품별로 총포지션에 대한 위험액과 순포지션에 대한 위험액을 합하여 산정함

    a. 총포지션에 대한 위험액 : 상품별로 (매입 포지션＋매도 포지션)×3%

    b. 순포지션에 대한 위험액 : 상품별로 매수·매도를 상계한 잔여 순포지션×15%

❼ 옵션 위험액

> 옵션 위험액＝감마 위험액＋베가 위험액＋깊은 외가격 옵션 위험액 가산

ㄱ. 산정대상 : 옵션 포지션, 분리형 신주인수권증권 및 K−IFRS에 따라 내재 파생상품 을 주계약과 분리하여 파생상품으로 처리한 신주인수권, 전환권, 교환권, 기타 옵 션의 성격을 내재하는 금융상품

ㄴ. 산정방법 : 옵션 위험액은 델타플러스법에 따라 산정하며 감마 위험액과 베가 위험 액의 합으로 산정함. 델타플러스법에 따른 델타위험액은 해당 기초자산의 위험액 산정방법에 따라 산정하여 기초자산의 위험액에 합산함. 델타플러스법에 따른 옵 션위험액 산정 시 적용하는 델타, 감마, 베가는 증권시장, 파생상품시장 또는 공신 력 있는 외부기관에서 제공하는 것이어야 함

    a. 델타플러스법에 의한 산정

        ① 델타 위험액 : 기초자산의 시장 가격에 옵션의 델타값을 곱하여 구한 순델 타환산 포지션을 대상으로 기초자산 종류별로 표준방법에 의거하여 산정 함. 이 경우 델타는 기초자산 가격이 1단위 변화 시 옵션 가격의 증감액을 말함.

        ② 감마 위험액 : 개별 기초자산 종류별로 옵션의 감마 위험액의 포지션에 대하 여 다음 산식에 의하여 산정하며, 동 금액의 총 합계가 양수(+)인 경우에는

'0'으로, 음수(−)인 경우 당해 금액의 절대값을 감마 위험액으로 함

$$감마\ 위험액 = 옵션\ 포지션 \times 1/2 \times 감마값 \times (상정\ 변동폭)^2$$

이 경우 감마는 기초자산 가격이 1단위 변화할 때의 델타 변동폭을 말하고, 상정 변동폭은 당해 옵션의 개별 기초자산 종류별로 기초자산이 주식 위험액, 외환위험액인 경우 기초자산 1단위당 시장 가격에 8%를 곱하여 산정. 이때 기초자산이 금리위험액인 경우 기초자산 1단위당 시장 가격에 만기기간대별 상정 금리 변동폭을 곱하여 산정하고, 기초자산이 상품 위험액인 경우 기초자산에 15%를 곱하여 산정

③ 베가 위험액 : 각각의 기초자산별 옵션 포지션에 대하여 기초자산의 가격 변동성이 금융투자업자에 불리한 방향으로 변화하는 경우를 가정하여 다음 산식에 의하여 산정하며, 옵션 포지션별 베가 위험액의 절대값을 합산하여 산정

$$베가\ 위험액 = 옵션\ 포지션 \times 베가값 \times 기초자산의\ 변동성 \times 0.25$$

이 경우 베가는 기초자산의 가격 변동률이 1% p 변화할 경우 옵션가치의 변화임. 옵션의 베가위험액을 헤지하기 위해 변동성지수 관련 금융상품을 이용할 경우, 동 금융상품에 대해 일반상품 위험액이 아닌 베가 위험액을 산정할 수 있음

b. 깊은 외가격 옵션에 대한 위험값 가산

① '깊은 외가격 옵션'은 옵션의 행사 가격과 기초자산의 시가와의 차이가 기초자산의 시가에 해당 위험값(개별위험값＋일반위험값)을 곱한 금액보다 큰 외가격 옵션을 말함

② 기초자산이 주식(또는 주가지수)인 '깊은 외가격(Deep out of the money)옵션'의 매도 포지션(ELW 발행 포함)을 보유하고 있는 금융투자업자에 대하여는 기초자산 시가액에 기초자산 종류별 해당 위험값(개별위험값＋일반위험값)의 20%를 곱하여 구한 금액을 옵션 위험액에 가산함

(2) 신용위험액

❶ 산정대상

ㄱ. 예금, 예치금, 콜론(다만, 신탁업자에게 신탁하는 투자자예탁금 별도예치금에 대하여는 신용위험액을 산정하지 않고 집합투자증권 등 위험액을 산정)

ㄴ. 증권의 대여 및 차입

ㄷ. 환매조건부매도 및 환매조건부매수

ㄹ. 대고객 신용공여

ㅁ. 채무보증

ㅂ. 대여금, 미수금, 미수수익, 기타 금전채권

ㅅ. 잔여계약기간이 3개월 이내인 임차보증금, 전세권

ㅇ. 선물, 선도, 스왑 등 파생상품

ㅈ. 사모사채

ㅊ. 대출채권

ㅋ. 한도대출약정

ㅌ. 기타 영업용순자본 산정 시 차감항목 이외의 자산중에서 위험액 산정대상이 아닌 자산

❷ 산정원칙

ㄱ. 개요

    a. 신용위험액은 산정대상에 따라 별도로 환산하는 신용환산액에 거래상대방별로 위험값을 적용하여 산정함

    b. 신용환산액이 음수(−)인 경우에는 신용위험액을 산정하지 않음

    c. 선물, 선도, 스왑 등 비정형 파생상품 포지션에 대하여는 시장위험액과 신용위험액을 동시에 산정함

ㄴ. 거래상대방의 신용등급 적용원칙

    a. 국내법인 등에 대해서는 금융감독원장이 지정하는 적격 신용평가기관이 평가한 신용등급을 적용하고, 외국 및 외국법인에 대해서는 바젤은행감독위원회 회원국 감독당국이 지정한 적격 외부신용평가기관이 평가한 신용등급을 적용함

    b. 거래상대방의 신용등급이 없는 경우 동 상대방이 가장 최근에 발행한 무보증 회사채 및 기업어음의 신용등급을 사용할 수 있음

❸ 산정방법

ㄱ. 예금, 예치금, 콜론

  a. 금융기관에 대한 예금, 예치금, 콜론에 대해서는 장부가액에 거래상대방별위험 값을 곱하여 산정

  b. 적격 금융기관에 대한 예금, 예치금에 대해서는 위험액을 산정하지 않음

ㄴ. 증권의 대여 및 차입, 환매조건부(RP)매도 및 매수, 대고객 신용공여

  a. 신용환산액에 거래상대방별 위험값을 곱하여 산정함 : 자산은 대여금액에서 담 보물을 차감하며, 부채는 제공한 담보물에서 차입금액을 차감함

  b. 증권대차거래 시의 위험액 산정

    ① 대여증권은 자산(증권)으로 시장위험액과 신용위험액을 동시에 산정함

    ② 차입증권은 빌려오는 시점부터 담보로 제공된 자산에 대한 신용위험액을 산 정함

ㄷ. 선물, 스왑 등 파생상품

  a. 산정원칙 : 파생상품 포지션에 대해서는 신용위험액과 시장위험액을 동시에 산 정하여야 함

  b. 산정방법

    ① 파생상품에 대한 신용위험액은 대체비용에 잠재적 위험액을 합계한 금액에 거래상대방별 위험값을 곱하여 산정함

> 파생상품에 대한 신용위험액
> =(대체비용+잠재적 위험액)×거래상대방별 위험값

    ② 잠재적 위험액 : 계약서 또는 증권에 표시된 계약금액(명목금액)에 거래종류 및 잔존기간에 따른 신용환산율을 곱하여 산정함

> 잠재적 위험액=계약금액(명목금액)×신용환산율

    ③ 상계 대체비용의 요건을 충족하면서 법적으로 유효한 양자간 상계계약하에 있는 여러 파생상품 거래에 대해서는 잠재적 위험액을 다음과 같이 산정할 수 있음

> 상계 후 잠재적 위험액
> =0.4×총 잠재적 위험액+0.6×(순대체비용/총대체비용)×총 잠재적 위험액

ㄹ. 채무보증, 매입보장 약정 등

　　a. '채무보증'이란 명칭의 여하에 불문하고 제3자의 채무이행을 직접 또는 간접으로 보장하기 위하여 행하는 보증 · 배서 · 담보제공 · 채무인수 · 추가 투자의무(letter of commitment) · 매입보장 약정 · 유동성 공급계약 · 신용파생상품에서의 보장의 매도, 그 밖에 이에 준하는 것을 의미

　　b. 채무보증금액, 매입보장 약정 등의 신용위험액 산정은

> 채무보증 등의 신용위험액=보증금액(또는 약정금액)×거래상대방별 위험값

ㅁ. 대여금, 미수금, 미수수익, 기타의 금전채권 등

　　a. 장부상 금액에 거래상대방별 위험값을 곱하여 산정함

　　b. 미수금의 위험액 산정 : 주식 등 장내매매거래와 관련하여 거래 체결일과 결제일 사이 발생하는 미수금에 대해서는 위험값을 '0'으로 함

ㅂ. 기타자산 : 영업용순자본 산정 시 차감항목에 해당되지 않는 자산 중에서 여타 위험액 산정대상이 아닌 자산에 대해서는 32%의 위험값을 적용함

❹ 신용위험액의 경감

ㄱ. 거래상대방 또는 제3자로부터 담보를 받는 경우에는 신용위험액 산정대상 금액에서 담보금액을 차감하여 신용위험값을 적용함

ㄴ. 거래상대방 또는 제3자로부터 보증을 제공받거나 신용위험을 헤지하기 위하여 신용파생상품을 이용하는 경우에는 신용보장 되는 포지션에 대하여 보증인 또는 보장매도자의 거래상대방별 위험값을 적용함

❺ 신용집중위험액의 가산 : 동일인 또는 동일기업집단을 대상으로 한 금리위험액 산정대상 및 신용위험액 산정대상 포지션의 합계액이 영업용순자본의 20%를 초과하는 경우 〈표 1-8〉의 위험액을 신용집중위험액으로 산정해야 함

> 금리위험액 포지션＋신용위험액 포지션＞영업용순자본의 20%

표 1-8　　신용집중위험액

초과규모	위험액 가산
영업용순자본의 20% 초과~35% 이하	당해 자산의 금리 개별위험액과 신용위험액을 합산한 금액의 50%
영업용순자본의 35% 초과~50% 이하	당해 자산의 금리 개별위험액과 신용위험액을 합산한 금액의 100%
영업용순자본의 50% 초과	당해 자산의 금리 개별위험액과 신용위험액을 합산한 금액의 200%

❻ 결제기일 경과 채권의 위험가산 : 결제기일이 경과한 경우에는 거래상대방별 위험값에 경과일 수에 따라 다음의 위험값을 더하여 신용위험액을 산정함

ㄱ. 경과일이 0~15일인 경우 : 16%

ㄴ. 경과일이 16~30일인 경우 : 32%

ㄷ. 경과일이 31~60일인 경우 : 48%

ㄹ. 경과일이 60일 초과인 경우 : 자기자본에서 차감

(3) 운영위험액

❶ 운영위험액은 회사가 사고·착오·위법부당 행위나 기타 영업여건 악화로 입을 수 있는 손실위험액으로 일종의 운영위험임

ㄱ. 운영위험은 시장위험이나 신용위험과 달리 위험에 노출된 금액을 객관적으로 파악하기 어렵고 수치화하기 어려운 점이 있으나 현행 영업용순자본비율제도는 최근 3년간 회사의 영업별 영업이익과 법정 최소 자기자본금액을 기준으로 산정함

ㄴ. 신BIS의 운용리스크 표준방법을 도입하여 회사의 영업활동을 13가지로 세분하고, '업무보고서상 영업부문별 영업이익'의 일정 비율(12~18%)을 운영리스크로 산출하여 이를 합산

❷ 운영위험액 산정방법 : 운영위험액은 ㄱ. ㄴ.의 금액 중 큰 금액으로 함

> Max(Σ최근 3년간 영업별 영업이익*의 연평균금액 I × 위험값 I,
>
> 법정 최소 자기자본금액 × 10%)
>
> * 순자본비율의 경우 영업이익은 판매관리비를 차감하지 않은 영업이익을 말하며, 영업용순자본비율의 경우에는 판매관리비가 차감된 영업이익을 말함

ㄱ. 기준일 전전월말 이전의 최근 3년간 영업별 영업이익의 연 평균금액에 해당 위험 값을 곱하여 산정한 금액을 합계한 금액. 이 경우 최근 3년간 영업이익이 음수(−) 인 경우는 '0'으로 봄. 이는 특정 영업별로 3년간 영업이익의 연 평균금액이 음수인 경우는 위험액을 '0'으로 계산하여 다른 영업별 영업이익의 위험액과 상계가 되는 것을 방지하기 위함

ㄴ. 금융투자업자가 영위하는 인가·등록 업무단위에 따른 법정 최소 자기자본금액의 10%. 이 경우 영위하는 업무단위는 최근 1년간 실제 영위한 영업행위를 기준으로 결정

❸ 운영위험액의 가산 또는 감액 : 금융투자업규정 제3−42조에 의한 위험관리실태 평가대 상 금융투자업자에 대해서는 전전월부터 최근 1년간 평가등급을 산술평균한 위험관리 등급에 따라 〈표 1-9〉의 조정값을 반영하여 운영위험액을 가산 또는 감액함

표 1-9 위험관리 수준 평가결과에 따른 운영위험액 조정값

위험관리등급	조정값	위험관리등급	조정값
1등급	−12%	6등급	+2%
2등급	−8%	7등급	+4%
3등급	−4%	8등급	+6%
4등급	0%	9등급	+8%
5등급		10등급	+10%

4 필요 유지 자기자본의 산정

금융투자업자가 인가(등록) 업무를 영위하기 위해서는 인가(등록)요건을 유지하여야 하며, 자기자본의 경우 인가업무 또는 등록업무 단위별 최저 자기자본의 70% 이상을 유지하여야 한다(자본시장법 시행령 제19조 제1항 제1호 및 제23조 제1호). 필요 유지 자기자본이란 인가업무 또는 등록업무 단위별로 유지하도록 요구되는 '최저 자기자본의 70%'의 합계 금액을 말한다.

01 다음 중 은행의 BIS비율과 금융투자업자의 NCR의 특징에 대한 설명으로 옳지 않은 것은?

① NCR은 금융투자업의 특성을 감안하여 시장위험은 고려하고 있으나 신용위험액은 고려하지 않는다.

② 자기자본을 산정함에 있어 NCR은 유동성 조정부분이 있으나 BIS비율은 없다.

③ 영업용순자본비율의 경우 비율 산정 시 분모는 위험액을 나타내나 BIS비율의 경우 위험가중자산을 의미한다.

④ 적기시정조치의 내용을 결정하는 비율은 순자본비율의 경우 100%, 50%, 0%이며, BIS비율은 8%, 6%, 2%이다.

02 다음 중 금융투자업자의 NCR을 증가시키는 거래에 해당되지 않는 것은?

① 시장성 있는 주식의 매각

② 부동산만을 담보로 한 장기차입

③ 장기차입금의 현금상환

④ 순재산액보다 작은 최초 후순위차입

해설

01 ① NCR 산정 시 총위험액은 시장위험액+신용위험액+운영위험액이다.

02 ③ 장기차입금의 현금상환은 순재산에 영향을 주지 아니하므로 영업용순자본에 변동이 없다.

03 다음 중 NCR제도에 대한 설명으로 적절하지 않은 것은?

① 금융투자업자의 업무보고서 제출 시 NCR에 대하여 반기별로 외부감사인의 검토보고서를 첨부하여야 한다.

② 금리변동에 따라 손익이 서로 반대되는 포지션이 있는 경우 그 포지션은 서로 상계할 수 없다.

③ 시장위험액은 일반위험액과 개별위험액으로 구분하여 산정한 후 합산한다.

④ 금리 관련 파생상품은 당해 기초상품의 적정 포지션으로 분해하여 개별위험액과 일반위험액을 산정하고 대상 포지션 금액은 기초자산의 시장가치로 평가한다.

04 다음 주어진 자료를 이용하여 계산한 순자본비율은?

㉠ 재무상태표상 순재산액	: 12,000억 원
㉡ 고정자산(차감제외항목 없음)	: 2,000억 원
㉢ 후순위차입금	: 4,000억 원
㉣ 시장위험액	: 5,000억 원
㉤ 금리위험액	: 3,000억 원
㉥ 집합투자증권등위험액	: 500억 원
㉦ 신용위험액	: 500억 원
㉧ 운영위험액	: 4,500억 원
㉨ 필요유지자기자본	: 1,000억 원

① 140%　　　　② 180%　　　　③ 200%　　　　④ 400%

해설

03 ② 금리변동에 따라 손익이 서로 반대되는 포지션이 있는 경우 그 포지션은 서로 상계할 수 있다.

04 ④ • 영업용 순자본 = 순재산액 − 고정자산 + 후순위차입금 = 12,000 − 2,000 + 4,000 = 14,000억 원
　　• 총위험액 = 시장 + 신용 + 운영 = 5,000 + 500 + 3,500 + 1,000 = 10,000억 원
　　☞ 금리위험액과 집합투자증권 등 위험액은 시장위험액에 포함된다.
　　순자본비율 = (14,000−10,000)/1,000×100 = 400%

05 다음 중 영업용순자본에 대한 설명으로 적절하지 않은 것은?

① 영업용순자본의 산정 시 유형자산, 선급금 등은 영업용순자본에 포함되지 않는다.

② 영업용순자본의 산정 시 가산하는 항목을 후순위차입금, 자산건전성 분류대상에 설정된 대손충당금(고정이하 충당금 제외) 등이다.

③ 후순위차입금이나 후순위사채는 순재산액의 100% 범위에서 영업용순자본에 가산된다.

④ 후순위차입금의 상환으로 인한 급격한 NCR의 변화를 방지하기 위하여 잔존기간이 5년 미만인 경우 영업용순자본에 가산하는 금액을 연도별로 20%씩 축소한다.

06 다음 주어진 자료를 이용하여 계산한 영업용 순자본은?

㉠ 재무상태표상 순재산 총계	: 5,000억 원
㉡ 선급금(채권의 선급이자 40억 원 포함)	: 100억 원
㉢ 자회사 결손금	: 20억 원
㉣ 대손충당금(고정 20억 원, 요주의 10억 원)	: 30억 원
㉤ 부동산(장부가임. 감정가는 250억 원)	: 200억 원
㉥ 후순위채권(순재산 범위 내, 만기 5년 이상)	: 250억 원

07 다음 주어진 자료를 이용하여 산출한 영업용순자본비율은?

㉠ 자산 11,000억 원, 부채 8,000억 원	
㉡ 후순위차입금 3,000억 원	
㉢ 차감항목 2,500억 원	
㉣ 주식위험액 300억 원, 금리위험액 200억 원	

해설

05 ③ (후순위차입금 또는 후순위사채는 순재산액의 50% 범위 이내에서 영업용순자본에 가산)

06 5,060억 원, 영업용순자본 산정 시 연결재무제표가 아닌 개별 재무제표상 순자산을 이용하는 점을 보완하기 위하여 자회사 결손금을 차감항목으로 하는 점에 유의한다. ① 순재산 : 5,000억 원 ② 차감항목 : 선급금 100억원, 자회사 결손금 20억 원, 부동산 200억 원 ③ 차감 제외 항목 : 선급 경과이자 40억 원, 부동산 중 유동화될 부분 Min(250×0.7 = 175, 200×0.4 = 80) ④ 가산항목 : 대손충당금(요주의) 10억 원, 후순위채권 250억 원 ∴ 영업용순자본 = ① - ② + ③ + ④ = 5,000 - 320 + 120 + 260 = 5,060

07 400%, ① 영업용순자본 : 11,000 - 8,000 + 1,500[1] - 2,500 = 2,000억 원 ⇒ 1) 후순위차입금은 순재산액의 50%만 인정 ② 총위험액 : 300 + 200 = 500억 원 ∴ 영업용순자본비율 : 2,000/500×100(%) = 400%

08 총위험액은 금융투자업자가 입을 수 있는 손실을 계량화한 것인데 다음 중 총위험을 구성하고 있는 위험이 아닌 것은?

① 시장위험 ② 법규위반위험
③ 신용위험 ④ 운영위험

09 금융투자업자의 인가(등록)업무를 영위하기 위하여는 인가(등록)요건을 유지하여야 하는데, 자기자본의 경우 인가업무 또는 등록업무 단위별 최저자기자본의 (   )이상을 유지하여야 한다. (   )에 알맞은 답은?

① 100% ② 70%
③ 120% ④ 50%

part 05

내부통제 및 컴플라이언스

chapter 01

내부통제와 컴플라이언스

내부통제와 컴플라이언스 제도의 필요성

1 금융산업의 특수성

최근 들어 금융산업은 자산규모의 대형화, 첨단 금융상품과 투자기법의 등장, 보수체계의 지나친 성과지향성 등으로 말미암아 국내·외적으로 직면하고 있는 위험이 증가하고 있고 급속도로 발전하는 첨단 금융상품의 속성을 고려할 때 임직원의 행위를 내부에서 적절히 제어하지 않고 관련 법규에 의한 사후감독만으로는 금융기관의 안정성 유지에 한계가 있으며, 한 금융기관의 위험직면은 금융시장 전반에 심대한 영향을 초래할 수도 있다.

따라서 임직원을 사전에 교육·훈련·통제시킬 수 있는 제도적 장치와 자산운용부서 등에 대하여 철저한 사전 또는 상시감독이 가능하도록 하는 조직 및 운영체계를 수립하여 회사 내부에 잠재된 위험성을 사전에 최대한 제어할 수 있는 수단으로서 내부통제와 컴플라이언스 제도의 필요성이 있다.

2   IMF 관리체제와 OECD 가입

내부통제와 컴플라이언스 제도는 IMF 관리체제와 OECD 가입에 따라 기업지배구조 개선을 위한 외부압력과 '기업지배구조 개선위원회'를 구성하여 기업의 경영투명성 제고와 책임경영체제를 구축하려는 내부적인 노력의 일환으로 도입되었다.

일반적으로 기업의 준법 프로그램(compliance program)[1]으로서의 내부통제와 컴플라이언스 제도는 기업을 둘러싼 환경의 변화가 다양하고 급격하며, 임직원 개인의 불법행위에 의하여 기업이 행정적 제재, 이미지 추락, 이해관계자에 의한 손해배상소송 등 다양한 위험이 발생할 가능성이 증가함에 따라 기업이 자체 단속체계(self police system)를 갖추는 제도이다.

3   자율규제의 중요성 인식

금융위기 이후 금융기관은 과거 정부감독기관의 규제중심에서 벗어나 금융기관 및 자율규제기관의 내부통제에 대한 관심이 고조되면서 법규준수 활동이 강화되고 내부통제라는 큰 그림 하에 감사, 리스크, 컴플라이언스의 상호기능을 스스로 확보하려는 노력이 지속되고 있다.

---

1   우리 기업계도 기업 스스로의 노력에 의한 경쟁질서의 확립이 결국 기업 자신에게 이익이 될 뿐만 아니라 국가 경쟁력의 향상에도 도움이 된다는 인식 하에 지난 2001년 3월 9일, 기업계, 사업자단체, 학계, 법조계, 시민단체 등 각계의 민간대표 모임으로 구성된 공정거래질서 자율준수위원회를 발족하고, 2001년 7월 5일 '공정거래 자율준수규범'을 제정하였다.

내부통제와 컴플라이언스 제도의 의미

1 **내부통제와 컴플라이언스 제도의 구분**

(1) 컴플라이언스와 내부통제 제도

회사에 있어서 내부통제라고 하면 기업을 경영하는데 필요한 모든 시스템을 포함할 정도로 범위가 광범위함. 일반적으로 내부통제라고 하면 기업운영의 효율성, 재무보고서의 신뢰성, 법규준수를 말한다.

컴플라이언스 시스템(compliance System)의 구성은 ① 법규준수정책 내지 기본방침, ② 컴플라이언스 기준과 절차, ③ 준법감시조직(부서), ④ 준법감시매뉴얼, ⑤ 임직원 윤리준칙(Code of Conduct), ⑥ 컴플라이언스 점검(모니터링과 조사), ⑦ 연수 및 교육 등이 있다.

(2) 내부통제(Internal control)

❶ 내부감사(Internal audit)는 물론 통제환경의 구축, 위험평가체제, 통제활동, 정보와 전달체계 등 조직 전반에 대한 통제를 포괄하는 개념

❷ 이사회, 경영진 기타 직원이 운영의 효과성 및 효율성, 재무정보와 비재무정보의 신뢰성, 법규 준수 등의 목적 달성을 위한 합리적인 확신을 제공하는 과정(process)

❸ Risk management, Financial control, Internal audit, Legal department, Management, Compliance ⇒ 컴플라이언스를 포함한 경영관리 · 통제시스템

(3) 컴플라이언스

❶ 컴플라이언스란 일반적으로 고객 재산의 선량한 관리자로서 '회사의 임직원 모두가 제반법규 등을 철저하게 준수하도록 사전(事前) 또는 상시(常時)적으로 통제 · 감독하는 것'을 의미

❷ 미국, 일본 등 선진국의 경우 "Compliance"를 "법규준수"로 한정하고 있는 것이 일반적이나, 우리나라는 법규준수에 한정하지 않고 법규준수 등을 포함한 내부통제체제 전반을 의미하고 있음

(4) 내부통제의 목적

COSO^2 보고서와 BIS^3 보고서에 따르면 내부통제(Internal control)란 회사 이사회와 경영진이 다음의 목적 달성에 관한 합리적 확신을 제공받기 위하여 설계한 정책과 절차를 말한다.

❶ 업무의 효과성과 효율성(effectiveness and efficiency of operations)

　(성과목표의 달성 및 회사자산의 보호를 포함)

　　ㄱ. 자산 또는 그 밖의 자원을 투입하여 성과를 산출하는 데 있어 업무의 효과성과 효율성에 관한 것으로, 여기에는 손실로부터 회사자산을 보호하는 것도 포함

　　ㄴ. 이 목적을 달성하기 위한 내부통제로는 경영관리(management control), 위험관리(risk management), 업무감사(operation auditing)가 있음

❷ 재무정보의 신뢰성(reliability of financial and management information)

　　ㄱ. 의사결정에 필요한 재무정보의 신뢰성에 관한 것 : 여기에는 투자의사결정에 필요한 재무제표와 공시가 관련 규정에 따라 표시되고 이루어졌는가 하는 것뿐만 아니라 경영의사결정에 필요한 재무정보가 목적적합적이고 신뢰할 수 있게 생산되고 보고되는가 하는 것도 포함

　　ㄴ. 이 목적을 달성하기 위한 내부통제로는 회계감사(financial statement auditing) 등이 있음

❸ 법규의 준수(compliance with applicable laws and regulations)

　　ㄱ. 업무집행이 적법하게 이루어지고 있는가에 관한 것으로 여기에는 법규뿐만 아니라 사규(윤리규정 포함)도 포함

　　ㄴ. 이 목적을 달성하기 위한 내부통제로는 컴플라이언스 관리(compliance management), 컴플라이언스 감사(compliance auditing) 등이 있음

❹ 2013년 5월 개정된 COSO보고서에서는 기존의 재무적 보고(Financial Reporting) 목적에서 내부(Internal) 및 비재무적 보고(Non−Financial Reporting) 목적까지 포괄하기 위해 비재무적 보고까지 포함하는 개념의 보고(Reporting)로 변경

2　COSO 보고서

　Committee of Sponsoring Organizations of the Treadway Commission, *Internal Control Integrated Framework*

3　BIS 보고서

　Basle Committee on Banking Supervision, *Framework for the Evaluation of Internal Control Systems*

(5) 내·외부감사기능 및 감독기능과의 관계

금융투자업자가 운영하는 내부통제제도, 내부 및 외부감사제도는 금융투자업자의 안전하고 건전한 경영을 위해 상호보완적인 기능을 수행

① 내부감사 : 기업경영진과는 독립적인 입장에서 내부통제제도이 적절한 운영을 평가하고 그 결과를 이사회 및 경영진에게 통보하여 문제점을 시정하는 기능

② 외부감사 : 재무보고 관련 내부통제의 적정성, 거래기록의 정확성, 신속성 그리고 감사보고서 및 감독당국에 제출하는 보고서의 정확성과 적시성을 합리적인 범위 내에서 보장

③ 감독기능 : 감독당국은 내부통제, 내·외부감사기능 운영과 관련 내부정책 절차의 적정성, 특히, 내외부감사인에 의해 인식된 내부통제의 취약점에 대해 경영진의 적절한 시정조치 등을 평가

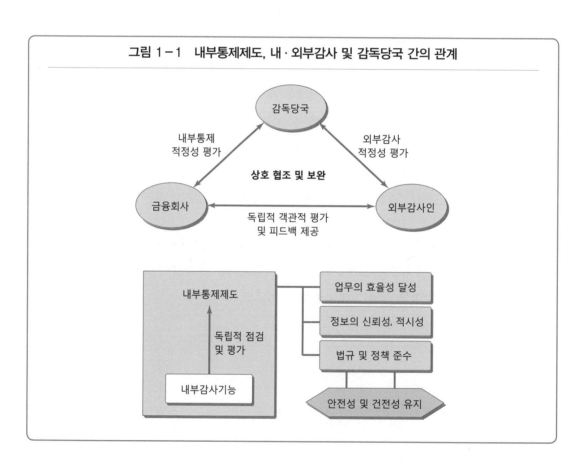

그림 1-1   내부통제제도, 내·외부감사 및 감독당국 간의 관계

(6) 내부통제제도의 운영주체

내부통제제도는 이사회, 경영진, 감사(위원회) 및 중간관리자와 일반 직원에 이르기까지 조직 내 모든 구성원들에 의해 운영되며 최종책임은 이사회에 있다.

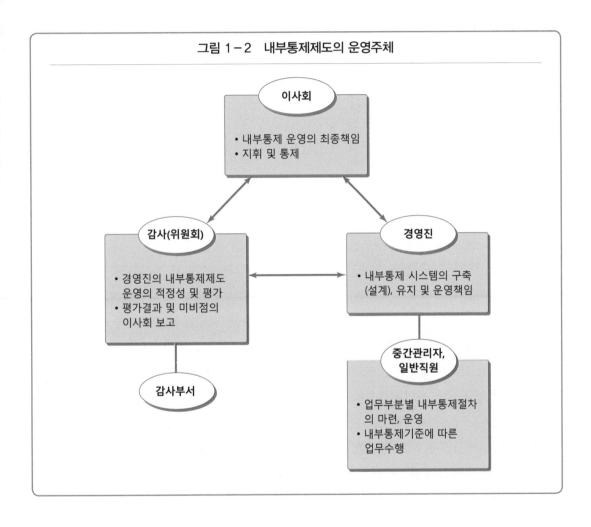

그림 1-2 내부통제제도의 운영주체

2 컴플라이언스 제도의 의의

(1) 개념

사전적으로는 '정해진 법규를 준수한다'는 의미로 관련 법규준수와 이를 위하여 제정된 내부규정의 준수를 목표로 하는 모든 업무를 말하며, 회사가 투명하고 공정한 경영을 통한 대외 경쟁력 제고를 목적으로, 회사의 모든 경영활동 및 영업행위에 대하여 관련 법, 규정 및 시장원리를 준수하는 것이라고 할 수 있다.

❶ 미국 : 감독기관의 제 법규 외에 회사 내규, 영업전략, 강령 등 광범위한 범위에 걸친 다양한 법규를 준수함을 의미
❷ 영국 : 일차적으로는 금융감독기관에서 규정하고 있는 법규를 준수하는 것을 의미한다. 개별회사 자체적으로 정한 내규도 포함하는 경우가 일반적임
❸ 국내 : 금융 관련 법률에 준법감시인 제도·시행근거 마련

   국내에서는 다양한 표현으로 번역되고, 용어에 대한 일반적 합의는 없는 상태(법규준수, 감독규정 이행, 내부통제, 컴플라이언스)였으나, 2001년 1월 21일 금융 관련 법률 개정을 통해 '준법감시(인)' 제도로 표시하였고, 현재는 2016년 8월 11일 금융회사의 지배구조에 관한 법률로 이관되어 운영

   ㄱ. 우리나라는 '법규준수'로 대부분 한정하고 있는 미국 등 선진국과는 달리 '금융 관련 법률상의 정의에서처럼 법규준수체제 및 리스크 관리체제 등을 포함한 내부통제제도(또는 체제 전반)'를 의미
   ㄴ. 내부통제기준 마련 및 준법감시인(compliance officer) 임명 : 은행, 증권, 투신, 증권투자(자산운용), 보험, 종금
   ㄷ. 내부통제기준 마련 : 금고, 선물

❹ 컴플라이언스란 고객자산의 선량한 관리자로서 회사의 임직원 모두가 제반 법규 등을 철저하게 준수하도록 사전 또는 상시적으로 통제하고 감독하는 모든 프로세스를 말하며, 금융회사의 경우 컴플라이언스는 금융회사 임직원이 직무를 수행함에 있어 법규를 준수하도록 하는 컴플라이언스체제를 구축하고 이를 지속적으로 운영해 나가는 모든 활동을 의미
❺ 컴플라이언스 제도란 법규준수의 정책, 컴플라이언스 가이드라인과 기준 절차, 컴플라

이언스 조직, 준법감시매뉴얼, 행위준칙, 점검 및 조사, 교육연수 등을 운영하는 것을 의미

❻ 컴플라이언스는 미국이나 영국 등 선진국에서는 금융기관뿐 아니라 일반기업에서도 도입할 만큼 광범위하게 시행

　ㄱ. 미국에서는 1991년 기업 등의 조직범죄에 대한 연방법원 판결지침을 제정하여 판결에 적용하고 있으며, 이에 따라 기업 등의 조직이 '준법 프로그램(compliance program)'을 구축

　ㄴ. 기업 등이 법규위반의 방지 및 적발을 위하여 자기단속체계를 구축 및 운영하여 이를 입증할 경우 정당한 노력(due diligence)을 한 것으로 인정하여 판결에 감안되어 형량을 상당히 줄일 수 있음

　ㄷ. '정당한 노력'은 기업 등이 '효과적인 준법 프로그램'을 구축 및 운영한 것이 입증되는 것을 말하며, 최소한 다음과 같은 7단계의 필수요소로 구성

　　a. 준법기준 제정 및 업무절차 구축(문서화된 규정) : 범죄행위를 합리적으로 줄일 수 있는 준법기준을 제정하고 업무절차를 구축

　　b. 준법담당임원 임명(책임할당) : 준법기준 및 업무절차를 감독하기 위한 전반적인 책임을 지는 고위직 준법담당임원을 임명

　　c. 임직원 감독체계 구축(감독제도) : 조직 등이 정당한 노력의 실행을 통하여 불법행위에 종사할 경향이 있는 것으로 인지하였거나 인지하였어야 하는 종업원에게 실질적인 재량권을 위임하지 않도록 감독체계를 구축

　　d. 교육 프로그램 실시(교육제도) : 홍보물과 교육 프로그램을 통하여 모든 종업원에게 효과적으로 준법기준과 업무절차를 전달

　　e. 감시·감사체계 및 법규준수자 보호장치 구축(감시/감사 및 신고제도) : 범죄행위를 발견할 수 있도록 합리적으로 짜여진 감시 및 감사체계를 활용하고, 종업원이 보복에 대한 두려움 없이 범죄행위를 신고할 수 있는 신고체계를 포함한 준법기준을 제정

　　f. 위반자 처벌체계 구축(처벌제도) : 범죄행위 발견의 실패에 대한 개인적 책임의 처벌을 포함한 적절한 위반자 처벌체계를 통해 준법기준을 실행

　　g. 제도개선체계 구축(제도개선) : 발견된 범죄행위에 적절히 대응하고, 법규위반자의 발견 및 방지를 위한 프로그램의 수정을 포함하여 더 이상의 범죄를 방지할 수 있는 합리적인 조치를 취해야 함

❼ 금융기관의 경우 어느 업종보다 컴플라이언스 기능이 강조 : 금융산업은 업무 특성상 관련 법규만으로 금융거래자 보호에 미흡하여, 타인(고객)의 자산을 위탁받아 운용·관리하는 것이 주요 업무이므로 금융인의 엄격한 도덕성과 신뢰성이 필수적임

(2) 부문별 내부통제 기능

❶ 감사(Audit)조직과의 구분

준법감시는 준법감시인이 임·직원의 내부통제기준의 준수 여부를 점검하는 활동을 의미하며, 내부감사기능은 경영진과는 독립적인 제3자적 관점에서 내부통제제도 구축, 운영에 대한 평가 등을 통하여 경영진의 직무를 견제·감시하는 역할을 수행함

표 1-1 **감사위원회와 준법감시인의 비교**

구분	감사(감사위원회)	준법감시인
주요 역할	• 내부통제시스템의 적정성과 경영성과의 평가 및 개선방안 제시	• 임직원의 내부통제기준 준수 여부 점검 및 위반사항 발견 시 조사하여 감사(감사위원회)에 보고
근거법규	• 상법 및 금융 관련 법률	• 금융 관련 법률
활동주체	• 감사위원회 및 그 보조기구	• 준법감시인 및 그 보조기구
주된 업무	• 재무감사, 업무감사, 준법감사, 경영감사, IT 감사 • 전반적인 내부통제시스템에 대한 평가 및 개선방안 제시 • 내부감사부서장과 감사의 직무수행상 필요한 직원의 임면에 대한 동의 • 외부감사인의 선임에 대한 승인 • 외부감사인의 감사활동에 대한 평가 • 감사결과 지적사항에 대한 조치 • 준법감시인의 보고사항에 대한 조치 • 기타 관련 법령, 정관에서 정한 사항과 이사회가 위임한 사항의 처리	• '내부통제기준' 준수 여부(법규준수 여부에 중점) 점검 및 조사 • 내부통제기준 준수매뉴얼 작성·배포 • 주요 업무에 대한 법규준수 측면에서의 사전 검토 • 법규준수 관련 직원 교육 • 임직원윤리강령의 제정·운영 등
상호관계	• 준법감시인 및 그 보조기구와 그 준법감시업무에 대한 감사 실시	• 내부통제기준 위반사실 발견 시 감사위원회에 보고 의무

❷ 위험관리(Risk Management)조직(사전 · 상시적 수행)과의 구분

내부통제기준에는 자산운용의 건전성, 고개신뢰도 제고, 각종 거래의 제반위험을 적시 운용 · 평가 · 감시, 통제하는 데 필요한 위험관리시스템 구축 운영을 명시

　　ㄱ. 금융투자업자는 위험관리조직을 설치하여야 함

　　　　a. 금융투자업자는 재무위험을 관리하기 위하여 필요한 지침을 마련

　　　　b. 위험관리지침은 금융투자업자가 내부적으로 관리할 영업용순자본비율 및 자산부채비율의 수준(일정한 변동범위 포함), 운용자산의 내용과 위험의 정도, 자산의 운용방법, 고위험자산의 기준과 운용한도, 자산의 운용에 따른 영향, 내부적인 보고 및 승인체계, 위반에 대한 내부적인 징계내용 및 절차 등에 관한 기본적인 사항, 위험관리조직의 구성 및 운영에 관한 사항과 기타 필요한 사항을 정하여야 함

　　　　c. 금융투자업자는 위험관리지침을 제정한 때에는 감독원장에게 보고하여야 하며, 감독원장은 필요한 경우 그 개선을 요구할 수 있음

　　ㄴ. 위험관리조직의 대상업무는 감사조직 또는 컴플라이언스 조직의 업무대상이 업무 전반에 걸친 것에 비교해 볼 때 자산의 운용에 한정되어 있음

　　ㄷ. 내부통제기준에는 자산운용 또는 업무영위과정에서 발생하는 위험관리 관련 사항이 포함되어 준법감시인이 점검하도록 되어 있으나 현재 위험관리업무는 위험관리

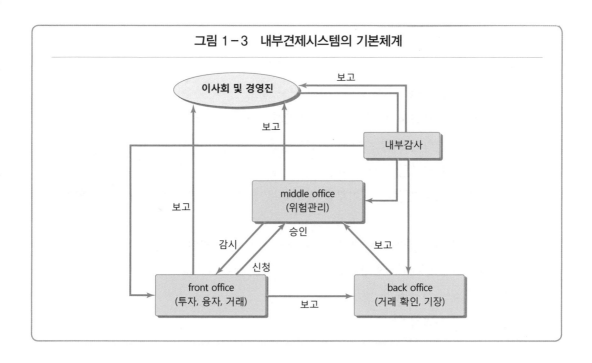

그림 1-3　내부견제시스템의 기본체계

부서에서 전담하고 있는 점을 감안, 동부서에서 이들 업무를 수행할 수 있음

　ㄹ. 내부견제시스템의 기본체계 : 컴플라이언스 및 위험관리조직은 Front office(수익부문)의 활동을 견제하는 한편 Back office(사무부문)으로부터의 보고를 통해 Front office와의 정합성을 모니터링함으로써 Back office와 컴플라이언스 및 위험관리조직 간의 견제기능을 유지하는 것이 요구됨

3 내부통제와 준법감시인 제도

「금융회사의 지배구조에 관한 법률」(이하 '지배구조법'이라 함)에서는 내부통제기준 및 준법감시인 제도의 규정화를 통해 금융회사가 내부통제를 제도화하고 준법감시인을 통해 내부통제제도를 실행하게 하고 있다.

(1) 금융회사의 내부통제기준 설정 의무(지배구조법 제24조)

금융회사는 법령을 준수하고, 경영을 건전하게 하며, 주주 및 이해관계자 등을 보호하기 위하여 금융회사의 임직원이 직무를 수행할 때 준수하여야 할 기준 및 절차(내부통제기준)를 마련하여야 한다.

(2) 내부통제기준에 포함해야 할 내용(지배구조법 시행령 제19조)

❶ 업무의 분장 및 조직구조

❷ 임직원이 업무를 수행할 때 준수하여야 하는 절차

❸ 내부통제와 관련하여 이사회, 임원 및 준법감시인이 수행하여야 하는 역할

❹ 내부통제와 관련하여 이를 수행하는 전문성을 갖춘 인력과 지원조직

❺ 경영의사결정에 필요한 정보가 효율적으로 전달될 수 있는 체제의 구축

❻ 임직원의 내부통제기준 준수 여부를 확인하는 절차·방법과 내부통제기준을 위반한 임직원의 처리

❼ 임직원의 금융관계법령 위반행위 등을 방지하기 위한 절차나 기준(임직원의 금융투자상품 거래내용의 보고 등 불공정행위를 방지하기 위한 절차나 기준을 포함)

❽ 내부통제기준의 제정 또는 변경 절차

❾ 준법감시인의 임면절차

❿ 이해상충을 관리하는 방법 및 절차 등(금융회사가 금융지주회사인 경우는 예외)

⓫ 상품 또는 서비스에 대한 광고의 제작 및 내용과 관련한 준수사항(금융지주회사만 해당)

⓬ 법 제11조 제1항에 따른 임직원 겸직이 제11조 제4항 제4호 각 목의 요건을 충족하는지에 대한 평가·관리

⓭ 그 밖에 내부통제기준에서 정하여야 할 세부적인 사항으로서 금융위원회가 정하여 고시하는 사항

(3) 준법감시인 제도(지배구조법 제25조~제30조)

❶ 금융회사(자산규모 등을 고려하여 대통령령으로 정하는 투자자문업자 및 투자일임업자 제외)는 내부통제기준의 준수여부를 점검하고 내부통제기준을 위반하는 경우 이를 조사하는 등 내부통제 관련 업무를 총괄하는 사람(준법감시인)을 1명 이상 두어야 함

❷ 준법감시인의 자격요건(지배구조법 제26조) : 준법감시인은 다음의 요건을 모두 충족한 사람이어야 함

ㄱ. 최근 5년간 이 법 또는 금융관계법령을 위반하여 금융위원회 또는 금융감독원(「금융위원회의 설치 등에 관한 법률」에 따른 금융감독원을 말함. 이하 같음)의 원장(이하 '금융감독원장'이라 한다), 그 밖에 대통령령으로 정하는 기관으로부터 제35조 제1항 각 호 및 제2항 각 호에 규정된 조치 중 문책경고 또는 감봉요구 이상에 해당하는 조치를 받은 사실이 없을 것

ㄴ. 다음의 어느 하나에 해당하는 사람. 다만, 다음(d 후단의 경우는 제외)의 어느 하나에 해당하는 사람으로서 d 전단에서 규정한 기관에서 퇴임하거나 퇴직한 후 5년이 지나지 아니한 사람은 제외

  a.「금융위원회의 설치 등에 관한 법률」제38조에 따른 검사 대상 기관(이에 상당하는 외국금융회사를 포함)에서 10년 이상 근무한 사람

  b. 금융 관련 분야의 석사학위 이상의 학위소지자로서 연구기관 또는 대학에서 연구원 또는 조교수 이상의 직에 5년 이상 종사한 사람

  c. 변호사 또는 공인회계사의 자격을 가진 사람으로서 그 자격과 관련된 업무에 5년 이상 종사한 사람

  d. 기획재정부, 금융위원회,「금융위원회의 설치 등에 관한 법률」제19조에 따른 증권선물위원회, 감사원, 금융감독원, 한국은행,「예금자보호법」제3조에 따라 설립된 예금보험공사, 그 밖에 금융위원회가 정하여 고시하는 금융 관련 기관에서

7년 이상 근무한 사람. 이 경우 예금보험공사의 직원으로서 「예금자보호법」 제2
조 제5호에 따른 부실금융회사 또는 같은 조 제6호에 따른 부실 우려 금융회사
와 같은 법 제36조의3에 따른 정리 금융회사의 업무 수행을 위하여 필요한 경우
에는 7년 이상 근무 중인 사람을 포함

    e. 그 밖에 a부터 d까지의 규정에 준하는 자격이 있다고 인정되는 사람으로서 대통
      령령으로 정하는 사람

❸ 준법감시인의 금지업무(지배구조법 제29조) : 준법감시인은 선량한 관리자의 주의로 그
직무를 수행하여야 하며, 다음의 업무를 수행하는 직무를 담당해서는 아니됨

    ㄱ. 자산 운용에 관한 업무

    ㄴ. 해당 금융회사의 본질적 업무(해당 금융회사가 인가를 받거나 등록을 한 업무와 직접적으로 관련
      된 필수업무로서 대통령령으로 정하는 업무를 말함) 및 그 부수업무

    ㄷ. 해당 금융회사의 겸영(兼營)업무

    ㄹ. 금융지주회사의 경우에는 자회사 등의 업무(금융지주회사의 위험관리책임자가 그 소속 자회
      사등의 위험관리업무를 담당하는 경우는 제외)

    ㅁ. 그 밖에 이해가 상충할 우려가 있거나 내부통제 및 위험관리업무에 전념하기 어려
      운 경우로서 대통령령으로 정하는 업무

❹ 준법감시인에 대한 금융회사의 의무(지배구조법 제30조) : 준법감시인에 대한 금융회사
의 의무는 다음과 같음

    ㄱ. 금융회사는 준법감시인 및 위험관리책임자가 그 직무를 독립적으로 수행할 수 있
      도록 하여야 함

    ㄴ. 금융회사는 준법감시인을 임면하였을 때에는 그 사실을 임면일부터 7영업일 이내
      에 금융위원회에 보고하여야 함

    ㄷ. 금융회사 및 그 임직원은 준법감시인이 그 직무를 수행할 때 필요한 자료나 정보의
      제출을 요구하는 경우 이에 성실히 응해야 함

    ㄹ. 금융회사는 준법감시인이었던 사람에 대하여 그 직무수행과 관련된 사유로 부당한
      인사상의 불이익을 주어서는 아니 됨

❶ 효율적인 컴플라이언스 제도를 운영함으로써 고객의 신뢰를 얻을 수 있으며 법규위반으로 인한 명예실추, 벌금 등의 불이익을 사전에 차단하는 효과를 얻을 수 있음

❷ 금융기관의 불공정거래(내부정보 이용, 시세조종, 자금세탁 등)를 내부감시를 통해 금융기관에 발생할 수 있는 공신력 추락, 손해배상, 영업정지 등의 위험을 피하고, 고객의 신뢰획득, 명성위험의 회피, 분쟁예방, 감독기관의 제재 예방 및 영업권의 유지 효과가 발생함

이와 같이 컴플라이언스 제도는 추가적으로 비용을 발생시키는 업무가 아니라 사전적으로 관련 법규 등을 위반하는 잠재적인 위험요인이나 가능성을 최소화할 수 있는 안전장치로 해당 회사의 유지·발전을 위한 보험의 역할을 하는 것으로 간주되어야 한다.

section 03 | 컴플라이언스의 기능과 구축방안

1 컴플라이언스의 기능

❶ 법적 규제 이행의무에 대해 경영진 및 영업부서에게 자문
❷ 법적 규제 이행의무가 있는 영업절차 등에 대해 검토, 자문
❸ 경영층에 대해 기준 이행에 대한 자문
❹ 법적 규제 이행 내에서의 컴플라이언스 모니터링[4]
❺ 컴플라이언스 이슈에 대해 컴플라이언스 자문[5]
❻ 규제기관과의 의사소통 용이

---

4 컴플라이언스 모니터링 : 준법감시인이 영업부서 등 모든 준법감시부서(일반부서)의 법규준수 여부를 점검하거나 동부서의 제도, 규정, 조직 등 내부통제 시스템의 적정성 여부를 사전적·상시적으로 점검(check)하는 작업
5 컴플라이언스 자문 : 법규준수 측면에서의 자문업무

❼ 관련 경영진에 대해 적기의 보고서 제공

❽ 법적 규제의 발전과 기준변화에 대해 정기적이고 적절한 교육 훈련 제공

2   Compliance officer

❶ 컴플라이언스 업무종사자를 compliance officer라고 함

❷ 영국의 경우 감독기구에 등록된 담당자를 compliance officer라고 함

❸ 미국의 경우 변호사 등 법률전문가들을 위주로 구성하는 컴플라이언스 부서를 설치하고 운영하는 경우가 일반적이나, 조직이 큰 대형회사의 경우에는 컴플라이언스 부서 외에 법률 문제만을 전담하는 법률 부서를 별도로 설치·운영하는 경우도 있음

❹ 소규모 회사의 경우 컴플라이언스 업무에 대한 자문을 전문으로 하는 외부기관의 지원을 받아 업무를 수행하는 것이 일반적임

❺ 미국의 경우 법적으로 컴플라이언스 조직의 설치·운영이 강제화되어 있지는 않으나 거의 모든 금융기관은 자발적으로 철저한 컴플라이언스가 이루어짐

❻ 컴플라이언스 조직은 규제기관과 함께 회사의 기준을 보증하고 회사의 명성과 법적 위험(reputation and regulatory risk)을 관리하는 다른 부서(other operating departments)와 밀접하게 일을 함

❼ 컴플라이언스 담당 직원은 유능하고 주요 업무의 내용을 숙지한 자를 위주로 선발

❽ Compliance officer의 구분 및 기능

   ㄱ. Head of compliance

      a. head of compliance는 managing director에게 보고

      b. 정책발전의 책임을 부담

         ㉠ 회사의 업무가 관련 법규, 공식적인 요구, 다른 규제기준, 행위기준에 의해 행동하여야 함

         ㉡ 회사 업무가 높은 윤리기준과 선량한 업무 실제에 따라 행동하여야 함

      c. head of compliance는 내부절차와 내부통제의 독립적인 검토자임

      d. head of compliance는 정기보고서를 이사회와 감사위원회에 보고

      e. head of compliance는 회사가 규제기관과 건강하고 건설적인 관계를 가지도록 함

      f. 회사는 규제기관과 상호 이해와 명백한 의사소통을 바탕으로 함

g. head of compliance는 회사의 운용에 제안되는 법령수정으로부터 발생하는 사항에 대해 경영층에게 자문

h. head of compliance는 승인된 예산범위 내에서 컴플라이언스 팀의 모집, 발전, 운영에 대한 책임을 부담

i. head of compliance는 지역적 컴플라이언스 문제를 보고할 책임을 가짐

j. head of compliance는 법 또는 금융에 학위를 가지고 있거나 공인된 회계자격을 가지고 관련 분야에서 최소한 8~10년의 경험이 필요함

ㄴ. 컴플라이언스 매니저

a. 컴플라이언스 매니저는 head of compliance에게 보고할 책임이 있음

b. 컴플라이언스 매니저는 정부규제와 Code of Business Practice 및 내부정책에 대해 회사의 컴플라이언스를 이행하기 위한 정기적 모니터링 프로그램을 개발할 책임을 가짐

c. 컴플라이언스 매니저는 새로운 투자상품에 대해 협조하고 현존 상품이 새로운 규제에 위배되는지를 모니터링하면서 법적 규제와 윤리의 문제에 대해 다른 부서에 자문

d. 컴플라이언스 매니저는 법 또는 금융에 학위를 갖거나 또는 공인회계자격증을 갖고 5년 정도의 관련 경험을 가질 필요가 있음

ㄷ. Compliance officer

a. compliance officer는 컴플라이언스 매니저에게 보고

b. compliance officer는 회사의 활동을 법규와 대사하여 분석하고 정기적인 보고서를 수집

c. 모니터링 프로그램 실행

d. 여러 다양한 법규문서를 작성하는 데 있어 coordinator로서 활동

e. 대졸 정도로서 3~4년 정도의 근무경력(auditing · financial areas)

3 　컴플라이언스 내부구조와 구축방안

(1) 효과적인 컴플라이언스 내부구조

❶ 컴플라이언스 오피서 : 전문성과 독립성 보장이 최우선

❷ 조직 내 리스크 분석 : 적절하게 분석하여야 하는 것이 필수

❸ 법규준수 계획의 수립 : 리스크가 감안된 내부대응방안마련 및 지속 시행할 수 있는 연관부서와 커뮤니케이션

❹ 계획에 따른 교육훈련 및 이행확인 : 점검항목에 대한 피드백과 리스크가 반영된 교육차별화

❺ 모니터링/보고 : 규정준수 여부에 대한 모니터링 및 정기적 조사 및 보고

❻ 컴플라이언스 시스템에 대한 조사 및 개선(감사 포함)

(2) 컴플라이언스의 업무수행요건(지배구조법 제30조)

　　컴플라이언스 조직은 회사 경영의 일환으로 운영되며, 준법감시인은 충분한 권한을 위임받아야 하며, 이사회와 CEO에 직접 보고하는 구조로 운영되어야 한다.

❶ 준법감시인은 그 직무를 수행함에 있어 독립적으로 운영하여야 함

❷ 임직원은 준법감시인의 직무 수행과 관련 자료나 정보요구에 성실히 응해야 함

❸ 준법감시인은 그 직무를 수행함에 있어 인사상 불이익을 받지 않아야 함

❹ 금융회사는 준법감시인의 선·해임 시 금융위원회에 보고하여야 함

(3) 컴플라이언스 내부통제 구축

　　금융투자회사는 임직원의 업무수행의 공정성 제고 및 위법·부당행위의 사전 예방 등에 필요한 효율적인 준법감시체제를 구축·운영하여야 한다.

❶ 관계법령 등의 준수 프로그램의 입안 및 관리

❷ 임직원의 관계법령 등의 준수 실태 모니터링 및 시정조치

❸ 이사회, 이사회 산하 각종 위원회 부의사항에 대한 관계법령 등의 준수 여부의 사전 검토 및 정정 요구(감사위원회 부의사항은 제외)

❹ 정관·사규 등의 제정 및 개폐, 신상품개발 등 새로운 업무 개발 시 관계법령 등의 준수

여부 사전 검토 및 정정 요구

❺ 임직원에 대한 준법 관련 교육 및 자문

❻ 금융위원회, 금융감독원, 금융투자협회, 한국거래소, 감사위원회와의 협조 및 지원

❼ 이사회, 경영진 및 유관부서에 대한 지원

❽ 기타 ❶부터 ❼에 부수되는 업무

(4) 컴플라이언스 정책과 절차(법규준수정책)

❶ 지배구조법 시행으로 대표이사(금융회사지배구조 감독규정 제11조 제5항, 표준내부통제기준 제7조)는 내부통제체제의 구축 및 운영에 필요한 제반사항을 수행·지원하고 적절한 내부통제정책을 수립하여야 함

> **예시**
>
> 준법감시계획 및 결과보고(시정개선 및 조치결과)

❷ 위법·부당행위의 사전예방에 필요한 내부통제체제의 구축·유지·운영 및 감독

> **예시**
>
> 내부제보제도, 직무분리, 명령휴가제도, 임직원 겸직 통제, 자금세탁방지, 정보교류차단장치 등

❸ 내부통제체제의 구축·유지·운영에 필요한 인적·물적 자원의 지원

> **예시**
>
> 변호사, IT전문가 등 인적자원의 전문화 및 독립성

❹ 조직 내 각 업무분야에서 내부통제와 관련된 제반 정책 및 절차가 지켜질 수 있도록 각 부서 등 조직 단위별로 적절한 임무와 책임을 부여

> **예시**
>
> 부서별로 위험을 평가하고 스스로 체크할 수 있어야 함(체크리스트 및 자체점검결과 보고 등)

❺ 매년 1회 이상 내부통제 체제·운영실태의 정기점검 및 점검 결과 이사회 보고

> **! 예시**
>
> 내부통제위원회를 운영하고 그 결과 및 조치사항을 이사회에 보고하고, 감사위원회는 내부통제 및 자금세탁방지제도 운영실태에 대한 감사를 실시하고 감사위원회 보고 및 이사회에 취약부분에 대한 개선방안 등을 제시하여야 함

(5) 컴플라이언스 감시프로그램(법규준수프로그램)

준법감시인이 운영하는 법규준수프로그램은 누가 무엇을 어떻게 점검하고 보고하는지를 말하는데 다음 요건을 갖추어야 한다(법규위반을 사전점검하고 통제되도록 운영).

❶ 준법감시인은 임직원의 관계법령 및 내부통제기준의 준수 여부를 점검하기 위하여 회사의 경영 및 영업활동 등 업무전반에 대한 준법감시 프로그램을 구축·운영하여야 함 (누락되는 부분이 없어야 함)

❷ 준법감시 프로그램은 관계법령 및 내부통제기준 등에서 정하는 내용을 포함하여 구축·운영되어야 하며, 적시적으로 보완이 이루어져야 함(개정 법규에 대한 절차개선 등)

❸ 준법감시인은 준법감시 프로그램에 따라 임직원의 관계법령 및 이 기준의 준수 여부를 점검(모니터링시스템 운영) 및 교육을 실시하고, 그 결과를 기록·유지하여야 함(정기적인 조사 및 상시점검을 위한 준법감시 규정화)

❹ 준법감시인은 점검결과 및 개선계획 등을 주요 내용으로 하는 내부통제보고서를 대표이사에게 정기적으로 보고하여야 하며, 특별한 사유가 발생한 경우에는 지체 없이 보고하여야 함(실질적인 보고 및 독립성)

❺ 준법감시인은 준법감시 업무 관련 우수자를 선정하여 인사상 또는 금전적 혜택을 부여하도록 회사에 요청할 수 있음(공정한 제재는 물론 인센티브가 있어야 함)

내부통제시스템이 적절히 운영되는지에 대해 내부통제기준과 내규에 업무별 직무의 분리, 위험의 인식과 승인(보고)절차를 구축하고, 사전에 점검할 수 있는 체크리스트를 준비하여 부서가 스스로 자기점검(Self-check)할 수 있는 통제를 구축하는 것이 중요함. 현업부서가 충실하게 이를 체크하고 있는지 방문 조사하는 등 주기적인 점검을 하여야 한다.

컴플라이언스에 대한 선진국 사례

1 주요 특징

❶ 컴플라이언스 제도는 미국이나 영국 등 선진국에서는 금융기관뿐 아니라 일반기업에서
도 도입할 만큼 광범위하게 시행되고 있으며, 특히, 금융기관의 경우 어느 업종보다 컴
플라이언스 기능이 강조되고 있음

❷ 컴플라이언스 제도의 운영방식에는 미국과 영국이 많은 차이를 보이고 있음

❸ 미국이 금융기관 스스로가 컴플라이언스 체계를 도입해 시행하고 있는 반면, 영국에서
는 감독체계의 일환으로 법제화되어 엄격하게 시행되고 있으며, 이와 같은 차이는 양
국의 금융제도와 문화적인 차이에서 기인함

2 미국의 컴플라이언스 제도

(1) 개요

❶ 미국의 경우 투자자의 역할, 주주의 소송권, 활발한 시민의식이 강력한 견제수단으로
기능하고 있음

❷ 다른 나라에 비해 감독기관인 SEC의 징계와 처벌이 엄하고 불법적으로 이익을 얻을 경
우 끝까지 이를 밝혀내 추징하는 사회적인 관례가 형성되어 있음

❸ 자율규제기관들도 NASDAQ 시장과 SEC에 등록된 브로커-딜러에 대하여 엄한 규제와
처벌을 수행

❹ 금융기관들은 회사의 발전은 물론 생존을 위해 컴플라이언스 체계가 필수적이라고 판
단, 자발적으로 기능을 활성화

❺ 미국의 규제체계는 감독기관인 SEC를 정점으로 SEC의 감독 하에 회원사를 규제하는
자율규제기구(NASD, NYSE 등), 개별회사의 컴플라이언스 제도 등으로 이루어져 있음

❻ 컴플라이언스 담당부서는 직원들에 대한 교육과 훈련을 비롯 컴플라이언스 정책과 절
차를 마련하고 Chinese Wall과 사적 거래 등으로 야기될 수 있는 잠재적 이해상충 문제

를 감독. 또한, 금지거래유형 등을 담은 윤리강령을 채택하고 준수 여부를 감시하는 등 광범위한 활동을 벌임

❼ 미국의 경우 컴플라이언스 도입을 법령 및 규정상에 명문화하고 있지는 않지만 내용이나 절차, 범위 등에 대해 업계 전반적으로 공감대를 형성하고 있음

❽ 미국의 경우 적절한 컴플라이언스 장치가 확립되어 있는 경우 법규위반 시에 경영진의 책임을 일부 면제할 수 있도록 하고 있음

(2) 유사기능 조직

❶ 감사조직과 컴플라이언스 조직 : 금융기관의 경우 별도의 감사조직은 존재하지 않으며, 회계감사는 외부에서 수행하는 것이 일반적임

❷ 통상 독립적인 조직으로 컴플라이언스 부서와 법률 부서가 존재
　　ㄱ. 법률 부서 : 사전적인 법률조언 등을 담당
　　ㄴ. 컴플라이언스 부서 : 감독기관을 상대하여 상시적 감사기능을 수행

❸ 위험관리조직과의 업무구분 : 위험관리조직은 통상 운용 부서와 관련하여 업무를 수행하는 조직으로 컴플라이언스 부서와는 전혀 별개의 업무를 수행하는 것이 일반적임

(3) 미국의 컴플라이언스 매뉴얼에 포함된 주요 내용

❶ 임직원의 유가증권거래
❷ 내부자거래
❸ 기밀 및 고유정보 관리
❹ 이해상충
❺ gift & entertainment
❻ customer relations
❼ record keeping
❽ external communications
❾ 자금세탁 방지
❿ 임직원의 대외활동

컴플라이언스 활동의 주요 대상 및 핵심내용

1 내부통제기준(지배구조법 제24조)의 준수 여부 점검

(1) 개요

❶ 내부통제기준이란 법령을 준수하고, 경영을 건전하게 하며, 주주 및 이해관계자 등을 보호하기 위하여 금융회사의 임·직원이 그 직무를 수행함에 있어서 따라야 할 기본적인 절차와 기준을 의미

❷ 내부통제기준의 운영은 준법감시인의 책무가 아닌 금융투자업자 경영진의 책임이며, 준법감시인은 이러한 경영진의 내부통제기준 운영과 관련한 금융투자업자 경영진을 지원하는 역할을 수행하는 것이므로 법규준수를 위한 경영진의 관심과 역할이 지대함

(2) 내부통제기준에 포함해야 할 내용(지배구조법 시행령 제19조)

❶ 업무의 분장 및 조직구조

❷ 임직원이 업무를 수행할 때 준수하여야 하는 절차

❸ 내부통제와 관련하여 이사회, 임원 및 준법감시인이 수행하여야 하는 역할

❹ 내부통제와 관련하여 이를 수행하는 전문성을 갖춘 인력과 지원조직

❺ 경영의사결정에 필요한 정보가 효율적으로 전달될 수 있는 체제의 구축

❻ 임직원의 내부통제기준 준수 여부를 확인하는 절차·방법과 내부통제기준을 위반한 임직원의 처리

❼ 임직원의 금융관계법령 위반행위 등을 방지하기 위한 절차나 기준(임직원의 금융투자상품 거래내용의 보고 등 불공정행위를 방지하기 위한 절차나 기준을 포함)

❽ 내부통제기준의 제정 또는 변경 절차

❾ 준법감시인의 임면절차

❿ 이해상충을 관리하는 방법 및 절차 등(금융회사가 금융지주회사인 경우는 예외)

⓫ 상품 또는 서비스에 대한 광고의 제작 및 내용과 관련한 준수사항(금융지주회사만 해당)

⓬ 법 제11조 제1항에 따른 임직원 겸직이 제11조 제4항 제4호 각 목의 요건을 충족하는지에

대한 평가·관리

❸ 그 밖에 내부통제기준에서 정하여야 할 세부적인 사항으로서 금융위원회가 정하여 고시하는 사항

(3) 주요국의 규제내용

❶ IOSCO : 각 회사에 합당한 내부통제 조직의 상세한 내용은 회사의 규모, 업무의 성격 및 당해 회사가 부담하는 위험에 따라 차이가 있으나, 시장중개기관을 규제함에 있어 일반적으로 다음의 기준이 충족되도록 권고

ㄱ. 완전성과 선관의무 기준

ㄴ. 계약조건 기준

ㄷ. 고객 관련 정보제공에 관한 기준

ㄹ. 고객에의 정보제공에 관한 기준

ㅁ. 고객자산에 대한 기준

ㅂ. 시장행위에 대한 기준

ㅅ. 운영통제에 관한 기준

❷ 미국 : 1934년 증권거래법에 증권사의 자기규율 책임을 명시

ㄱ. 종사자의 증권관계법규 위반행위를 방지하는 데 필요한 적절한 감독을 행하지 아니할 경우, 회사에 대하여 견책, 영업제한, 12월 내 영업정지 또는 등록취소 처분이 가능하도록 법제화

ㄴ. 다만 위반행위를 실제적으로 방지·색출하는 데 필요한 절차와 이의 운영시스템이 확립되어 있고, 이것이 적절히 작동되었음에도 불구하고 위반자가 절차와 시스템에서 부과된 의무를 지키지 않은 경우에 한하여 회사의 감독책임을 면제

❸ 영국 : 금융서비스법(Financial Service Act)에 근거하여 제정된 감독기관 핵심영업준칙에서 자기규율에 관한 원칙을 제시

ㄱ. 회사가 책임 있는 영업이 수행되도록 내부업무를 조직하고 통제하여야 함

ㄴ. 인력배치 시에는 종사자들을 적절하게 배치하고, 적합한 교육을 행해야 하며, 이들에 대한 합당한 감독이 이뤄져야 하고, 잘 정의된 자기규율절차를 수립하여야 함

ㄷ. 업무규정에서 구체적인 자기규율절차와 이의 이행사항 점검에 대한 룰을 정하고 있음

2   자금세탁 행위 등 의심스러운 거래의 예방

(1) 자금세탁방지 등 예방

자금세탁행위 및 공중협박자금조달행위(이하 "자금세탁행위등"이라 함)를 효율적으로 예방하고 특정금융정보법령 등에서 규정하고 있는 보고의무를 원활하게 이행하기 위해 필요한 보고책임자 임명 등의 조직체계와 내부 지침 등을 수립하여야 한다.

(2) 리스크기반 자금세탁방지체제의 구축

금융회사는 경영환경과 특성 등을 고려하여 금융거래에 내재된 자금세탁행위 등의 위험을 식별, 분석, 평가하여 위험도에 따라 고객확인 및 거래모니터링 절차를 수립하는 등 관리 수준을 차등화하는 자금세탁 위험평가체계를 구축·운영하여야 한다(독립적 감사, 위험기반 고객확인, 내부통제).

3   금융투자업자 직원의 복무윤리규정이 고려해야 할 사항

(1) 윤리규정(Code of conduct) 운영

회사는 투자자 보호를 위하여 업무처리 원칙과 실무지침이 포함된 영업행위 윤리준칙(이하 '윤리준칙'이라 함)을 제정·운영하여야 하며, 해당 윤리준칙을 회사의 인터넷 홈페이지 등 적절한 수단을 통하여 공개하여 운영해야 한다.

(2) 판매과정 준수사항/금지사항의 확인

❶ 금융투자상품 판매임직원들은 불완전 판매를 방지하기 위해 필요한 정보를 투자자에게 충분히 제공하여야 함
❷ 투자자와 계약을 체결한 경우 그 계약서류를 투자자에게 지체 없이 교부하여야 함
❸ 회사 및 금융투자상품 판매임직원들은 투자권유 및 금융투자상품을 판매함에 있어 적합성 및 적정성 설명의무 등 관계법규를 준수사항으로 반영
❹ 회사 및 금융투자상품 판매임직원들은 회사와 투자자 간 또는 투자자와 투자자 간 이해

상충의 관계에 있거나 이해상충이 우려되는 경우 회사가 정하는 내부통제기준 등에 따라 투자자 보호 등에 문제가 발생하지 아니하도록 사전에 조치하여야 함(정보교류차단장치 및 정보제공절차)

❺ 금융소비자의 권익침해, 불공정거래 금지, 부당권유행위 등의 금지사항을 확인하여야 함

(3) 임직원 매매

임직원은 자기계산에 의한 금융투자상품 매매와 관련하여 준법감시인에 신고하고 월별(분기별)로 보고하여 불공정거래를 방지하고 관련 법규를 준수하는 절차를 반영해야 한다.

(4) 선물 향응 수수

임직원은 직무수행과 관련하여 회사가 정하는 일정액 이상의 금품 및 향응 등을 수수한 경우 회사에 지체 없이 신고하여야 한다(청탁금지법 포함).

(5) 내부제보제도

임직원이 의심스럽거나 발견된 부정행위를 보고하는 절차 및 보고자의 신분보장 절차를 운영(HOT-LINE)해야 한다.

(6) 금융소비자 보호

금융소비자 보호를 위한 내용 및 절차를 마련하고 내부 직원이 직무를 수행시 준수할 내부통제기준을 마련해야 한다.

회사 및 금융투자상품 판매임직원들은 금융투자상품 판매과정에서 투자자에게 피해가 생긴 경우 신속한 피해구제를 위해 최선의 노력을 다하여야 한다(프로세스화).

(7) 기타 윤리규정에 반영하여야 할 사항

대중매체접속 및 대외활동, 언론매체접촉, 외부강연, 연설, 감독기관 등과의 접촉, 전자통신수단의 사용, 업무의 기록유지, 변경된 컴플라이언스 규정 회람 등을 윤리규정에 반영할 수 있다.

4 고객불만의 처리

❶ 모든 고객의 불만은 즉시 정중히, 친절히, 공정하게 처리되어야 함
❷ 직원에 의해 접수된 불만은 즉시 부서장에게 보고되어야 하며, 부서장은 직업적, 윤리적으로 적절히 처리할 책임이 있음
❸ 만일 불만사항이 매우 중대하거나 임직원에 대한 것이면 부서장은 즉시 그러한 불만을 처리하기 위해 컴플라이언스 부서에 보고하도록 함

5 인터넷의 이용 등과 관련된 정보의 누출방지

❶ 회사의 인터넷 접속 정책은 회사의 시설을 이용하여 인터넷에 접속할 경우 모든 사용자들이 준수해야 할 최소한의 기준을 규정
❷ 인터넷 접속과 사용정책에 관한 문의사항은 컴플라이언스 부서에 문의하도록 하고, 접속 전에 반드시 사용에 관한 규정을 이해하고 있음을 확인
❸ 인터넷 사용자에게 오용을 포함하여 정보접속이 누군가에 의해 노출될 수 있다는 사실을 주지시키고 이러한 규정의 중대한 위반에 대해서는 인터넷 사용의 금지는 물론 해고에 이를 수 있음을 환기

6 컴플라이언스 규정숙지 의무

❶ 컴플라이언스 부서는 임직원이 컴플라이언스 규정의 중요한 사항에 대하여 열람하고 숙지할 수 있도록 하여야 함(규정 미숙지로 인한 법규위반 방지)
❷ 필수적인 준수사항과 금지사항에 대한 정기적인 교육과 교육 회람사항을 기록유지하여야 함

7	정보교류 차단장치(Chinese Wall) 설치 의무

정보교류차단업무를 총괄하는 책임자를 임명하고, 정보교류차단 관련 임직원 위반행위가 발생하더라도 내부통제기준을 충실히 실행 운영하고 있는 경우에 감독책임이 감면된다.

(1) 정보교류차단 대상 정보의 식별 및 설정

❶ 이해상충 방지 및 투자자 보호를 위해 아래 정보에 대하여 정보교류를 차단하여야 함
  ㄱ. 미공개중요정보
  ㄴ. 투자자의 금융투자상품 매매 또는 소유 현황에 관한 정보로서 불특정 다수인이 알 수 있도록 공개되기 전의 정보
  ㄷ. 집합투자재산, 투자일임재산 및 신탁재산의 구성내역과 운용에 관한 정보로서 불특정 다수인이 알 수 있도록 공개되기 전의 정보
❷ 미공개중요정보 여부의 판단을 위해 회사의 금융투자업 등 업무와 관련있는 법인의 다음 각 호의 사항을 고려하여 미공개중요정보 여부의 식별기준을 마련하여야 함
  ㄱ. 재무구조에 중대한 변경을 초래하는 사실 또는 결정
  ㄴ. 기업경영환경에 중대한 변경을 초래할 수 있는 사실 또는 결정
  ㄷ. 재산 등에 대규모 손실이나 가치 상승을 초래하는 사실 또는 결정
  ㄹ. 채권채무관계에 중대한 변동을 초래하는 사실 또는 결정
  ㅁ. 투자 및 출자관계에 관한 중요사실 또는 결정
  ㅂ. 손익구조 변경에 관한 중요사실 또는 결정
  ㅅ. 경영·재산 또는 투자자의 투자판단에 관하여 중대한 영향을 미칠 회계처리기준 또는 회계추정의 변경 결정
  ㅇ. 관계법규 또는 감독기관의 요구에 따른 경영상태 등에 관한 자료의 공시 또는 공표
  ㅈ. 사외이사 및 감사의 선임·해임 결정
  ㅊ. 최대주주 등과의 거래
  ㅋ. 공개매수의 실시 또는 중지
  ㅌ. 회사의 판단 기준에 의하여 이에 준한다고 여기는 사항으로 투자자의 투자판단에 중대한 영향을 미칠 수 있는 사항의 발생 또는 결정
❸ 아래의 정보는 정보교류차단 대상 정보에서 제외

ㄱ. 투자자가 보유한 「주식·사채 등의 전자등록에 관한 법률」 제2조 제4호에 따른 전자등록주식 등의 총액과 전자등록주식 등의 종류별 총액에 관한 정보

ㄴ. 투자자가 예탁한 증권의 총액과 증권의 종류별 총액에 관한 정보

ㄷ. 채무증권의 종목별 총액에 관한 정보

ㄹ. 「신용정보의 이용 및 보호에 관한 법률」 제32조에 따라 제공의 동의를 받거나, 제33조의2에 따른 전송요구를 받은 개인신용정보

ㅁ. 기타 이해상충 발생 우려가 없는 정보로서 제59조 제2항에 따른 정보교류통제 담당 임원 등(이하 "정보교류통제 담당 임원 등"이라 함)의 승인을 받은 정보

❹ 제1항 제3호의 정보 중 다음 각 호의 정보는 정보교류차단 대상 정보에서 제외

ㄱ. 부동산(지상권·지역권·전세권·임차권·분양권 등 부동산 관련 권리를 포함) 및 특별자산(부동산 및 특별자산 투자를 목적으로 하는 회사가 발행한 증권을 포함) 운용 관련 정보로서 이해상충 우려가 없는 정보

ㄴ. 내부통제기준에서 정한 기간이 경과한 정보

ㄷ. 기타 이해상충 우려가 없는 정보로서 정보교류통제 담당 임원 등의 승인을 받은 정보

❺ 임직원은 업무 중 생산 또는 취득하여 알게 된 정보가 정보교류차단 대상 정보에 해당하는지 여부를 판단하기 곤란한 경우 정보교류통제 담당 임원 등에게 보고하여야 하며, 정보교류통제 담당 임원 등은 해당 정보가 정보교류차단 대상 정보에 해당하는지 여부를 판단하여 결정. 이 경우 정보교류통제 담당 임원 등의 판단 결과를 통보 받을 때까지 해당 임직원은 해당 정보를 정보교류차단 대상 정보로 간주하여야 함.

(2) 정보교류차단 대상 부문의 설정

❶ 정보교류차단 대상 부문을 구분하여 설정하여야 함

ㄱ. 생산·취득되는 정보교류차단 대상 정보의 종류

ㄴ. 금융투자업의 종류(법 제77조의3에서 종합금융투자사업자에게 허용된 업무를 포함) 및 겸영·부수 업무

ㄷ. 구체적인 업무특성, 수익구조 및 이해상충 가능성

ㄹ. 기타 정보교류차단 대상 부문 구분 필요성

❷ 회사는 동일한 정보교류차단 대상 부문 내에서 특정 사안과 관련하여 이해상충 문제가 발생할 가능성이 있다고 판단되는 경우, 해당 사안에 한하여 일시적으로 서로 다른 부

문으로 구분할 수 있음.

(3) 정보교류통제 담당 조직의 설치 · 운영

정보교류의 차단 및 예외적 교류의 적정성을 감독하고, 정보교류의 차단과 관련한 업무를 총괄하는 정보교류통제 담당 조직을 설치하여야 한다.

(4) 정보교류차단의 일반원칙

❶ 회사는 정보교류차단 대상 정보를 직무와 관련이 있는 임직원 외의 자에게 공유되지 않도록 하여야 함

❷ 정보교류차단 대상 정보를 업무에 활용하는 임직원은 해당 업무를 수행하기 위한 범위로 한정하여 정보를 활용하여야 한다.

❸ 정보교류차단 대상 정보를 보유한 임직원은 정당한 사유 없이 정보교류차단 대상 정보를 해당 정보교류차단 대상 부문이 아닌 임직원 등 제3자에게 유출하여서는 아니됨

❹ 정보교류차단 대상 부문 내의 임직원이 아닌 자가 직무와 관계없이 정보교류차단 대상 정보에 접근하게 되는 경우 해당 임직원은 지체 없이 정보교류통제 담당 조직에 이를 통지하여야 함

❺ 임직원은 습득한 정보의 범위 내에서 정보교류차단 대상 부문 내의 임직원에게 적용되는 의무 및 제한사항 등을 준수하여야 함

❻ 정보교류통제 담당 임원 등은 주기적으로 확인할 수 있도록 모니터링 체계를 갖추어야 함

(5) 상시적 정보교류차단

❶ 영위하는 업무의 특성 및 규모, 이해상충의 정도 등을 감안하여 정보교류차단 대상 부문별로 다음 각 호의 어느 하나 이상의 방법을 이용하여 효과적인 정보차단벽을 설치 · 운영하여야 함

　ㄱ. 사무 공간의 분리

　ㄴ. 정보시스템 접근 권한 제한 등 전산적 분리

　ㄷ. 정보교류차단 대상 부문 간 및 정보교류차단 대상 부문과 정보교류차단 비대상 부문 간 임직원의 회의 · 통신에 대한 상시적 기록 유지 또는 제한

　ㄹ. 기타 정보교류를 효율적으로 차단할 수 있는 유 · 무형의 정보차단장치의 설치 · 운영

❷ 회사는 임직원이 정보교류차단 대상 부문 간 및 정보교류차단 대상 부문과 정보교류차단 비대상 부문 간의 업무를 겸직하도록 하여서는 아니됨

(6) 예외적 교류의 방법

회사는 다음 각 호의 요건을 모두 갖춘 경우, 정보교류차단 대상 부문 간 또는 정보교류차단 대상 부문과 정보교류차단 비대상 부문 간 정보교류차단 대상 정보의 교류를 허용할 수 있다.

ㄱ. 정보교류차단 대상 정보에 접근하여야 할 업무상 정당한 사유가 있을 것
ㄴ. 해당 부문별 책임자 및 정보교류통제 담당 임원 등의 사전 승인(정보교류차단 대상 정보의 동일성이 있다고 판단되는 경우로서 계속적·반복적인 교류의 경우 포괄적 승인을 포함)을 받을 것
ㄷ. 제공하는 정보교류차단 대상 정보가 업무상 필요한 최소한의 범위로 한정될 것
ㄹ. 정보교류차단 대상 정보를 제공받은 임직원이 해당 정보를 해당 업무 외의 목적으로 이용하지 아니할 것
ㅁ. 본 조에 따라 정보교류차단 대상 정보에 접근할 권한을 부여받은 임직원은 해당 정보교류차단 대상 부문 내의 임직원에게 적용되는 의무 및 제한사항 등을 준수할 것
ㅂ. 회사는 정보교류차단 대상 정보의 예외적 교류와 관련한 기록을 작성하여 금융투자업규정 별표 12에서 정한 내부통제 관련 자료의 최소보존기간 이상 유지·관리할 것

(7) 거래주의 및 거래제한 상품 목록

❶ 미공개중요정보 또는 미공개중요정보에 준하는 거래정보나 기업정보를 취득하는 경우 등 정보교류통제 담당 임원 등이 이해상충 방지를 위해 필요하다고 인정하는 경우, 해당 법인과 관련한 금융투자상품을 거래주의 또는 거래제한 상품 목록으로 지정할 수 있음
❷ 정보교류통제 담당 임원 등은 거래주의 상품 목록으로 지정한 금융투자상품을 대상으로 하는 매매거래를 상시 감시하여야 하며, 회사 및 임직원과 고객 간, 회사와 임직원 간 이해상충이 발생하지 않도록 적절한 조치를 마련하여야 함
❸ 정보교류통제 담당 임원 등은 거래제한 상품 목록으로 지정한 금융투자상품에 대하여 회사의 계산에 의한 매매 및 임직원의 자기계산에 의한 매매 등이 제한되도록 하여야 함

❹ 정보교류통제 담당 임원 등은 매매제한 대상 임직원 범위 등을 정하여 거래제한 상품 목록을 통지하거나 이를 조회하도록 할 수 있음

(8) 이해상충 우려가 있는 거래

❶ 업무와 관련하여 이해상충 우려가 있다고 파악된 거래를 유형별로 구체화하여 구분한 목록을 작성 및 관리하여야 함

❷ 거래 유형에 따라 거래 중단, 고객에 해당 사실의 고지 등 이해상충을 최소화할 수 있는 대응방안을 마련하여야 함

(9) 계열회사 등 제3자와의 정보 교류

❶ 계열회사(금융투자업자가 법 시행령 제16조 제10항에 따른 외국 금융투자업자등의 지점, 그 밖의 영업소인 경우에는 그 외국 금융투자업자등을 포함. 이하 같음) 등 제3자에 대해 제62조에 따라 정보차단벽을 설치·운영하여야 함(다만, 정보교류차단 대상 정보와 무관한 정보 등 이해상충 우려가 없는 정보의 교류 또는 정보교류차단 비대상 부문의 정보교류에 대하여는 그러하지 아니함)

❷ 이해상충 우려 및 내부통제 효율성 등을 고려하여 계열회사 등 제3자를 유형별로 구분한 후, 각 유형별로 내부통제기준을 달리 정하거나 회사가 정보차단벽을 설치·운영하는 제3자의 범위를 특정하여 내부통제기준을 운영할 수 있음

8 투자설명서 교부의무

금융상품 판매자는 금융소비자에게 투자설명서를 제공하여야 하며, 일반금융소비자로부터 서명, 기명날인, 녹취 등의 방법으로 투자설명서 교부에 대한 확인을 받아야 한다.

9 계약서 서면 교부의무화

금융소비자와 금융상품 또는 금융상품자문에 대한 계약을 체결시에는 금융상품 유형별로 계약서류(계약서, 약관, 설명서 등)를 지체없이 제공하여 한다(다만, 금융소비자보호가 저해될 우려가 없는 경우는 제외).

1 포트폴리오 운용상 내재되어 있는 이해상충 문제

(1) 내부자거래

중요한 미공개 정보를 가진 자가 충실의무나 신탁의무를 위반하여 관련 증권을 매수 또는 매도하는 행위를 말한다.

(2) 시세조종행위

포트폴리오 관리자들은 고유계정의 매매거래를 통하여 시세를 조종할 수 있다.

(3) 다른 유형의 사기행위

미국에서는 모든 뮤추얼펀드, 관리자 및 인수인들이나 관계 직원들은 투자회사가 보유하고 있는 증권과 관련한 일체의 사기행위, 기망행위, 시세조종행위 등을 가능한 예방할 수 있는 문서화된 윤리강령을 가져야 한다.

금융투자업을 수행하는 과정에서 발생할 수 있는 이해상충의 문제 및 대응방안을 가지고 있어야 한다.

표 1-2 이해상충유형 및 대응방안 예시

구분	이해상충 유형	대응방안
임직원 ↔ 고객	임직원의 개인 투자(상장주식/관련 금융투자상품)행위	준법감시인의 사전 승인시에만 거래 가능
임직원 ↔ 고객	재산상 편익제공 및 수령 행위	준법감시인의 확인 및 승인에 따른 업무처리
회사 ↔ 고객	펀드재산으로 회사가 인수한 증권을 매수하는 행위(dumping)	회사가 거래 결정권을 가진 경우 매수 금지 (3개월 이내 매수 금지)
회사 ↔ 고객	회사가 보유한 자산을 펀드에서 매수하거나 펀드에서 보유한 회사가 매수하는 행위	자기거래 금지
고객 ↔ 판매사	투자중개업자의 수익확대를 위해 펀드재산으로 지나치게 빈번하게 매매하는 행위(churning)	매매회전율 자산운용보고서 기재 분기별 투자중개업자 점검
고객 ↔ 중개업자	펀드재산으로 펀드판매나 조사보고서의 대가 등으로 인해 지나치게 높은 수수료 지불	분기별 투자중개업자 점검 및 대량 매매 시 승인 절차
고객 ↔ 고객	집합투자재산 정보의 제공	준법감시인의 승인에 따른 정보제공
고객 ↔ 고객	집합투자기구간의 자산거래	제한적 상황에서만 준법감시인의 확인 및 승인 시에 진행
회사 ↔ 고객	의결권의 행사	내부 자산운용기준에 따른 투자자의 이해에 반하는 행사 금지/의결권 행사시 준법감시인 승인

2 포트폴리오 운용상 내재되어 있는 이해상충 문제를 최소화하는 방법

(1) 정보차단벽(Chinese Walls)

❶ 정보차단벽은 직원들의 내부자거래를 방지하기 위하여 가장 널리 쓰이고 있는 방법임

❷ 정보차단벽의 목적은 중요하고 미공개된 정보 등 민감한 정보가 회사내부의 한 부서에서 타부서로 이전되는 것을 방지하기 위한 것임

❸ 효과적인 정보차단벽은 ㉠ 가능한 준법감시인을 통하여 회사내부의 부서 간의 해당 정보교환에 대한 통제, ㉡ 관련 부서나 직원의 분리, ㉢ 효과적인 보고 및 감시시스템이 있어야 함

(2) 직원들의 개인매매거래에 대한 규제

❶ 직원들의 개인매매거래(직원들이 개인계좌로 매매거래를 하는 경우)가 가장 심각한 이해상충 문제임
❷ 효과적인 규제와 절차로 직원의 개인매매거래와 관련하여 발생할 수 있는 문제들을 방지할 수 있음
❸ 투자를 전면금지하는 것은 정당한 투자기회를 부당하게 박탈하는 것임
❹ 투자는 포트폴리오 관리자들의 전문영역 : 투자를 전면 금지하는 것은 능력 있는 사람들이 외부로 나가는 결과를 야기함

(3) 강력한 감시체제

펀드운용 관련 직원들은 분명하게 명시된 절차에 따라 매매거래 이전에 준법감시인으로부터 사전 승인을 받아야 한다.

3 컴플라이언스의 일반원칙

(1) 컴플라이언스의 구체화

동일한 컴플라이언스 프로그램이 모든 회사에 적용될 수 없으며, 효과직인 컴플라이언스를 위해서는 당사의 프로그램이 당사의 특성에 맞게 설정돼야 한다.

(2) 문서화된 규제를 수립

관리자들은 매매중개를 할당할 때 무엇이 허용되는지는 분명히 알아야 한다.

(3) 융통성을 가져라

미국에서는 대부분의 경우 매매중개의 할당이 융통성 없는 규정보다는 권고방법으로 채택되고 있으며, 관리자들과 포트폴리오 관리자들은 보통 상당한 융통성은 가지지만, best execution 원칙은 지켜야 한다.

(4) 관련 위원회의 설립도 고려

대형 투자자문회사들은 많은 경우 법규팀, 준법감시인, 투자부서와 영업부서의 고위간부로

구성된 위원회를 설치하여 매매중개의 할당과, 소프트달러와 관련된 사항을 조사·검토

(5) 투자부서·영업부서와 같이 협력

컴플라이언스가 실제상황에서 제대로 운용되어야 효과가 있으며, 매매중개인과 시간을 많이 보내는 사람들이 그들의 능력을 잘 파악하고 있다.

(6) 절차와 규제를 공개

매매중개할당이 이해상충 문제가 있기 때문에 고객에게 공정하게 할당방법과 절차를 공개해야 한다.

(7) 정확해야 함

절차의 공개는 정확해야 의미가 있음. 관리자들과 펀드들은 관련 법규의 개정과 절차나 정책의 변화에 따라 공개해야 할 내용을 반드시 정기적으로 최신화해야 한다.

(8) 의사결정의 문서화

매매중개의 할당과 관련된 모든 의사결정은 고객에게 합당하고 공정해야 정당화될 수 있으며, 이를 염두해 두고 모든 매매중개의 할당과 관련된 의사결정을 반드시 문서화해야 한다.

(9) 이사회에 보고

준법감시인은 모든 매매중개할당을 정기적으로 조사하여 펀드(집합투자기구)의 이사회에 보고해야 한다.

내부통제제도 개관

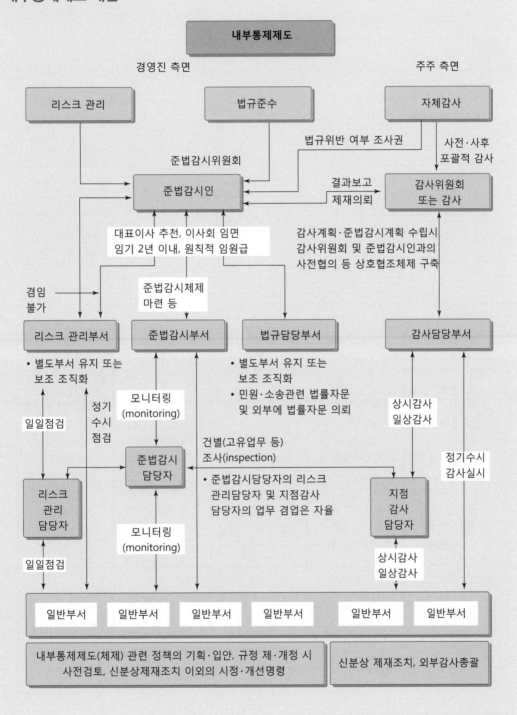

경영진 측면

주주 측면

내부통제제도

리스크 관리

법규준수

자체감사

준법감시위원회

준법감시인

법규위반 여부 조사권

사전·사후
포괄적 감사

결과보고
제재의뢰

감사위원회
또는 감사

대표이사 추천, 이사회 임면
임기 2년 이내, 원칙적 임원급

감사계획·준법감시계획 수립시
감사위원회 및 준법감시인과의
사전협의 등 상호협조체제 구축

겸임
불가

준법감시체제
마련 등

리스크 관리부서

준법감시부서

법규담당부서

감사담당부서

• 별도부서 유지 또는
  보조 조직화

• 별도부서 유지 또는
  보조 조직화
• 민원·소송관련 법률자문
  및 외부에 법률자문 의뢰

일일점검

정기
수시
점검

모니터링
(monitoring)

상시감사
일상감사

정기수시
감사실시

리스크
관리
담당자

준법감시
담당자

건별(고유업무 등)
조사(inspection)

• 준법감시담당자의 리스크
  관리담당자 및 지점감사
  담당자의 업무 겸업은 자율

지점
감사
담당자

일일점검

모니터링
(monitoring)

상시감사
일상감사

일반부서

일반부서

일반부서

일반부서

일반부서

일반부서

내부통제제도(체제) 관련 정책의 기획·입안, 규정 제·개정 시
사전검토, 신분상제재조치 이외의 시정·개선명령

신분상 제재조치, 외부감사총괄

준법감시인의 업무

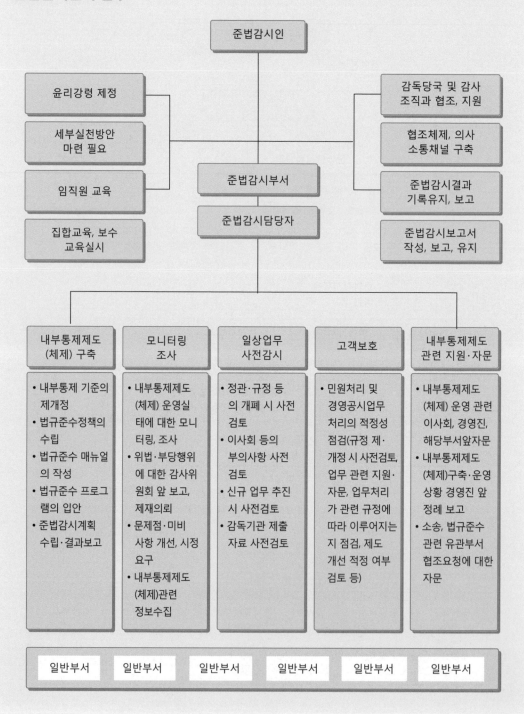

준법감시인

윤리강령 제정

세부실천방안
마련 필요

임직원 교육

집합교육, 보수
교육실시

감독당국 및 감사
조직과 협조, 지원

협조체제, 의사
소통채널 구축

준법감시결과
기록유지, 보고

준법감시보고서
작성, 보고, 유지

준법감시부서

준법감시담당자

내부통제제도 (체제) 구축	모니터링 조사	일상업무 사전감시	고객보호	내부통제제도 관련 지원·자문
• 내부통제 기준의 제개정 • 법규준수정책의 수립 • 법규준수 매뉴얼 의 작성 • 법규준수 프로그 램의 입안 • 준법감시계획 수립·결과보고	• 내부통제제도 (체제) 운영실 태에 대한 모니 터링, 조사 • 위법·부당행위 에 대한 감사위 원회 앞 보고, 제재의뢰 • 문제점·미비 사항 개선, 시정 요구 • 내부통제제도 (체제)관련 정보수집	• 정관·규정 등 의 개폐 시 사전 검토 • 이사회 등의 부의사항 사전 검토 • 신규 업무 추진 시 사전검토 • 감독기관 제출 자료 사전검토	• 민원처리 및 경영공시업무 처리의 적정성 점검(규정 제· 개정 시 사전검토, 업무 관련 지원· 자문, 업무처리 가 관련 규정에 따라 이루어지는 지 점검, 제도 개선 적정 여부 검토 등)	• 내부통제제도 (체제) 운영 관련 이사회, 경영진, 해당부서앞자문 • 내부통제제도 (체제)구축·운영 상황 경영진 앞 정례 보고 • 소송, 법규준수 관련 유관부서 협조요청에 대한 자문
일반부서	일반부서	일반부서	일반부서	일반부서 일반부서

내부통제기준, 법규준수 정책 및 매뉴얼 간의 관계

```
┌──────────────┐   반영    ┌──────────────┐
│  내부통제기준  │◀────────│  법규준수정책  │◀────────────────┐
└──────────────┘          └──────────────┘                 │
      │                          │                          │
      │                          ▼                          │
      │              ┌──────────────────────┐   ┌──────────────────────┐
      │ 반영         │ 내부통제제도(체제) 관련 │   │ • 내부통제 기준, 법규준수 │
      │              │ 기본방침               │   │   정책, 법규준수 매뉴얼 및 │
      │              │ (개괄적으로 기술)      │   │   법규준수 프로그램을 각각 │
      │              │ • 목적                 │   │   별도로 작성하거나 하나로 │
      │              │ • 조직                 │   │   작성 가능(하나로 작성할 │
      │              │ • 법규준수 프로그램     │   │   경우 중복되는 부분은 적의 │
      │              │ • 위반행위 발견 시 대응  │   │   조정 가능)            │
      │              └──────────────────────┘   └──────────────────────┘
      │                          │                          │
      │                          ▼                          │
      │              ┌──────────────────────┐               │
      └─────────────▶│   법규준수 매뉴얼       │◀──────────────┘
                     └──────────────────────┘
                                 │
                                 ▼
                  ┌──────────────────────┐   ┌──────────────────────┐
                  │ 내부통제제도(체제) 관련 │   │ • 매뉴얼에는 법규준수 관련 │
                  │ 세부사항               │   │   사항 등을, 프로그램에는 │
                  │ (구체적으로 기술)      │   │   내부통제제도(체제) 실현을 │
                  │ • 목적                 │   │   위한 인프라 정비 및 구체 │
                  │ • 조직                 │   │   적인 실천계획 등을 각각 │
                  │ • 취급                 │   │   기술                  │
                  │ • 법령                 │   └──────────────────────┘
                  │ • 행위                 │
                  │ • 법규준수 프로그램     │   ┌──────────────────────┐
                  │ • 위반행위 발견 시의 대응│──▶│   법규준수 프로그램      │
                  │   (순서)               │   └──────────────────────┘
                  └──────────────────────┘
                                 │
                                 ▼
                  ┌──────────────────────┐   ┌──────────────────────┐
                  │    준법감시계획         │   │ • 점검 및 조사          │
                  └──────────────────────┘   │ • 현장 프로그램         │
                                 │            │ • 보고체계             │
      ┌──────────────────────┐   │            │ • 일정                 │
      │ 내부통제제도(체제) 구축 │◀──┘            │ • 보고서               │
      └──────────────────────┘                │ • 연수 프로그램         │
      ┌──────────────────────┐                └──────────────────────┘
      │ 법규준수체제 및 내부통제 │
      │ 시스템체제 구축 등      │
      └──────────────────────┘
```

01 미국의 법규위반 시 형량 감량을 위한 '정당한 노력'으로 인정될 수 있는 '효과적인 준법 프로그램' 구축 요소로 바르게 나열된 것은?

> ㉠ 문서화된 규정　　　　　　　㉡ 임직원 감독제도
> ㉢ 감사 및 신고제도　　　　　　㉣ 제도개선체계 구축

① ㉠, ㉢, ㉣　　　　　　　　　② ㉠, ㉡, ㉣

③ ㉡, ㉢, ㉣　　　　　　　　　④ ㉠, ㉡, ㉢, ㉣

02 다음 중 올바르게 기술한 것은?
① 감사제도는 경영자 입장에서 경영진의 직무를 감시·견제하는 제도이다.
② 일반적으로 위험관리조직은 대상업무를 자산운용에 한정하지 않고, 감사조직이나 컴플라이언스 조직과 같이 업무전반에 걸친 위험을 관리하는 부서이다.
③ 감사부서는 내부통제 기준 위반행위에 대한 모니터링. 조사결과를 경영진 및 감사위원회에 보고한다.
④ 컴플라이언스 제도란 현행 감사업무의 범위와 방법을 보다 적극적으로 해석하여 관련 법규가 준수될 수 있도록 하는 사전적 통제시스템이다.

03 다음 중 컴플라이언스의 기능과 관련이 없는 것은?
① 내부통제 구축운영의 평가
② 관련 경영진에 대해 적기의 보고서 제공
③ 규제기관과의 의사소통을 용이
④ 법적규제 이행의무 및 동기준 이행에 대한 검토 및 자문

해설

01　④ 효과적인 준법 프로그램:문서화된 규정. 임직원 감독제도, 감사 및 신고제도, 제도개선체계 구축, 준법기준제정 및 업무절차 구축, 준법담당임원 임명, 임직원 감독체계 구축, 교육프로그램 실시, 감시·감사체계 및 법규준수자 보호장치 구축, 위반자 처벌체계 구축, 제도개선체계 구축

02　④ 감사제도:주주의 입장, 이사회 주주총회에 보고, 사후적 수행 위험관리조직:자산운용　컴플라이언스:사전적

03　① 내부통제구축운영의 평가는 감사위원회에서 수행

04 금융회사의 지배구조에 관한 법률에서 정하는 금융투자업자의 내부통제 기준에 포함되어
야 할 내용을 있는 대로 고른 것은?

> ㉠ 준법감시인의 임면에 관한 사항
> ㉡ 경영의사결정에 필요한 정보가 효율적으로 전달될 수 있는 체계 구축에 관한 사항
> ㉢ 업무의 분장 및 조직구조에 관한 사항
> ㉣ 내부통제기준의 제정 또는 변경절차

① ㉡, ㉢   ② ㉠, ㉣
③ ㉠, ㉡, ㉢   ④ ㉠, ㉡, ㉢, ㉣

05 다음 중 매매거래에 있어 컴플라이언스 일반원칙으로 볼 수 없는 것은?
① 펀드관련 직원들은 분명하게 명시된 절차에 따라 매매거래 이전 준법감시인으로부터
사전승인을 받아야 한다.
② 포트폴리오 관리자에겐 이해상충가능성이 높으므로 개인투자를 전면금지한다.
③ 직원들의 개인매매거래는 포트폴리오 매매에서 발생할 수 있는 가장 심각한 이해상
충문제라고 볼 수 있다.
④ 정보차단벽은 중요하고 미공개된 정보가 회사내부부서에서 타부서로 이전되는 것을
방지한다.

해설

04 ④ 모두 해당
05 ② 투자를 전면금지하는 것은 정당한 투자기회를 부당하게 박탈하는 것이며, 능력있는 사람들이 외부로 나가
는 결과를 야기할 수 있음

06 다음 중 내부통제 관련 각 기능에 대한 설명으로 맞지 않은 것은?

① 내부감사는 내부통제의 원활한 작동 여부를 평가

② 외부감사는 주주, 투자자, 감독기관 등 이해관계자에 적기의 보고서 제공

③ 감독기관은 금융기관 내외부감사에 의해 인식된 통제의 적정성 등 평가

④ 내부통제 운영의 최종책임은 준법감시인에 있다.

07 다음 중 준법감시와 위험관리에 대한 설명으로 맞지 않은 것은?

① 위험관리업무는 감사, 컴플라이언스에 비해 대상업무가 자산운용에 한정되어 있다.

② 금융투자업자는 내부통제기준, 위험관리지침을 제정하여야 한다.

③ 준법감시인 및 위험관리책임자는 그 직무를 독립적으로 수행할 수 있도록 하여야 한다.

④ 소규모 회사라도 준법감시인이 위험관리책임자를 겸직할 수 없다.

08 다음 중 금융위원회의 금융회사 지배구조 감독규정에서 규정하는 있는 내부통제 기준의 설정 및 운영기준이 아닌 것은?

① 준법감시인의 자격 및 업무의 독립성 보장

② 효율적인 준법감시업무를 위한 인적 · 물적 자원의 구비

③ 내부통제기준의 문서화 및 관련 법규 개정 시 점진적인 반영

④ 임직원에 대한 준법감시인의 지속적인 준법교육 실시

해설

06 ④ 내부통제의 최종책임은 이사회에 있음

07 ④ 소규모 회사의 경우 준법감시인이 위험관리책임자를 겸임할 수 있음 (지배구조법 30조)

08 ③ 내부통제기준 및 관련 절차는 문서화되어야 하며 법규 등이 개정될 경우 즉각적으로 수정되거나 재검토되어야 함

09 정보차단장치 운영에 대한 설명으로 맞지 않은 것은?

① 불공정거래 예방을 위하여 정보차단장치를 운영하여야 한다

② 정보교류차단업무를 총괄할 감독자를 임명하여야 함

③ 정보이용 관련 위반행위가 발생시 내부통제기준에 의해 운영되었더라도 감독책임이 감경될 수 없음

④ 정보교류차단장치는 금융투자업자가 영위하는 금융투자업에 따라 내부통제기준을 정하여 운영할 수 있음

10 상시적 정보차단벽 운영기준으로 맞지 않은 것은?

① 사무 공간의 분리

② 정보시스템 접근 권한 제한 등 전산적 분리

③ 정보교류차단 대상 부문 간 및 정보교류차단 대상 부문과 정보교류차단 비대상 부문 간 임직원의 회의 · 통신 금지

④ 기타 정보교류를 효율적으로 차단할 수 있는 유 · 무형의 정보차단장치의 설치 · 운영

해설

09 ③ 위반행위 발생시 내부통제기준에 의해 정보차단장치가 작동되었다면 감독책임이 감경될 수 있음

10 ③ 정보교류차단 대상 부문 간 및 정보교류차단 대상 부문과 정보교류차단 비대상 부문 간 임직원의 회의 · 통신은 금지하는 것은 아니며 이에 대한 기록유지를 하여야 함

정답 01 ④ | 02 ④ | 03 ① | 04 ④ | 05 ② | 06 ④ | 07 ④ | 08 ③ | 09 ③ | 10 ③

part 06

장외파생상품 회계

chapter 01

파생상품 회계기준 도입 배경

section 01 ┃ 국제회계기준의 도입

국제자본시장의 자유화에 따라 국가 간 장벽이 점차 사라지고 자금이동이 용이하게 되었다. 그러나 국가별로 다르게 규정된 회계기준은 국제자본의 원활한 흐름에 장애요인으로 작용했다. 이러한 문제를 극복하고자 국제적으로 통일된 회계기준의 제정을 목표로 1973년 국제회계기준위원회(International Accounting Standards Committee : IASC)가 탄생하게 되었다. 이후 IASC는 2002년 조직과 기능을 강화하여 현재의 IASB(International Accounting Standards Board)로 기구명칭을 변경하였다.

IASB가 국제적으로 통일된 회계기준을 제정·개정하고 있으며 이 기준을 국제재무보고기준(IFRS : International Financial Reporting Standards)이라 한다.

출범 초기에는 민간기구에서 제정한 회계기준에 불과하였으며 국제적인 주목을 받지 못했다. 이후 1995년 국제증권감독자기구(IOSCO)가 다국적기업에 대해 국제회계기준의 사용을 권고함으로써, 일부 기업들이 수용하기 시작했다.

그러나 국제회계기준위원회 출범 30년이 되는 시점인 2002년에 역사적인 사건이 발생되기 전까지는 세계적인 확산을 위해서는 기다림의 시간이 필요했다. 유럽위원회(EC)가 2002년 유럽연합(EU) 25개 회원국에 대해 2005년부터 상장기업의 연결재무제표에 국제회계기준 적용을 의무화한 법률(IAS Regulation)을 제정한 것이다. 이후 호주, 남아공 2005년, 중국 2007년, 브라질 2010년, 한국, 캐나다, 인도 2011년, 멕시코 2012년, 대만 2013년 등 IFRS 도입 또는 도입 예정 국가가 160여 개국에 이르게 되었다.

2008년 하반기 전 세계를 강타한 금융위기는 IFRS의 위상 강화에 큰 기여를 하였다. 금융위기 해결을 위해 기존의 G7 정상회의가 G20 정상회의로 2008년 확대 개편되었으며 이 때부터 한국도 회원국이 되었다. 각국은 '세계적으로 통일된 고품질의 회계기준(a single set of high-quality global accounting standards)'의 사용과 회계기준 개선이 금융위기 해결의 중요과제 중 하나임을 절실히 느꼈으며, 2009년 4월 런던에서 개최된 G20 정상회의에서 각국의 정상들은 국제회계기준 사용에 합의하였다. 2010년 11월 개최된 G20 서울회의에서 한국은 의장국으로서 상기의 합의과제 이행을 점검하고, 2011년 말까지 국제회계기준의 합치작업을 완료한다는 선언문을 채택하였다. 이로써 IFRS 도입은 더욱 중요성을 갖게 되었다.

section 02 | 우리나라의 국제회계기준 도입

우리나라는 국제회계기준 도입을 위해 2006년 2월 정부, 감독기구, 회계기준원, 기업 대표, 회계법인, 학계 등으로 국제회계기준 도입준비단을 구성하여 1여 년간의 준비를 하였으며, 마침내 2007년 3월에 2011년부터 국제회계기준을 전면 도입하는 '국제회계기준 도입 로드맵'을 공표하게 되었다. 그렇다면 우리나라가 기업회계기준(K-GAAP)을 포기하고 국제회계기준위원회가 제정한 IFRS를 전면 도입하는 이유는 무엇일까?

첫째, 우리나라 기업에 대한 국내 및 해외의 회계 투명성을 개선시킬 필요가 있었다. 우리나라는 1997년 외환위기 이후 회계 투명성 향상을 위해, 독립된 민간기구인 한국회계기준원을 설립('99년 9월)하여 회계기준을 제정하여 왔으며, 기업회계기준 제정 시 국제회계기준의 내용을 일부 수용하여 왔다. 그러나 국제자본시장에서는 여전히 국제회계기준과 다른 기준을 사용하는 나라로 분류되어 회계 투명성을 제대로 인정받지 못하여 주가가 저평가되는 소위 '코리아 디스카운트' 현상이 나타났다. 따라서 코리아 디스카운트의 원인 중 하나인 회계기준 미흡이라는 요인을 제거하여 회계정보에 대한 대내외의 신뢰도를 높일 필요가 있었다. 우리나라 기업과 외국 기업이 동일한 회계기준인 IFRS로 재무제표를 작성함으로써, 우리나라 기업의 회계 투명성이 향상되고 재무정보의 비교 가능성도 높아지는 것이다. 이를 통해 기업들은 자본시장에서 자금을 보다 쉽고 저렴하게 조달할 수 있으며, 궁극적으로는 기업가치 제고에 긍정적인 영향을 미칠 것이다.

둘째, 전 세계적인 회계기준 단일화 추세에 적극적으로 대응할 필요가 있었다. 자본시장이 글로벌화됨에 따라 국제적으로 통일된 회계처리기준에 대한 요구가 과거 어느 때보다 크게 증가하였다. 이미 유럽연합국가(EU), 호주, 캐나다 등 2007년 3월 당시 100여 개국이 국제회계기준을 수용하거나 수용 예정이어서 우리나라도 국제회계기준의 도입을 더 이상 미루기 어려웠다.

셋째, 글로벌 기업들이 재무제표를 이중으로 작성하는 부담을 완화해 줄 필요가 있었다. 국내 기업이 유럽, 미국, 싱가포르 등 해외증시에 상장할 경우 해당 국가의 회계처리기준을 적용하여 재무제표를 다시 작성하고 외부감사도 별도로 받게 되므로 기업의 부담이 가중된다. 이미 대부분의 해외증시에서 IFRS로 작성된 재무제표의 공시를 요구하거나 허용하고 있으므로, IFRS를 도입하면 K-GAAP으로 작성한 재무제표를 다시 IFRS로 전환할 필요가 없어진다. 아울러 IFRS를 도입하게 되면, 국내 기업의 해외증시에 대한 신규 진출도 훨씬 활발해질 수 있다.

section 03 | 파생상품 관련 국제회계기준

2007년 3월 발표한 '국제회계기준 도입 로드맵'에서는, IFRS를 2011년부터 모든 상장기업에 대해 의무적으로 적용하되, 2009년 또는 2010년부터 조기 적용할 수 있도록 하였다. 다만 금융회사는 금융회사 간 회계기준 통일을 위해 조기적용을 할 수 없다. 비상장기업은 현행 기업회계기준보다 간략한 일반기업회계기준을 제정하여 적용하되, IFRS를 선택하여 적용할 수 있도록 하였다.

이러한 국제회계기준의 도입에 발맞추어 본서에서는 파생상품의 회계처리를 국제회계기준에 규정된 바를 중심으로 기술하도록 한다. 국제회계기준상 파생상품에 관한 내용은 금융상품 전반의 회계처리를 다루는 'IAS 39 금융상품 : 인식과 측정' 기준서에 포함되어 있다. IAS 39의 제정 경과는 다음과 같다.

❶ IASB는 파생상품을 포함한 금융상품 전반에 대한 인식과 측정기준을 정하기 위해 금융

상품 회계기준 제정 프로젝트를 1986년 캐나다공인회계사회와 함께 착수하여 1991년 공개초안(E 40)을 발표하였고 이에 대한 의견수렴을 거쳐 다시 공개초안(E 48)을 발표하였다.

❷ 공개초안 E 48에 대한 각국 회계기준 제정 주체의 의견에 따라 IASB는 금융상품 회계기준 제정을 2단계로 나누어 그 1단계 작업으로 '공시 및 재무제표 작성'을 위한 IAS 32가 1995년 3월 제정 발표되었고, 2단계 작업인 '금융상품의 인식 및 측정'을 위해서 1997년 3월 discussion paper를 발표하였다.

❸ 그러나 discussion paper에 대한 각국 회계기준 제정 주체들의 의견수렴 결과 금융상품 회계기준을 단기간에 제정하기는 어렵다는 결론을 내린 반면, 국제증권감독자기구 (International Organization of Securities Commissions : IOSCO)와는 1998년도 이전에 모든 회계기준을 제정하기로 합의하였는 바, 금융상품 회계기준을 장·단기과제로 나누어 우선 단기과제 하에 금융상품 회계를 제정하였다.

❹ 단기과제로서 금융상품 회계의 공개초안을 1998년 6월 발표하였고, 의견수렴을 통하여 2000년 12월 최종 수정안 IAS 39(International Accounting Standards No. 39)를 확정(2001 회계연도부터 적용)하였다.

❺ 이후 IAS 39를 수차례 개정하였고, IAS 39의 개정작업과는 별도로 IFRIC(International Financial Reporting Interpretations Committee) 9와 IFRIC 16 등 파생상품 및 위험회피 회계와 관련된 해석서도 발표하였다.

❻ 금융위기 이후 금융상품에 대한 회계기준의 향상·단순화가 필요하다는 국제적인 요구에 따라 2016년 현재 IASB는 현행 IAS 39를 대체하는 새로운 금융상품 기준서인 IFRS 9(K-IFRS 1109호 '금융상품')을 제정·발표하였으며, 동 기준서는 2018년 1월 1일부터 적용되고 있다. 이에 따라 본 서에서는 현재 적용되고 있는 K-IFRS 1109호 '금융상품'을 기초로 기술되어 있다.

우리나라에서는 국제회계기준 도입에 따라 IFRS 9를 포함한 모든 국제회계기준 기준서 및 해석서를 번역하여 한국채택국제회계기준을 제정·공표하였다. 한국채택국제회계기준(K-IFRS)은 영어버전의 국제회계기준(IFRS) 원문을 직역(word for word)한 것으로 원문의 내용과 형식 모두를 충실히 반영하고 있다. 본서에서는 이후부터 한국채택회계기준에 따른 기준서 명칭을 사용하는 것을 원칙으로 한다. 예를 들어, 파생상품을 포함한 금융상품 관련 기준서인 IFRS 9은 이하에서 K-IFRS 제1109호 '금융상품'이라는 명칭을 사용하기로 한다.

section 04　K-IFRS 제1109호에서 사용하는 용어의 정의

전술한 바와 같이 K-IFRS 제1109호는 파생상품뿐만 아니라 금융상품 전반의 내용을 다루고 있으며, 이후 설명될 파생상품 관련 내용이나 사례에서 K-IFRS 제1109호에서 정의하는 금융상품의 범주 또는 명칭이 등장할 수 있다. 이해를 돕기 위해 최소한으로 필요한 용어의 정의를 살펴본 후 본격적인 논의를 전개하기로 한다.

1　금융자산의 분류

❶ 당기손익-공정가치 측정 항목

ㄱ. 상각 후 원가 측정 항목이 아닌 경우(후술하는 '② 상각 후 원가 측정 항목' 내용 참조)

ㄴ. 서로 다른 기준에 따라 자산이나 부채를 측정하거나 그에 따른 손익을 인식하는 경우에 측정이나 인식의 불일치('회계 불일치'라 말하기도 함)가 발생할 수 있다. 이 경우 금융자산을 당기손익-공정가치 측정 항목으로 지정한다면 이와 같은 불일치를 제거하거나 유의적으로 줄이는 경우에는 최초 인식 시점에 해당 금융자산을 당기손익-공정가치 측정 항목으로 지정할 수 있다. 다만 한번 지정하면 이를 취소할 수 없다.

ㄷ. 당기손익-공정가치로 측정되는 '지분상품에 대한 특정 투자'에 대하여는 후속적인 공정가치 변동을 기타포괄손익으로 표시하도록 최초 인식 시점에 선택할 수도 있다. 다만, 한번 선택하면 이를 취소할 수 없다.

❷ 상각 후 원가 측정 항목 : 다음 2가지 조건을 모두 충족하는 금융자산

ㄱ. 계약상 현금흐름을 수취하기 위해 보유하는 것이 목적인 사업모형 하에서 금융자산을 보유한다.

ㄴ. 금융자산의 계약 조건에 따라 특정일에 원금과 원금잔액에 대한 이자 지급(이하 '원리금 지급')만으로 구성되어 있는 현금흐름이 발생한다.

316　part 6 장외파생상품회계

사업모형이란?

사업모형은 현금흐름을 창출하기 위해 금융자산을 관리하는 방식을 의미한다. 즉, 사업모형에 따라 현금흐름의 원천이 금융자산의 계약상 현금흐름의 수취인지, 매도인지 또는 둘 다인지가 결정된다. 따라서 사업모형은 '최악의 상황' 시나리오 또는 '위기상황' 시나리오 같이 발생할 것이라고 합리적으로 예상하지 아니하는 시나리오에 근거하여 평가하지 아니한다. 예를 들면 특정 금융자산의 포트폴리오를 위기상황 시나리오에서만 매도할 것으로 예상하는 경우에 그러한 시나리오가 발생하지 않을 것이라고 합리적으로 예상한다면, 그 시나리오는 해당 금융자산 포트폴리오의 사업모형 평가에 영향을 미치지 아니한다. 현금흐름이 사업모형을 평가했던 시점의 예상과 다르게 실현되더라도(예 : 자산을 분류했을 때 예상했던 것보다 금융자산을 더 많이 또는 더 적게 매도한 경우), 사업모형을 평가할 때 이용할 수 있었던 모든 관련 정보를 고려하였다면 재무제표에 과거기간의 오류가 있는 것은 아니며(기업회계기준서 제1008호 '회계정책, 회계추정의 변경 및 오류' 참조), 그 사업모형에서 보유하고 있는 나머지 금융자산(과거기간에 인식하였고 여전히 보유하고 있는 금융자산)의 분류에 영향을 미치지 아니한다. 그러나 새로 창출하거나 새로 매입하는 금융자산에 대해 사업모형을 평가할 때는 과거에 현금흐름이 실현된 방식에 대한 정보를 관련되는 그 밖의 모든 정보와 함께 고려해야 한다.

❸ 기타포괄손익-공정가치 측정 항목 : 다음 2가지 조건을 모두 충족하는 금융자산

　ㄱ. 계약상 현금흐름의 수취와 금융자산의 매도 둘 다를 통해 목적을 이루는 사업모형 하에서 금융자산을 보유한다.

　ㄴ. 금융자산의 계약 조건에 따라 특정일에 원리금 지급만으로 구성되어 있는 현금흐름이 발생한다.

2 　금융부채의 분류

모든 금융부채는 다음을 제외하고는 후속적으로 상각 후 원가로 측정되도록 분류한다.

❶ 당기손익-공정가치 측정 금융부채. 파생상품 부채를 포함한 이러한 부채는 후속적으로 공정가치로 측정한다.

❷ 금융자산의 양도가 제거 조건을 충족하지 못하거나 지속적 관여 접근법이 적용되는 경우에 생기는 금융부채. 이러한 양도자산과 관련 부채는 양도자가 보유하는 권리와 부담하는 의무를 반영하여 측정한다.

❸ 금융보증계약. 최초 인식 후에 이러한 계약(상기 ① 또는 ②를 적용하는 계약 제외)의 발행자는

해당 계약을 후속적으로 다음 중 큰 금액으로 측정한다.

   ㄱ. 기대 신용손실을 반영하여 산정한 손실충당금

   ㄴ. 최초 인식 금액에서 기업회계기준서 제1115호 '고객과의 계약에서 생기는 수익'에 따라 인식한 이익누계액을 차감한 금액

기대 신용손실이란?

기대 신용손실은 금융상품의 기대 존속기간에 걸친 신용손실(모든 현금 부족액의 현재가치)의 확률 가중 추정치이다. 현금 부족액은 계약상 수취하기로 한 현금흐름과 수취할 것으로 기대하는 현금흐름의 차이다. 기대 신용손실은 지급액과 지급시기를 고려하기 때문에, 전부 지급받을 것으로 예상하더라도 그 예상 시기가 계약상 지급 시점보다 늦다면 신용손실이 발생한다.

---

❹ 시장이자율보다 낮은 이자율로 대출하기로 한 약정. 최초 인식 후에 이러한 약정(상술한 '① 당기손익-공정가치 측정 금융부채'를 적용하는 약정 제외)의 발행자는 후속적으로 해당 약정을 다음 중 큰 금액으로 측정한다.

   ㄱ. 기대 신용손실을 반영하여 산정한 손실충당금

   ㄴ. 최초 인식 금액에서 기업회계기준서 제1115호 '고객과의 계약에서 생기는 수익'에 따라 인식한 이익누계액을 차감한 금액

❺ 기업회계기준서 제1103호를 적용하는 사업결합에서 취득자가 인식하는 조건부 대가. 이러한 조건부 대가는 후속적으로 당기손익-공정가치로 측정한다.

다만, 예외적으로 금융부채를 당기손익－공정가치 측정 항목으로 지정할 수 있는 선택권이 있는 바 이에 해당되는 항목은 다음과 같으며, 한번 지정하면 취소할 수 없다.

❶ 계약이 하나 이상의 내재 파생상품을 포함하고 주계약이 이 기준서의 적용범위에 포함되는 자산이 아닌 경우에는 복합계약 전체를 당기손익-공정가치 측정 항목으로 지정할 수 있다. 다만, 다음의 경우는 제외한다.

   ㄱ. 내재 파생상품으로 인해 복합계약의 현금흐름이 유의적으로 변경되지 않는 경우

   ㄴ. 비슷한 복합상품을 고려할 때, 내재 파생상품의 분리가 금지된 것을 별도로 상세하게 분석하지 않아도 명백하게 알 수 있는 경우. 이러한 내재 파생상품의 예로는 (옵션의) 보유자가 상각 후 원가에 가까운 금액으로 대출채권을 중도 상환할 수 있는

대출채권에 내재된 중도상환 옵션이 있다.

❷ 당기손익-공정가치 측정 항목으로 지정하면, 서로 다른 기준에 따라 자산이나 부채를 측정하거나 그에 따른 손익을 인식하여 생길 수 있는 인식이나 측정의 불일치('회계 불일치'라 말하기도 함)를 제거하거나 유의적으로 줄일 수 있는 경우

❸ 문서화된 위험관리 전략이나 투자전략에 따라, 금융상품 집합(금융부채, 금융자산과 금융부채의 조합으로 구성된 집합)을 공정가치 기준으로 관리하고 그 성과를 평가하며 그 정보를 이사회, 대표이사 등 주요 경영진에게 그러한 공정가치 기준에 근거하여 내부적으로 제공하는 경우

3   **K-IFRS 제1039호와 K-IFRS 제1109호의 '금융상품' 분류 비교**

과거 기준과 현행 기준상 '금융상품' 분류를 비교하여 도식화 하면 다음과 같다.

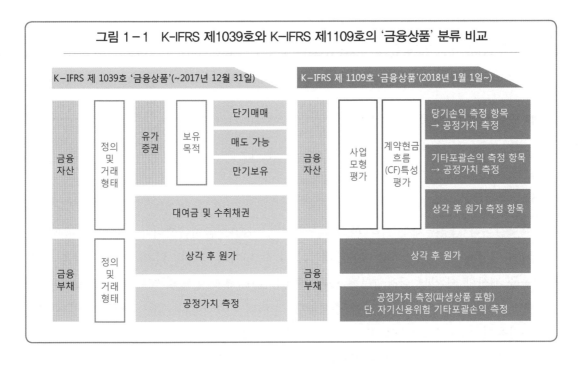

그림 1-1   K-IFRS 제1039호와 K-IFRS 제1109호의 '금융상품' 분류 비교

4 　기타 용어의 정의

(1) 거래 원가

금융자산이나 금융부채의 취득, 발행 또는 처분과 직접 관련된 증분 원가. 증분 원가는 금융상품의 취득, 발행 또는 처분이 없었다면 발생하지 않았을 원가를 말한다.

(2) 금융보증계약

채무상품의 최초 계약조건이나 변경된 계약조건에 따라 지급기일에 특정 채무자가 지급하지 못하여 보유자가 입은 손실을 보상하기 위해 발행자가 특정 금액을 지급하여야 하는 계약

(3) 금융자산이나 금융부채의 상각 후 원가

최초 인식 시점에 측정한 금융자산이나 금융부채에서 상환된 원금을 차감하고, 최초 인식 금액과 만기금액의 차액에 유효이자율법을 적용하여 계산한 상각 누계액을 가감한 금액. 금융자산의 경우에 해당 금액에서 손실충당금을 조정한 금액

(4) 금융자산의 총 장부금액

손실충당금을 조정하기 전 금융자산의 상각 후 원가

(5) 유효이자율

금융자산이나 금융부채의 기대 존속기간에 추정 미래 현금지급액이나 수취액의 현재가치를 금융자산의 총 장부금액이나 금융부채의 상각 후 원가와 정확히 일치시키는 이자율. 유효이자율을 계산할 때 해당 금융상품의 모든 계약조건(예 : 중도상환 옵션, 연장 옵션, 콜옵션, 이와 비슷한 옵션)을 고려하여 기대 현금흐름을 추정한다. 그러나 기대 신용손실은 고려하지 아니한다. 유효이자율의 주요 구성요소에 해당하는 계약 당사자 간 지급하거나 수취하는 수수료와 포인트, 거래 원가, 그 밖의 모든 할증액과 할인액을 반영하여 유효이자율을 계산한다. 비슷한 금융상품 집합의 현금흐름과 기대 존속기간은 신뢰성 있게 추정할 수 있다고 본다. 그러나 금융상품(또는 비슷한 금융상품의 집합)에 대한 현금흐름이나 기대 존속기간을 신뢰성 있게 추정할 수

없는 드문 경우에는 전체 계약기간의 계약상 현금흐름을 사용하여 유효이자율을 구한다.

(6) 유효이자율법

금융자산이나 금융부채의 상각 후 원가를 계산하고 관련 기간에 이자수익이나 이자비용을 당기손익으로 인식하고 배분하는 방법

(7) 위험회피 비율

상대적인 가중치로 표현되는 위험회피 대상항목과 위험회피 수단 각각의 수량 사이의 관계

(8) 정형화된 매입 또는 매도

관련 시장의 규정이나 관행에 의하여 일반적으로 설정된 기간 내에 당해 금융상품을 인도하는 계약조건에 따라 금융자산을 매입하거나 매도하는 것

(9) 제거

이미 인식된 금융자산이나 금융부채를 재무상태표에서 삭제하는 것

(10) 확정계약

미래의 특정 시기에 거래대상의 특정 수량을 특정 가격으로 교환하기로 하는 구속력 있는 약정

(11) 예상 거래

이행해야 하는 구속력은 없으나, 향후 발생할 것으로 예상되는 거래

chapter 02

파생상품의 정의와 내재 파생상품

파생상품의 정의

1 3가지 기본요건

K-IFRS 제1109호에서는 K-IFRS 제1109호의 적용범위에 해당하면서 다음의 세 가지 특성을 모두 가진 금융상품이나 기타 계약을 파생상품으로 정의하고 있다.

❶ 기초 변수의 변동에 따라 가치가 변동한다. 기초 변수는 이자율, 금융상품 가격, 일반상품 가격, 환율, 가격 또는 비율의 지수, 신용등급이나 신용지수 또는 기타 변수를 말한다. 다만, 비금융변수의 경우에는 계약의 당사자에게 특정되지 아니하여야 한다.

❷ 최초 계약 시 순 투자금액이 필요하지 않거나 시장 요소의 변동에 유사한 영향을 받을 것으로 기대되는 다른 유형의 계약보다 적은 순 투자금액이 필요하다.

❸ 미래에 결제된다.

따라서 3가지 기본요건을 만족하더라도 K-IFRS 제1109호의 적용범위에 해당하지 않는 금융상품이나 기타계약은 K-IFRS 제1109호에 따른 파생상품으로 보지 않으며, 별도의 기준서 규정에 따라 회계처리하게 된다(이에 대해서는 **2** K-IFRS 제1109호의 적용범위 참조).

(1) 기초 변수에 따른 가치 변동

파생상품의 대표적인 예는 선물, 선도, 스왑계약 및 옵션계약이다. 파생상품은 보통 화폐금액, 주식 수, 무게나 부피의 단위 또는 계약에서 정해진 그 밖의 단위를 계약단위의 수량으로 한다. 그러나 파생상품의 투자자나 발행자가 최초 계약 시에 계약단위의 수량을 투자하거나 수취하여야 하는 것은 아니다. 이와는 달리 계약단위의 수량과 관계없는 미래 사건의 결과에 따라 변동하는 금액(기초 변수의 변동에 비례적이지 않음)이나 확정된 금액을 지급해야 하는 파생상품이 있을 수 있다.

예를 들면, 6개월 LIBOR가 100베이시스 포인트 증가하면 1,000원을 정액으로 지급하는 계약은 비록 정해진 계약단위의 수량이 없더라도 파생상품이다. 이와 같이 계약에서 결제금액이 기초 변수에 근거하거나 기초 변수와 비례적으로 변동하지 않더라도 파생상품의 정의를 충족한다.

반대로 기초 변수에 따라 가치 변동이 일어나지 않는 계약은 해당 계약의 명칭에 불구하고 파생상품의 정의를 충족하지 않는다. 예를 들어, 기초자산의 공정가치로 행사 가능한 옵션, 선도, 스왑의 경우 기초자산의 가격 변동과 관계없이 공정가치는 항상 '0'이다. 이러한 금융상품이나 계약은 기초 변수의 변동에 따라 가치가 변동하지 않으므로 파생상품의 정의를 충족하지 않는다.

파생상품의 정의에서 계약의 당사자에게 특정되지 아니한 비금융변수를 언급하고 있다. 이러한 비금융변수에는 특정 지역의 지진손실지수와 특정 도시의 온도지수 등이 포함된다. 계약의 당사자에게 특정된 비금융변수에는 계약 당사자의 자산을 소멸시키거나 손상시키는 화재의 발생이나 미발생이 포함된다.

공정가치가 해당 자산의 시장 가격(금융변수)의 변동뿐만 아니라 보유하고 있는 특정 비금융자산의 상태(비금융변수)를 반영한다면, 당해 비금융자산의 공정가치 변동은 소유자에게 특정되는 것이다. 예를 들면, 특정 자동차의 잔존가치를 보증함으로써 보증자가 당해 자동차의 물리적 상태의 변동 위험에 노출된다면, 당해 잔존가치의 변동은 자동차 소유자에게 특정되는 것이다.

일반적인 파생상품 계약과 식별되는 기초 변수의 예는 다음과 같다.

계약의 형태	주요 가격 평가/결제변수(기초 변수)
이자율스왑	이자율
통화스왑(FX스왑)	환율
일반상품스왑	일반상품 가격
지분스왑	지분 가격(타 기업의 지분)
신용스왑	신용등급, 신용지수 또는 신용 가격
총수익스왑	준거자산의 총공정가치 및 이자율
매수 또는 매도된 국채옵션(콜 또는 풋)	이자율
매수 또는 매도된 통화옵션(콜 또는 풋)	환율
매수 또는 매도된 일반상품옵션(콜 또는 풋)	일반상품 가격
매수 또는 매도된 주식옵션(콜 또는 풋)	지분 가격(타 기업의 지분)
정부채권연계 금리선물(국채선물)	이자율
통화선물	환율
일반상품선물	일반상품 가격
정부채권연계 이자율선도(국채선도)	이자율
통화선도	환율
일반상품선도	일반상품 가격
지분선도	지분 가격(타 기업의 지분)

상기 항목들은 파생상품의 정의를 일반적으로 충족시키는 계약의 예이다. 상기의 예가 모든 파생상품을 망라한 것은 아니며, 기초 변수가 있는 계약은 모두 파생상품이 될 수 있다. 어떤 계약은 기후, 지질 또는 그 밖의 물리적 변수에 기초하여 지급액이 결정된다. 기후변수에 기초한 계약은 때로는 '기후(날씨) 파생상품'이라고 한다. 이러한 계약은 기업회계기준서 제1104호 '보험계약'의 적용범위에 포함되지 아니하면, 제1109호 '파생상품' 기준서를 적용한다.

(2) 순 투자금액이 없거나 적은 순투자

파생상품을 정의하는 특성 중의 하나는 시장 요인의 변동에 유사하게 반응할 것으로 기대되는 다른 유형의 계약에 필요한 최초 순 투자금액보다 적은 금액이 필요하다는 점이다. 옵션이 연계된 기초 금융상품을 취득하는 데 필요한 투자금액보다 옵션 프리미엄이 작으므로, 옵션계약은 파생상품의 정의를 충족한다. 최초 계약 시에 동일한 공정가치를 가지는 다른 통화를 교환하는 통화스왑은 최초 순 투자금액이 영(0)이므로, 파생상품의 정의를 충족한다.

어떤 계약이 파생상품의 정의를 충족하기 위해서, 시장 요인의 변동에 유사한 반응이 예상되는 다른 계약에 필요한 투자금액과 비교하여 최초 순 투자금액이 얼마나 더 적어야 하는지에 대한 정량적인 기준은 없다. K-IFRS 제1109호는 최초 순 투자금액이 파생상품과 연계된 기초 금융상품을 취득하는 데 필요한 투자금액보다 적을 것을 요구한다. 그러나, '더 적어야 한다'는 것은 반드시 총투자금액과 비교하여 '중요하지 않을 정도로 적다'를 의미하는 것은 아니며 상대적으로 해석될 필요가 있다.

매입 옵션은 보통 계약 시 프리미엄 지급을 요구하지만, 지급된 금액은 보통 기초상품을 취득하는 데 지급할 금액과 비교하여 적다. 그러나 특정 콜옵션은 매우 낮은 행사 가격을 가지고 있어서 옵션을 취득하는 데 지급하는 금액이 취득 시점에 바로 기초자산을 취득하는 데 지급할 금액과 동일할 가능성이 크다. 그러한 옵션들은 파생상품이 아니라 기초자산의 구입으로 처리되어야 한다. 다시 말해, 옵션이 발행이나 취득 시점에 옵션 원가와 기초자산의 가격이 거의 동일한 '내가격(in-the-money)' 상태라면, 파생상품이 아니라 기초자산에 대한 투자로 회계처리되어야 한다.

(3) 미래에 결제

파생상품은 기초항목을 인도함으로써 총액으로 결제되는 계약(예 : 고정금리부 채무상품을 매입하는 선도계약)을 포함한다. 다만, 비금융항목을 매입하거나 매도하는 계약을 현금이나 다른 금융상품으로 차액결제할 수 있거나 금융상품의 교환으로 결제할 수 있는 경우에는 그 계약을 금융상품으로 보아 K-IFRS 제1109호 '금융상품'을 적용하나, 기업이 예상하는 매입, 매도, 사용의 필요에 따라 비금융항목을 수취하거나 인도할 목적으로 체결하여 계속 유지하고 있는 계약에는 K-IFRS 제1109호 '금융상품'을 적용하지 아니한다.

2　K-IFRS 제1109호의 적용범위

앞에서 살펴본 3가지 기본요건을 충족하는 다양한 계약이나 금융상품이 있을 수 있다. 그러나 각 계약의 성격이나 계약 주체에 따라 K-IFRS 제1109호가 아닌 다른 기준서에서 회계처리를 규정하고 있는 경우가 있다. 따라서 K-IFRS 제1109호에서는 K-IFRS의 적용범위가 아닌 계약을 별도로 규정하고 있다.

(1) K-IFRS 제1109호 적용이 배제되는 금융상품

K-IFRS 제1109호는 금융상품 회계처리 전체를 다루고 있어 광범위한 적용배제 내용을 규정하고 있다. 여기에서는 파생상품 성격을 갖는 계약 위주로 적용배제 범위를 살펴보도록 한다. 다음의 경우에는 파생상품의 3가지 요건을 충족하더라도 K-IFRS 제1109호를 적용하지 아니한다.

❶ K-IFRS 제1032호의 지분상품(옵션과 주식 매입권 포함)의 정의를 충족하는 발행자의 금융상품

❷ K-IFRS 제1104호 '보험계약'에서 정의하고 있는 (가) 보험계약 또는 (나) 임의배당요소를 가지고 있기 때문에 K-IFRS 제1104호 '보험계약'을 적용하는 계약에 따른 권리와 의무. 다만, 금융보증계약의 정의를 충족하는 보험계약 발행자의 권리와 의무에는 K-IFRS 제1109호를 적용한다. K-IFRS 제1104호의 적용범위에 해당되는 보험계약에 내재된 파생상품이 K-IFRS 제1104호의 적용범위에 해당하지 아니하면 당해 파생상품에는 K-IFRS 제1109호를 적용한다.

한편, 금융보증계약의 발행자가 당해 계약을 보험계약으로 간주한다는 것을 사전에 명백히 하고 보험계약에 적용 가능한 회계처리를 하였다면, 그 발행자는 이러한 금융보증계약에 대해 K-IFRS 제1109호나 K-IFRS 제1104호를 선택하여 적용할 수 있다. 발행자는 각 계약별로 회계처리방법을 선택할 수 있으나 선택한 이후에는 변경할 수 없다.

❸ 미래의 취득일에 K-IFRS 제1103호 '사업결합' 적용범위의 사업결합이 되는, 피취득대상을 매입하거나 매도하기로 하는 취득자와 매도 주주 사이의 선도계약. 선도계약의 기간은 요구되는 승인을 획득하고 거래를 완성하기 위하여 통상 필요한 합리적인 기간을 초과할 수 없다.

❹ K-IFRS 제1109호의 적용 대상인 대출약정 이외의 대출약정. K-IFRS 제1109호가 적용되지 아니하는 대출약정의 제공자는 당해 대출약정에 이 기준서의 손상 요구사항을 적용한다. 그러나 모든 대출약정의 제거와 관련된 회계처리에는 K-IFRS 제1109호를 적용한다.

❺ K-IFRS 제1102호 '주식기준 보상'이 적용되는 주식기준 보상 거래에 따른 금융상품, 계약 및 의무, 다만 K-IFRS 제1109호 문단 2.4~2.7의 적용대상인 계약은 K-IFRS 제1109호를 적용한다.

❻ K-IFRS 제1037호에 따라 당기 또는 전기 이전에 인식한 충당부채의 결제에 필요한 지출과 관련하여 제3자로부터 보상을 받을 권리

(2) 정형화된 매입이나 매도

정형화된 매매거래는 매매일과 결제일 사이에 거래가격을 고정시키는 거래이며 파생상품의 정의를 충족한다. 그러나 계약기간이 짧기 때문에 파생금융상품으로 인식하지 아니한다. K-IFRS 제1109호는 정형화된 매매거래에 대한 특별한 회계처리를 정하고 있다.

금융자산의 정형화된 매입 또는 매도는 매매일 회계처리방법 또는 결제일 회계처리방법 중 하나를 사용하여 인식한다. 사용한 방법은 K-IFRS 제1109호 '금융상품'에 따라 같은 방식으로 분류한 금융자산의 매입이나 매도 모두에 일관성 있게 같은 방법을 사용하여 적용한다. 이 경우에 의무적으로 당기손익 – 공정가치로 측정해야 하는 금융자산은 당기손익-공정가치 측정 금융자산으로 지정한 자산과는 별도의 범주로 구분한다. 또한, 당기손익-공정가치로 측정되는 '지분상품에 대한 특정 투자' 중 후속적인 공정가치 변동을 기타포괄손익으로 표시하도록 최초 인식 시점에 선택한 지분상품에 대한 투자도 별도의 범주로 구분한다.

가치의 변동에 대하여 차액결제를 요구하거나 차액결제를 허용하는 계약은 정형화된 계약이 아니므로 그러한 계약은 매매일과 결제일의 기간 중에 파생상품으로 회계처리한다.

매매일은 자산을 매입하거나 매도하기로 약정한 날을 말한다. 매매일 회계처리방법은 ① 매매일에 수취할 자산과 그 자산에 대하여 지급할 부채를 인식하는 것과 ② 매매일에 매도한 자산을 제거하고 처분손익을 인식하며 매입자가 지급할 금액에 대한 채권을 인식하는

것을 의미한다. 일반적으로 소유권이 이전되는 결제일까지는 자산과 그에 대응되는 부채에 이자가 발생하지 아니한다.

결제일은 자산을 인수하거나 인도하는 날을 말한다. 결제일 회계처리방법은 ① 자산을 인수하는 날에 자산을 인식하는 것과 ② 자산을 인도하는 날에 자산을 제거하고 처분손익을 인식하는 것을 의미한다. 결제일 회계처리방법을 적용하는 경우에는 매매일과 결제일 사이에 이미 취득한 자산에 대한 회계처리와 동일한 방법으로 수취할 자산의 공정가치에 대한 모든 변동을 매매일과 결제일의 기간 중에 회계처리한다. 따라서 상각 후 원가로 측정하는 자산의 가치 변동은 인식하지 아니하고, 당기손익 – 공정가치 측정 금융자산으로 분류한 자산의 가치 변동은 당기손익으로 인식하며, 기타포괄손익 – 공정가치 측정 금융자산과 당기손익 – 공정가치로 측정되는 '지분상품에 대한 특정 투자' 중 후속적인 공정가치 변동을 기타포괄손익으로 표시하도록 최초 인식 시점에 선택한 지분상품의 투자에 대한 가치 변동은 기타포괄손익으로 인식한다.

3 파생상품의 정의 관련 판단 사례

 사례 1

▶ 미래 결제 시, 이자율스왑의 차액결제 또는 총액결제

이자율스왑이 K-IFRS 제1109호의 파생상품에 해당되는지를 결정하는 경우에 거래당사자가 서로 이자금액을 지급(총액결제)하는지 또는 순액으로 결제하는지가 영향을 주는가?

(풀이)

영향을 주지 아니한다. 파생상품의 정의는 결제방법(총액결제 또는 차액결제)에 영향받지 않는다.

ABC사는 XYZ사와 8%의 고정이자금액을 지급하고, 매분기마다 3개월 LIBOR에 기초하는 변동이자금액을 수취하는 이자율 스왑계약을 체결하였다. 고정 및 변동금액은 100백만 원의 명목금액에 기초하여 결정된다. 두 기업은 당해 명목금액을 교환하지는 않는다. ABC사는 매분기에 8%와 3개월 LIBOR의 차이에 기초하여 결정된 순액의 현금을 수수한다. 또한 결제는 총액기준으로 이루어질 수도 있다. 이 계약은 그 가치가 기초 변수(LIBOR)의 변동에 따라 변하고, 최초 계약 시 순 투자금액이 없으며, 미래에 결제되기 때문에, 결제방법(총액결제 또는 차액결제)과 무관하게 파생상품의 정의를 충족한다.

! **사례 2**

▶ 선급 이자율스왑(최초 계약 시 또는 그 후에 고정이자율 지급의무를 선급하는 경우)

고정금리를 지급하고, 변동금리를 수취하는 이자율스왑의 최초 계약 시점에 기업이 의무(고정금리의 지급)를 선급하는 경우에도 당해 이자율스왑이 파생상품에 해당되는가?

(풀이)

파생상품에 해당한다.

S사가 C사와 고정금리를 지급하고 변동금리를 수취하는 이자율스왑(명목금액 100백만 원, 만기 5년) 계약을 체결하였다. 스왑의 변동금리는 매분기마다 3개월 LIBOR에 따라 재설정되며, 고정금리는 연 10%이다. 최초 계약 시점에 S사는 스왑계약에 따라 고정금리를 지급하여야 하는 의무에 해당하는 50백만 원(100백만 원×10%×5년)을 시장이자율로 할인하여 선급하였으며, 스왑의 계약기간 중 100백만 원에 대해 매분기마다 3개월 LIBOR에 기초하여 재설정되는 변동이자를 수취할 권리를 보유한다.

이러한 이자율스왑의 경우 최초 계약 시점의 순 투자금액은 변동이자의 계산 기초가 되는 명목금액보다 상당히 적으며, 변동금리부 사채와 같이 시장 요소의 변동에 유사한 영향을 받을 것으로 기대되는 다른 유형의 계약보다 적은 순 투자금액을 필요로 한다. 따라서 이 계약은 K-IFRS 제1109호의 '최초 계약 시 순 투자금액이 필요하지 않거나, 시장 요소의 변동에 유사한 영향을 받을 것으로 기대되는 다른 유형의 계약보다 적은 순 투자금액이 필요하다'는 조건을 충족한다. S사가 미래에 이행할 의무가 없지만, 계약의 최종 결제는 미래에 이루어지고, LIBOR의 변동에 따라 당해 계약의 가치가 변동한다. 따라서 이 계약은 파생상품 계약이다.

! **사례 3**

▶ 변동금리를 지급하고, 고정금리를 수취하는 이자율스왑에서 변동금리의 지급의무를 선급하는 경우

변동금리를 지급하고, 고정금리를 수취하는 이자율스왑의 최초 계약 시점 또는 그 후에 기업이 변동금리를 지급할 의무를 선급하는 경우에도 당해 이자율스왑이 파생상품에 해당되는가?

(풀이)

파생상품에 해당하지 아니한다. 변동금리를 지급하고 고정금리를 수취하는 이자율스왑에서 지급의무를 최초 계약 시점에 선급하는 경우 당해 이자율스왑은 파생상품이 아니며, 최초 계약 시점 후에 선급하는 경우에는 더 이상 파생상품의 정의를 충족하지 못한다. 이는 당해 스왑이 확정된 현금흐름을 가지는 채무상품의 수익과 대등한 수익을 선급(투자)한 금액에 대하여 제공하기 때문이다. 이러한 선급금액은 파생상품의 조건 중 '최초 계약 시 순 투자금액이 필요하지 않거나, 시장 요소의 변동에 유사한 영향을 받을 것으로 기대되는 다른 유형의 계약보다 적은 순 투자금액이 필요하다'는 요건을 충족하지 아니한다.

S사가 C사와 변동금리를 지급하고 고정금리를 수취하는 이자율스왑(명목금액 100백만 원, 만기 5년)

계약을 체결하였다. 스왑의 변동금리는 매분기마다 3개월 LIBOR에 따라 재설정되며, 고정금리는 연 10%이다. 최초 계약 시점에 S사는 현행 시장이자율로 스왑의 변동금리 지급의무를 선급하고, 매년 100백만 원에 대한 10%의 고정금리를 수취할 권리를 보유한다.

이때 이 계약에 따른 매년의 현금유입액은 연간 확정 현금흐름을 갖는 연금 금융상품의 현금유입 액과 같은데 이는 S사가 스왑의 계약기간 동안 매년 10백만 원을 수취할 것을 알 수 있기 때문이다. 그러므로 다른 모든 조건이 동일하다면, 계약의 최초 투자액은 확정 연금으로 구성된 기타의 금융상 품의 최초 투자액과 동일하여야 한다. 따라서 변동금리를 지급하고 고정금리를 수취하는 이자율스 왑의 최초 계약 시 순투자액은 시장 상황의 변동에 유사한 영향을 받는 비파생상품 계약에서 요구되 는 투자액과 동일하다. 이러한 이유로 당해 스왑은 K-IFRS 제1109호의 파생상품 조건 중 '최초 계약 시 순 투자금액이 필요하지 않거나, 시장 요소의 변동에 유사한 영향을 받을 것으로 기대되는 다른 유형의 계약보다 적은 순 투자금액이 필요하다'는 조건을 충족하지 아니한다. 그러므로 이 계약은 K-IFRS 제1109호에 따른 파생상품으로 회계처리하지 아니한다. 변동이자 지급의무를 선급함에 따라 S사가 C사에게 대여금을 제공한 것과 실질적으로 같은 효과가 발생한다.

! 사례 4

▶ 대여금의 상계

기업 A는 기업 B에게 5년간 고정금리로 대여하는 동시에 기업 B는 기업 A에게 동일한 금액을 5년 간 변동금리로 대여한다. 기업 A와 기업 B의 상계약정에 따라 대여 시점에 수수되는 원금은 없다. 이러한 계약은 파생상품에 해당하는가?

(풀이)

파생상품에 해당한다. 이 계약은 파생상품의 정의를 충족한다(즉, 기초 변수가 존재하고, 최초 계 약시 순 투자금액이 필요하지 않거나, 시장 요소의 변동에 유사한 영향을 보일 것으로 기대되는 다 른 유형의 계약보다 적은 순 투자금액이 필요하며, 미래에 결제된다). 두 대출계약의 효과는 최초 계 약 시 순 투자금액이 필요 없는 이자율스왑과 동일하다. 비파생상품 거래들이 실질적으로 파생상품 과 동일한 결과를 초래하는 경우에는 거래들을 병합하여 파생상품으로 회계처리한다. 이러한 결과 를 가져오는 지표의 예는 다음과 같다.

- 거래들이 동시에 그리고 서로를 고려하여 체결된다.
- 거래들의 상대방이 동일하다.
- 거래들이 동일한 위험과 관련되어 있다.
- 거래들을 구분하여 설계할 명백한 경제적 이유 또는 실질적 사업목적이 존재하지 않으며 단일 의 거래로는 그러한 목적을 달성할 수도 없었을 것이다.

기업 A와 기업 B가 상계약정을 체결하지 아니하였다 하더라도 당해 거래들은 파생상품에 해당된 다. 이는 K-IFRS 제1109호에서 파생상품의 정의가 차액결제를 요구하지 않기 때문이다.

! 사례 5

▶ 행사될 것으로 기대되지 아니하는 옵션

파생상품의 정의는 금융상품이 '미래에 결제된다'는 것을 요구한다. 예를 들어, 옵션이 외가격 상태이기 때문에 행사될 것으로 기대되지 아니하는 경우에도 이러한 요건을 충족하는가?

(풀이)

충족한다. 옵션은 행사 시점 또는 만기에 결제된다. 대가의 추가적인 교환이 없더라도, 만기에 소멸하는 것도 결제의 한 형태이다.

! 사례 6

▶ 매출규모에 근거한 외환계약

기능 통화가 미국 달러인 XYZ사가 유로화로 가격표시된 제품을 프랑스에서 판매하고 있다. XYZ사는 투자은행과 고정환율로 유로화를 미국 달러화로 환전하는 계약을 체결하였다. 계약에 따라 XYZ사는 프랑스에서의 매출규모에 기초하여 유로화를 송금하여야 하며, 유로화는 6.00의 확정 환율로 미국 달러화와 교환될 것이다. 이러한 계약이 파생상품에 해당하는가?

(풀이)

파생상품에 해당한다. 당해 계약의 경우 환율과 매출규모로 구성되는 2개의 기초 변수가 존재하고, 지급규정이 있으며, 당해 계약의 최초 계약 시 순 투자금액이 필요하지 않거나, 시장 가격 변동에 유사한 영향을 받을 것으로 기대되는 다른 유형의 계약보다 적은 순 투자금액이 필요하다. K-IFRS 제1109호에서는 매출규모에 기초하는 파생상품을 적용범위에서 제외하지 않는다.

! 사례 7

▶ 선도계약의 선급

1년 후에 선도 가격으로 주식을 매수하는 선도계약을 체결하면서, 최초 계약 시점에 주식의 현행 가격에 기초하여 지급의무를 선급하였다. 당해 선도계약은 파생상품에 해당하는가?

(풀이)

파생상품에 해당하지 아니한다. 이 선도계약은 '최초 계약 시 순 투자금액이 필요하지 않거나, 시장 요소의 변동에 유사한 영향을 받을 것으로 기대되는 다른 유형의 계약보다 적은 순 투자금액이 필요하다'는 조건을 충족하지 아니한다.

XYZ사는 1년 후에 T기업 보통주 1백만주를 매수하는 선도계약을 체결하였으며, T주식에 대한 현행 시장 가격과 1년 후의 선도 가격은 각각 주당 50원과 55원이다. XYZ사는 최초 계약 시 선도계약에 대하여 50백만 원을 선급하여야 한다. 선도계약의 최초 순 투자금액인 50백만 원은 기초자산인

1백만주에 적용되는 선도금액인 55백만 원(55원×1백만 주)보다 적다. 그러나 최초 계약 시 순 투자금액은 시장 요소의 변동에 유사한 영향을 받는 다른 유형의 거래에 필요한 투자금액과 거의 동일하다. 그 이유는 최초 계약 시 T주식을 순 투자금액과 동일한 가격인 50원에 매수할 수 있기 때문이다. 따라서 선급한 선도계약은 파생상품의 조건 중 최초 계약 시 순 투자금액에 관한 요건을 충족하지 아니한다.

 사례 8

▶ 최초 계약 시 순 투자금액

선물계약과 거래소에서 거래되는 매도 옵션과 같은 파생상품에는 증거금이 필요하다. 증거금은 최초 계약 시 순 투자금액에 해당하는가?

(풀이)

해당하지 않는다. 증거금은 파생상품에 대한 최초 계약 시 순 투자금액의 일부가 아니다. 증거금은 거래상대방 또는 청산소에 대한 일종의 담보이며, 현금, 유가증권 또는 그 밖의 유동성이 높은 특정 자산의 형태를 가질 수 있다. 증거금은 별도로 회계처리가 필요한 별도의 자산이다.

section 02 | 내재 파생상품의 회계처리

1 | 내재 파생상품의 개념

특정 계약이 그 자체로서는 파생상품의 요건에 해당하지 않을지라도 해당 계약 내에 포함되어 있는 계약상의 명시적 또는 암묵적 조건이 해당 계약의 현금흐름이나 공정가치에 영향을 미치는 경우 그 명시적 또는 암묵적 조건을 의미한다. 이러한 내재 파생상품(embedded derivatives)과 주계약을 합한 것을 복합계약(hybrid contract)이라고 한다.

복합계약＝주계약＋내재 파생상품

내재 파생상품은 파생상품이 아닌 주계약을 포함하는 복합상품의 구성요소이며, 복합상품의 현금흐름 중 일부를 독립적인 파생상품의 경우와 유사하게 변동시킨다. 내재 파생상품은 내재 파생상품이 포함되지 않았을 경우에 발생할 현금흐름의 전부나 일부를 이자율, 금융상품가격, 일반상품 가격, 환율, 가격 또는 비율의 지수, 신용등급이나 신용지수 및 기타 변수에 따라 변경시킨다. 이때 당해 변수가 비금융변수인 경우는 계약의 당사자에게 특정되지 아니하여야 한다. 특정 금융상품에 부가되어 있더라도, 계약상 당해 금융상품과는 독립적으로 양도할 수 있거나 당해 금융상품과는 다른 거래상대방이 있는 파생상품은 내재 파생상품이 아니며, 별도의 금융상품이다.

예를 들면, 매년 40,000원의 고정이자를 지급하고, 만기 시 1,000,000원에 주가지수의 변동을 곱한 금액을 상환하는 5년 만기 채무상품의 경우 주계약은 매년 40,000원을 지급하는 고정금리부 채무상품이며 내재 파생상품은 '1,000,000×주가지수 변동률'이 된다.

이러한 복합계약은 금융자산이 주계약인 복합계약과 그 밖의 복합계약으로 구분할 수 있는데, 그에 따른 회계처리 구분은 다음과 같다.

(1) 금융자산이 주계약인 복합계약

복합계약이 K-IFRS 제1109호 '금융상품'의 적용범위에 포함되는 자산을 주계약으로 포함하는 경우에는 내재 파생상품을 분리하지 않고 해당 복합계약 전체에 전술한 금융자산의 분류기준을 적용한다.

(2) 그 밖의 복합계약

복합계약이 K-IFRS 제1109호 '금융상품'의 적용범위에 포함되는 자산이 아닌 주계약을 포함하는 경우에는 다음을 모두 충족하는 경우에만 내재 파생상품을 주계약과 분리하여 파생상품으로 회계처리한다.

❶ 내재 파생상품의 경제적 특성 및 위험이 주계약의 경제적 특성 및 위험과 밀접하게 관련되어 있지 않다.

❷ 내재 파생상품과 조건이 같은 별도의 금융상품이 파생상품의 정의를 충족한다.

❸ 복합계약의 공정가치 변동을 당기손익으로 인식하지 않는다(당기손익-공정가치 측정 금융부채에 내재된 파생상품은 분리하지 아니함).

내재 파생상품을 분리한 이후, 주계약은 적절한 기준서에 따라 회계처리한다. K-IFRS 제 1109호 '금융상품'에서는 내재 파생상품을 재무상태표에 별도로 표시하여야 하는지는 다루지 아니한다.

그러나 상기 규정에도 불구하고 계약이 하나 이상의 내재 파생상품을 포함하고 주계약이 K-IFRS 제1109호 '금융상품'의 적용범위에 포함되는 자산이 아닌 경우에는 복합계약 전체를 당기손익-공정가치 측정 항목으로 지정할 수 있다. 다만, 다음의 경우는 제외한다.

❶ 내재 파생상품으로 인해 복합계약의 현금흐름이 유의적으로 변경되지 않는 경우
❷ 비슷한 복합상품을 고려할 때, 내재 파생상품의 분리가 금지된 것을 별도로 상세하게 분석하지 않아도 명백하게 알 수 있는 경우. 이러한 내재 파생상품의 예로는 차입자가 상각 후 원가에 가까운 금액으로 대출채권을 중도 상환할 수 있는 대출채권에 내재된 중도 상환 옵션이 있다.

또한 K-IFRS 제1109호 '금융상품'에 따라 주계약과 분리하여야 하는 내재 파생상품을 취득 시점이나 그 후의 재무보고일에 주계약과 분리하여 측정할 수 없는 경우에는 복합계약 전체를 당기손익-공정가치 측정 항목으로 지정한다.

계약조건에 기초하여 내재 파생상품의 공정가치를 신뢰성 있게 산정할 수 없는 경우에는 복합상품의 공정가치와 주계약의 공정가치의 차이를 내재 파생상품의 공정가치로 산정한다. 이 방법으로 내재 파생상품의 공정가치를 산정할 수 없는 경우에는 복합계약을 당기손익-공정가치측정 항목으로 지정한다.

내재 파생상품의 첫 번째 분리요건에서 나오는 경제적 특성 및 위험도에 있어 '밀접한 관련성(closely related)'의 여부는 기본적으로 판단을 요하는 사항이다. 이와 관련하여 K-IFRS 제 1109호에서 제시하고 있는 밀접한 관련성이 없는 예를 살펴보면 다음과 같다. 다음의 예가 내재 파생상품 분리의 나머지 두 가지 조건을 충족한다면 내재 파생상품은 주계약과 분리하여 회계처리한다.

❶ 금융상품의 보유자가 발행자에게 지분이나 일반상품의 가격 또는 지수의 변동에 기초하여 변동되는 금액에 해당하는 현금 등 금융자산으로 당해 금융상품을 재매입하도록 요구할 수 있는 내재 풋옵션은 주계약인 채무상품과 밀접하게 관련되어 있지 아니하다.

❷ 채무상품의 만기를 연장할 수 있는 옵션이나 자동연장조항은 주계약인 채무상품과 밀접하게 관련되어 있지 아니하다. 다만, 만기를 연장하는 시점에 현행 시장이자율에 따라 이자율을 동시에 조정하는 경우에는 주계약인 채무상품과 밀접하게 관련되어 있다. 채무상품을 발행하고 당해 채무상품의 보유자가 그 채무상품을 기초자산으로 하는 콜옵션을 제3자에게 발행하는 경우, 콜옵션의 행사로 채무상품의 발행자에게 당해 채무상품의 재판매에 참여하거나 재판매를 용이하게 하도록 요구할 수 있다면, 채무상품의 발행자는 당해 콜옵션을 만기연장 콜옵션으로 본다.

❸ 주계약인 채무상품이나 보험계약에 내재된 지분연계 이자 또는 원금 지급계약은 이자나 원금이 지분상품의 가치에 연계되어 결정되는 계약으로서, 주계약과 내재 파생상품에 내재된 위험이 상이하기 때문에 당해 내재 파생상품은 주계약과 밀접하게 관련되어 있지 아니하다.

❹ 주계약인 채무상품이나 보험계약에 내재된 일반상품 연계 이자 또는 원금 지급계약은 이자나 원금이 일반상품(예 : 금)가격에 연계되어 결정되는 계약으로서, 주계약과 내재 파생상품에 내재된 위험이 상이하기 때문에 당해 내재 파생상품은 주계약과 밀접하게 관련되어 있지 아니하다.

❺ 주계약인 채무상품이나 보험계약에 내재된 콜, 풋, 중도상환 옵션은 주계약과 밀접하게 관련되어 있지 아니하다. 다만, 다음의 경우는 제외한다.

ㄱ. 옵션의 행사 가격이 옵션 행사일 현재 주계약인 채무상품의 상각 후 원가나 주계약인 보험계약의 장부금액과 거의 동일하다.

ㄴ. 중도상환 옵션의 행사 가격이 주계약의 잔여기간에 해당하는 상실이자의 현재가치에 근사한 금액으로 대여자에게 보상하는 금액이다. 상실이자는 이자율 차이에 중도상환한 원금을 곱한 금액이다. 이자율 차이는 중도상환된 원금을 주계약의 잔여기간에 유사한 계약에 재투자했다면 중도상환일에 수취하게 될 유효이자율을 초과하는 주계약의 유효이자율 부분이다. K-IFRS 제1032호에 따라 전환채무상품의 자본요소를 분리하기 전에 내재된 콜옵션이나 풋옵션이 주채무계약과 밀접하게 관련되어 있는지를 평가한다.

❻ 주계약인 채무상품에 내재되어 있고, 당사자 중 일방('수익자')이 특정 준거자산의 소유

여부와 관계없이 당해 준거자산의 신용위험을 제3자('보증자')에게 이전하는 신용파생상품은 주계약과 밀접하게 관련되어 있지 아니하다. 이러한 신용파생상품으로 인해 준거자산을 직접 소유하지 않는 보증자도 당해 준거자산의 신용위험을 부담할 수 있다.

내재 파생상품의 경제적 특성과 위험이 주계약과 밀접하게 관련되어 있는 예는 다음과 같다. 이 경우 내재 파생상품을 주계약과 분리하여 회계처리하지 아니한다.

❶ 주계약인 이자부 채무상품이나 보험계약에 따라 지급하거나 수령할 이자금액을 변동시킬 수 있는 이자율이나 이자율지수가 기초 변수인 내재 파생상품은 주계약과 밀접하게 관련되어 있다. 다만, 다음 각 경우에는 주계약과 밀접하게 관련되어 있지 아니하다.

   ㄱ. 복합상품이 보유자가 인식한 투자금액의 대부분을 회수하지 못할 방법으로 결제될 수 있는 경우

   ㄴ. 내재 파생상품으로 인하여 복합상품의 수익률이 주계약의 최초 수익률의 최소 두 배가 될 수 있고 동시에 주계약과 동일한 조건을 가진 계약의 시장수익률의 최소한 두 배가 될 수 있는 경우

❷ 복합상품을 발행할 때 이자율 상한(cap)이 시장이자율 이상이고 이자율 하한(floor)이 시장이자율 이하이며, 이자율 상한이나 하한이 주계약에 관하여 레버리지되지 않았다면, 채무상품이나 보험계약에 내재된 금리캡이나 금리 플로어는 주계약과 밀접하게 관련되어 있다. 마찬가지로, 일반상품과 같은 자산을 매입하거나 매도하는 계약에 포함된 조항으로서 당해 자산에 대하여 지급하거나 수취할 가격에 대한 상한이나 하한이 설정된 경우, 가격에 대한 캡이나 플로어가 계약 시점에 외가격 상태이며 레버리지되지 않았다면, 가격에 대한 당해 캡이나 플로어는 주계약과 밀접하게 관련되어 있다.

❸ 주계약인 채무상품(예 : 이중통화 회사채)에 포함된 내재 외화파생상품으로서 외화로 표시된 일련의 원금이나 이자를 지급하는 경우, 당해 내재 외화파생상품은 주계약과 밀접하게 관련되어 있다. K-IFRS 제1021호에 따라 화폐성 항목의 외환손익은 당기손익으로 반영되므로, 이러한 내재 파생상품은 주계약과 분리하지 아니한다.

❹ 내재 외화파생상품이 레버리지되지 아니하고, 옵션의 특성을 포함하지 아니하며, 지급하는 통화가 다음 중 하나인 경우, 주계약인 보험계약이나 비금융상품(예 : 가격이 외화로 표시되는 비금융항목을 매입하거나 매도하는 계약)에 포함된 내재 외화파생상품은 주계약과 밀접하게 관련되어 있다.

   ㄱ. 실질적인 계약 당사자의 기능 통화

ㄴ. 국제 상거래에서 매입하거나 매도하는 재화나 용역의 가격을 일반적으로 표시하는 통화(예 : 원유 거래의 경우 미국 달러)

ㄷ. 거래가 발생하는 경제환경에서 비금융항목을 매입하거나 매도하는 계약에 일반적으로 사용되는 통화. 예를 들면, 국내 또는 국외거래에서 일반적으로 사용되는 상대적으로 안정되고 유동성이 있는 통화

❺ 이자 스트립이나 원금 스트립에 내재된 중도상환 옵션은 다음의 조건을 모두 충족하는 주계약과 밀접하게 관련되어 있다.

ㄱ. 내재 파생상품을 포함하지 않는 금융상품의 계약상 현금흐름을 수취할 권리를 분리함에 따라 주계약이 최초로 발생한다.

ㄴ. 원래의 주계약인 채무계약에 존재하지 아니한 어떠한 조건도 주계약에 포함되지 아니한다.

❻ 리스계약에 내재된 파생상품은 다음 중 하나에 해당하는 경우에 주계약과 밀접하게 관련되어 있다.

ㄱ. 소비자물가지수에 리스료를 연계하는 등의 인플레이션 관련 지수로서 당해 리스가 레버리지되지 아니하고 당해 지수가 기업이 속한 경제환경의 인플레이션과 관련되어 있는 경우

ㄴ. 관련 매출액에 따른 조정리스료인 경우

ㄷ. 변동이자율에 따른 조정리스료인 경우

❼ 단위당 지급금액을 펀드자산의 공정가치를 반영하는 현재의 단위당 가치로 측정한다면 주계약인 금융상품이나 보험계약에 내재된 단위 연계 특성은 주계약과 밀접하게 관련되어 있다. 단위 연계 특성은 내부 투자펀드나 외부 투자펀드의 단위당 지급금액이 표시되는 계약조건이다.

❽ 내재 파생상품과 주계약인 보험계약이 상호의존적이어서 내재 파생상품을 분리하여(즉, 주계약을 고려하지 않고) 측정할 수 없다면, 주계약인 보험계약에 내재된 파생상품은 주계약과 밀접하게 관련되어 있다.

기업은 최초로 계약 당사자가 되는 경우에 계약에 포함되어 있는 내재 파생상품을 주계약과 분리하여 동 기준서 상의 파생상품으로 회계처리하여야 하는지를 검토하여야 한다. 그렇다면 이러한 분리에 대한 검토는 기업이 최초로 계약 당사자가 되는 시점에만 요구되는 것인가, 아니면 계약의 존속기간 동안 지속적으로 제고되어야 할까?

기업은 원칙적으로 최초로 계약 당사자가 되는 시점에만 내재 파생상품을 주계약과 분리하여 파생상품으로 회계처리하여야 하는지를 검토한다. 다만, 금융자산을 관리하는 사업모형을 변경하는 경우에만, 영향 받는 모든 금융자산을 금융자산의 분류 규정에 따라 재분류하며, 그 재분류일부터 전진적으로 적용한다.

사업모형의 변경이란?

금융자산을 관리하는 사업모형을 변경하는 경우에는 금융자산의 분류 규정에 따라 금융자산을 재분류해야 한다. 사업모형의 변경은 매우 드물 것으로 예상하며, 외부나 내부의 변화에 따라 기업의 고위 경영진이 결정해야 하고 기업의 영업에 유의적이고 외부 당사자에게 제시할 수 있어야 한다. 따라서 사업모형의 변경은 사업계열의 취득, 처분, 종결과 같이 영업에 유의적인 활동을 시작하거나 중단하는 경우에만 생길 것이다. 사업모형 변경의 예는 다음과 같다.

1. 단기 매도를 목적으로 상업 대여금의 포트폴리오를 보유하고 있는 기업이 있다. 기업은 상업 대여금을 관리하면서 계약상 현금흐름을 수취하기 위해 그러한 대여금을 보유하는 사업모형을 갖고 있는 회사를 취득한다. 상업 대여금의 포트폴리오는 더는 매도가 목적이 아니며, 이제는 취득한 상업 대여금과 함께 관리하는 동시에 계약상 현금흐름을 수취하기 위해 그 포트폴리오 전체를 보유한다.

2. 금융서비스 회사가 소매 부동산 담보부대여업을 중단하기로 결정했다. 회사는 더 이상 새로운 사업을 수용하지 않고, 부동산 담보대출 포트폴리오를 매도하기 위해 활발히 마케팅 활동을 수행한다.

   다만, 하기와 같은 사항은 사업모형의 변경이 아니다.

   ① 특정 금융자산과 관련된 의도의 변경(시장 상황이 유의적으로 변경되는 경우도 포함)

   ② 금융자산에 대한 특정 시장의 일시적 소멸

   ③ 기업 내 서로 다른 사업모형을 갖고 있는 부문 간 금융자산의 이전

사례 1

▶ 내재 파생상품

비옵션형 내재 파생상품을 주계약과 분리하는 경우 주계약과 내재 파생상품의 개별 조건을 어떻게 식별하는가? 예를 들어, 채무상품인 주계약은 고정금리부 채무상품, 변동금리부 채무상품 또는 무이표채 채무상품 중 어느 것에 해당한다고 보아야 하는가?

(풀이)

주계약인 채무상품의 조건은 복합상품에 명시된 조건이거나 함축된 실질적인 조건을 반영한다. 명시되거나 함축된 조건이 없는 경우 기업이 조건을 판단한다. 그러나 기업은 특정되지 않는 요소를 식별하거나 복합상품에 명백히 존재하지 않는 내재 파생상품을 분리하는 방식, 즉 존재하지 않는 현금흐름을 창출하는 방식으로 주계약인 채무상품의 조건을 설정할 수는 없다. 예를 들어, 매년 40,000원의 고정금리를 지급하고, 만기 시 1,000,000원에 주가지수의 변동을 곱한 금액을 상환하는 5년 만기의 채무상품의 경우 주계약을 고정금리부 채무상품으로 식별하지 아니하고, 변동금리부 주계약과 변동금리를 상쇄시키는 내재 지분스왑으로 식별하는 것은 적절치 않다. 이 경우 복합상품에는 변동이자의 현금흐름이 없기 때문에, 주계약은 매년 40,000원을 지급하는 고정금리부 채무상품이 된다.

또한, 복합상품에 포함된 선도 또는 스왑과 같은 비옵션형 내재 파생상품의 조건은 최초 계약 시점에 내재 파생상품의 공정가치가 영(0)이 되도록 결정하여야 한다. 만약 이와 다른 조건으로 비옵션형 내재 파생상품을 분리하는 것을 허용한다면, 하나의 복합상품은 무수히 많은 조합의 주계약인 채무상품과 내재 파생상품으로 분리될 수 있을 것이다. 예를 들어, 복합상품에는 존재하지 않았던 레버리지나 비대칭 또는 기타 위험을 창출하는 조건을 갖도록 내재 파생상품을 분리한다면, 이러한 다양한 조합방식이 가능하게 된다. 따라서 복합상품의 최초 계약 시점에 비옵션형 내재 파생상품의 공정가치를 영(0)이 아닌 조건으로 분리하는 것은 적절하지 않다. 내재 파생상품의 조건은 복합상품이 발행되었던 시점에 존재하는 조건에 기초하여 결정되어야 한다.

> ! **사례 2**

▶ 내재 옵션의 분리

  사례 1에 따르면 복합상품에 포함된 비옵션형 내재 파생상품의 조건은 최초 계약 시점에 비옵션 내재 파생상품의 공정가치가 영(0)이 되도록 결정하여야 한다. 옵션형 내재 파생상품이 분리되는 경우에도 복합상품의 최초 계약 시점에 옵션형 내재 파생상품의 공정가치가 영(0)이 되거나 내재가치가 영(0)이 되도록(등가격 조건으로) 내재 옵션의 조건을 결정하여야 하는가?

(풀이)

  그렇지 않다. 옵션형 내재 파생상품을 가진 복합상품의 경제적 실질은 당해 옵션의 행사 가격(또는 행사율)에 따라 달라지므로, 풋, 콜, 캡, 플로어, 캡션, 플로션 또는 스왑션 등과 같은 옵션형 내재 파생상품은 복합상품에 명시된 옵션의 조건에 따라 분리한다. 따라서 복합상품의 최초 인식 시점에 옵션형 내재 파생상품의 공정가치 또는 내재가치가 영(0)이 아닐 수 있다.

  만약 옵션형 내재 파생상품의 공정가치가 영(0)이 되도록 조건을 식별하여야 한다면, 일반적으로 옵션의 행사 가격(또는 행사율)은 옵션이 무한정하게 외가격의 형태가 되도록 결정되어야 할 것이다. 이는 옵션이 행사될 가능성이 전혀 없는 상태를 의미하게 된다. 그러나 일반적으로 복합상품에 포함된 옵션의 행사 가능성은 영(0)이 아니기 때문에, 옵션형 내재 파생상품의 공정가치를 영(0)으로 가정하는 것은 복합상품의 경제적 실질에 부합하지 않는다. 마찬가지로 옵션형 내재 파생상품의 내재가치가 영(0)이 되도록 옵션형 내재 파생상품의 조건을 식별하여야 한다면, 행사 가격(또는 행사율)이 복합상품을 최초 인식하는 시점의 기초 변수의 가격(또는 비율)과 동일하다고 가정하여야 한다.이 경우의 옵션의 공정가치는 시간가치로만 이루어져 있다. 그러나 복합상품의 최초 인식 시점의 기초 변수의 가격(또는 율)과 합의된 행사 가격이 실제로 일치하지 않는다면, 이러한 가정은 옵션의 행사 가능성을 포함하는 복합상품의 경제적 실질에 부합하지 않는다.

  옵션형 내재 파생상품과 선도(계약)형 내재 파생상품(선도 또는 스왑 등)은 경제적인 실질이 근본적으로 다르다. 선도거래의 경우 특정일의 선도 가격과 현물 가격의 차이에 기초하여 결제되는 반면, 옵션의 경우에는 특정일 혹은 미래의 일정 시점에 합의된 행사 가격과 현물 가격 사이의 관계에 따라 현물 가격과 옵션 행사 가격의 차이에 기초하여 결제가 이루어질 수도 있고 이루어지지 않을 수도 있기 때문이다. 따라서 옵션형 내재 파생상품의 행사 가격을 조정하게 되면, 복합상품의 성격 자체가 바뀌게 된다. 한편, 주계약인 채무상품에 포함된 비옵션형 내재 파생상품의 조건을 복합상품의 최초 인식 시점에 비옵션형 내재 파생상품의 공정가치가 영(0)이 되도록 결정하지 않는 경우 당해 금액은 실질적인 차입 또는 대여를 의미하게 된다. 따라서 사례 1에서 언급한 바와 같이 최초 인식 시점에 복합상품에 포함된 비옵션형 내재 파생상품을 공정가치가 영(0)이 아닌 다른 금액이 되도록 분리하는 것은 적절하지 않다.

사례 3

▶ 주식을 대가없이 수령하거나 매우 낮은 가격으로 수령할 권리가 부가된 경우('equity kicker')

벤처캐피털 이후 순위대여금을 제공하면서 차입자가 주식을 한국거래소에 상장한다면, 그때에 이자와 원금 회수에 추가하여 차입기업의 주식을 대가없이 수취하거나 매우 낮은 가격으로 수취하기로 하는 경우('equity kicker')가 있다. 이러한 권리가 부여된 후순위대여금의 이자율은 일반 대여금의 이자율보다 낮아지게 된다. 이러한 후순위대여금이 당기손익인식 금융상품으로 분류되지 않는다고 전제하는 경우 차입기업의 미래 상장을 조건으로 주식을 수취할 수 있도록 하는 이러한 권리는 내재 파생상품의 정의를 충족하는가?

(풀이)

내재 파생상품의 정의를 충족한다. 주식을 수취할 수 있는 권리의 경제적 특성 및 위험이 주계약인 채무증권의 경제적 특성 및 위험과 밀접하게 관련되어 있지 않다. 또, 주식을 대가 없이 수령하거나 매우 낮은 가격으로 수령할 권리는 차입기업 주식 가치의 변동에 연동되고, 최초 계약 시 순 투자금액을 필요로 하지 않거나 시장 요소의 변동에 비슷한 영향을 받을 것으로 기대되는 다른 유형의 계약보다 적은 순 투자금액을 필요로 하며, 미래에 결제된다는 점에서 파생상품의 요건을 충족한다. 이러한 권리는 차입기업의 향후 상장이 주식을 수령할 권리에 영향을 미친다고 하더라도 파생상품의 정의를 충족한다. 주식을 대가 없이 수령하거나 매우 낮은 가격으로 수령할 권리가, 확정된 금액을 지급할 권리를 부여하지는 않으나 미래 사건이 발생하면 옵션의 권리를 부여한다는 점에서 파생상품의 정의를 충족한다.

chapter 03

파생상품 위험회피 회계

K-IFRS 제1109호에서는 위험회피 회계처리를 제외하고는 파생상품의 회계처리를 별도로 다루고 있지는 않다. 다만, 동 기준서상 파생상품 부채의 경우에는 명시적으로 '당기손익-공정가치 측정 금융부채'로 구분하도록 되어 있으나, 파생상품자산(내재 파생상품의 경우에는 주 계약이 K-IFRS 제1109호의 적용대상인 금융자산일 경우에는 파생상품을 분리하지 않고 복합계약 기준으로 금융자산 분류를 판단)의 경우 '상각 후 원가로 측정'하거나 '기타포괄손익-공정가치'로 측정하는 요건을 충족하지 않는다면 '당기손익-공정가치 측정 금융자산'으로 분류된다. 따라서, 일반적으로 파생상품은 금융상품의 범주 중 '당기손익-공정가치 측정 금융자산/부채'에 속하므로, '당기손익-공정가치 측정 금융자산/부채' 규정 중 파생상품과 관련되는 내용을 위주로 회계처리의 일반원칙을 살펴보기로 한다.

1 파생상품의 최초 측정

금융자산이나 금융부채는 최초 인식 시 공정가치로 측정한다. 다만, '당기손익-공정가치 측정 금융자산' 또는 '당기손익-공정가치 측정 금융부채'가 아닌 경우 당해 금융자산(금융부채)

의 취득(발행)과 직접 관련되는 거래 원가는 최초 인식하는 공정가치에 가산(차감)하여 측정한다.

파생상품의 경우 '당기손익-공정가치 측정 금융자산' 또는 '당기손익-공정가치 측정 금융부채'에 해당하므로 거래 원가를 최초 인식 시 공정가치에 가산(차감)하지 않으며, 발생한 거래 원가는 즉시 당기손익으로 인식하여야 한다.

2 파생상품의 후속 측정

최초 인식 후 파생상품자산 및 파생상품 부채는 당기손익-공정가치로 측정한다. 여기서 공정가치는 매도 등에서 발생할 수 있는 거래 원가를 차감하지 않은 금액이다.

위험회피 대상항목으로 지정된 금융자산 및 금융부채는 K-IFRS 제1109호에 규정된 위험회피 회계에 따라 측정한다.

3 공정가치를 측정할 때 고려할 사항

상기 기술한 바와 같이 파생상품자산 및 파생상품부채는 공정가치로 측정된다. 공정가치란 측정일에 시장참여자 사이의 정상거래에서 자산을 매도할 때 받거나 부채를 이전할 때 지급하게 될 가격으로 정의한다. 공정가치의 가장 신뢰성 높은 증거를 제공하는 추정치는 활성시장에서 공시되는 가격이다. 금융상품에 대한 활성시장이 없다면, 공정가치는 평가기법을 사용하여 결정한다. 평가기법을 사용하는 목적은 측정일 현재 독립된 당사자 사이의 정상적인 거래에서 발생할 수 있는 거래 가격을 결정하는 데 있다. 평가기법은 합리적인 판단력과 거래의사가 있는 독립된 당사자 사이의 최근 거래를 사용하는 방법, 실질적으로 동일한 다른 금융상품의 현행 공정가치를 이용할 수 있다면 이를 참조하는 방법, 현금흐름 할인 방법과 옵션 가격결정 모형을 포함한다. 금융상품의 가격을 결정하는 데 시장참여자가 일반적으로 사용하는 평가기법이 있으며, 그 평가기법이 실제 시장 거래 가격에 대해 신뢰할 만한 추정치를 제공한다는 사실을 제시할 수 있다면, 그 평가기법을 사용한다. 선택한 평가기법은 시장정보를 최대한 사용하고, 기업특유 정보를 최소한으로 사용하여야 한다. 이러한 평가기법은 시장참여자가 가격을 결정하는 데 고려하는 모든 요소를 포함하며, 금융상품의 가격을 결정하기 위하여 일반적으로 적용되는 경제학적 방법론에 부합한다. 주기적으로 평가기법을 조정하며 동일한 금융상품(즉 수정하거나 재구성하지 아니함)의 관측 가능한 현행 시장 거래 가격을 사용하거나 관측 가능한 시장 자료에 기초하여 그 타당성을 검토한다.

(1) 활성시장

활성시장이란, 지속적으로 가격결정 정보를 제공하기에 충분할 정도의 빈도와 규모로 자산이나 부채를 거래하는 시장으로 거래소, 판매자, 중개인, 산업집단, 평가기관 또는 감독기구를 통해 공시 가격이 용이하게 그리고 정기적으로 이용가능하고, 그러한 가격이 독립된 당사자 사이에서 정기적으로 발생한 실제 시장 거래를 나타낸다면, 그 금융상품은 활성시장에서 가격이 공시되고 있는 것으로 본다. 공정가치는 시장참여자 사이의 정상거래에서 자산을 매도할 때 받거나 부채를 이전할 때 지급하게 될 가격을 의미하며, 활성시장에서 거래되는 금융상품의 공정가치를 결정하는 목적은 즉시 접근 가능하고 주된(또는 가장 유리한) 활성시장에서 발생할 수 있는 보고기간 말의(수정하거나 재구성하지 아니한) 그 금융상품의 거래 가격을 파악하는 데 있다. 그러나 시장에서 거래되는 금융상품과 평가대상 금융상품의 거래상대방에 대한 신용위험에 차이가 있다면, 이를 반영하기 위하여 주된 시장에서의 가격을 조정한다. 활성시장에서 공표되는 가격은 가장 신뢰성 높은 공정가치의 추정치이며, 이러한 가격이 있으면 금융자산이나 금융부채를 측정하는 데 그 가격을 사용한다.

(2) 활성시장이 없는 경우 : 가치평가기법 사용

금융상품에 대한 활성시장이 없다면, 공정가치는 가치평가기법을 사용하여 결정한다. 이경우, 상황에 적합하며 관련된 관측할 수 있는 투입변수를 최대한 사용하고 관측할 수 없는 투입변수를 최소한으로 사용하여, 공정가치를 측정할 때 충분한 자료를 구할 수 있는 가치평가기법을 사용한다. 가치평가기법을 사용하는 목적은 측정일에 현재의 시장 상황에서 시장참여자 사이에 이루어지는 자산을 매도하거나 부채를 이전하는 정상거래에서의 가격을 추정하는 것이다. 널리 사용하는 세 가지 가치평가기법은 시장접근법, 원가접근법, 이익접근법이 있으며, 공정가치를 측정하기 위하여 이러한 접근법 중 하나 이상의 접근법과 일관된 가치평가기법을 사용한다.

시장접근법 / 원가접근법 / 이익접근법이란?

1. 시장접근법 : 시장접근법에서는 동일하거나 비교할 수 있는(비슷한) 자산, 부채, 사업과 같은 자산과 부채의 집합에 대한 시장 거래에서 생성된 가격이나 그 밖의 목적 적합한 정보를 사용한다. 예를 들면, 시장접근법과 일관된 가치평가기법에서는 가끔 비교할 수 있는 대상들로부터 도출한 시장 배수를 사용한다. 배수는 각각 비교할 수 있는 서로 다른 배수를 포함하는 그 범위에 있을 수 있다. 그 범위에서 적절한 배수를 선택하는 경우에는 측정치에 특유한 질적 요소와 양적 요소를 고려하는 판단이 필요하다. 매트릭스 가격결정 방법은 시장접근법과 일관된 가치평가기법 중 하나이다. 매트릭스 가격결정 방법은 채무증권과 같은 일부 금융상품의 가치를 평가하는 데에 주로 사용하는 수학적 기법으로서 특정 증권의 공시 가격에 전적으로 의존하기보다는 기준이 되는 공시된 다른 증권과의 관계에 의존한다.

2. 원가접근법 : 원가접근법은 자산의 사용 능력을 대체할 때 현재 필요한 금액을 반영한다(통상 현행 대체원가라고 함). 시장참여자인 매도자의 관점에서 자산에 대해 받게 될 가격은 시장참여자인 매입자가 이와 비슷한 유용성이 있는 대체 자산을 취득하거나 건설하기 위한 원가(진부화를 반영하여 조정한 후의 금액)를 기준으로 한다. 이는 시장참여자인 매입자가 그 자산의 사용능력을 대체할 수 있는 자산에 대한 금액보다 더 지급하지는 않을 것이기 때문이다. 진부화는 물리적 악화, 기능적 (기술적) 진부화, 경제적 (외적) 진부화를 포괄하며 재무보고 목적(역사적 원가의 배분)이나 세무 목적(특정 내용연수를 사용)의 감가상각보다 그 범위가 더 넓다. 여러 경우에 현행 대체원가법은 다른 자산과 함께 사용하거나 다른 자산과 부채와 함께 사용하는 유형의 자산에 대한 공정가치를 측정하는 데에 사용한다.

3. 이익접근법 : 이익접근법은 미래 금액(예 : 현금흐름이나 수익과 비용)을 하나의 현재의(할인된) 금액으로 전환한다. 이익접근법을 사용하면, 공정가치 측정치는 그러한 미래 금액에 대한 현재의 시장 기대를 반영한다. 예를 들면 다음의 가치평가기법이 해당된다.
   ① 현재가치기법
   ② 옵션 가격결정 모형, 예를 들면 현재가치기법을 사용하고 옵션의 시간가치와 내재가치 모두를 반영한 블랙-숄즈-머튼 공식이나 이항 모형(격자 모형) 등
   ③ 일부 무형자산의 공정가치를 측정하는 데에 사용하는 다기간 초과이익법

(3) 가치평가기법의 투입변수

공정가치를 측정하기 위해 사용하는 가치평가기법은 관련된 관측할 수 있는 투입변수를 최대한으로 사용하고 관측할 수 없는 투입변수를 최소한으로 사용해야 하며, 시장 상황에 대해 관측 가능한 시장 자료와 금융상품의 공정가치에 영향을 미칠 가능성이 높은 그 밖의 요소를 반영할 것이다. 금융상품의 공정가치는 다음 요소(경우에 따라 다른 요소) 중 하나 또는 그 이상에 기초하여 결정될 것이다.

❶ 화폐의 시간가치(즉, 기초이자율이나 무위험이자율) : 기초이자율은 일반적으로 관측 가

능한 정부채권 가격에서 도출할 수 있으며, 금융 관련 자료에서 공시되는 경우가 많다. 이러한 이자율은 전형적으로 만기별 이자율의 수익률 곡선을 근거로 하여 예상 현금흐름의 기대일자에 따라 다르다. 실무적인 이유로, 일반적으로 인정되고 용이하게 이용할 수 있는 일반이자율(예 : LIBOR 또는 스왑이자율)을 기준이자율로 사용할 수 있다. LIBOR와 같은 이자율은 무위험이자율이 아니므로, 기준이자율과 특정 금융상품의 신용위험의 관계에 기초하여 특정 금융상품에 적합하도록 신용위험을 조정한다. 일부 국가에서는 정부채권에 유의적인 신용위험이 존재할 수 있으며, 당해 정부채권은 그러한 통화로 표시되는 금융상품에 대하여 안정적인 기준이 되는 기초이자율이 되지 못할 수 있다. 이러한 국가에서는 기업이 정부보다 더 높은 신용 수준을 가질 수 있고, 더 낮은 이자율로 차입할 수 있다. 이 경우 기초이자율은 그 국가의 통화로 발행된 가장 높은 등급의 회사채의 이자율을 참조하여 결정하는 것이 더 적절할 수 있다.

❷ 신용위험 : 신용위험이 공정가치에 미치는 영향(신용위험에 따라 기초 이자율에 가산되는 이자율)은 다양한 신용 수준의 금융상품에 대하여 관측 가능한 시장 가격이나 다양한 신용등급의 대여금에 대하여 대여자가 부과하는 관측 가능한 이자율에서 도출할 수 있다.

❸ 환율 : 주요 통화는 대부분 활성화된 외환거래시장이 있으며, 가격은 금융 관련 자료에 매일 공시된다.

❹ 일반상품 가격 : 많은 일반상품에 대하여 시장 가격이 관측 가능하다.

❺ 주식 가격 : 일부 시장에서는 거래되는 지분상품의 가격과 가격지수를 쉽게 이용할 수 있다. 현재가치평가기법은 관측 가능한 가격이 없는 지분상품의 현행 시장 가격을 추정하는 데 사용할 수 있다.

❻ 변동성(즉, 금융상품이나 기타 항목의 미래 가격 변동 크기) : 활성시장이 있는 항목의 변동성은 일반적으로 역사적인 시장 자료에 기초하거나 현행 시장 가격에 내재된 변동성을 사용하여 합리적으로 추정할 수 있다.

❼ 중도상환위험과 해약위험 : 금융자산과 금융부채의 예상 중도상환 및 예상 해약 형태는 역사적인 자료에 기초하여 추정할 수 있다(거래 상대방에 의하여 해약될 수 있는 금융부채의 공정가치는 해약금액의 현재가치보다 작을 수 없음).

❽ 금융자산이나 금융부채의 관리용역원가 : 관리용역원가는 다른 시장참여자가 요구하는 현행 수수료와 비교하여 추정할 수 있다. 금융자산이나 금융부채의 관리용역원가가 유의적이고 다른 시장참여자도 유사한 원가를 부담하고 있다면, 발행자는 금융자산이나 금융부채의 공정가치를 결정할 때 관리용역원가를 고려하여야 할 것이다. 미래 수수료

에 대한 계약상 권리의 최초 공정가치는 당해 수수료에 대하여 지급한 최초의 원가와 동일할 가능성이 있다. 다만, 미래 수수료와 관련 원가가 시장의 유사한 수수료 및 원가와 차이가 있다면 그러하지 아니하다.

section 02 위험회피 회계

1 위험회피 회계의 개념

위험회피 수단과 위험회피 대상항목 사이에 위험회피 관계가 지정된 경우, 이러한 위험회피 활동을 재무상태표에 적절히 반영하기 위하여 위험회피 회계에서는 위험회피 수단과 위험회피 대상항목의 공정가치 변동에 따른 손익의 상쇄효과를 인식한다. 이를 통해 위험회피 대상항목과 위험회피 수단의 공정가치 및 현금흐름의 변동을 동일 기간의 손익으로 인식함으로써 기간 간 손익 불일치를 해소하는 것이 위험회피 회계의 목적이다. 이를 간단한 예를 통해 살펴보면 다음과 같다.

〈표 3-1〉에서 보듯이 위험회피 대상항목과 위험회피 수단에서 발생하는 손익이 전체 기간에서는 상쇄되나, 위험회피 회계를 적용하지 않는 경우에는 기간별로는 손익 변동성이 발생하게 된다.

표 3-1   위험회피 회계를 적용하지 않는 경우

	기간 1	기간 2	합계
위험회피 대상항목		30	30
위험회피 수단	(30)		(30)
손익	(30)	30	0

위험회피 회계를 적용하는 경우에는 위험회피 대상항목의 손익을 조기에 인식하는 방법(〈표 3-2〉의 A와 같이 기간 2의 손익 30을 기간 1에 인식) 또는 위험회피 수단에서 인식되는 손익을 이연하여 인식하는 방법(〈표 3-2〉의 B와 같이 기간 1의 손익을 기간 2에 인식)으로 기간별 손익 변동성을

제거할 수 있게 된다.

결국 위험회피 회계란 위험회피 활동이 재무제표에 적절히 반영될 수 있도록 위험회피 관계가 설정된 이후에는 위험회피 대상항목 및 위험회피 수단에 대하여 기존의 회계처리기준과는 다른 별도의 회계처리방법을 적용하도록 하는 것이다. 이러한 의미에서 특별회계(special accounting)라고도 한다.

표 3-2 위험회피 회계를 적용하는 경우

〈A〉

	기간 1	기간 2	합계
위험회피 대상항목	30		30
위험회피 수단	(30)		(30)
손익	0		0

〈B〉

	기간 1	기간 2	합계
위험회피 대상항목		30	30
위험회피 수단		(30)	(30)
손익		0	0

2 위험회피 수단

위험회피 수단이란 공정가치나 현금흐름의 변동이 지정된 위험회피 대상항목의 공정가치나 현금흐름의 변동을 상쇄할 것으로 기대하여 지정한 파생상품 또는 비파생금융자산(또는 비파생금융부채)을 말한다. K-IFRS 제1109호에서는 일부 예외사항을 제외하고 파생상품이 아닌 당기손익-공정가치 측정 비파생금융자산이나 비파생금융부채도 위험회피 수단으로 지정할수 있으나, 본서에서는 파생상품을 위험회피 수단으로 하는 위험회피 회계를 위주로 살펴보도록 한다.

일반적으로 파생상품은 위험회피 수단으로 지정할 수 있다. 다만, 분리하여 회계처리하지않는 복합계약에 내재된 파생상품과 위험회피 대상항목의 손익변동 위험을 감소시키는데 비효과적인 매도 옵션의 경우 위험회피 수단으로 지정할 수 없다.

위험회피 회계에서 보고기업의 외부 당사자(즉, 재무보고의 대상이 되는 연결 실체, 개별 기업 또는 부문의 외부 당사자)와 체결한 파생상품이나 이와 유사한 계약(이하 '파생상품 등'이라 함)만을 위험회피 수단으로 지정할 수 있다. 연결실체 내의 개별 기업이나 개별 기업 내의 부문과 연결실체 내의 다른 개별 기업이나 개별 기업 내의 다른 부문 사이에 위험회피 거래를 체결하더라도, 이러한 연결실체 내 거래는 연결재무제표에서 제거된다. 따라서, 이러한 위험회피 거래는 연결실체의 연결재무제표에서 위험회피 회계의 적용요건을 충족하지 못한다.

일반적으로 위험회피 수단 전체에 대하여 하나의 공정가치가 존재하며, 당해 공정가치의 변동에 영향을 주는 요인들은 서로 관련되어 있다. 따라서 다음의 경우 이외에는 위험회피 수단 전체에 대하여 위험회피 관계를 지정한다.

❶ 옵션의 내재가치와 시간가치를 구분하여 내재가치의 변동만을 위험회피 수단으로 지정하고 시간가치의 변동을 제외하는 경우
❷ 선도계약에서 선도요소와 현물요소를 구분하고 선도계약의 현물요소의 공정가치 변동만을 위험회피 수단으로 지정하는 경우

전체 위험회피 수단의 비례적 부분(예 : 명목금액의 50%)을 위험회피 관계에서 위험회피 수단으로 지정하는 경우. 다만, 위험회피 수단의 잔여만기 중 일부 기간에 대하여 위험회피 관계를 지정할 수 없다.

둘 이상의 파생상품이나 이들 파생상품의 비례적 부분의 결합을 위험회피 수단으로 지정할 수 있다. 어떤 파생상품에서 발생하는 위험이 다른 파생상품에서 발생하는 위험을 상쇄하는 경우를 포함한다. 환위험의 경우에는 둘 이상의 비파생상품, 이들 비파생상품의 비례적 부분의 결합 또는 파생상품과 비파생상품의 결합 또는 비례적 부분의 결합을 위험회피 수단으로 지정할 수 있다. 그러나 매도 옵션과 매입 옵션이 결합된 이자율 칼라나 기타 파생상품이 실질적으로 순매도 옵션이며 순 프리미엄을 수취한다면, 당해 파생상품을 위험회피 수단으로 지정할 수 없다. 마찬가지로, 둘 이상의 금융상품이나 이들 금융상품의 비례적 부분의 결합이 모두 매도 옵션이 아니거나 이들 결합이 순매도 옵션이 아니라면, 당해 금융상품은 위험회피 수단으로 지정할 수 있다.

3 위험회피 대상항목

위험회피 대상항목으로 지정하기 위해서는 위험 구성요소는 금융항목이나 비금융항목의 별도로 식별할 수 있는 구성요소이어야 하며, 위험 구성요소의 변동으로 인한 항목의 현금흐

름이나 공정가치의 변동은 신뢰성 있게 측정할 수 있어야 한다. 다음 항목은 일반적으로 위험회피 대상항목이 될 수 있다.

❶ 하나의 자산, 부채, 미인식 확정계약, 발생 가능성이 매우 높은 예상 거래 또는 해외사업장 순투자

❷ 유사한 위험의 특성을 갖는 자산, 부채, 미인식 확정계약, 발생 가능성이 매우 높은 예상 거래 또는 해외사업장 순투자의 집합

위험회피 회계의 목적상 기업의 외부 당사자와 관련된 자산, 부채, 확정계약 또는 발생 가능성이 매우 높은 예상 거래만을 위험회피 대상항목으로 지정할 수 있다. 연결실체 내의 개별 기업 사이의 거래는 연결실체 내의 개별 기업의 개별 재무제표나 별도 재무제표에서 위험회피 대상항목으로 지정할 수 있으나, 연결재무제표에서는 위험회피 대상항목으로 지정할 수 없다. 다만, 연결실체 내의 화폐성 항목(예 : 종속기업 사이의 지급채무와 수취채권)이 기업회계기준서 제1021호 '환율 변동 효과'에 따라 연결재무제표에서 모두 제거되지 않는 외환손익에 노출되어 있다면, 그러한 항목의 외화위험은 연결재무제표에서 위험회피 대상항목으로 지정할 수 있다.

위험회피 관계에서 항목 전체나 항목의 구성요소를 위험회피 대상항목으로 지정할 수 있다. 전체 항목은 항목의 모든 현금흐름 변동이나 모든 공정가치 변동을 말하며, 항목의 구성요소는 전체 항목보다 더 작은 위험회피 대상항목이다. 따라서 구성요소는 항목의 위험 중 일부 위험만을 반영하거나 위험의 일부분만을 반영한다(예 : 항목의 비례적 부분을 지정하는 경우).

위험 구성요소를 위험회피 대상항목으로 지정하는 경우에 위험 구성요소가 계약에 명시적으로 특정(계약상 특정된 위험 구성요소)되어 있는지 또는 항목의 공정가치나 현금흐름의 일부를 묵시적으로 구성(계약상 특정되지 않은 위험 구성요소)하는지를 고려한다. 계약상 특정되지 않은 위험 구성요소는 계약이 아닌 항목(예 : 예상 거래)이나 구성요소를 명시적으로 특정하지 않는 계약(예 : 다른 기초항목을 참조하는 가격산정식 대신 단일의 가격만을 포함하는 확정계약)과 관련될 수 있다. 예를 들면 다음과 같다.

❶ 기업 A는 일반 상품과 그 밖의 요소(예 : 경유, 연료유, 수송비와 같은 다른 구성요소)를 참조하여 계약상 특정 산식으로 가격을 정하는 천연가스 장기공급계약을 하였다. 경유 선도계약을 사용해 공급계약의 경유 구성요소를 위험회피한다. 경유 구성요소는 공급계약 조건으로 특정되어 있으므로 계약상 특정된 위험 구성요소이다. 가격결정 산식이 있으므로 기업 A는 경유 가격 위험이 별도로 식별 가능하다고 결론짓는다. 이와 동시에 경

유 선도계약 시장이 존재한다. 그렇기 때문에 기업 A는 경유 가격 위험을 신뢰성 있게 측정할 수 있다고 결론짓는다. 따라서 공급계약의 경유 가격 익스포저는 위험회피 대상항목으로 지정될 수 있는 위험 구성요소이다.

❷ 기업 B는 생산 예측에 근거해 장래 커피 매입의 위험을 회피한다. 위험회피는 예상 매입 수량의 인도 15개월 전부터 부분적으로 시작한다. 기업 B는 위험회피되는 수량을 시간이 지나면서 (인도 날짜가 가까워질수록) 늘려간다. 기업 B는 커피의 가격 위험을 관리하기 위해 두 가지 다른 유형의 계약을 한다.

ㄱ. 거래소에서 거래되는 커피 선물 계약.

ㄴ. 특정 제조 장소로 인도되는 콜롬비아산 아라비카 커피 공급 계약. 이 계약에서는 커피 1톤의 가격을 가격산정식에 따라 거래소에서 거래되는 커피 선물 계약의 가격에 고정된 가격 차이와 물류 서비스 요금(변동)을 가산하여 산정한다. 이 커피 공급 계약은 기업 B가 이에 따라 실제로 커피를 인도 받는 미이행 계약이다.

올해의 수확물을 인도하는 경우에는 커피 공급계약을 체결함으로써 기업 B는 실제로 구입한 커피(콜롬비아산 아라비카 커피)의 품질과 거래소에서 거래되는 선물계약의 기초가 되는 표준 품질 사이의 가격 차이를 고정시킬 수 있다. 그러나 다음해의 수확물의 인도에 대한 커피 공급계약은 아직 없으므로 가격 차이를 고정시킬 수 없다. 기업 B는 거래소에서 거래되는 커피 선물계약을 활용하여 올해의 수확물과 다음해의 수확물의 인도와 관련된 커피 가격 위험의 표준 품질 요소의 위험을 회피한다. 기업 B는 세 가지 다른 위험에 노출되어 있다고 본다. 즉, 표준 품질을 반영하는 커피 가격 위험, 표준 품질의 커피와 실제로 받는 콜롬비아산 특정 아라비카 커피 사이의 가격 차이(스프레드)를 반영하는 커피 가격 위험, 변동 물류 원가이다. 올해의 수확물을 인도하는 경우에 기업 B가 커피 공급계약을 체결한 후에는, 가격산정식에 거래소에서 거래되는 커피 선물 계약의 가격에 연계되어 결정되므로 표준 품질을 반영하는 커피 가격 위험은 계약상 특정된 위험 구성요소이다. 기업 B는 이 위험 구성요소를 별도로 식별할 수 있고 신뢰성 있게 측정할 수 있다고 판단한다.

다음 해의 수확물을 인도하는 경우에 기업 B는 아직 커피 공급계약을 체결하지 않았다(그러한 인도는 예상 거래이다). 따라서 표준 품질을 반영하는 커피 가격 위험은 계약상 특정되지 않은 위험 구성요소이다. 기업 B는 시장구조를 분석할 때 기업 B가 받는 특정 커피의 최종 인도 가격이 어떻게 결정될지를 고려한다. 따라서 표준 품질을 반영하는 커피 가격 위험은 계약상 특정되지 않은 위험 구성요소이다. 기업 B는 시장구조를 분석할 때 기업 B가 받는 특정 커피의 최종 인도 가격이 어떻게 결정될지를 고려한다. 따라서 이 시장구조 분석을 바탕으로 기업 B

는 이 예상 거래가, 계약상 특정되어 있지는 않지만 별도로 식별할 수 있고 신뢰성 있게 측정할 수 있는 위험 구성요소로서 표준 품질을 반영하는 커피 가격 위험을 포함하고 있다고 판단한다. 결론적으로 기업 B는 커피 공급계약뿐만 아니라 예상 거래에 대해서도 (표준 품질을 반영하는 커피 가격 위험에 해당하는) 위험 구성요소에 대한 위험회피 관계를 지정할 수 있다.

❸ 기업 C는 인도 전 24개월까지의 소비 예측에 기초하여 미래 항공유 구입의 일부를 위험회피하고 위험회피하는 수량을 시간이 지나면서 늘려간다. 위험회피의 기간은 파생상품의 시장 유동성에 영향을 미치며 기업 C는 위험회피 기간에 따라 다른 형태의 계약을 사용하여 이러한 익스포저를 회피한다. 기업 C는 더 긴 기간(4~12개월)에 대해 유일하게 시장 유동성이 충분한 원유계약을 사용한다. 2~6개월에 대하여 유동성이 충분한 경유 파생상품을 사용한다. 기업 C는 6개월까지의 기간에 대해서는 항공유 계약을 사용한다. 원유와 원유 제품의 시장구조에 대한 기업 C의 분석과 관련 사실 및 상황에 대한 기업 C의 평가는 다음과 같다.

ㄱ. 기업 C는 브렌트 원유가 기준물인 지역에서 영업하고 있다. 원유는 가장 기본적인 투입물로서 다양한 정유제품 가격에 영향을 미치는 원재료 기준물이다. 경유는 정유제품의 기준물이며 원유 추출물의 가격을 결정하는 데 더 일반적으로 참조된다. 또 이것은 기업 C가 영업하는 환경인 원유 및 정유제품 시장에 대한 파생금융상품의 유형에 반영되어 있다. 예를 들면 다음과 같다.

a. 브렌트 원유에 대한 기준 원유 선물계약

b. 추출물의 가격 결정에 참조하는 기준 경유 선물계약. 예를 들면 항공유 스프레드 파생상품은 항공유와 기준 경유 간의 가격 차이로 결정된다.

c. 브렌트 원유에 연동되는 기준 경유 크랙 스프레드 파생상품(원유와 경유의 가격 차이 (정제 마진)에 대한 파생상품)

ㄴ. 정유 제품(예: 경유, 항공유)은 표준화된 제품이기 때문에 정유 제품의 가격 결정은 특정 정제소가 특정 원유를 처리하는지 영향을 받지 않는다.

따라서 기업 C는 원유와 경유는 계약상 약정에 특정되어 있지는 않지만 항공유 구입에 대한 가격 위험은 브렌트 원유에 기초한 원유 가격 위험 구성요소와 경유 가격 위험 구성요소를 포함한다고 결론 내린다. 기업 C는 이 두 위험 구성요소는 계약상 특정되어 있지는 않지만 별도로 식별할 수 있으며 신뢰성 있게 측정할 수 있다고 결론 내린다. 따라서 기업 C는 위험 구성요소(원유 또는 경유)에 기초하여 예상 항공유 구입에 대해 위험회피 관계를 지정할 수 있다. 이러한 분석은 예를 들면,

기업 C가 서부 텍사스 중질유(West Texas Intermediate, WTI)에 기초한 원유 파생상품을 사용한다면 브렌트 원유와 WTI 간의 가격 차이의 변동은 비효과적인 위험회피를 야기한다는 의미이기도 하다.

❹ 기업 D는 고정금리 채무상품을 보유하고 있다. 이 상품은 다양한 종류의 비슷한 채무 상품이 기준금리(예 : LIBOR)에 대한 스프레드에 근거하여 비교되는 시장 환경에서 발행되며 그러한 환경에서 변동금리상품은 일반적으로 그 기준금리에 연동되어 있다. 이자율스왑은 기준금리에 대한 채무상품의 스프레드와 관계없이 그 기준금리에 기초하여 이자율위험을 관리하기 위해 종종 사용된다. 고정금리 채무상품의 가격은 기준금리가 변동하는 대로 직접 반응하여 변동한다. 기업 D는 기준금리가 별도로 식별할 수 있고 신뢰성 있게 측정될 수 있는 구성요소라고 결론 내린다. 따라서 기업 D는 기준금리 위험에 대하여 위험요소에 근거해 고정금리 채무상품에 대한 위험회피 관계를 지정할 수 있다.

4 위험회피 회계

1) 위험회피 효과

위험회피 효과는 위험회피 수단의 공정가치나 현금흐름의 변동이 위험회피 대상항목의 공정가치나 현금흐름의 변동(예 : 위험회피 대상항목이 위험 구성요소인 경우에는 항목의 관련 공정가치나 현금흐름의 변동이 회피 대상위험에서 비롯된 것임)을 상쇄하는 정도이다. 위험회피에 비효과적인 부분은 위험회피 수단의 공정가치나 현금흐름의 변동이 위험회피 대상항목의 공정가치나 현금흐름의 변동보다 더 크거나 더 작은 정도이다.

2) 위험회피 관계의 유형

위험회피 관계는 다음과 같은 유형으로 구분된다.

❶ 공정가치 위험회피 : 특정 위험에 기인하고 당기손익에 영향을 줄 수 있는 것으로서, 인식된 자산이나 부채 또는 인식되지 않은 확정계약 또는 이러한 항목의 구성요소의 공정가치 변동 익스포저에 대한 위험회피

❷ 현금흐름 위험회피 : 특정 위험에 기인하고 당기손익에 영향을 줄 수 있는 것으로서, 인식된 자산이나 부채(예 : 변동금리부 채무상품의 미래 이자지급액의 전체나 일부) 또는 발생 가능성이 매우 큰 예상 거래의 현금흐름 변동 익스포저에 대한 위험회피

❸ K-IFRS 제1021호에서 정의하는 해외사업장 순투자의 위험회피

3) 위험회피 회계의 적용요건

위험회피 회계는 기존의 회계처리와 달리 위험회피 대상항목 및 위험회피 수단의 손익을 조기에 인식하거나 이연하여 인식하는 회계처리이다. 따라서 위험회피 회계가 손익의 조작에 악용될 가능성을 배제할 수 없다. 이에 K-IFRS 제1109호에서는 위험회피 회계의 적용요건을 엄격히 규정하고 있다.

다음의 조건을 모두 충족하는 위험회피 관계에 대해서만 위험회피 회계를 적용할 수 있다.

❶ 위험회피 관계는 적격한 위험회피 수단과 적격한 위험회피 대상항목으로만 구성된다.

❷ 위험회피의 개시 시점에 위험회피 관계와 위험회피를 수행하는 위험관리의 목적과 전략을 공식적으로 지정하고 문서화한다. 이 문서에는 위험회피 수단, 위험회피 대상항목, 회피 대상위험의 특성과 위험회피 관계가 위험회피 효과에 대한 요구사항을 충족하는지를 평가하는 방법(위험회피의 비효과적인 부분의 원인 분석과 위험회피 비율의 결정 방법 포함)이 포함되어야 한다.

❸ 위험회피 관계는 다음의 위험회피 효과에 관한 요구사항을 모두 충족한다.

ㄱ. 위험회피 대상항목과 위험회피 수단 사이에 경제적 관계가 있다.

ㄴ. 신용위험의 효과가 위험회피 대상항목과 위험회피 수단의 경제적 관계로 인한 가치 변동보다 지배적이지 않다.

ㄷ. 위험회피 관계의 위험회피 비율은 기업이 실제로 위험을 회피하는 위험회피 대상항목의 수량과 위험회피 대상항목의 수량의 위험을 회피하기 위해 기업이 실제 사용하는 위험회피 수단의 수량의 비율과 같다. 그러나 위험회피 대상항목과 위험회피 수단의 가중치의 불균형은 위험회피의 비효과적인 부분(인식 여부와 관계없이)을 만들어 내고 위험회피 회계의 목적과 일치하지 않는 회계처리 결과를 가져올 수 있으므로 지정할 때 가중치의 불균형을 반영해서는 안 된다.

(1) 공식적 문서화

위험회피 관계 등을 개시 시점에 문서화하여야 한다는 규정은 위험회피 관계를 소급적으로 지정할 수 없음을 의미한다. 위험회피 관계의 지정은 상기 3가지 요건을 충족한 시점부터 전진적으로 유효한 것이며, 특히 위험회피 회계는 위험회피 수단, 위험회피 대상항목이나 거래, 회계 대상 위험의 성격 그리고 위험회피 효과 평가방법의 식별을 포함하는 위험회피 관계에 대해 필요한 문서화가 완결된 시점부터 적용할 수 있다.

그러나 위험회피 개시 시점에서의 지정이 반드시 위험회피 수단을 개시 시점에 위험회피 수단을 취득하여야 한다는 것을 의미하지는 않는다. 예를 들어, 파생상품의 계약 체결 시점 이후에 파생상품을 위험수단으로 지정하고 공식적으로 문서화하는 것도 가능하다. 다만, 이 경우에도 위험회피 회계는 문서화가 완료된 시점 이후로 전진적으로 적용하는 것이 가능한 것이다.

(2) 위험회피 대상항목과 위험회피 수단 사이의 경제적 관계

경제적 관계가 존재한다는 것은 위험회피 수단과 위험회피 대상항목이 같은 위험, 즉 회피 대상 위험으로 인하여 일반적으로 반대 방향으로 변동하는 가치를 가지고 있다는 것을 의미한다. 따라서 위험회피 수단의 가치와 위험회피 대상항목의 가치는 같은 기초 변수 또는 회피 대상 위험에 비슷하게 반응하는 경제적으로 관련되어 있는 기초 변수들(예 : 브렌트 원유와 WTI 원유)의 움직임에 반응하여 체계적으로 변동할 것이라고 예상할 수 있어야 한다.

기초 변수가 같지는 않지만 경제적으로 관련이 있다면 위험회피 수단의 가치와 위험회피 대상항목의 가치가 같은 방향으로 변동하는 상황(예 : 기초 변수들 그 자체는 유의적으로 변동하지 않지만, 두 개의 관련된 기초 변수 사이의 가격 차이가 변동하기 때문)이 있을 수 있다. 기초 변수의 변동에 따라 위험회피 수단과 위험회피 대상항목의 가치가 전형적으로 반대 방향으로 변동할 것이라고 여전히 예상된다면 여전히 위험회피 수단과 위험회피 대상항목 사이에는 경제적 관계가 있다.

경제적 관계가 존재하는지에 대한 판단은, 위험회피 기간에 위험회피 관계가 위험관리 목적을 달성할 것이라고 예상할 수 있는지를 확인하기 위하여 위험회피 관계의 가능한 행태에 대한 분석도 포함한다. 두 변수 간에 통계적 상관관계가 존재한다는 것만으로 경제적 관계가 존재한다고 결론 내리기는 어렵다.

(3) 신용위험의 효과

위험회피 회계모형은 위험회피 수단과 위험회피 대상항목의 손익이 서로 상계되는 일반 개념에 기초하기 때문에, 위험회피 효과는 이 항목들 사이의 경제적 관계(기초 변수의 변동)뿐만 아니라 위험회피 수단과 위험회피 대상항목의 가치에 신용위험이 미치는 영향에 따라 결정된다. 신용위험의 효과는 위험회피 수단과 위험회피 대상항목 사이에 경제적 관계가 있더라도 상계의 정도는 일정하지 않을 수 있다는 것을 의미한다.

이것은 위험회피 수단이나 위험회피 대상항목의 신용위험의 변동이 매우 커서 신용위험이 경제적 관계로 인한 가치 변동(기초 변수의 변동 효과)보다 영향이 지배적인 경우에 발생할 수 있다. 지배적인지를 결정하는 규모의 수준은 기초 변수의 변동이 유의적인 경우에도 신용위험으로부터의 손실(또는 이익)이 위험회피 수단이나 위험회피 대상항목의 가치에 기초 변수의 변동이 미치는 영향을 압도하는 것을 말한다. 이에 반해, 특정 기간에 기초 변수의 변동이 거의 없을 때, 신용위험과 관련된 작은 변동이 기초 변수의 변동보다 위험회피 수단이나 위험회피 대상항목의 가치에 더 영향을 미치더라도 이로 인해 신용위험의 변동이 지배적이라고 볼 수는 없다.

신용위험이 위험회피 관계를 지배하는 예로는 담보가 없는 파생상품을 사용하여 일반상품 가격 위험에 대한 익스포저를 위험회피하는 경우를 들 수 있다. 파생상품의 거래상대방의 신용수준이 심각하게 낮아진다면 주로 일반상품 가격 변동에 따라 가치가 변동하는 위험회피 대상항목과는 달리, 위험회피 수단의 공정가치에는 일반상품 가격의 변동 효과보다 거래상대방의 신용 수준의 변동 효과가 더 크게 영향을 미칠 수 있다.

(4) 위험회피 비율

위험회피 효과에 관한 요구사항에 따르면, 위험회피 관계의 위험회피 비율은 실제로 위험회피를 하는 위험회피 대상항목의 수량과 기업이 그 수량을 위험회피하기 위해 사용하는 위험회피 수단의 수량에 따른 위험회피 비율과 같아야 한다. 따라서 만일 위험회피 대상항목의 익스포저 중 100% 미만(예 : 85%)을 위험회피한다면 그 익스포저의 85%와 이 85%를 위험회피하기 위해 실제로 사용하는 위험회피 수단의 수량에 따른 위험회피 비율과 같은 위험회피 비율을 사용하여 위험회피 관계를 지정한다.

이와 비슷하게, 금융상품 40단위의 명목금액을 사용하여 익스포저를 위험회피한다면 40단위의 수량과 40단위로 실제로 위험회피를 하는 위험회피 대상항목의 수량에 기초한 위험회피 비율을 사용하여 위험회피 관계를 지정한다(보유하고 있는 추가적인 단위 수량 또는 더 적은 단위 수량에 기초한 위험회피 비율을 사용해서는 안 된다).

위험회피 대상항목의 수량과 실제로 사용하는 위험회피 수단의 수량에 따른 비율에 기초한 위험회피 비율을 사용하여 위험회피 관계를 지정할 경우에 위험회피의 비효과적인 부분(인식 여부와 관계없이)이 생기게 하는 위험회피 대상항목과 위험회피 수단 간의 가중치의 불균형을 반영해서는 안 된다. 그러한 불균형을 위험회피 관계의 지정에 반영한다면 위험회피 회계의 목적에 부합하지 않는 회계처리 결과를 초래할 수 있다. 따라서 그러한 불균형을 회피하기 위해 필요하다면 위험회피 관계의 지정을 위해 위험회피 대상항목의 수량과 실제로 사용하는 위험회피 수단의 수량에 기초한 위험회피 비율을 조정해야만 한다.

위험회피 관계가 위험회피 효과의 요구사항을 충족하는지 여부는 위험회피 관계의 개시 시점부터 지속적으로 평가한다. 이러한 지속적인 평가는 최소한 매 보고일이나 위험회피 효과에 관한 요구사항에 영향을 미치는 상황의 유의적 변동이 있는 시점 중에서 이른 날에 수행한다. 이러한 평가는 위험회피 효과에 관한 예상과 관련되므로 전진적으로만 수행한다.

다만, K-IFRS 제1109호 '금융상품'에서는 위험회피 관계가 위험회피 효과 규정을 충족하는지를 평가하는 방법을 특정하지 않는다. 그러나 사용하는 방법은 위험회피의 비효과적인 부분의 원인을 포함하여 위험회피 관계의 관련 특성을 포착해야 한다. 그러한 요인에 따라 정성적 평가방법이나 정량적 평가방법이 될 수 있다. 위험회피 수단과 위험회피 대상항목의 주요 조건(예 : 명목금액, 만기, 기초 변수)이 일치하거나 매우 유사한 경우에는 동일한 위험으로 인해 위험회피 대상항목과 위험회피 수단의 가치가 일반적으로 반대 방향으로 변동할 것이므로 위험회피 대상항목과 위험회피 수단 사이에 경제적 관계가 존재한다는 결론을 주요 조건에 대한 정성적 평가에 기초하여 내릴 수 있다.

이에 반하여, 위험회피 수단과 위험회피 대상항목의 주요 조건이 매우 유사하지 않다면, 상쇄되는 정도에 대한 불확실성의 정도가 높아진다. 따라서 위험회피 기간 동안의 위험회피 효과를 예측하기 더욱 어렵다. 그러한 상황에서는 위험회피 대상항목과 위험회피 수단 사이에 경제적 관계가 존재한다는 것을 정량적 평가에 기초하여서 결론 내릴 수 있을 것이다. 어떤 경우에는 위험회피 관계를 지정하기 위해 사용되는 위험회피 비율이 위험회피 효과에 관한 요구사항을 충족하는지를 판단하기 위해 정량적 평가가 필요할 수 있다. 그러한 두 가지의 다른 목적을 위해, 같거나 다른 방법을 사용할 수 있다.

(5) 위험회피의 비효과적인 부분의 측정

위험회피의 비효과적인 부분을 측정할 때 화폐의 시간가치를 고려한다. 따라서 현재가치를 기초로 위험회피 대상항목의 가치를 산정하므로 위험회피 대상항목의 가치 변동은 화폐의 시간가치에 대한 효과도 포함한다.

(6) 위험회피 관계의 재조정과 위험회피 비율의 변동

재조정은 이미 존재하는 위험회피 관계의 위험회피 대상항목이나 위험회피 수단의 지정된 수량을 위험회피 효과에 관한 요구사항에 부합하도록 위험회피 비율을 유지하기 위하여 조정하는 것을 말하며, 다른 목적을 위해 위험회피 대상항목으로 지정된 수량이나 위험회피 수단으로 지정된 수량을 변경하는 것은 재조정에 해당하지 않는다.

재조정은 위험회피 관계가 지속되는 것으로 회계처리하나, 재조정하는 시점에 위험회피 관계에서 위험회피의 비효과적인 부분은 위험회피 관계를 조정하기 전에 산정하여 즉시 인식한다.

예를 들면 외화 A와 B가 고정되는 (중앙은행이나 그 밖의 기관에서 환율을 일정 구간 안에 유지하거나 특정 환율로 유지한다) 상황에서 외화 B를 참조하는 통화파생상품을 사용하여 외화 A에 대한 익스포저를 위험회피한다. 외화 A와 외화 B 사이의 환율이 변동하는(새로운 구간 또는 환율로 설정되는) 경우에는 새로운 환율을 반영하여 위험회피 관계를 재조정한다면 위험회피 관계가 새로운 상황에서 위험회피 비율에 관한 위험회피 효과의 요구사항을 계속 충족하게 될 것이다. 이와는 반대로, 통화파생상품에 채무불이행이 일어난다면, 위험회피 비율을 변경하더라도 위험회피 관계가 위험회피 효과의 요구사항을 계속 충족한다고 확신하지는 못할 것이다. 따라서 위험회피 수단과 위험회피 대상항목의 관계가 위험회피 비율의 조정으로 보정될 수 없는 방식으로 변동하는 상황에서는 재조정으로 위험회피 관계를 지속할 수 없다.

위험회피 관계를 재조정할 경우 위험회피 비율은 다음과 같은 다른 방법으로 조정할 수 있다.

다음 ❶ 이나 ❷ 에 따라 위험회피 대상항목의 가중치가 증가(동시에 위험회피 수단의 가중치가 감소)할 수 있다.

❶ 위험회피 대상항목의 수량 증가
❷ 위험회피 수단의 수량 감소

다음 ❶ 이나 ❷ 에 따라 위험회피 수단의 가중치가 증가(동시에 위험회피 대상항목의 가중치가 감소)할 수 있다.

❶ 위험회피 수단의 수량 증가
❷ 위험회피 대상항목의 수량 감소

위험회피 대상항목의 수량을 늘려 위험회피 비율을 조정하는 것은 위험회피 수단의 공정가치 변동을 측정하는 방식에 영향을 주지 않는다. 종전에 지정된 수량과 관련된 위험회피 대상항목의 가치 변동분에 대한 측정도 영향을 받지 않는다. 그러나 재조정한 날부터 위험회피 대상항목의 가치 변동에 추가된 수량에 대한 위험회피 대상항목의 가치 변동도 포함한다. 이러한 변동분은 위험회피 관계가 지정된 날부터가 아니라 재조정일을 참조하여 재조정한 날부터 측정한다. 예를 들면 당초에 80원의 선도 가격(위험회피 관계의 개시 시점의 선도 가격)으로 상품 100톤의 수량을 위험회피하고 선도 가격이 90원인 재조정 시점에 10톤의 수량을 추가했다면 재조정한 후 위험회피 대상항목은 두 개의 층(80원에 위험회피된 100톤과 90원에 위험회피된 10톤)으로 구성된다.

위험회피 대상항목의 수량을 줄임으로써 위험회피 비율을 조정하는 경우 위험회피 수단의 공정가치 변동을 측정하는 방식에 영향을 미치지 않는다. 계속 지정된 수량과 관련된 위험회피 대상항목의 가치 변동분에 대한 측정 또한 영향을 받지 않는다. 그러나 재조정한 날 이후부터 줄어든 위험회피 대상항목의 수량은 더 이상 위험회피 관계의 일부가 아니다. 예를 들어, 당초에 80원의 선도 가격으로 상품 100톤의 수량을 위험회피하고 재조정 시점에 10톤의 수량을 줄였다면 재조정한 후 위험회피 대상항목은 80원에 위험회피된 90톤이 될 것이다. 더 이상 위험회피 관계의 일부가 아닌 위험회피 대상항목 10톤은 위험회피 회계의 중단에 관한 요구사항에 따라 회계처리될 것이다(후술할 공정가치 위험회피 회계의 중단 및 현금흐름 위험회피 회계의 중단 참조).

이와 반대로 위험회피 수단의 수량을 늘려 위험회피 비율을 조정하는 것은 위험회피 대상항목의 가치 변동을 측정하는 방식에 영향을 주지 않는다. 종전에 지정된 수량과 관련된 위험회피 수단의 공정가치 변동에 대한 측정도 영향을 받지 않는다. 그러나 재조정한 날부터 위험회피 수단의 공정가치 변동에 추가된 수량의 위험회피 수단의 가치 변동도 포함한다. 이러한 변동분은 위험회피 관계가 지정된 날부터가 아니라 재조정한 날을 참조하여 재조정한 날부터 측정한다. 예를 들어, 당초에 위험회피 수단으로 100톤의 파생상품을 사용하여 상품의 가격 위험을 회피했고 재조정 시점에 10톤을 늘린다면 재조정한 후 위험회피 수단은 총 110톤의 파생상품으로 구성된다. 위험회피 수단의 공정가치 변동분은 총 110톤의 파생상품의 공정가치 변동분이다. 이들 파생상품은 다른 시점에 계약이 체결(최초로 인식한 후 파생상품을 위험회피 관계에 지정할 가능성 포함)되었기 때문에 선도 금리 등 주요 조건이 다를 수 있다(다를 것이다).

위험회피 수단의 수량을 줄여 위험회피 비율을 조정할 경우에는 위험회피 대상항목의 가치 변동을 측정하는 방식에 영향을 주지 않는다. 계속 지정된 수량과 관련된 위험회피 수단의 공정가치 변동에 대한 측정도 영향을 받지 않는다. 그러나 재조정한 날 이후부터 줄어든 위험회피 수단의 수량은 더 이상 위험회피 관계의 일부가 아니다. 예를 들면 당초에 위험회피 수단으로 100톤의 파생상품을 사용하여 상품의 가격 위험을 회피했고 재조정 시점에 10톤을 줄인다면 위험회피 수단 90톤의 명목금액은 여전히 남아있다(더 이상 위험회피 관계의 일부가 아닌 파생상품 수량(즉 10톤)은 당기손익-공정가치 항목으로 측정된다).

(7) 예상 거래

예상 거래란 이행해야 하는 구속력은 없으나, 향후 발생할 것으로 예상되는 거래를 의미하며, 현금흐름 위험회피에서 위험회피 대상 예상 거래는 발생 가능성이 매우 높아야 하며, 궁극적으로 당기손익에 영향을 미치는 현금흐름 변동에 노출되어 있어야 한다.

이때 '발생 가능성이 매우 높은' 경우라 함은 '발생하지 않을 가능성보다 발생할 가능성이 높은(more likely than not)' 경우보다 가능성이 매우 큰 경우를 의미한다. 예상 거래가 발생할 가능성에 대한 평가는 단순히 경영진의 의도에만 기초하지는 않는다. 왜냐하면 의도는 검증 가능하지 않기 때문이다. 거래의 발생 가능성은 관찰 가능한 사실과 정황에 의해서 뒷받침되어야 한다.

거래의 발생 가능성을 평가하는 경우 다음의 사항을 고려하여야 한다.

❶ 과거 유사한 거래의 발생빈도
❷ 거래를 수행할 수 있는 기업의 재무적, 영업적 능력
❸ 특정 활동에 활용할 자원에 대한 실질적인 확약(예를 들어, 단기적으로 특정 형태의 일반상품 생산에만 사용될 수 있는 제조설비)
❹ 해당 거래가 발생하지 않을 경우 초래될 수 있는 손실이나 영업중단의 정도
❺ 동일한 사업목적을 달성하기 위해서 실질적으로 다른 특성을 가진 거래가 사용될 가능성(예를 들어, 기업이 자금을 조달하는 방법은 단기차입에서부터 유상증자까지 다양한 방법이 있을 수 있다).
❻ 기업의 사업 계획

예상 거래가 발생할 것으로 예상되는 시점까지의 기간도 발생 가능성을 결정하는 요소이다. 다른 조건이 동일하다면, 예상 거래의 발생 시점이 먼 미래일수록 발생 가능성이 매우 높은 것으로 보기 더 어려우며, 발생 가능성이 매우 높다고 주장하기 위해서는 보다 강한 증거의 제시가 필요하다.

예를 들어, 5년 후에 발생할 것으로 예상되는 거래는 1년 후에 발생할 것으로 예상되는 거래에 비하여 발생 가능성이 낮을 수 있다. 그러나 계약상 의무가 이미 존재한다면 변동금리부 채무상품에 대한 향후 20년간의 예상 이자지급은 일반적으로 발생 가능성이 매우 높을 것이다.

또한 다른 조건이 동일하다면, 기업이 가지는 유사한 성격의 거래들에 비하여 예상 거래의 물량이나 미래 가치가 클수록, 발생 가능성이 매우 높은 것으로 보기 더 어려우며, 발생 가능성이 매우 높다고 주장하기 위해서는 보다 강한 증거의 제시가 필요하다. 예를 들어, 최근 3개월간의 월평균 매출이 950,000 단위인 경우, 다음 달 예상 매출이 100,000은 될 것이라는 예측은 950,000이 될 것이라는 예측보다 일반적으로 더 적은 증거가 요구된다.

과거에 예상 거래를 위험회피 대상항목으로 지정하였으나 당해 예상 거래가 더 이상 발생하지 않을 것으로 결정한 경험이 있는 경우, 예상 거래를 정확하게 예측하는 기업의 능력과 유사한 예상 거래에 대해 미래에 위험회피 회계를 적용하는 것에 대한 적절성에 의문이 제기될 수 있다.

예상 거래는 또한 궁극적으로 당기손익에 영향을 미치는 현금흐름 변동에 노출되어 있어야 한다. 예를 들어, 기업 자신의 지분상품('자기지분상품')에 대한 예상 거래나 미래에 주주에게 지급될 것으로 예상되는 배당이 현금흐름 위험회피의 대상항목으로 지정될 수 없다. 일반적으로 금융상품의 분류(부채 또는 자본)에 따라 금융상품과 관련된 거래 및 지급이 당기손익으로 인식될 것인지의 여부가 결정된다. 예를 들어, 지분상품의 보유자에 대한 배분은 발행자 입장에서는 자본에서 직접 차감되는 항목이므로, 위험회피 대상항목이 될 수 없다. 그러나 배당선언 이후 지급되지 않아 금융부채로 인식된 경우에는 위험회피 대상항목이 될 수 있다. 예를 들어, 외화로 표시된 배당 관련 금융부채는 외환위험에 대한 위험회피 대상항목이 될 수 있다.

공정가치 위험회피 회계

1 일반원칙

특정 위험으로 인한(attributable to a particular risk) 위험회피 대상항목의 평가손익을 위험회피 수단의 평가손익과 동일한 회계기간에 대칭적(symmetrically)으로 인식한다.

2 공정가치 위험회피 활동의 유형

공정가치 위험회피 활동은 〈표 3-3〉과 같이 기존 자산·부채에 대한 이자율 성격 변경(고정금리→변동금리), 기존 자산·부채의 가격 변동 위험 위험회피, 확정계약에 대한 가격 변동 위험 위험회피의 3가지 유형으로 구분할 수 있다.

표 3-3 공정가치 위험회피 활동의 유형

구분		사례	위험회피 수단
기존 자산·부채 (투자유가증권, 재고자산, 고정금리부 차입금 등)	이자율 성격 변경 (고정 → 변동)	고정이자율 수취조건 대출금의 이자율을 변동이자율로 변경(변동 차입금과의 금리 mismatch 해소)	이자율스왑
		고정이자율 지급조건 차입금의 이자율을 변동이자율로 변경(변동 대출금과의 금리 mismatch 해소)	이자율스왑
	가격 변동 위험 위험회피	고정금리 투자채권의 시장이자율 변동에 따른 가격 변동 위험 회피	투자채권에 대한 풋옵션 매입으로 최소금액을 고정
		고정금리 차입금의 시장이자율 변동에 따른 가격 변동 위험 회피	금리플로어를 매입함으로써 차입금의 최대 금액 고정
		보유 재고자산의 가격 변동 위험 회피	재고자산 매출 선도계약
확정계약의 가격 변동 위험 위험회피		재고자산 매입 확정계약	재고자산 매출 선도계약
		재고자산 매출 확정계약	재고자산 매입 선도계약
		고정금리부채권 발행 확정계약	이자율선물

❶ 기존 자산·부채의 이자율 성격 변경(고정금리 → 변동금리)

　　주로 금융기관에 해당하며, 조달·운용의 금리 mismatch를 해결하기 위하여 이자율 스왑 계약을 체결함으로써 기존 자산·부채의 이자율 성격을 고정금리에서 변동금리로 변경한다.

　　ㄱ. 변동금리 차입금으로 조달한 자금을 고정금리 대출로 운용한 경우, 금융기관 전체 입장에서 금리 리스크를 부담하게 되므로 고정금리 대출금에 대하여 고정금리 지급·변동금리 수취의 이자율스왑 계약을 체결한다. 이에 따라 '고정금리 대출＋이자율스왑'은 변동금리 대출로 변경되며, 금융기관 전체적으로 신용가산금리를 제외하고는 조달·운용의 mismatch가 해결된다.

　　ㄴ. 고정금리 차입금으로 조달한 자금을 변동금리 대출로 운용한 경우, 금융기관 전체 입장에서 금리 리스크를 부담하게 되므로 고정금리 차입금에 대하여 변동금리 지급·고정금리 수취의 이자율스왑 계약을 체결한다. 이에 따라 '고정금리 차입＋이자율스왑'은 변동금리 차입으로 변경되며, 금융기관 전체적으로 신용가산금리를 제외하고는 조달·운용의 mismatch가 해결된다.

❷ 기존 자산·부채의 가격 변동 위험 위험회피 : 금융기관, 기업이 부담하고 있는 가격 변동 리스크를 위험회피하기 위하여 파생상품을 이용하는 위험회피 활동이다.

　　ㄱ. 보유 재고자산의 가격 변동 리스크를 위험회피하기 위해서 해당 재고자산에 대한 short position의 선도계약을 체결한다.

　　ㄴ. puttable bond의 가격 변동 리스크를 위험회피하기 위해서 채권 발행자가 금리플로어를 매입함으로써 최대 차입금액을 고정한다.

❸ 확정계약의 가격 변동 위험 위험회피 : 재무상태표에 반영되지 않는 확정계약(firm commitment)의 가격 변동 위험을 위험회피하기 위하여 파생상품을 이용하는 위험회피 활동이다.

　　ㄱ. 확정계약은 거래 불이행 시 penalty가 부과되지만, 회계적으로는 미이행계약(executory contract)에 해당하여 계약 체결 시점에 회계처리하지 않는다. 그러나 확정계약 체결 시점부터 가격 변동 위험을 부담하므로 이미 재무상태표에 계상되어 있는 기존 자산·부채와 경제적 실질이 동일하다.

　　따라서 확정계약의 가격 변동 위험에 대한 위험회피 활동은 기존 자산·부채에 대한 가격 변동 위험 위험회피 활동과 동일하게 공정가치 위험회피 활동으로 분류된다.

ㄴ. 확정계약은 미래 현금흐름을 고정시키고자 하는 목적으로 이루어지며, 이에 따라 가격 변동 위험을 부담하게 되고 그 가격 변동 위험을 회피하기 위하여 위험회피를 하게 되면 다시 미래 현금흐름 변동을 부담하게 되므로 위험회피 활동을 'undo fixed price'라고도 한다.

ㄷ. 제3자 간에 이루어진 이행의 법적 강제력을 가지는 약정으로서 거래수량, 거래 가격, 거래시기 및 거래이행을 강제하기에 충분한 거래 불이행 시의 불이익 등이 구체적으로 포함된다.

3 공정가치 위험회피의 회계처리

공정가치 위험회피는 다음과 같이 회계처리한다.

❶ 위험회피 수단의 손익은 당기손익(또는 공정가치의 변동을 기타포괄손익에 표시하기로 선택한 지분상품의 위험회피 수단의 손익은 기타포괄손익(1절의 4 'K-IFRS 제1109호에서 사용하는 용어의 정의' 참조)으로 인식한다.

❷ 회피 대상위험으로 인한 위험회피 대상항목의 손익은 (해당 사항이 있다면) 위험회피 대상항목의 장부금액에서 조정하고 당기손익으로 인식한다. 위험회피 대상항목이 기타포괄손익-공정가치 측정 금융자산(또는 그 구성요소)인 경우에도 회피 대상위험으로 인한 위험회피 대상항목의 손익은 당기손익으로 인식한다. 그러나 위험회피 대상항목이 공정가치 변동을 기타포괄손익에 표시하기로 선택한 지분상품인 경우에는 그 금액을 기타포괄손익에 남겨둔다. 위험회피 대상항목이 인식되지 않은 확정계약(또는 그 구성요소)인 경우에는 지정 후 위험회피 대상항목의 공정가치 누적 변동분을 자산이나 부채로 인식하고, 이에 상응하는 손익은 당기손익으로 인식한다.

공정가치 위험회피 회계의 위험회피 대상항목이 자산을 취득하거나 부채를 인수하는 확정계약(또는 그 구성요소)인 경우에는 확정계약을 이행한 결과로 인식하는 자산이나 부채의 최초 장부금액이 재무상태표에 인식된 위험회피 대상항목의 공정가치 누적 변동분을 포함하도록 조정한다.

4 **위험회피 회계의 중단**

위험회피 관계(또는 위험회피 관계의 일부)가 (해당 사항이 있다면, 위험회피 관계의 재조정을 고려한 후에도) 적용조건을 충족하지 않는 경우에만 전진적으로 위험회피 회계를 중단하며, 위험회피 수단이 소멸·매각·종료·행사된 경우도 이에 해당한다.

이러한 목적상 위험회피 수단을 다른 위험회피 수단으로 대체하거나 만기 연장하는 것이 위험관리 목적에 관한 문서에 포함되어 있고 그러한 목적과 일치한다면, 그러한 위험회피 수단의 대체나 만기 연장은 소멸이나 종료가 아니다. 또 이러한 목적상, 다음 조건을 충족하는 경우는 위험회피 수단의 소멸이나 종료가 아니다.

❶ 법령이나 규정의 결과로 또는 법령이나 규정의 도입으로, 원래의 계약상대방을 교체하여 하나 이상의 청산 계약상대방이 각 당사자들의 새로운 계약상대방이 되도록 위험회피 수단의 당사자들이 합의한다. 이러한 목적상, 청산 계약상대방은 중앙청산소(종종 '청산기구'나 '청산기관'이라고 부름)이거나 중앙청산소와의 청산 효과를 내기 위하여 거래상대방의 역할을 하는 하나의 기업이나 기업들(예 : 청산기구의 청산회원이나 청산기구의 청산회원의 고객)이다. 그러나 위험회피 수단의 당사자들이 원래의 계약상대방을 각자 다른 계약상대방으로 교체하는 경우라면 각 당사자들이 같은 중앙청산소와 청산하는 효과가 있는 경우에만 이 문단을 적용한다.

❷ 위험회피 수단에 대한 그 밖의 변경은 계약상대방의 교체효과를 내기 위해 필요한 경우로 제한된다. 그러한 변경은 원래부터 위험회피 수단이 교체된 청산 계약상대방과 청산되었을 경우에 예상되는 계약조건과 일치하는 것으로 제한된다. 이러한 변경은 담보요건, 수취채권과 지급채무 잔액의 상계권리, 부과된 부담금의 변경을 포함한다. 위험회피 회계의 중단은 위험회피 관계 전체나 일부(이 경우 위험회피 회계는 나머지 위험회피 관계에 계속 적용된다)에만 영향을 미칠 수 있다.

위험회피 대상항목이 상각 후 원가로 측정하는 금융상품(또는 그 구성요소)인 공정가치 위험회피 회계를 중단하는 경우에는 위험회피 대상항목의 손익에 따른 장부금액의 조정액은 상각하여 당기손익으로 인식한다. 상각은 조정액이 생긴 직후에 시작할 수 있으며, 늦어도 위험회피 손익에 대한 위험회피 대상항목의 조정을 중단하기 전에는 시작하여야 한다. 상각을 시작하는 시점에 다시 계산한 유효이자율에 기초하여 상각한다. 기타포괄손익-공정가치 측정 금융자산(또는 그 구성요소)이 위험회피 대상항목인 경우에 상각은 장부금액을 조정하는 대신에 이미 인식한 누적손익을 나타내는 금액에 같은 방식으로 적용한다.

section 04	현금흐름 위험회피 회계

1 일반원칙

❶ 현금흐름 위험회피 회계는 특정 위험으로 인한 예상 거래의 미래 현금흐름 변동 위험을 감소시키기 위하여 지정된 파생상품의 평가손익 중 위험회피에 효과적이지 못한 부분은 당기손익으로 인식하고 위험회피에 효과적인 부분은 기타포괄손익으로 인식한다.

  기타포괄손익누계액에 계상된 평가손익은 예상 거래의 종류에 따라 향후 예상 거래가 당기손익에 영향을 미치는 회계연도에 당기손익으로 인식하거나, 예상 거래 발생 시 관련 자산·부채의 장부가액에서 가감한다.

❷ 기존 자산·부채 및 미래 예상 거래의 현금흐름 변동 위험은 재무제표에 계상되지 않는 반면, 위험회피 목적의 관련 파생상품 평가손익은 재무제표에 계상되므로 적용 가능한 위험회피 회계로서 파생상품 평가손익을 당기손익이 아닌 기타포괄손익누계액으로 계상한다.

  변동금리 대출금의 미래 변동이자 현금흐름은 기간 경과분을 인식하기는 하나 그 변동이자 리스크 전액을 결산 시점에 재무제표에 계상하지 않으므로 대칭적인 회계처리가 불가능하고 따라서 파생상품 평가손익을 기타포괄손익누계액에 계상하는 방식을 채택한 것이다.

❸ ALM(Asset-Liability Management)에 따라 조달·운용 간의 금리 mismatch를 해결하기 위하여 기존 자산(부채)의 이자 현금흐름을 고정시키고자 스왑계약을 체결하는 경우, 실질적으로 신용 리스크를 제외하고는 시장이자율 변화에 따른 손익이 없음에도 불구하고 현금흐름 위험회피 회계를 적용하게 되면 당기손익 영향은 없앨 수 있으나 순자산 영향은 기타포괄손익누계액으로 그대로 남게 된다. 이는 현금흐름 위험회피 회계의 한계이며, 모든 금융상품에 대한 공정가치 평가가 전면 도입되어야 해결될 수 있는 문제이다.

2 현금흐름 위험회피 활동의 유형

현금흐름 위험회피 활동은 〈표 3-4〉와 같이 기존 자산·부채에 대한 이자율 성격 변경(변동금리→고정금리), 기존 자산·부채의 이자 현금흐름 고정, 미래 예상 거래의 현금흐름 변동 위험 고정으로 구분된다.

(1) 기존 자산·부채의 이자율 성격 변경(변동금리 → 고정금리)

주로 금융기관에 해당하며, 조달·운용의 금리 mismatch를 해결하기 위하여 이자율스왑 계약을 체결함으로써 기존 자산·부채의 이자율 성격을 변동금리에서 고정금리로 변경한다.

고정금리 차입금으로 조달한 자금을 변동금리 대출로 운용한 경우, 금융기관 전체 입장에서 금리 리스크를 부담하게 되므로 변동금리 대출금에 대하여 변동금리 지급·고정금리 수취의 이자율스왑 계약을 체결한다. 이에 따라 '변동금리 대출＋이자율스왑'은 고정금리 대출로 변경되며, 금융기관 전체적으로 신용가산금리를 제외하고는 조달·운용의 mismatch가 해결된다.

표 3-4 현금흐름 위험회피 활동의 유형

구분		사례	위험회피 수단
기존 자산·부채 (투자유가증권, 재고자산, 고정금리부 차입금 등)	이자율 성격 변경 (변동 → 고정)	변동이자율 수취조건 대출금의 이자율을 고정이자율로 변경(고정차입금과의 금리 mismatch 해소)	이자율스왑
		변동이자율 지급조건 차입금의 이자율을 고정이자율로 변경(고정대출금과의 금리 mismatch 해소)	이자율스왑
	가격 변동 위험 위험회피	변동이자율 수취조건 대출금의 이자 현금흐름을 고정(가격 변동 위험 부담)	이자율스왑
		변동금리 차입금의 시장이자율 변동에 따른 이자 현금흐름 변동을 고정	금리캡을 매입하여 최대 이자지급액을 고정
		변동금리채권의 시장이자율 변동에 따른 이자 현금흐름 변동을 고정	금리플로어 매입으로 최소 이자수입액을 고정
미래 예상 거래		재고자산 미래 예상 매입	재고자산 매입 선도계약
		재고자산 미래 예상 매출	재고자산 매출 선도계약
		투자채권 미래 예상 매출	투자채권 가격에 대한 풋옵션 매입으로 예상 최소 매출액 고정

실무적으로 금융기관은 1개의 고정금리 차입을 다수의 변동금리 대출로 운용하는 것이 일반적인 바, 다수의 변동금리 대출에 대하여 현금흐름 위험회피 회계를 적용하기보다는 1개의 고정금리 차입에 대하여 공정가치 위험회피 회계를 적용하는 것이 간편하므로 금융기관(특히 은행)의 경우 현금흐름 위험회피 회계의 적용사례는 거의 없다.

(2) 기존 자산·부채의 이자 현금흐름 고정

금융기관, 기업이 부담하고 있는 금융상품의 변동금리 이자 현금흐름을 고정시키고자 파생상품을 이용하는 위험회피 활동이다.

변동금리 투자채권의 변동이자 현금흐름을 고정시키고자 하는 경우, 변동금리 지급·고정금리 수취의 이자율스왑 계약을 체결해야 한다.

(3) 예상 거래의 미래 현금흐름 변동 위험 위험회피

❶ 재무제표에 계상되지 않는 예상 거래(forecasted transaction)의 현금흐름 변동 위험을 위험회피하기 위하여 파생상품을 이용하는 위험회피 활동이다.

ㄱ. 예상 거래는 이행의 법적 강제력은 없으나 향후 발생될 것으로 거의 확실히 기대되는 거래로서, 기존 자산·부채와 관련된 개별 현금흐름(예를 들면 변동이자부 차입금에 대한 미래 이자지급) 또는 미래 예상 매입·매출 등을 예로 들 수 있다.

ㄴ. 예상 거래는 그 발생 가능성이 거의 확실(probable)하기는 하나, 확정계약과 달리 가격, 시기 및 금액 등 계약 조건이 확정된 것은 아니다. 따라서 실제 거래 시점의 가격을 적용받게 되므로 확정계약과 달리 공정가치 변동 위험은 없으나, 반대로 현시점에서는 향후 구매 가격을 확정시킬 수가 없어 미래 현금 변동 위험을 부담한다(결국 공정가치 변동 위험과 현금흐름 변동 위험은 서로 trade-off 관계가 있다).

ㄷ. 예상 거래의 현금흐름 변동 위험을 고정시키기 위하여 위험회피를 하게 되면 향후 현금흐름 변동 위험은 고정시키게 되나 공정가치 변동 위험을 부담하게 되며, 이러한 위험회피 활동은 'fixed price'를 위한 것이다. 즉, 확정계약에 대한 위험회피 활동은 'undo fixed price'이다.

❷ 〈표 3-4〉 '현금흐름 위험회피 활동의 유형'에서 투자채권 미래 예상 매출에 대한 위험회피 수단은 투자채권에 대한 풋옵션 매입으로서 이는 '공정가치 위험회피 유형'에서 고정금리 투자채권의 가격 변동 위험회피 수단과 동일하다. 이는 고정금리 투자채권을 풋옵션 매입을 통하여 위험회피한 경우 공정가치 위험회계와 현금흐름 위험회피 회계

가 모두 적용될 수 있음을 의미한다.

　　그러나 이는 무조건적인 선택사항이 아니며, 최초의 공식문서에 위험회피 목적이 고정금리 투자채권의 경상적 가격 변동 회피로 기술되어 있으면 공정가치 위험회피 회계를 적용하는 것이며, 미래 채권매출이 거의 확실하여 미래 현금흐름 고정으로 기술되어 있으면 현금흐름 위험회피 회계를 적용하는 것이다.

　　재고자산 미래 예상 매출(현금흐름 위험회피 회계) 및 보유재고자산의 가격 변동 위험 회피(공정가치 위험회피 회계)에 대한 위험회피 수단이 재고자산 매출 선도계약으로 동일한 경우도 마찬가지 사례이다.

| 3 | 현금흐름 위험회피의 회계처리 |

현금흐름 위험회피가 위험회피 회계처리 적용조건을 충족한다면 위험회피 관계는 다음과 같이 회계처리한다.

❶ 위험회피 대상항목과 관련된 별도의 자본 요소(현금흐름 위험회피 적립금)는 다음 중 적은 금액(절대금액 기준)으로 조정한다.

　　ㄱ. 위험회피 개시 이후 위험회피 수단의 손익누계액

　　ㄴ. 위험회피 개시 이후 위험회피 대상항목의 공정가치(현재가치) 변동 누계액(위험회피 대상 미래 예상 현금흐름의 변동 누계액의 현재가치)

❷ 위험회피 수단의 손익 중 위험회피에 효과적인 부분(❶에 따라 계산된 현금흐름 위험회피 적립금의 변동에 따라 상쇄되는 부분)은 기타포괄손익으로 인식한다.

❸ 위험회피 수단의 손익의 나머지(또는 ❶에 따라 계산된 현금흐름 위험회피 적립금의 변동을 맞추기 위한 손익)는 위험회피에 비효과적인 부분이며 당기손익으로 인식한다.

❹ ❶에 따른 현금흐름 위험회피 적립금 누계액은 다음과 같이 회계처리한다.

　　ㄱ. 위험회피 대상 예상 거래로 인해 후속적으로 비금융자산이나 비금융부채를 인식하게 되거나, 비금융자산이나 비금융부채에 대한 위험회피 대상 예상 거래가 공정가치 위험회피 회계를 적용하는 확정계약이 된다면, 현금흐름 위험회피 적립금에서 그 금액을 제거하고 관련 자산 또는 부채의 최초 원가나 그 밖의 장부금액에 그 금액을 직접 포함한다. 이것은 재분류조정(기업회계기준서 제1001호 참조)이 아니며, 따라서 기타포괄손익에 영향을 미치지 않는다.

ㄴ. ㄱ.이 적용되지 않는 현금흐름 위험회피의 경우에 해당 금액은 위험회피 대상 미래 예상 현금흐름이 당기손익에 영향을 미치는 기간(예 : 이자수익이나 이자비용을 인식하는 기간이나 예상 매출이 생긴 때)에 재분류조정(기업회계기준서 제1001호 참조)으로 현금흐름 위험회피 적립금에서 당기손익에 재분류한다.

ㄷ. 그러나 현금흐름 위험회피 적립금이 차손이며 그 차손의 전부나 일부가 미래 기간에 회복되지 않을 것으로 예상된다면, 회복되지 않을 것으로 예상되는 그 금액을 재분류조정(기업회계기준서 제1001호 참조)으로 즉시 당기손익으로 재분류한다.

4 위험회피 회계의 중단

위험회피 관계(또는 위험회피 관계의 일부)가 (해당 사항이 있다면, 위험회피 관계의 재조정을 고려한 후에도) 적용조건을 충족하지 않는 경우에만 전진적으로 위험회피 회계를 중단하며, 위험회피 수단이 소멸·매각·종료·행사된 경우도 이에 해당한다.

이러한 목적상 위험회피 수단을 다른 위험회피 수단으로 대체하거나 만기 연장하는 것이 위험관리 목적에 관한 문서에 포함되어 있고 그러한 목적과 일치한다면, 그러한 위험회피 수단의 대체나 만기 연장은 소멸이나 종료가 아니다. 또 이러한 목적상, 다음 조건을 충족하는 경우는 위험회피 수단의 소멸이나 종료가 아니다.

❶ 법령이나 규정의 결과로 또는 법령이나 규정의 도입으로, 원래의 계약상대방을 교체하여 하나 이상의 청산 계약상대방이 각 당사자들의 새로운 계약상대방이 되도록 위험회피 수단의 당사자들이 합의한다. 이러한 목적상, 청산 계약상대방은 중앙청산소(종종 '청산기구'나 '청산기관'이라고 부름)이거나 중앙청산소와의 청산 효과를 내기 위하여 거래상대방의 역할을 하는 하나의 기업이나 기업들(예 : 청산기구의 청산회원이나 청산기구의 청산회원의 고객)이다. 그러나 위험회피 수단의 당사자들이 원래의 계약상대방을 각자 다른 계약상대방으로 교체하는 경우라면 각 당사자들이 같은 중앙청산소와 청산하는 효과가 있는 경우에만 이 문단을 적용한다.

❷ 위험회피 수단에 대한 그 밖의 변경은 계약상대방의 교체효과를 내기 위해 필요한 경우로 제한된다. 그러한 변경은 원래부터 위험회피 수단이 교체된 청산 계약상대방과 청산되었을 경우에 예상되는 계약조건과 일치하는 것으로 제한된다. 이러한 변경은 담보요건, 수취채권과 지급채무 잔액의 상계권리, 부과된 부담금의 변경을 포함한다.

위험회피 회계의 중단은 위험회피 관계 전체나 일부(이 경우 위험회피 회계는 나머지 위험회피 관계에 계속 적용된다)에만 영향을 미칠 수 있다.

현금흐름 위험회피 회계를 중단하는 경우에 현금흐름 위험회피 적립금 누계액(자본 요소)은 다음과 같이 회계처리한다.

위험회피 대상의 미래 현금흐름이 여전히 발생할 것으로 예상되는 경우, 현금흐름 위험회피 적립금 누계액은 미래 현금흐름이 생길 때까지 또는 현금흐름 위험회피 적립금이 차손이며 그 차손의 전부나 일부가 미래 기간에 회복되지 않을 것으로 예상된다면, 회복되지 않을 것으로 예상되는 그 금액을 즉시 당기손익으로 재분류하기 전까지 현금흐름 위험회피 적립금에 남겨둔다. 미래 현금흐름이 생기는 경우 다음과 같이 처리한다.

❶ 위험회피 대상 예상 거래로 인해 후속적으로 비금융자산이나 비금융부채를 인식하게 되거나, 비금융자산이나 비금융부채에 대한 위험회피 대상 예상 거래가 공정가치 위험회피 회계를 적용하는 확정계약이 된다면, 현금흐름 위험회피 적립금에서 그 금액을 제거하고 관련 자산 또는 부채의 최초 원가나 그 밖의 장부금액에 그 금액을 직접 포함한다. 이것은 재분류조정(기업회계기준서 제1001호 참조)이 아니며, 따라서 기타포괄손익에 영향을 미치지 않는다.

❷ 위험회피 대상의 미래 현금흐름이 더 이상 발생할 것으로 예상되지 않는 경우에 현금흐름 위험회피 적립금 누계액은 재분류조정(기업회계기준서 제1001호 참조)으로 당기손익으로 즉시 재분류한다. 더 이상 발생할 가능성이 매우 크지 않은 위험회피 대상 미래 현금흐름도 여전히 발생할 것으로 예상될 수 있다.

section 05 해외사업장 순투자의 위험회피

해외사업장 순투자의 위험회피(K-IFRS 제1021호에 따라 순투자의 일부로 회계처리하는 화폐성 항목의 위험회피 포함)는 다음과 같이 현금흐름 위험회피와 유사하게 회계처리한다.

❶ 위험회피 수단의 손익 중 위험회피에 효과적인 것으로 결정된 부분은 기타포괄손익으

로 인식한다.

❷ 비효과적인 부분은 당기손익으로 인식한다.

❸ 외화환산적립금에 누적된 위험회피에 효과적인 부분과 관련된 위험회피 수단의 누적손익은 해외사업장을 처분하거나 일부 처분할 때 K-IFRS 제1021호 문단 48과 49에 따라 재분류조정으로 자본에서 당기손익으로 재분류한다.

section 06 | 공식적 문서화 사례

K-IFRS 제1109호에서 위험회피 회계의 적용요건 중 하나로 규정하고 있는 공식적 문서화의 구체적 방법을 다음에 제시된 이자율스왑을 이용한 차입금 위험회피 회계의 실무 사례를 통해 살펴본다.

☞ 위험회피 관계 지정일 : 20×1년 ×월 ××일

1 위험회피의 종류

시장이자율 변동으로 인한 변동금리 차입금 이자지급의 미래 현금흐름 변동 위험을 회피하기 위한 현금흐름 위험회피

2 위험의 속성, 위험관리의 목적 및 위험회피 전략

(주)ABC(이하 '회사')는 20×1. ××. ××. DEF은행(lender)로부터 $10,000,000를 차입하였다. 차입금의 이자는 LIBOR이며, 그에 따라 회사는 LIBOR 금리의 변동에 따른 미래 예상 이자지급과 관련한 현금흐름의 변동 위험에 노출되어 있다.

회사의 위험관리 목적은 동 차입금에 대한 미래 이자지급액을 고정시키는 것이다. 회사는 이를 위해 XYZ 은행(counterparty)과 상환스케줄을 고려한 이자율 스왑계약을 체결하여 변동금리를 고정금리로 대체하였다. 회사는 이자율 스왑계약을 통해 차입금의 LIBOR 금리 변동에

따른 차입금 이자지급 현금흐름의 변동 위험을 회피할 수 있을 것으로 판단하고 있다.

3 위험회피 수단 및 위험회피 대상 예상 거래

	이자율스왑(위험회피 수단)	차입금(예상 거래)
Deal ref.	ABC-IRS-100001	ABC-BOR-100001
Counterparty	XYZ은행	DEF은행
Trade date	20×1. ××. ××	20×1. ××. ××
Effective date	20×1. ××. ××	20×1. ××. ××
Termination date	20×3. ××. ××	20×3. ××. ××
Notional amount	$10,000,000	$10,000,000
Fixed rate	3%(Pay)	N/A
Floating rate	US$ 6month LIBOR(Receive)	US$ 6month LIBOR(Pay)
Interest fixing date	Two London Banking Day preceding the first Day of each Interest Period	Two London Banking Day preceding the first Day of each Interest Period
Interest settlement date	매년 3월 ××일, 9월 ××일	매년 3월 ××일, 9월 ××일

4 위험회피 효과 평가방법

회사는 위험회피 효과 평가 시 위험회피 대상 예상 거래와 위험회피 수단인 파생상품의 주요 거래조건이 일치하는지 여부를 평가하는 방법 등을 사용하여 위험회피 효과를 평가하고, 비효과적인 부분을 측정한다.

(1) 주요 거래조건의 일치(Critical terms method)

최초 거래 시점의 위험회피 대상 예상 거래와 위험회피 수단인 파생상품의 주요 거래조건이 동일한 경우, 회사는 회피하고자 하는 예상 거래의 현금흐름의 변동 위험이 위험회피 수단에 의해서 완전히 상쇄될 것으로 기대할 수 있다. 그러므로 후속 시점의 평가는 주요한 거래조건에 변동이 있었는지 여부를 확인하고 문서화하는 방식으로 수행함. 주요 거래조건의 비교 시 최소한 다음의 주요 조건은 일치하여야 한다.

❶ 위험회피 수단과 위험회피 대상 예상 거래의 통화

❷ 위험회피 수단과 위험회피 대상 예상 거래의 명목금액

❸ 위험회피 수단과 위험회피 대상 예상 거래의 만기

❹ 위험회피 수단과 위험회피 대상 예상 거래의 기준 이자율(e.g. LIBOR)

❺ 위험회피 수단과 위험회피 대상 예상 거래의 이자율 결정일자/지급시기

(2) 위험회피 효과 평가

위험회피 수단은 최초로 지정된 이후에 위험회피 대상항목과 경제적 관계가 있으며 신용위험의 효과가 외험회피 대상항목과 위험회피 수단의 경제적 관계로 인한 가치 변동보다 지배적이지 않다는 것을 정성적 또는 정량적으로 입증하고, 최소한 매 결산기(분기)마다 주기적 평가를 통하여 위험회피 관계의 위험회피 비율상 비효과적인 부문이 중요하지 않다는 것을 입증하기 위한 평가(전진적 평가)를 수행한다.

❶ 최초 시점

전진적 평가 : 주요 거래조건의 일치 여부를 확인하는 방법(Critical terms method)을 사용함. 위험회피 수단과 위험회피 대상 예상 거래의 주요 거래조건이 일치하고, 위험회피 수단의 거래상대방의 신용위험이 매우 낮다면 위험회피 관계 지정기간 동안 위험회피 관계가 효과적일 것으로 기대할 수 있음.

❷ 위험회피 관계 지정기간 중

전진적 평가 : 최초 시점 이후 주요 거래조건의 변동 여부를 파악함. 위험회피 수단과 위험회피 대상 예상 거래의 주요 거래조건에 변동이 없고, 위험회피 수단의 거래상대방의 신용위험이 매우 낮다면 위험회피 관계 지정기간 동안 위험회피 관계가 효과적일 것으로 기대할 수 있음. 위험회피 수단의 거래상대방 신용위험은 지속적으로 모니터링함.

위험회피 효과의 측정 사례

1 회계문제

이자부자산에 대한 예상 투자나 이자부부채의 예상 발행은 그 예상 거래가 발생하는 시점에 존재하는 시장이자율에 따라 관련 이자가 결정되기 때문에 이자율 변동에 따른 현금흐름 변동 위험에 노출된다. 이자율의 변동에 따른 현금흐름 변동 위험을 회피하는 목적은 단일의 고정이자율 획득을 통해 미래 이자율의 변동 효과를 상쇄하는 것이다. 통상 단일의 고정이자율은 위험회피의 개시 시점에 존재하는 예상 거래의 만기와 시기에 상응하는 이자율이 된다. 위험회피 기간 중에는 위험회피가 종결되거나 예상 거래가 발생할 시점의 예상 거래에 적용될 시장이자율을 결정하는 것은 가능하지 않다. 이러한 경우, 위험회피 효과를 어떻게 평가하고 측정하는가?

위험회피 기간 중 위험회피 효과는 위험회피 관계의 지정 시점과 위험회피 효과에 대한 중간 측정 시점 간의 이자율 변동에 기초하여 측정할 수 있다. 이러한 측정에 사용되는 이자율은 예상 거래의 만기와 발생에 상응하는 이자율로서 위험회피 개시 시점의 이자율과 이자율의 기간구조에 의해 파악되는 측정 시점의 이자율이다.

일반적으로 위험회피 대상항목의 현금흐름과 위험회피 수단인 파생상품의 현금흐름을 현금지급이나 수취에 따라 단순 비교하는 것만으로는 충분하지 않다. 이러한 접근법은 후속 기간에 현금흐름이 상쇄될 것인지의 여부와 결과적으로 비효과적인 부분이 존재하는지에 관한 기업의 기대를 간과하기 때문이다.

2 측정 사례

다음의 사례에서 현금흐름 위험회피 관계를 설정하고 위험회피 효과를 측정하는 방법을 예시한다. 1년 만기 100,000원의 채무상품을 3개월 후에 발행하는 것으로 가정한다. 이자는 분기별로 지급하며, 원금은 만기에 일시 상환한다. 기업은 이자율이 상승할 위험에 노출되어 있으며, 채무상품의 이자 현금흐름에 대하여 위험회피하기 위해 미래 시점에 개시되는 이자율스왑계약(forward starting interest rate swap)을 체결하였다. 스왑의 만기는 1년이고, 발행 예정 채무상품의 기간에 대응시키기 위하여 3개월 후에 개시하며, 고정금리를 지급하고, 변동금리를 수취한다. 회피 대상 위험은 발행할 예정인 채무상품의 LIBOR를 기준으로 하는 이자율 요소로 지정하였다.

(1) 수익률 곡선

수익률 곡선에 기초하여 위험회피 관계의 개시 시점과 위험회피 기간의 미래 현금흐름 및 미래 현금흐름의 공정가치를 계산할 수 있다. 수익률 곡선은 시장에서 거래되는 적절한 기준채권(reference bonds)의 현행 시장수익률에 기초한다. 시장수익률에서 이자지급 효과를 제거하여 현물이자율('무이표채이자율')을 얻을 수 있다. 현물이자율은 원금과 이자 등 미래 현금흐름을 할인하여 공정가치를 산출하는데 사용되며, 변동금리에 의한 추정 미래 현금흐름을 산출하기 위해 사용되는 선도금리를 계산하는 데에도 이용된다. 현물이자율과 1기간 선도이자율의 관계를 설명하는 산식은 다음과 같다.

$$F = \frac{(1 + SR_t)^t}{(1 + SR_{t-1})^{t-1}} - 1$$

F = 선도이자율 (%)

SR = 현물이자율 (%)

t = 기간 (예 : 1, 2, 3, 4, 5)

사례에서는 위험회피의 개시 시점 현재 다음의 분기별 복리기준의 이자율 기간구조를 가정한다. 기간별 선도이자율은 만기별 현물이자율에 기초하여 산출한다.

예를 들면, 기간 2에 대한 선도이자율을 상기 공식에 따라 계산하면 (1.04502/1.0375) − 1 = 5.25%가 된다. 기간 2의 선도이자율은 기간 2의 기초부터 기간 2의 기말까지의 이자율인데 반하여, 기간 2의 현물이자율은 기간 1의 기초부터 기간 2의 기말까지의 이자율이므로, 기간

표 3-5 **개시 시점의 수익률 곡선(기간 1의 기초)**

기간	1	2	3	4	5
현물이자율	3.75%	4.50%	5.50%	6.00%	6.25%
선도이자율	3.75%	5.25%	7.51%	7.50%	7.25%

2의 선도이자율과 현물이자율은 상이하다.

(2) 위험회피 대상항목

사례에서 기업은 1년 만기 100,000원의 채무상품을 분기마다 이자를 지급하는 조건으로 3개월 후에 발행할 예정이다. 기업은 이자율이 상승할 위험에 노출되어 있기 때문에, 예상 거래가 일어나기 이전에 발생할 수 있는 이자율의 변동이 현금흐름에 미치는 효과를 제거하고자 한다. 이러한 위험이 제거되면, 기업은 3개월 후에 발행할 채무상품의 이자율을 현재 시장에서 형성된 3개월 이후부터 만기가 1년인 표면이자율로 확정할 수 있다. 위의 이자율 기간구조에서 산출된 표면이자율은 6.86%이며, 이는 선도(현물)이자율과는 다르다. 표면이자율은 예상되는 채무상품의 발행조건에 부합하는 위험회피의 개시 시점 현재의 시장이자율이다. 이로서 채무상품의 공정가치는 발행시 액면금액이 된다.

위험회피 관계의 개시 시점에, 채무상품의 예상 현금흐름은 현재의 이자율 기간구조에 기초하여 산출될 수 있다. 이자율의 변동은 없으며, 채무상품을 기간 2의 기초에 6.86%로 발행하는 것으로 가정한다. 이 경우 기간 2의 기초 시점 현재 채무상품의 현금흐름과 공정가치는 다음과 같을 것이다.

이자율의 변동이 없는 것으로 가정하였으므로, 이자와 원금의 공정가치는 예상 거래의 액면금액과 동일하다. 채무상품이 예상 거래의 발생 예상 시점에 발행되었다고 가정할 경우, 각

표 3-6 고정금리부 채무상품의 발행

기간 2의 기초 - 이자율 변동 없음(선도이자율에 근거한 현물이자율)   (단위 : 원)

최초 선도기간 잔존기간	합계	1	2 1	3 2	4 3	5 4
현물이자율 선도이자율			5.25% 5.25%	6.38% 7.51%	6.75% 7.50%	6.88% 7.25%

현금흐름 :
  이자(고정
6.86%)
  원금
			1,716	1,716	1,716	1,716
						100,000

공정가치 :
  이자
  원금
	6,592
	93,408
			1,694	1,663	1,632	1,603
						93,408*

합계	100,000					

* $100,000 / (1 + [0.0688/4])^4$

기간별로 발생하는 현금흐름을 위험회피 개시 시점에 존재하는 현물이자율로 할인하여 공정가치를 산출한다. 공정가치는 채무상품이 발행된 이후 잔여 기간을 기초로 현금흐름을 할인한 효과가 반영되어 있다. 예를 들어, 6.38%의 현물이자율은 기간 3에 지급될 이자 현금흐름을 할인하는 데 이용되지만, 예상 거래가 발생한지 2개 기간 후에 발생하므로 2개 기간에 대하여 할인하게 된다.

이자율의 변동이 없는 것으로 가정하였으므로, 선도이자율은 이전과 동일하다. 현물이자율은 다르게 보이지만, 실질적인 변동은 없다. 현물이자율은 한 기간 이후의 이자율로서 해당 선도이자율에 기초하여 산출한다.

(3) 위험회피 수단

위험회피의 목적은 예상 거래와 위험회피 수단의 전체 이자율을 기간 2부터 기간 5까지에 대한 위험회피 개시 시점 현재의 시장이자율인 6.86%로 확정하는 것이다. 이러한 목적을 달성하기 위하여 6.86%의 고정금리를 지급하는 조건으로 1기간 후에 계약이 개시되는 이자율스왑계약을 체결한다. 위험회피 개시 시점의 이자율의 기간구조에 기초하여 이자율스왑의 이자율은 6.86%가 된다. 위험회피 개시 시점에 이자율스왑의 고정금리 부분에 대한 공정가치와 변동이자 부분에 대한 공정가치는 일치하여 이자율스왑의 공정가치는 영(0)이 된다. 이자율스왑의 예상 현금흐름과 공정가치는 다음과 같다.

위험회피 개시 시점에 당해 이자율스왑의 고정금리는, 현재의 조건으로 3개월 후에 채무상

표 3-7 이자율스왑						(단위 : 원)
최초 선도기간 잔존기간	합계	1	2 1	3 2	4 3	5 4
현금흐름 :						
고정금리 부분			1,716	1,716	1,716	1,716
예상 변동금리 부분			1,313	1,877	1,876	1,813
선도이자율에 기초한 예상금리			5.25%	7.51%	7.50%	7.25%
순이자액			(403)	161	160	97
공정가치 :						
할인율(현물이자율)			5.25%	6.38%	6.75%	6.88%
고정금리 부분	6,592		1,694	1,663	1,632	1,603
예상 변동금리 부분	6,592		1,296	1,819	1,784	1,693
이자율스왑의 공정가치	0		(398)	156	152	90

품을 발행할 경우 수취할 수 있는 고정금리와 일치한다.

(4) 위험회피 효과의 측정

위험회피 기간 중 이자율이 변동하는 경우 위험회피 효과는 다양한 방법으로 측정될 수 있다.

기간 2의 기초에 채무상품을 발행하기 직전에 이자율의 변동은 〈표 3-8〉과 같다고 가정한다.

표 3-8   수익률 곡선 : 2%의 이자율 상승

최초기간 잔존기간	1	2 1	3 2	4 3	5 4
현물이자율 선도이자율		5.75% 5.75%	6.50% 7.25%	7.50% 9.51%	8.00% 9.50%

이자율이 위와 같이 변경된 경우, 위험회피 수단으로 지정된 이자율스왑(6.86%의 고정금리 지급, 변동금리 수취)의 공정가치는 다음과 같이 계산된다.

표 3-9   이자율스왑의 공정가치　　　　　　　　　　　　　　　　　　　　　　(단위 : 원)

최초 선도기간 잔존기간	합계	1	2 1	3 2	4 3	5 4
현금흐름 :						
고정금리 부분			1,716	1,716	1,716	1,716
예상 변동금리 부분			1,438	1,813	2,377	2,376
선도이자율에 기초한 예상금리			5.25%	7.25%	9.51%	9.50%
순이자액			(297)	97	661	660
공정가치 :						
신규 할인율(현물이자율)			5.75%	6.50%	7.50%	8.00%
고정금리 부분	6,562		1,692	1,662	1,623	1,585
예상 변동금리 부분	7,615		1,417	1,755	2,248	2,195
이자율스왑의 공정가치	1,053		(275)	93	625	610

위험회피 효과를 계산하기 위해서 위험회피 대상 예상 거래의 가치 변동이나 현금흐름의 현재가치 변동을 측정하여야 한다. 이러한 측정방법에는 적어도 두 가지의 방법이 있다.

표 3-10	방법 A-채무상품의 공정가치 변동의 계산					(단위 : 원)
최초 선도기간 잔존기간	합계	1	2 1	3 2	4 3	5 4
현금흐름 : 이자(고정 6.86%) 원금			1,716	1,716	1,716	1,716 100,000
공정가치 : 신규 할인율(현물이자율) 이자 원금 합계 최초 공정가치	6,562 92,385 98,947 100,000		5.75% 1,692	6.50% 1,662	7.50% 1,623	8.00% 1,585 92,385*
공정가치 변동	(1,053)					

* $100,000원/(1+[0.08/4])^4$

방법 A에서는, 위험회피 관계의 개시 시점에 존재했던 표면이자율(6.86%)과 동일한 이자율 조건의 채무상품의 공정가치를 변동된 이자율에 기초하여 산출한다. 이렇게 산출된 공정가치를, 위험회피 관계의 개시 시점에 존재하였던 이자율의 기간구조에 기초하여 계산된 기간 2의 기초 예상 공정가치와 비교하여 공정가치 변동을 측정한다. 이 사례의 경우 이자율스왑과 예상 거래의 조건이 서로 대응되기 때문에 이자율스왑의 공정가치 변동과 채무상품의 예상 공정가치 변동이 정확히 상쇄되고 있다.

방법 B에서는, 현금흐름 변동의 현재가치는, 위험회피 효과 측정일의 해당 기간별 선도이자율과 위험회피 개시 시점에 존재하였던 시장이자율로 발행한 것을 가정한 경우의 이자율의 차이에 기초하여 계산된다. 위험회피 개시 시점의 시장이자율은 3개월 후의 1년 만기 표면이자율이다. 현금흐름 변동의 현재가치는, 현금흐름이 발생할 것으로 기대되는 기간에 해당하는 위험회피 효과 측정일 시점의 현행 현물이자율에 기초하여 계산된다. 이 방법은 채무상품에 대해 위험회피 후의 고정금리와 현행의 변동금리를 비교하기 때문에 (이자율스왑의 고정금리와 변동금리 부분의 현금흐름을 비교하는 것과 동일함), '이론적 스왑(theoretical swap)' 방법(또는 '가상의 파생상품(hypothetical derivatives)' 방법)이라고도 지칭할 수 있다.

방법 A와 마찬가지로, 이 사례에서는 스왑의 공정가치 변동과 현금흐름의 현재가치 변동은 스왑과 예상 거래의 조건이 서로 대응되기 때문에 정확히 상쇄된다.

| 표 3-11 | 방법 B – 현금흐름의 공정가치 변동의 계산 | | | | | (단위 : 원) |

최초 선도기간	합계	1	2	3	4	5
잔존기간			1	2	3	4
최초 시장이자율			6.86%	6.86%	6.86%	6.86%
이자(고정 6.86%)			5.75%	7.25%	9.51%	9.50%
이자율차이			1.11%	(0.39%)	(2.64%)	(2.64%)
현금흐름 차이(원금×이자율)			279	(97)	(661)	(660)
할인율(현물이자율)			5.75%	6.50%	7.50%	8.00%
현금흐름의 공정가치 차이	(1,053)		275	(93)	(625)	(610)

01 내재 파생상품에 포함된 주 계약이 K-IFRS 제1109호 적용대상이 아닌 경우, 내재 파생상품을 주계약과 분리해야 하는 바 다음 중 이 경우에 해당하는 분리요건이 아닌 것은?
① 주계약과 내재 파생상품의 경제적 특성 및 위험이 밀접한 관련성이 없는 경우
② 복합상품의 공정가치 변동이 당기손익으로 인식되지 않는 경우
③ 내재 파생상품과 조건이 같은 별도의 금융상품이 파생상품의 정의를 충족한다.
④ 내재 파생상품이 금융상품의 위험속성을 가지는 경우

02 다음 중 파생상품평가손익을 당기손익으로 인식하는 경우가 아닌 것은?
① 매매목적 파생상품평가손익
② 트레이딩 포트폴리오의 리스크 관리목적 파생상품평가손익
③ 공정가치 위험회피 회계 적용 시 파생상품평가손익
④ 현금흐름 위험회피 회계 적용 시 파생상품평가손익

03 다음 중 공정가치 위험회피 회계의 적용대상이 되는 위험회피 활동이 아닌 것은?
① 조달·운용 간의 금리 mismatch를 해결하기 위하여 고정이자율 수취조건 차입금을 이자율 스왑계약을 통하여 변동이자율 지급조건 차입금으로 전환하는 경우
② 고정이자율 수취 투자채권의 시장이자율 변동에 따른 가격 변동 위험을 위험회피하기 위하여 이자율 스왑계약을 통하여 변동이자율 수취조건 투자채권으로 전환하는 경우
③ 채권 미래 예상 매출에 대한 향후 매각액 변동 위험을 위험회피하기 위하여 투자채권 가격에 대한 풋옵션 매입으로 미래 예상 최소 매출액을 고정하는 경우
④ 고정금리부채권 발행 확정계약이 가지게 되는 시장이자율 변동에 따른 가격 변동 위험을 위험회피하고자 이자율 선물계약을 체결하는 경우

해설

01 ④ K-IFRS 제1109호에서는 위 ①에서 ③을 모두 충족하는 경우 내재 파생상품을 분리하도록 하고 있다.
02 ④ 현금흐름 위험회피가 조건을 충족하면 다음과 같이 회계처리한다. (1) 위험회피 수단의 손익 중 위험회피에 효과적인 부분은 기타포괄손익으로 인식한다. (2) 위험회피 수단의 손익 중 비효과적인 부분은 당기손익으로 인식한다.
03 ③ 미래 예상 매출의 고정은 현금흐름 위험회피 활동에 해당한다.

04 K-IFRS 제1109호에 따른 기타포괄손익-공정가치로 분류된 채권의 공정가치 변동(매도가능 금융자산평가손익)은 당기손익 아닌 기타포괄손익누계액으로 처리하도록 되어 있다. 따라서 ABC기업이 보유하고 있는 투자채권 가격이 200원만큼 상승한 경우, 공정가치 위험회피 회계를 적용하지 않는다면 다음과 같이 회계처리한다.

> (차) 매도가능 금융자산　　200원　　　(대) 매도가능 금융자산평가이익　　200원
> 　　　　　　　　　　　　　　　　　　　　　(기타포괄손익누계액 – 재무상태표 항목)

그런데 ABC기업은 이자율 변동에 따른 채권의 공정가치 변동을 위하여 채권 매입 시점에 이자율 스왑계약을 체결하였다. 이자율스왑(고정이자율 지급 변동이자율 수취)의 공정가치 변동은 180원 하락이다. 이 경우 공정가치 위험회피 회계를 적용하였다면 올바른 회계처리는?

(단, 동 위험회피 관계는 위험회피 회계의 적용요건을 충족하며, 비효과적인 부분은 없다고 가정)

고정이자율 투자채권	이자율스왑
① (차) 대출금　200 　　(대) 매도가능 금융상품평가이익　200 　　　　(기타포괄손익누계액)	(차) 이자율스왑 평가손실　180 　　(기타포괄손익누계액) 　(대) 이자율스왑　180
② (차) 매도가능 금융자산　200 　　(대) 매도가능 금융자산평가이익　180 　　　　(당기손익) 　　　　매도가능 금융자산평가이익　20 　　　　(기타포괄손익누계액)	(차) 이자율스왑 평가손실　180 　　(당기손익) 　(대) 이자율스왑　180
③ (차) 매도가능 금융자산　180 　　(대) 매도가능 금융자산평가이익　180 　　　　(당기손익)	(차) 이자율스왑 평가손실　180 　　(당기손익) 　(대) 이자율스왑　180
④ 회계처리 없음 – 부외처리(off balance)	회계처리 없음 – 부외처리(off balance)

해설

04 ② 시장이자율 변동으로 인한 매도가능 금융자산의 평가이익은 180원이므로 이 금액만을 당기이익으로 인식하며 나머지 20원은 신용도 증가에 따른 평가이익이므로 위험회피 대상위험이 아닌 바, 기존 K-IFRS 제1109호에 따른 매도가능 금융자산 회계처리에 따라 기타포괄손익누계액으로 계상한다.

05 K-IFRS 제1109호에 따른 대여금 및 수취채권에 대해서는 시장이자율 변동에 따른 평가손익을 인식하지 않는다. 그런데 ABC은행은 고정금리조건 대출금을 유동화시키려고 하는바, 유동화 목적으로 고정금리 조건 대출금의 시장이자율 변동에 따른 가격 변동 리스크를 없애기 위하여 위험회피 효과가 100%인 이자율 스왑계약을 체결하였다.

이자율스왑(고정이자율 지급 변동이자율 수취)의 공정가치는 100원 하락하였다. 이 경우 공정가치 위험회피 회계를 적용하였다면 올바른 회계처리는? (단, 동 위험회피 관계는 위험회피 회계의 적용요건을 충족하며, 비효과적인 부분은 없다고 가정)

고정이자율 대출금	이자율스왑
① (차) 대출금 100 　　(대) 대출금평가이익 100 　　　　(당기손익)	(차) 이자율스왑 평가손실 100 　　(당기손익) 　　(대) 이자율스왑 100
② (차) 대출금 100 　　(대) 대출금평가이익 100 　　　　(기타포괄손익누계액)	(차) 이자율스왑 평가손실 100 　　(당기손익) 　　(대) 이자율스왑 100
③ (차) 대출금 100 　　(대) 대출금평가이익 100 　　　　(당기손익)	(차) 이자율스왑 평가손실 100 　　(기타포괄손익누계액) 　　(대) 이자율스왑 100
④ 회계처리 없음－부외처리(off balance)	회계처리 없음－부외처리(off balance)

해설

05 ① 이자율스왑 평가손익과 동일 금액은 대출금 평가이익으로 하여 당기이익으로 인식한다.

06 다음 중 이자율스왑을 이용한 위험회피의 경우 위험회피 대상항목과 위험회피 결과가 다음과 같을 때 위험회피 회계 유형이 맞게 연결된 것은?

위험회피 대상항목	위험회피 결과	위험회피 회계 유형
① 고정이자율 수취조건 대출금	변동이자율 수취조건 대출금	공정가치 위험회피
② 변동이자율 수취조건 대출금	고정이자율 수취조건 대출금	공정가치 위험회피
③ 고정이자율 지급조건 차입금	변동이자율 지급조건 차입금	현금흐름 위험회피
④ 변동이자율 지급조건 차입금	고정이자율 지급조건 차입금	공정가치 위험회피

07 위험회피 효과를 평가하는 경우 위험회피 수단인 파생상품의 시간가치는 제외할 수 있다. 이와 같이 위험회피 효과 평가에서 제외된 시간가치는 공정가치 위험회피 회계와 현금흐름 위험회피 회계에서 각각 어떻게 인식하는가?

	공정가치 위험회피 회계	현금흐름 위험회피 회계
①	당기손익	당기손익
②	당기손익	기타포괄손익누계액
③	기타포괄손익누계액	당기손익
④	기타포괄손익누계액	기타포괄손익누계액

해설

06 ① 고정이자율 수취(지급)조건 대출금(차입금)의 경우 확정된 이자를 지급하게 된다. 따라서 현금흐름 변동 위험은 존재하지 아니하므로 현금흐름 위험회피 회계를 적용하는 것이 아니라 공정가치의 변동 위험에 대한 공정가치 위험회피 회계를 적용하여야 한다.

07 ① 위험회피 회계효과평가에서 제외된 시간가치는 즉시 당기손익으로 인식해야 한다.

08 ABC기업은 20×1년 11월 1일 미국으로부터 원재료 $100를 수입하고 대금은 5개월 후에 지급하기로 하였다. 회사는 5개월 후에 $100를 ₩1,200/$에 매입하는 통화선도계약을 체결하였다. 회사의 결산일은 12월 31일이며 모든 거래에서 현재가치 할인은 무시한다. 현물환율 및 선도환율 정보가 다음과 같다면, 20X1년 손익계산서에 미치는 영향으로 알맞은 것은?

일자	현물환율	선도환율
20×1년 11월 1일	1,180/$	₩1,200/$ (5개월)
20×1년 12월 31일	1,200/$	₩1,230/$ (3개월)
20×2년 3월 31일	1,170/$	―

① 1,000원 이익
② 1,000원 손실
③ 5,000원 이익
④ 5,000원 손실

해설

08 ①

일자	원재료 매입거래		통화선도거래	
20×1. 11. 1	재고자산	118,000	회계처리 없음	
	매입채무	118,000		
20×1. 12. 31	환율 변동 손실	2,000	통화선도(B/S)	3,000
	매입채무	2,000	통화선도 평가이익(I/S)	3,000
	* $100×(₩1,180−₩1,200)=(2,000)		* $100×(₩1,230−₩1,200)=3,000	
20×2. 3. 31	매입채무	120,000	통화선도거래손실(IS)	6,000
	현금($)	117,000	통화선도	6,000
	환율 변동 이익	3,000	* $100×(₩1,170−₩1,230)=(6,000)	
	* $100×₩1,170=117,000		현금($)	117,000
			통화선도	3,000
			현금	120,000

→ 20×1년의 손익에 미치는 영향 = ₩(2,000)+₩3,000 = ₩1,000 이익

09 12월 결산법인인 ABC기업은 20X1년 10월 1일 $100를 6개월 후 상환하는 조건으로 차입하였다. ABC기업은 외화차입금의 원화에 대한 환율 변동 위험을 회피하기 위하여 다음과 같은 통화선도거래계약을 체결하였다.

> ㉠ 통화선도계약 체결일 : 20×1년 10월 1일
> ㉡ 계약기간 : 6개월(20×1년 10월 1일 — 20×1년 3월 31일)
> ㉢ 계약조건 : $100을 계약 체결일 시점이 선도환율로 매입하기로 함

20×1년 10월 1일부터 12월 31일 사이에 미달러화의 강세로 인하여 1달러당 원화로 표시된 현물환율과 선도환율이 모두 상승하였다. 위의 차입거래와 통화선도 거래가 20X1년 말 현재 ABC기업이 재무상태표에 미치는 영향을 기술한 다음 설명 중 가장 옳은 것은?

① 통화선도라는 항목이 재무상태표상 자산으로 계상된다.
② 통화선도 평가손익은 외화차입금 환율 변동으로 인한 평가금액과 정확히 일치한다.
③ 통화선도 평가이익은 기타포괄이익으로 표시된다.
④ 외화차입금으로부터 발생되는 환율 변동 손실은 기타포괄손익으로 표시된다.

해설

09 ① 선도환율이 상승하였으므로 매입포지션인 통화선도가 자산으로 계상되고 통화선도 평가이익이 당기손익으로 인식된다.

10   12월 결산법인인 ABC기업이 위험회피 목적으로 파생상품을 운용하고 있으며 20×1년과
      20×2년 2개 연도에 대한 파생상품 관련 자료는 다음과 같다.

파생상품 보유목적	예상 매출에 대한 현금흐름 위험회피	
위험회피 수단 지정연도	20×1년	
파생상품의 공정가치 변동 및 위험회피 대 상의 현금흐름 변동액	20×1년 파생상품평가이익	₩100,000
	20×1년 위험회피 대상의 현금흐름 변동으로 인한 손실	₩ 80,000
	20×2년 파생상품평가이익	₩ 60,000
	20×2년 위험회피 대상의 현금흐름 변동으로 인한 손실	₩ 70,000

위의 자료를 기초로 하여 ABC기업의 20×2년 포괄손익계산서에 반영되는 파생상품 관련
손익효과와 20X2년 말 재무상태표상 자본항목으로 표시되는 파생상품평가이익은 각각 얼마
인가?

	포괄손익계산서에 반영되는 금액	재무상태표상 자본항목으로 표시되는 금액
①	₩0	₩150,000
②	₩0	₩170,000
③	10,000 손실	₩150,000
④	10,000 이익	₩160,000

11 ABC기업이 아래와 같은 확정계약의 위험회피에 대하여 현금흐름 위험회피 회계를 적용한다면, 동 위험회피 거래에 대한 회계처리가 20×1년 12월 31일 현재의 재무상태표와 20×1년도 포괄손익계산서에 미치는 영향은?

> 12월 결산법인인 ABC기업은 20×1년 10월 1일에 $10,000의 계약을 수주하고 6개월 후 제품인도 및 현금수취 계약을 체결하였다. 동 계약일에 ABC기업은 환율 변동의 위험을 회피하기 위하여 6개월 후 10,000을 달러당 ₩1,200에 매도하기로 하는 통화선도계약을 체결하였다. 환율 자료는 다음과 같다(단, 매출계약은 확정계약의 정의를 충족하고 수익은 제품인도 시점에 인식하며, 현재가치 계산은 생략한다. 또한 해당 위험회피 관계는 위험회피 요건을 충족하며 위험회피에 비효과적인 부분은 없는 것으로 가정한다).

일자	현물환율(/$)	통화선도 환율(/$)
20×1. 10. 1	1,150	1,200(만기 5개월)
20×1. 12. 31	1,180	1,205(만기 3개월)
20×2. 3. 31	1,210	–

	자산	부채	자본	당기순이익	총포괄손익
①	증가	변동 없음	증가	증가	증가
②	변동 없음	증가	감소	감소	감소
③	변동 없음	증가	감소	변동 없음	감소
④	증가	감소	변동 없음	감소	감소

해설

11 ③

20×1. 10. 1   회계처리 없음

20×1. 12. 31   (차) 통화선도 평가손실(B/S) 50,000   (대) 통화선도(부채)   50,000

　　　　　　　 * $10,000×(₩1,205−₩1,200)=₩50,000

→ 자산−변동 없음, 부채−증가, 자본−감소, 당기순이익−변동 없음, 총포괄손익−감소

재무위험관리사 1

금융투자전문인력 표준교재
재무위험관리사 1

2024년판 발행 2024년 2월 15일

편저 금융투자교육원
발행처 한국금융투자협회
서울시 영등포구 의사당대로 143 전화(02)2003-9000 FAX(02)780-3483
발행인 서유석
제작 및 총판대행 ㈜**박영사**
서울특별시 금천구 가산디지털2로 53, 210호(가산동, 한라시그마밸리) 전화(02)733-6771 FAX(02)736-4818
등록 1959. 3. 11. 제300-1959-1호(倫)
홈페이지 한국금융투자협회 자격시험접수센터(https://license.kofia.or.kr)

정가 19,000원

ISBN 978-89-6050-744-9 14320
978-89-6050-743-2(세트)